2022

- KOMMENTARE
- ANREGUNGEN
- FRAGEN
- IMPULSE

Impressum

Herausgeber:
Matthias Büchle, Generalsekretär CVJM-Westbund e.V.
Karsten Hüttmann, 1. Vorsitzender Christival e. V.
Hansjörg Kopp, Generalsekretär CVJM Deutschland e. V.
Cornelius Kuttler, Leiter des Evangelischen Jugendwerks in Württemberg
Wieland Müller, 1. Vorsitzender Chrischona Gemeinschaftswerk Deutschland
Dr. Christoph Rösel, Generalsekretär Deutsche Bibelgesellschaft

Redaktion:
Klaus Jürgen Diehl (NT-Texte), Uwe Bertelmann (AT-Texte)

Erstellung des Bibelleseplans:
Ökumenische Arbeitsgemeinschaft für Bibellesen
Ev. Werk für Diakonie und Entwicklung
Caroline-Michaelis-Str. 1
10115 Berlin

Bibelzitate folgen, wenn nicht anders vermerkt, der Lutherbibel, revidiert 2017,
© 2016 Deutsche Bibelgesellschaft, Stuttgart.

Quellennachweis:
5. Juli und 18. Okt.: Trotz sorgfältiger Recherche war es leider nicht möglich, die Rechteinhaber der Zitate zu finden. Der Verlag ist für Hinweise dankbar.

© 2021 Brunnen Verlag GmbH und CVJM Gesamtverband in Deutschland e. V.
Umschlagfoto: stocksy
Umschlaggestaltung: Jonathan Maul
Satz: DTP Brunnen
Druck: GGP Media GmbH, Pößneck
Gedruckt in Deutschland
ISBN Buch 978-3-7655-0642-0
ISBN E-Book 978-3-7655-7619-5
www.brunnen-verlag.de

Inhalt

Glückwünsche 4

Vorwort (Klaus Jürgen Diehl) 5

Bibl. Einführungen

Das Johannesevangelium 9

Das Buch Josua 22

Der Epheserbrief 49

Die Johannesbriefe 126

Der Prophet Jona 148

Der Galaterbrief 153

Das Hohelied Salomos 171

Das Buch der Richter 179

Das Buch Rut 204

Die Bücher der Chronik 245

Das Buch Ester 295

Die Offenbarung des Johannes 310

Der Prophet Jesaja (Kap. 1–39) 347

Mitarbeiterinnen und Mitarbeiter 2022 390

Bibelstellen-Verzeichnis 2014–2022 393

Glückwünsche

„BIBEL FÜR HEUTE feiert runden Geburtstag. Der tägliche Begleiter durch das Buch der Bücher wird 30! Seit 1992 hat er ungezählt viele Leserinnen und Leser informiert, inspiriert und motiviert. Vieles hat sich im Lauf der Jahre geändert – Schrift, Stil, Layout. Aber das Ziel bleibt: Lust auf Bibel wecken, Zusammenhänge zeigen, schwer Verständliches erklären. Gottes Wort jeden Tag als Kraftquelle fürs eigene Leben entdecken. Eben ‚Bibel für heute'. Auch im 31. Jahr soll dieser Kommentar helfen, die Bibel besser zu verstehen. Allen, die mit ihm durch 2022 gehen, wünsche ich viel persönlichen Gewinn."

Ulrich Mack, Prälat i. R., Mitgründer und erster Redakteur von BIBEL FÜR HEUTE

„‚Die Bibel ist kein müheloser Besitz' hat der Theologe Adolf Schlatter einmal formuliert. Doch je tiefer wir in der Bibel graben, desto größer sind der Ertrag und der Segen. Dazu hilft seit 30 Jahren BIBEL FÜR HEUTE. Dieses Andachtsbuch ist ein Muss für jeden, der täglich in der Bibel liest und dabei gründlicher in ihren Inhalt eindringen möchte."

Dr. Christoph Morgner, Präses i. R., Mitgründer von BIBEL FÜR HEUTE

Vorwort

Liebe Leserinnen und Leser von *Bibel für heute,*

vermutlich haben Sie alle schon einmal die enttäuschende Erfahrung machen müssen, abgewiesen zu werden: wenn Sie bei Ihrem Liebeswerben um einen anderen Menschen „abgeblitzt" sind. Wenn Sie bei der Bewerbung um eine Arbeitsstelle den Kürzeren gezogen haben. Oder wenn Sie in der Hotel-Rezeption zu hören bekamen: „Tut uns leid, aber wir haben kein Zimmer mehr frei!" Wie gut ist es, dass wir solche Erfahrungen nicht bei Jesus machen müssen. In der Jahreslosung für 2022 verspricht er, niemanden abzuweisen, der zu ihm kommt. Wir können jederzeit mit allen großen und kleinen Anliegen zu ihm kommen, ohne mit dem Hinweis abgefertigt zu werden: „Bin nicht zuständig!" oder „Hab keine Zeit!" Aber ebenso wie wir uns etwa im Gebet jederzeit in der Zuversicht an Jesus wenden dürfen, bei ihm ein offenes Ohr zu finden, will er auch zu uns kommen. Etwa in seinem Wort, das uns für unsern Alltag Orientierung und Korrektur vermittelt, uns tröstet und er-

> **„Wer zu mir kommt, den werde ich nicht abweisen."**
> **Joh 6.37**

mutigt, wenn wir nicht weiterwissen und unsere Hoffnung stärkt, wenn wir an uns und dieser Welt verzagen. Die Erklärungen und Impulse von *Bibel für heute* wollen Ihnen dabei eine Hilfe sein, tiefer in Gottes Wort einzudringen und besser zu verstehen, wo es uns herausfordert oder auch im Glauben vergewissert und bestärkt.

Mit dieser Ausgabe blicken wir dankbar auf 30 Jahre *Bibel für heute* zurück. Viele von Ihnen begleiten uns bereits seit etlichen Jahren. Für diese Treue möchten wir Ihnen herzlich danken, und Sie zugleich bitten, *Bibel für heute* auch in Ihrer Gemeinde bzw. in Ihrem Freundeskreis bekannt zu machen, um unsern Leserkreis auszuweiten.

Uwe Bertelmann (Redaktion der Auslegungen des AT)
Klaus Jürgen Diehl (Redaktion der Auslegungen des NT)

Neujahr, 1. Januar   Psalm 92

● V 2: „Das ist ein köstlich Ding", das ist eine großartige Sache –
auch im Jahr 2022! – dem HERRN (hebräisch JHWH) danken
und lobsingen seinem Namen (auch mit verschiedenen Musikins-
trumenten).

● Der Aufruf zu einer Verkündigung, die JHWH lobt, prägt den
ganzen Psalm:

→ V 3: „**verkündet werden sollen** Tag und Nacht Gottes Güte und
Treue."

→ V 15f: „**verkündet werden soll**" – auch noch im Alter: „Der
HERR ist mein Fels. An ihm ist kein Unrecht!"

● Unser Psalm ist ein Dankhymnus. In ihm überlagern sich zwei
Themen, die sich gegenseitig auslegen: Einmal der Dank eines Einzelnen für seine Rettung aus der Macht seiner Feinde (V 11f) und
zum anderen eine Reflexion über das unterschiedliche Geschick
der Frevler und der Gerechten (V 8-10).

> ✎ *Meint V 12 Schadenfreude?*
> ✎ *V 8 sagt: „Die Gottlosen grünen, nur um vertilgt zu wer-*
> *den." Wir halten uns an Jesu Wort: „Ich aber sage euch: Lie-*
> *bet eure Feinde!"*

● Die Verse 8ff sind durch kontrastreiche Bilder aus der Natur ge-
kennzeichnet. Die Frevler werden mit dem nach dem Regen schnell
aufsprossenden aber ebenso schnell wieder vertrocknenden Gras
verglichen, die Gerechten dagegen mit den zwar langsam, aber
hoch aufwachsenden immergrünen Palmen und Zedern.

● Unser Psalm erklärt Frevler zu Feinden Gottes (V 10). Feinde
Gottes? **Wo immer die Menschenrechte und die Menschenwürde
verletzt werden, ist dies** nach biblischer Überzeugung **Feindschaft
gegen JHWH selbst.** Dagegen: Wo **Menschen niedergetreten werden,** gibt er ihnen Kraft zu aufrechtem Gang (V 11.13-15), er gibt
ihnen ihre Würde – allen Verletzungen zum Trotz. Das ist die Erfahrung, die der Beter unseres Psalms bezeugt.

Sonntag, 2. Januar — Psalm 57

● Im neuen Jahr ein neues Gotteslob: „Unter dem Schatten deiner Flügel habe ich Zuflucht" (V 2). Wie ein Küken unter den Flügeln seiner Vogelmutter Schutz sucht, so flüchtet sich der Beter zu Gott. Seine Situation gleicht der, als David sich vor Saul in eine Höhle flüchten musste. Mit Zuversicht wendet er sich an Gott: „Der Allerhöchste sende vom Himmel **Güte und Treue.**" Wie zwei zuverlässige, starke Freunde stehen hier **Güte und Treue** zu dem Beter, der einem Chaos von Hasstiraden ausgesetzt ist: „Ihre Zähne sind Spieße und Pfeile, ihre Zungen scharfe Schwerter."

● Der Beter kennt den Zusammenhang zwischen dem Täter und seinem Ergehen: „Wer eine Grube gräbt, der wird hineinfallen" (Spr 26,27).

● In großer Ruhe betet er mitten im Chaos: „Erhebe dich Gott über den Himmel und deine Ehre (Herrlichkeit) über alle Welt." Dieser Satz beendet den ersten Teil des Psalms (V 1-6).

● Der zweite Teil (V 7-12), der mit denselben Worten endet wie der erste, ist ein Lobpreis, der alle nationalen Grenzen übersteigt: „HERR, deine Güte reicht, so weit der Himmel ist, und deine Wahrheit, so weit die Wolken gehen." Wieder sind es zwei Grundpfeiler der Wirklichkeit Gottes „**deine Güte (Liebe) und Wahrheit (Treue)**", welche die Gemeinde zu jubelndem Lobpreis erwecken wollen.

● Normalerweise weckt das aufkommende Morgenlicht den Schläfer. Doch der Beter kann es kaum erwarten, bis der neue Tag kommt (V 9), an dem er aufs Neue Gottes Güte und Wahrheit erleben darf.

✎ *Vergleichen Sie dazu Ps 108,2-6: Im universalen Danken und Lobsingen unter den Völkern wird Gott aufgefordert: „Erhebe dich über den Himmel und deine Ehre (Herrlichkeit) über alle Welt."*

Das Johannesevangelium

Das vierte Evangelium benennt deutlich sein Ziel: „Noch viele andere Zeichen tat Jesus vor seinen Jüngern, die nicht geschrieben sind in diesem Buch. Diese aber sind geschrieben, damit ihr glaubt, dass Jesus der Christus ist, der Sohn Gottes, und damit ihr, weil ihr glaubt, das Leben habt in seinem Namen" (20,30.31). Mit dieser Auswahl der Taten und Reden Jesu wird alles auf die Christuserkenntnis konzentriert, auf die Einheit von Vater und Sohn („Ich und der Vater sind eins"; 10,30), auf den Sohn als das „Leben" (1,4) und auf den „Glauben" als den Weg und die Weise, wie wir an seiner „Herrlichkeit ... voller Gnade und Wahrheit" teilhaben (1,14). Die Zahl Sieben symbolisiert in der Bibel die Fülle. Dass in der Auswahl die ganze „Fülle" gegeben ist, wird veranschaulicht durch sieben „Ich-bin-Worte" – Jesus sagt: „Ich bin das Brot des Lebens, das Licht der Welt, der gute Hirte, die Tür, die Auferstehung und das Leben, Weg, Wahrheit und Leben, der rechte Weinstock" – und durch sieben Wunder, die das Johannesevangelium als „Zeichen" kennzeichnet. Sie weisen alle über sich hinaus auf **Jesus als die eigentliche Gabe Gottes für uns** hin.

Anders als in den ersten drei Evangelien kommt im Johannesevangelium Jesus nicht erst am Ende seines Lebens nach Jerusalem, sondern er zieht mindestens viermal in die Heilige Stadt und zwar immer zu den zentralen jüdischen Festen (2,13; 5,1; 7,10; 12,12). Jeweils wird deutlich, dass der jüdische Kult in Jesus zu seinem Ziel u. damit aber auch zu seinem Ende kommt. Jesus wirft nicht nur die Händler aus dem Tempel, sondern er treibt auch die Opfertiere hinaus (2,15), denn er allein ist jetzt das „Lamm Gottes, das der Welt Sünde trägt" (1,29).

Dieser mehrfache Aufenthalt Jesu in Jerusalem führt auch zu einem anderen Aufbau des Evangeliums als bei den drei ersten Evangelisten:

Auf die Eröffnung mit dem großartigen Christushymnus folgt das Christuszeugnis Johannes des Täufers und die Berufung der ersten Jünger.

Kap. 2–12 zeigen das **Wirken Jesu in der Öffentlichkeit.** Begegnungen mit unterschiedlichsten Menschen sind häufig Anlass zu ausführlichen Reden. Fast gewinnt man den Eindruck, dass die Worte Jesu wichtiger sind als die dabei von ihm vollbrachten Taten bzw. Wunder.

Kap. 13–17 enthalten die nicht-öffentliche **Unterweisung der Jünger** im Blick auf die Zeit nach Jesu Tod. Die sog. „Abschiedsreden" und „das Hohepriesterliche Gebet" sind gleichsam das Testament Jesu. Vierfach verheißt hier Jesus den „Parakleten", den „Tröster" und „Beistand", den Heiligen Geist, in dem er selbst in anderer Weise wieder bei seiner Gemeinde präsent sein wird (14,18; s. 14,15-18; 14,25f).

Der **Passionsbericht (Kap. 18 u. 19)** zeigt Jesus nicht als das Opfer der Machthaber, sondern als den souverän selbst Handelnden, der bewusst den Weg ans Kreuz geht, und der besonders in dem ausführlichen Gespräch mit Pilatus zeigt, wer eigentlich der König und Herr ist.

Im **Auferstehungsbericht (Kap. 20 u. 21)** finden wir mehr Begegnungsgeschichten des Auferstandenen als in den anderen Evangelien. Sie betonen vor allem die neue Sendung, die Jesus seinen Jüngern gibt. „Friede sei mit euch! Wie mich der Vater gesandt hat, so sende ich euch" (20,21).

Gegenüber den synoptischen Evangelien vermisst man die Streitgespräche zwischen Jesus und den Pharisäern über das Gesetz, die Gleichnisse und das Zentralwort seiner Verkündigung: „Reich Gottes" (dafür „ewiges Leben", wobei dieses ewige Leben nicht erst in der Zukunft beginnt, sondern für den Glaubenden schon in der Gegenwart angebrochen ist).

Auffallend ist die meist meditative Sprache des Johannesevangeliums. Sie will uns in die Tiefe führen. Wir sollen nicht bei den vordergründigen Geschehnissen stehen bleiben, sondern die Leben schenkende Wahrheit sehen lernen, die in der Geschichte Jesu Christi offengelegt wird.

Montag, 3. Januar   Johannes 1,19-28

● **Johannes erregt Aufsehen.** Man spricht über den seltsamen Prediger in der Wüste. Was verkündigt er? Warum tauft er? Und vor allem: Wer ist er? Grund genug, ihn sich genauer anzusehen. Der Weg führt tief hinunter ins Jordantal; wo das in V 28 genannte Betanien genau lag, ist nicht bekannt (und nicht zu verwechseln mit dem Ort des Lazarus, vgl. Joh 11).

● Zur Delegation aus Jerusalem gehören:

→ **Priester** und **Leviten:** Sie interessieren sich besonders für den Sohn des Priesters Zacharias (Lk 1,5), also einen der ihren.

→ **Pharisäer:** Sie achten auf die reine Lehre und die genaue Einhaltung der Gebote und (Reinheits-)Vorschriften.

Die Delegation verhört Johannes offiziell. „Er bekannte und leugnete nicht" (V 20) ist Gerichtssprache.

● **Johannes** antwortet zunächst dreimal mit **Nein:**

→ „Ich bin **nicht der Christus",** nicht der angekündigte (2Sam 7,12f; Jer 23,5f) und von vielen sehnsüchtig erwartete Messias.

→ **Nicht der Elia:** Zur Zeit Jesu erwartete man, dass der in den Himmel aufgenommene Prophet (2Kön 2) in der Endzeit noch einmal kommen wird (vgl. den letzten Vers des AT in Mal 3,23f).

→ **Nicht der Prophet:** Die Juden fragten: Wann schickt Gott endlich einen Propheten wie Mose, der sein Volk führen kann?

● „Wer bist du dann?" (V 22). Johannes muss sich nun erklären. **Er nimmt sich selbst dabei völlig zurück.** Er ist „nur" „die Stimme eines Predigers". Wie Gott dem Volk einst den Weg aus der Babylonischen Gefangenschaft hindurch ebnete (Jes 40,3), so kündigt Johannes die neue Zeit an; sie kommt mit dem Christus/Messias. **Johannes kündigt ihn an. Mehr nicht.** Aber auch nicht weniger. Er soll nur **Zeuge** sein für Christus. Seine Taufe ist nur ein Zeichen auf das kommende Größere hin.

✎ *Christen sollen Zeugen für Christus in der Welt sein. Was können Sie dabei von Johannes lernen? Wo nehmen Sie sich möglicherweise selbst zu wichtig?*

11

Dienstag, 4. Januar   Johannes 1,29-34

● Jetzt sieht Johannes, wer Jesus ist: „Johannes sieht" (V 29), „Ich sah" (V 32), „ich habe es gesehen" (V 34) – und was Johannes gesehen hat, das bezeugt er. Am Ende läuft alles auf das Erkennen und Bekennen hinaus: **„Dieser ist Gottes Sohn"** (V 34).

> ✎ *Wie gehören sehen und glauben zusammen? Diese Spannung zieht sich durch das ganze Johannesevangelium. Beachten Sie, was Jesus am Ende sagt: „Selig sind, die nicht sehen und doch glauben" (Joh 20,29). Welche Bedeutung hat dabei der Heilige Geist?*

● Der Titel **Lamm Gottes** hat drei Wurzeln im Alten Testament. Sie verbinden sich in Jesus:

→ **Das Passalamm,** zum ersten Mal vor dem Auszug aus Ägypten geschlachtet, **erinnert jedes Jahr an den Weg in die Freiheit.** Damals ließ sein Blut, an Türpfosten gestrichen, den Todesengel vorüberziehen (2Mose 12). Am Ende bezeugt das Joh: Jesus starb zu der Stunde, als im Tempel die Lämmer geschlachtet wurden. Joh 1,29 zeigt: **Jesus starb als Lamm Gottes.**

→ Im Tempel wurden **täglich zwei Lämmer zur Heiligung der Priester und des Volkes geopfert** (2Mose 29,38ff).

→ Ein Prophet weiß sich als „Knecht Gottes", der „wie ein Lamm zur Schlachtbank" geführt wird und so die Sünden der Menschen trägt (Jes 53,3ff). **Jesus und die Apostel haben sein Leiden und Sterben in der Spur dieses Gottesknechts verstanden** (Joh 12,38; Apg 8,32-35; 1Petr 2,22ff u. a.).

● Immer wieder betont das Joh: Jesus Christus existiert nicht erst seit Weihnachten, sondern er war schon von Anfang an und wird auch am Ende der Zeiten sein (V 30: „er war eher als ich"; vgl. Joh 1,2: „das Wort war im Anfang bei Gott").

● Das Evangelium berichtet hier über die Taufe Jesu nur indirekt – nämlich durch das Zeugnis des Täufers Johannes; die Kenntnis dessen, was da geschah, wird anscheinend vorausgesetzt.

Mittwoch, 5. Januar   Johannes 1,35-51

● Das ist schon erstaunlich: Jesus ist gerade getauft, aber er sucht bei seinem „Amtsantritt" nicht gleich die große Öffentlichkeit. Das Evangelium erzählt nur eine kleine Szene, ein stilles, ruhiges Geschehen. Und doch geschieht dort in der Wüste Erstaunliches, Lebenveränderndes.

✎ *Kennen Sie solche stillen Momente in Ihrem Leben?*

● Die ersten Jünger kommen zu Jesus, zuerst Andreas und Simon Petrus, dann Philippus und Nathanael. Im Unterschied zu den anderen Evangelien erfahren wir hier: Andreas und Simon waren zunächst Jünger von Johannes; dieser schickt sie zu Jesus.

● Drei kurze Sätze von Jesus markieren die Spannung in diesem Abschnitt – und zeigen Schritte in den Glauben hinein:

→ **„Was sucht ihr?"** (V 38). Jesus drängt sich nicht auf. Er fragt nach dem Motiv. Er hinterfragt unser Suchen, unser Streben und Sehnen. Was wollen wir wirklich im Leben? Was halten wir fest?

→ **„Kommt und seht"** (V 39). Jesus antwortet auf die Frage: „Wo wirst du bleiben?", wörtlich: „Wo wohnst du?" Die Jünger wollen von Jesus wissen: Was ist dein Zuhause? Wie können wir dich genauer kennenlernen? Jesus gibt hier keine theologische Erklärung ab, sondern er lädt zu einer Art „Probewohnen" bei ihm ein: einfach mal mitgehen, erste Schritte mit ihm wagen.

„Wir könnten dich, Gott, nicht suchen, wenn du uns nicht schon längst gefunden hättest." Augustinus

→ **„Folge mir nach"** (V 43) sagt Jesus zu Philippus. Davor heißt es: „Jesus findet Philippus". Der lässt sich finden und nun in die Nachfolge rufen. Und der Gefundene wird sofort zum Zeugen: „Wir haben den gefunden, von dem Mose im Gesetz geschrieben hat" (V 45). Genau wie zuvor Jesus (V 39) lädt er den Nathanael ein: „Komm und sieh" (V 46).

Donnerstag, 6. Januar   Johannes 2,1-12

● Ein **Hochzeitsfest** ist angesagt. Jesus ist dazu eingeladen. Tagelang wird mit vielen Gästen ausgiebig gefeiert. Die Festtafel ist reich gedeckt. Es gibt genug für alle.

> ✎ *Im Neuen Testament wird die messianische Zeit immer wieder mit einer Hochzeit verglichen, z. B. Mt 25,1ff, dazu auch Joh 3,29; Offb 19,9; 21,2; 22,17.*

● **Der Wein geht aus** – im Orient etwas ganz Schlimmes. **Maria will die peinliche Situation retten.** Sie traut ihrem Sohn zu, dass er helfen kann. Ihm sagt sie nur: „Sie haben keinen Wein mehr" (V 3) – aber in ihren Worten schwingt eine indirekte Aufforderung mit. Will sie noch über ihren erwachsenen Sohn bestimmen? Der antwortet ihr erstaunlich klar, nicht lieblos, aber eindeutig.

● **„Meine Stunde ist noch nicht gekommen"**, erklärt Jesus. Dies bedeutet nicht nur, dass Jesus nicht sofort ein Wunder (in Joh immer: ein „Zeichen") vollbringt. Es deutet vielmehr auf die Stunde, in der Jesus nicht nur die Hochzeitsgesellschaft, sondern die ganze Welt retten wird. **„Seine Stunde" kommt mit seinem Tod und seiner Auferweckung** (vgl. Joh 12,23: „Die Stunde ist gekommen, dass der Menschensohn verherrlicht werde."

● Der enge Bezug zu Tod und Auferweckung Jesu zeigt sich in dem, was Jesus nun wirkt. Es geht darin nicht um etwas Sensationsheischendes. Das Wunder selbst wird mit keinem Wort geschildert. Das Geheimnis dessen, was jetzt geschieht, liegt in dem **Wasser,** das Jesus in Wein wandelt: Die sechs Krüge fassen je ca. 100 l Wasser zur äußerlichen und vor allem zur kultischen Reinigung. Indem Jesus dieses Wasser in den Wein der Hochzeitsfreude wandelt, zeigt er: Dieses Wasser wird jetzt nicht mehr gebraucht. **Wenn Jesus da ist, müssen wir uns nicht mehr selbst reinwaschen.** Das macht er. Er gibt nicht nur Wasser dafür. Er gibt sein Leben. Das ist seine Stunde. Der Abendmahlswein erinnert daran.

Freitag, 7. Januar   **Johannes 2,13-25**

● Am Passafest freut sich Jesus auf das Feiern im prächtigen Tempel. Doch als er dort ankommt, hört er statt Wechselgesängen das Feilschen der Geldwechsler, statt Anbetung das Blöken der Schafe. Zornig packt er die Geißel und treibt die Händler hinaus.

● **Warum wird Jesus handgreiflich?** Die Händler taten ja nichts Unrechtes. Pilger kamen von weit her, wollten Opfertiere kaufen, mussten dazu ihre römischen Münzen in die Tempelwährung umtauschen. Doch Jesus sieht tiefer: **Der Gewinn wurde wichtiger als Gottes Ehre. Das Geschäft kam vor dem Gottesdienst.** Da will Jesus die Prioritäten ordnen.

> ✎ *Sehen Sie Parallelen zur Kirche/Gemeinde und zu Ihrem Leben? Was und wie gibt es da auszutreiben? Wie ordnet Jesus bei Ihnen die Prioritäten?*

● **Die Zeichenhandlung Jesu hat noch tiefere Bedeutung:**
→ Das Weinwunder in Kana und die Tempelreinigung gehören eng zusammen. Jesus zeigt in Kana: Das Wasser zur kultischen Reinigung wird nicht mehr gebraucht, weil er durch seinen Tod die Menschen von Sünden reinigt. Jetzt zeigt er: **Die Opfertiere werden nicht mehr gebraucht, weil er sich selbst als Opfer hingibt,** als Passalamm (vgl. Joh 1,29: Jesus das Lamm Gottes).
→ **Jesus versteht seine Tempelreinigung als Hinweis auf Karfreitag und Ostern.** Wie kann man den Tempel in drei Tagen abbrechen und neu bauen? – Das verstehen die Leute erstmal nicht. Später wird diese Aussage zur Anklage (Mt 26,61) und zum Spott (Mt 27,40) gegen Jesus. Doch Jesus meint seinen Tod und seine Auferstehung nach drei Tagen. Die Jünger verstanden es danach.
→ **Der Tempel war als Ort der Gegenwart Gottes** mehr als nur ein Gebäude. Hier sollten Gott und Menschen verbunden sein. Darum geht es Jesus. Darum sein Eifer. Ps 69,10 wenden die Jünger ins Futurische: Der Eifer wird ihn das Leben kosten – für uns.

15

Samstag, 8. Januar   Johannes 3,1-21

● **Nikodemus**, ein angesehener, frommer, gelehrter Mann, Pharisäer und Mitglied des Hohen Rates, kommt zu Jesus. Warum in der Nacht? Will er nicht gesehen werden? Oder deshalb, weil man in der Nacht tiefer über die wesentlichen Fragen des Lebens miteinander reden kann?

> ✎ *In Joh 7,50 und 19,39 erfahren Sie mehr über ihn und seine Haltung zu Jesus.*

● Nikodemus beginnt das Gespräch mit einem Kompliment (V 2). Jesus geht nicht darauf ein, sondern erkennt die **Frage**, die den Nikodemus bewegt: **Wie kommt jemand ins Reich Gottes?** Wir können die Frage heute so stellen: Wie wird jemand Christ?

● Indem er „**von Neuem geboren**" wird, erklärt Jesus. Nicht nur Nikodemus missversteht das. Heute denken viele an Reinkarnation, an eine Wiedergeburt nach dem Tod (so die Vorstellung in manchen Religionen). Aber Jesus meint ein Neuwerden, das heute schon geschehen kann und soll – und zwar

→ durch „**Wasser**": Reinigung von Sünden, Umkehr, zeichenhaft in der Taufe vollzogen, und

→ durch „**Geist**": Sich öffnen für das Wirken Gottes. Sein Geist führt zum Glauben, zur Gewissheit, sein Kind zu sein.

● Nikodemus fragt noch einmal: Wie ist das möglich? Wie geht das? (V 9). Jesus antwortet: Es ist möglich nur im Blick auf ihn. Er erinnert an die „eherne Schlange".

> ✎ *Lesen Sie die Erzählung in 4Mose 21,8f. Wie können wir heute „aufsehen zu Jesus" (Hebr 12,2)?*

Dann bringt es Jesus auf den Punkt (V 16): **Er ist Gottes Sohn, von Gott der Welt gegeben.** Jesus kam und starb nicht, um einen zornigen Gott zu versöhnen. Sondern Gott selbst gab seinen Sohn – und zwar aus Liebe! **Damit alle, die an ihn glauben, nicht verloren werden.**

Sonntag, 9. Januar   Psalm 96

● In Ps 96 wird Gott als **König in seiner Herrschaft und Macht** gefeiert (ähnlich 2Mose 15,1-18; Ps 29; 93; 95–99). Dies geschieht im Gottesdienst; Lobpreis bringt man gemeinschaftlich dar. Der Psalm selbst ist noch kein Lobpreis, vielmehr wird dazu aufgerufen (das Lobpreisen selbst erfolgt danach).

● Man kann den Psalm in drei Hauptteile gliedern mit dem Gottesdienst im Zentrum und Himmel/Erde im Rahmen:

→ **V 1-6: Gottes Majestät im Himmel:** Aufrufe, den HERRN in Lied und Wort zu preisen; dafür werden Gründe („denn") genannt. Hervorgehoben ist seine Majestät über alle Gottwesen.

→ **V 7-10: Gottes Verherrlichung im Gottesdienst:** Aufrufe an alle Welt, dem HERRN Ehre und Gaben darzubringen.

→ **V 11-13: Gottes Herrschen und Richten auf Erden:** „Der HERR ist König!" Sein gutes Herrschen und gerechtes Richten löst umfassende Freude aus: bei Himmel, Erde und Meer, auf dem Feld und im Wald.

● Zu Beginn wird aufgerufen, „ein neues Lied" anzustimmen. Was meint das? Im Gottesvolk werden immer wieder neue Lieder zur Ehre Gottes gedichtet und gesungen – bis heute. Hier geht es noch um etwas anderes: **Ein „neues Lied"** hat eine Rettung Gottes zur Grundlage. **Das „alte" (erste) Lied** stimmte das Gottesvolk nach der Befreiung aus Ägypten am Schilfmeer an; es endet mit der ewigen Königsherrschaft Gottes (2Mose 15,18). **Das letzte „neue Lied"** singen die Erlösten am Ende der Zeit (Offb 14,3-5). Gleichsam „dazwischen" ist das Lied, dass ertönen soll, wenn Gott sein Volk aus Verbannung und Zerstreuung heimführt (Jes 42,10-13). In diesen Zusammenhang wird auch Ps 96 gehören.

✎ *Lesen Sie die angegebenen Bibelstellen zum „neuen Lied".*
Überlegen Sie, wo Gott bei Ihnen rettend gewirkt hat, und
bringen Sie ihm in Worten oder singend entsprechend ein
neues, diese Hilfe bezeugendes Lob dar.

Montag, 10. Januar   Johannes 3,22-36

● Zum letzten Mal berichtet das Evangelium Worte von Johannes dem Täufer. Der Anlass: Johannes hatte Jünger, die ihn als Rabbi verehrten. Sie hörten von Jesus und seinen Jüngern, die auch tauften. Prompt kommt es zu **neidgeladener Konkurrenz**. Im Streit mit einem – uns unbekannten – Juden taucht die Frage auf: Welche Taufe ist nun wirksamer, reinigt besser?

● **Johannes** lässt sich nicht von Konkurrenzgefühlen provozieren, sondern **nimmt sich selbst zurück**. Was er schon früher sagte, gilt: „Ich bin nicht der Christus" (1,20; 3,28). **Johannes ist der Vorläufer, der Ankündiger Christi** – nicht mehr und nicht weniger. Ihn erfüllt darüber reine Freude. So wie sich der Freund eines Bräutigams an dessen Hochzeit freut, so freut er sich am Messias Jesus: Mit ihm bricht Neues an. Mit ihm kommt Gott und sein Reich (Mk 1,15) zu den Menschen.

> ✎ *Kennen Sie Konkurrenz-Situationen in Ihrem Leben, in Ihrer Gemeinde? Wie gehen Sie damit um? Was hilft Ihnen, sich neidlos mit anderen mitzufreuen?*

● Den **Unterschied zwischen Christus und ihm** (und damit auch zwischen Christus und uns) bringt Johannes theologisch zugespitzt auf den Punkt: **Wir Menschen sind „von der Erde"** (V 31). Darum denken, reden und urteilen wir irdisch. **Aber Christus ist „von oben", von Gott gesandt.** Darum redet er Gottes Wort. Und urteilt von Gott her. Darum kommt Gottes Geist zu uns, will uns erfüllen, uns auf Gott ausrichten. Johannes sah es: Bei der Taufe Jesu fuhr der Geist herab und eine Stimme vom Himmel bezeugte: Jesus ist Gottes Sohn (Joh 1,32ff).

● **Und was bringt uns das?** Nichts weniger als das Leben. Genauer: **das ewige Leben**. Das beginnt nicht erst nach dem Tod. Da kommt es zur Vollendung. Aber schon jetzt beginnt es – und zwar im Glauben an Jesus als den Sohn Gottes.

● Joh 4,2 korrigiert und präzisiert die Aussage von Joh 3,22.

Dienstag, 11. Januar   Johannes 4,1-26

Die Begegnung Jesu mit der Samariterin am Brunnen von Sychar
ist **eine Geschichte von lauter Grenzüberschreitungen:**
→ Schon dass Jesus auf dem Weg von Judäa nach Galiläa durch
das bei den frommen Juden verhasste Samarien zieht, kommt einer
Grenzübertretung gleich. Denn wer auf seinen jüdischen Glauben
hielt, wählte lieber **den Umweg durchs Jordantal,** als sich durch die
Begegnung mit den Samaritern zu verunreinigen. V 4 ist daher nur
so zu verstehen, dass es sich dabei um den kürzesten Weg zwischen
Judäa und Galiläa handelt.
→ **Eine fremde Frau – dazu noch eine Samariterin – anzusprechen**
(V 7), gehörte sich einfach nicht und führt daher auch sogleich zu
der erstaunten Rückfrage der Frau (V 9; vgl. V 27).
→ Nachdem Jesus die Frau auf sein Angebot, ihr mit dem „lebendigen Wasser" den Durst nach Leben für immer zu stillen, neugierig gemacht hat, nimmt das Gespräch **eine überraschende Wende:**
Mit der Bitte an die Frau, ihren Mann herbeizurufen, will Jesus die
seelische Not dieser Frau aufdecken. Er macht klar, dass ihre Sehnsucht nach Liebe Mal um Mal enttäuscht wurde, weil sie stets neu
von Männern verlassen wurde (V 16-18). Normalerweise könnte
man erwarten, dass sie Jesus entgegnet: „Mein Privatleben geht
dich gar nichts an!" Doch sie spürt: Dieser fremde Mann sagt ihr
die Wahrheit über ihr Leben, weil er ein „Prophet" (V 19) ist und
ihr helfen will, die Not ihres Lebens zu überwinden.
→ War für Juden der Tempel in Jerusalem der unaufgebbare Ort
ihrer Anbetung und für die Samariter der Garizim, so überschreitet
Jesus auch hier abermals die Grenzen: Zwar kommt das Heil von
den Juden (V 22), doch **entscheidend ist nicht der Tempel,** sondern
„Gott im Geist und in der Wahrheit anzubeten" (V 23f).

> ✎ *Wo mutet Gott Ihnen zu, selbst gezogene Grenzen mutig*
> *zu überschreiten?*

Mittwoch, 12. Januar   Johannes 4,27-42

Unser gestriger Text endete mit der auch von Samaritern geteilten Hoffnung auf das Kommen des Messias und dem Bekenntnis Jesu: „Ich bin's, der mit dir redet" (V 25f).

● Die Samariterin ist von dieser Aussage Jesu so getroffen, dass sie alles stehen und liegen lässt, in die Stadt läuft und die Bewohner mit dem **Hinweis auf die eigene Erfahrung** dazu auffordert, selber herauszufinden, ob dieser fremde Jude nicht „der Christus" (griech. für „Messias") ist (V 29).

> ✎ *Unsere Geschichte ist ein schönes Beispiel dafür, dass jemand ohne allzu großes Wissen, aber mit einer umwerfenden persönlichen Erfahrung, zu einem für andere ansteckenden Zeugen Jesu werden kann. Eine Bemerkung wie „Ich bin nicht so sattelfest im Glauben und kenne mich nicht genug in der Bibel aus, um anderen davon weiterzusagen!" erscheint auf diesem Hintergrund eher wie eine bequeme Ausrede oder als ein Zeichen von Feigheit.*

● Ist es am Anfang das **Zeugnis der Frau,** das Mitbewohnern den **Anstoß zum Glauben** an Jesus als Messias gibt (V 39), so führt die direkte Begegnung mit Jesus viele Samaritaner dazu, an ihn zu glauben (V 41f). **Unser Zeugnis von Jesus kann Menschen dazu veranlassen, neugierig auf Jesus zu werden und ihm zu vertrauen. Aber am Ende lebt der Glaube von der persönlichen Begegnung mit Jesus.**

● In die Begegnung mit der Samariterin bzw. den Samaritern ist ein Gespräch Jesu mit den Jüngern eingeschoben (V 31-38). Dabei zeigen sich **die Jünger begriffsstutzig.** Während Jesus von geistlicher Speise redet (V 32), denken die Jünger nur daran, wie der Magen satt werden kann (V 33). Im weiteren Verlauf des Gesprächs **geht es um Saat und Ernte** und darum, dass die Jünger als „Erntearbeiter" die durch Jesu Verkündigung ausgestreute Saat einfahren werden (vgl. Mt 9,37).

Donnerstag, 13. Januar   Johannes 4,43-54

● Obwohl Jesus weiß und es auch offen ausspricht, dass „ein Prophet daheim nichts gilt" (wörtlich: „keine Ehre hat" V 44), hält ihn das nicht davon ab, erneut in seine galiläische Heimat aufzubrechen. **Sein Wirken hängt eben nicht von der Anerkennung und Ehre von Menschen ab,** sondern allein davon, im Gehorsam gegenüber seinem himmlischen Vater seinen Weg zu gehen.

● In Kana kommt ein Mann zu Jesus, der als höher gestellter Beamter vermutlich im Dienst des Vierfürsten von Galiläa Herodes Antipas steht. Sein Sohn ist todkrank, und so bittet er Jesus, mit ihm zu kommen, um seinem Sohn zu helfen. Dass Jesus der Not dieses Vaters zunächst so schroff begegnet, erschreckt bzw. befremdet uns (V 48). Das scheint so gar nicht zu dem Jesus zu passen, der sonst voller Mitgefühl auf die Not von Menschen reagiert. Wie oft lesen wir sonst in den Heilungsgeschichten, dass Jesus sich von der Not der Kranken anrühren lässt und sich über sie erbarmt (Mt 20,34; Lk 7,13; Mk 5,19 u. ö.). Aber **weil Jesus keinen Wunderglauben sucht, sondern das Vertrauen in seine Person und seine Macht,** darum weist er zunächst die Bitte des Hofbeamten zurück. Doch der lässt nicht davon ab, ihn weiter um Hilfe für seinen todkranken Sohn anzuflehen. Mit dem Hinweis Jesu „Geh hin, dein Sohn lebt!" (V 50) ist **der Vater herausgefordert zu einem Glauben, der allein auf das Wort Jesu hin vertraut. Und eben das ist der Glaube, den Jesus sucht.**

● So kehrt der Vater zu seinem sterbenskranken Kind zurück, ohne den großen Helfer Jesus mitzubringen. **Innere Spannung und mögliche Zweifel,** ob sich das Wort Jesu wohl bewahrheitet, **weichen der befreienden Botschaft,** die ihm seine Knechte noch auf dem Heimweg überbringen: „Dein Kind lebt!" (V 51). Nun sucht und erhält der Vater die Bestätigung, dass es wirklich das Wort Jesu war, das die wunderbare Wende herbeigeführt hat.

Das Buch Josua

Das Buch Josua berichtet 1. von der **Eroberung Kanaans** (Kap. 2–12) und 2. der **Verteilung des Landes an die Stämme Israels** (Kap. 13–19).

Im Buch wird vorausgesetzt, dass

1. Josua schon zum Nachfolger von Mose eingesetzt wurde (4Mose 27,15-23; 5Mose 31,2-8) und dass

2. das **Ostjordanland** schon erobert und an die Stämme Ruben, Gad und die eine Hälfte des Stammes Manasse verteilt ist (4Mose 32); diese sind aber verpflichtet, bei der Eroberung des West-Jordanlandes mitzuhelfen (1,12-18).

Mehrfach wird betont, dass Gott Josua genauso beisteht, wie er vorher mit Mose gewesen ist (1,5 u. ö.).

Bei der Landnahme fällt auf, dass fast nur von der Eroberung der Städte im **Stammesgebiet Benjamin** (Jericho, Gilgal, Ai) berichtet wird (Kap. 2–9), und nur in je einem Kapitel von der Eroberung Judas im Süden (Kap. 10) und der Besetzung der Gebiete im Norden (Kap. 11). Das lässt vermuten, dass der Verfasser des Buches aus Benjamin stammt und von dort die meisten Informationen hat. Er schildert nicht nur die militärische Eroberung, sondern verweist auch auf eine zutiefst geistliche Seite. Nicht äußere Stärke oder Schwäche verhindern den Sieg, sondern die Unreinheit des Volkes (vgl. besonders Kap. 5–8).

Die uns manchmal langatmig erscheinende Landverteilung macht zweierlei deutlich:

1. Gottes Zusage, dass alle das Land besitzen sollen, wird erfüllt und umgesetzt. „Josua gab das Land den Stämmen Israels … einem jeden sein Teil" (12,7). Jede Familie bekommt ein Stück Land.

2. **Alle Verheißungen Gottes sind eingetroffen:** „Es war nichts dahingefallen von all dem guten Wort, das der HERR dem Hause Israel verkündigt hatte. Es war alles gekommen" (21,45; 23,14).

Neben den Landgebieten für die einzelnen Stämme werden **sechs Asylstädte** festgelegt (Kap. 20) sowie die **Orte für den Stamm Levi,** dem die Priesterdienste übertragen sind (Kap. 21). Damit nach der Landverteilung die Stämme Israels eine Einheit bleiben, wird vor der Rückkehr der zweieinhalb Stämme ins Ost-Jordanland ein Altar am Jordan erstellt als „Zeuge" für die dauerhafte Zusammengehörigkeit (22,26-29.34).

Das Buch Josua ist eingerahmt vom Auftrag Gottes an Josua, mit dem Volk durch den Jordan zu ziehen – wie damals Mose und Israel durch das Schilfmeer (Kap. 1) – und von der Abschiedsrede Josuas und der Bundeserneuerung auf dem Landtag in Sichem (Kap. 23–24). Das Volk sprach: „Wir wollen dem HERRN, unserm Gott, dienen und seiner Stimme gehorchen. So schloss Josua an diesem Tag einen Bund für das Volk und legte ihm Gesetze und Rechte vor in Sichem" (24,24f). Dem Bundesversprechen Gottes in Kap. 1 entspricht das freie Ja des Volkes zu den Bundesverpflichtungen in Kap. 24.

| Freitag, 14. Januar | Josua 1,1-18 |

● Die V 2-5 fassen das Buch Josua zusammen:

→ V 2 blickt auf Jos 1,1–5,12 (Leitwort „hinüberziehen"),

→ V 3 auf die **Eroberung** Jos 5,13–12,24,

→ V 4 auf die **Verteilung** Kap. 13–21,

→ V 5 auf den **Dienst** im Land Kap. 22–24.

● Die Handlung der ersten drei Hauptteile wird jeweils angestoßen durch eine **Initiative Gottes**, hier V 1-9.

> ✎ *Neben Mose und Josua wird indirekt auch Gottes Charakter eingeführt. Beschreiben Sie Gottes Charakter mit Hilfe der indirekten Hinweise in V 5.9.*

● Das verheißene **Land** als Geschenk in V 4 erscheint ähnlich groß wie in 1Mose 15,18, bis zum Euphrat (fließt durch den Norden des heutigen Syriens und des Irak) – jedoch unter Vorbehalt von V 3: Es liegt an den Israeliten, wie viel sie davon in Anspruch nehmen. Das eroberte bzw. besiedelte Land war meistens kleiner. Nehmen Sie den Raum ein, den Gott Ihnen schenkt?

● Die **Hetiter** sind nach 1Mose 15,20 eines der sieben Völker Kanaans. Gemeint ist nicht das Hetiterreich (heutige Türkei).

● Im Zentrum von V 5-9 stehen nicht Kampfesmut oder Heldentum, sondern das Torastudium. Deutlich wird dies anhand der Kreuz-Komposition:

→ A – Beistand (V 5),

→ B – getrost/unverzagt (V 6),

→ C – **Torastudium** (V 7f),

→ B' – getrost/unverzagt (V 9),

→ A' – Beistand (V 9).

● Überraschenderweise spielen Krieg und Kanaaniter in Jos 1 keine Rolle. Die Vision des Buchs ist nicht Krieg, sondern **Ruhe** (V 13.15). Die Überquerung des Jordans steht so sinnbildlich für den Eintritt in ein Leben mit Gott in Fülle, in Erfüllung seiner Verheißungen.

Samstag, 15. Januar   **Josua 2,1-24**

● Unerwartet in einem Kriegsbericht: Ein ganzes Kapitel ist zunächst der Rettung einer einzelnen Person und ihrer Familie gewidmet. Der **Glaube** rettet ohne Waffen und Blutvergießen (Hebr 11,31). Typisch für Gott ist die freie Erwählung eines gesellschaftlich Geringen (vgl. 1Sam 9,21; 16,8ff).

● Der hebräische Begriff „**Hure**" könnte eventuell in früheren Zeiten eine allgemeinere Bedeutung gehabt haben. Bereits der antike jüdische Historiker Josephus denkt an eine Art Herbergsmutter.

● Es hätte triftige Gründe gegeben, Josua ungehorsam zu sein: Spionage führte in 4Mose 14 zum Untergang. In Schittim (V 2) hatte das Volk Israel bereits üble Erfahrungen mit Hurerei gemacht (4Mose 25,1) – das mahnte zur Vorsicht. Die Kundschafter lehren uns **Gehorsam** trotz schlechter Erfahrungen (Jos 1,18).

● Die **Lüge** Rahabs in V 4f wird weder verurteilt noch gerechtfertigt. Der Leser weiß: Lügen ist im Gesetz verboten (3Mose 19,11).

● Durch den Eid wird JHWH für Rahab vom Weltherrscher (V 11) zum persönlichen Rettergott (V 13). Durch Heirat wird sie ins Volk aufgenommen (Mt 1,5). Ihr mutiges Handeln beweist ihren Glauben (Jak 2,25).

● **V 15** liegt zeitlich wohl erst nach V 20. Die Bibel erzählt oft nicht chronologisch, wie wir es heute erwarten würden.

● Das **Verbot der Verschwägerung** mit Kanaanitern (weil diese zum Götzendienst verführen, 2Mose 34,16 u. a.), trifft hier nicht mehr zu. Gott eröffnet allen den Weg zur Rettung, auch wo wir vielleicht anders entscheiden würden.

✎ Fühlen Sie sich als Einzelkämpfer? Rahab bittet mutig um Hilfe, wo sie als Kanaaniterin nichts erhoffen kann (V 12f). Ich habe einen alten weisen Freund, der im Leben vieles für Jesus erreicht hat. Alleine? Er erzählt mir immer wieder, wie oft er andere um Hilfe bittet. Ablehnung entmutigt. Doch viele Christen möchten sich in Gottes Reich investieren, und warten auf jemanden, der sie einlädt.

Sonntag, 16. Januar   Psalm 143

● Ps 143 gilt als letzter der sieben Bußpsalmen. Die Anrufung des HERRN und die Bezeichnungen „Gebet" und „Flehen" zu Beginn (sowie die „ausgebreiteten Hände" in V 6) lassen die Worte eines **Klage- und Bittgebets** erkennen. Die Situation ist lebensbedrohlich und Gottes Eingreifen dringlich („erhöre mich **bald**", V 7). Es spricht ein verfolgter, vor Angst erstarrter Mensch (V 3f).

● Der Psalm besteht aus **zwei Hauptteilen** von ähnlichem Umfang und einem **kürzeren Schluss**: V 1-6, V 7-10, V 11f. Alle Abschnitte eröffnen mit der Anrufung von Gottes Namen („HERR"). Die ähnlich gebauten ersten beiden Teile beginnen zudem mit der Bitte um Erhörung (vom Himmel her) und enden mit der erwarteten Hilfe auf „Erden" (hinter „Land" V 6 und „Bahn" V 10 steht dasselbe hebräische Wort).

● Die Verwendung als Bußpsalm lässt an eigene Schuld denken. Die wird auch, ganz allgemein, in V 2 thematisiert, doch weit mehr ist **von fremder Schuld, nämlich großer Bedrängnis durch „Feinde"** (V 3.9.12), die Rede. Der Betende bezeichnet sich denn auch als **Gottes „Knecht"** (V. 2.12, eine Ehrenbezeichnung), spricht von „meinem Gott" (V 10), nach dem ihn verlangt (V 6.8). Auf dessen Treue, Gerechtigkeit und Güte hofft er (V 1.8.11f). Sein Weg geht von der Flucht vor dem Feind (V 3) zur Zuflucht bei Gott (V 9). Ihn bittet er, ihm den Weg zu zeigen und anzubahnen, den er künftig gehen soll (V 8.10).

> ✎ *Nehmen Sie sich Zeit, über „Flucht", „Zuflucht" und von Gott gebahnte „Wege" nachzudenken, zu bitten und ihm zu danken!*

● V 2 wird in Röm 3,20 aufgenommen. Hier steht er betont am Ende der Ausführungen zur Sündenverfallenheit aller Menschen: **Kein Mensch ist vor Gott gerecht!** Nach dem Durchstreichen aller eigenen Verdienste setzt Röm 3,21f ein mit dem Gerechtwerden allein aus dem Glauben an Jesus Christus.

26

Montag, 17. Januar   **Josua 3,1-17**

● Der Aufruf zur Heiligung in V 5 und der Abstand von etwa 1 km in V 4 erinnern an die Situation am **Berg Sinai** in 2Mose 19,10-13. Der lebendige Gott ist unter ihnen (V 10).

● Neben „hinüberziehen" und „aufbrechen" ist „**wissen/erkennen**" ein Leitwort (V 4): **Josuas Ziel** ist Gottesfurcht, die Erkenntnis der realen Gegenwart Gottes (symbolisiert durch die Bundeslade); **Gottes Ziel** ist die Bestätigung seines Erwählten (V 7).

● Im Mittelpunkt der **Rede von Josua** (V 9-13) steht der Befehl zur Auswahl von zwölf Männern. Im Rahmen ist zweimal die Rede vom „Herrscher über **alle Welt**". Gott ist bereits Herr in dem unbekannten Land, bevor es überhaupt betreten wird. Am Anfang und Ende stehen sich zwei Wunder gegenüber: Die Unterbrechung des Jordanflusses beweist, dass Gott auch die sieben Völker Kanaans besiegen kann.

● Die Namen der **Völker** in V 10 stimmen mit 5Mose 7,1 überein, frühere Listen lassen noch die Girgaschiter vermissen. Die Listen müssen nicht vollständig sein, auch ist mit Wanderungen zu rechnen (5Mose 2,10.12.20.23).

● Im Mittelpunkt des **Berichts** (V 14-17) steht das **Wunder**, gerahmt von chronologischen und geografischen Angaben, Hinweisen auf die Priester mit der Lade und das hinüberziehende Volk.

● **Adam** und **Zaretan** liegen etwa 25 km nördlich von Jericho.

● Zwei Wortspiele ziehen Verbindungen zwischen (bedrohlichem) Wasser und den Gläubigen (V 16f):

→ Gottes Lade, seine Gegenwart **steht** mitten in der Situation, und so bleibt auch die Bedrohung stehen.

→ Das Wasser verläuft **ganz**/völlig und das gläubige Volk bleibt **völlig** bewahrt – Gott macht keine halben Sachen.

> ✎ *Der Übergang in ein neues Leben unter Gottes Verheißung ist eine Zeit der Vorbereitung. Was zählt in solchen Übergangszeiten (V 5a.9.10a ...)?*

Dienstag, 18. Januar   Josua 4,1–5,1

● Der Aufbau von 4,1-9 (das Aufheben der zwölf Steine) und 4,15-19 (der Aufstieg aus dem Jordan) ist ähnlich: Erst redet **Gott**, dann **Josua**, dann folgt die **Umsetzung**.

● Die **Zwölfzahl** der „Meilensteine des Glaubens" betont die anfangs wohl umstrittene Einheit mit den 2 1/2 Stämmen des Ostjordanlandes. V 12 stützt sich in dieser Frage auf die Autorität des Mose (5 Mose 3,18-20).

● Wenn es sich nicht um einen Abschreibfehler handelt, stellt Josua auch im Jordan ein **zweites Set** von zwölf Steinen auf (nur in V 9 erwähnt).

> ✎ *Gibt es „Zeichen" (V 6) in Ihrem Leben, die Ihnen als Erinnerung (V 7) dienen an Gottes Wunder? Welche solcher „Erinnerungssteine" könnten Sie bewusst aufstellen? Was könnten heute „Erinnerungssteine" für die nächste Generation sein?*

● V 10-14 berichtet den Durchzug selbst, um den es in Kap. 3–4 ja eigentlich geht. Betont wird die exakte, sofortige Durchführung (V 10), welche die **Autorität** Josuas bestätigt und die Verheißung aus 3,7 erfüllt.

● Auch wenn immer wieder überlegt wird, das Wort „Tausend" als „Einheit" zu übersetzen (etwa 50 Mann), ist es grundsätzlich nicht unrealistisch, in V 13 von **40.000** Soldaten auszugehen.

● **Gilgal** bedeutet „Kreis", d. h. wohl ein befestigtes Lager. Es mag verschiedene Orte dieses Namens gegeben haben.

● Die beiden fast identischen **Fragen der Söhne** bilden den theologischen Höhepunkt. Die erste Antwort betont das (so wörtlich) „**Abschneiden**" des Flusswassers, das Wunder selbst. Die zweite Antwort betont die Durchquerung **trockenen Fußes** („ihr") in Parallele zum Meerwunder („wir"). Wie in 2 Mose 15 weitet sich der Blick auf die Völker der Erde, die Gottes Macht erkennen sollen. Paulus erkennt in Röm 15,9, dass der Herzschlag des gesamten AT das Lob Gottes unter den Völkern ist.

Mittwoch, 19. Januar   Josua 5,13-15

● Der Blick in die unsichtbare Welt leitet Gottes Rede 6,2-5 ein. Ein typisches biblisches Motiv (Jes 6; Hes 1): Die Erkenntnis seiner rettenden Gegenwart geht dem Ruf zur Nachfolge voraus.

● Gott ergreift die Initiative, führt den zweiten Hauptteil des Buchs Josua ein (5,13–12,24, Leitwort „einnehmen").

● Der **Mann** (V 13) ist ähnlich rätselhaft wie der „Mann", der in 1Mose 32,25 mit Jakob kämpft. Das **bloße Schwert** erinnert an den Engel bei Bileam (4Mose 22,31; vgl. 1Chr 21,16), hier vor allem ein Zeichen der Ermutigung.

● In der Mitte V 14a steht die Selbstbezeichnung als **Fürst über das Heer des HERRN**. In einem anderen Kontext ist das Gott selbst (Dan 8,11). Der Fürst weist die Huldigung nicht zurück (wie die Engel in Offb 19,10; 22,8f). Allerdings ist „**betete an**" falsch übersetzt, es handelt sich allgemein um die Huldigung eines Herrschers. Josua vermeidet die Bezeichnung JHWH oder Adonai, sondern wählt das menschliche Adoni für „mein Herr". Ist es nur ein Engel?

● Seit der frühen Kirche haben einige Ausleger den Fürsten ähnlich wie den „Engel des HERRN" als Erscheinung von Christus gedeutet (**Logostheorie**). Auch wenn das letztlich spekulativ bleibt – es erstaunt, wie deutlich das AT einzelne Gestalten mit Gott verbindet, beinahe gleichsetzt. So können wir zumindest von einer Vorausschattung auf Jesus reden.

● Den Rahmen um V 14a bilden zwei Fragen. 1. **Wer bist du für mich**: „Freund oder Feind?" Der Fürst erweitert die Perspektive Josuas: „Nein", weder noch. Gott ist heilig, kann selbst Freund der Kanaaniter (Rahab) und Feind der Israeliten werden (Achan). 2. **Wer bin ich für dich**: Knecht statt Herr! Nicht „Gott mit mir", sondern „ich mit Gott".

> ✎ *Viele Menschen sehen Gott nur als Erfüllungsgehilfen. Wenn er Gebet nicht erhört, wird die Freundschaft infrage gestellt. Klarheit in diesen beiden Fragen entscheidet darüber, ob mein Glaube krisenfest ist. Was ist Ihre Antwort?*

Donnerstag, 20. Januar   **Josua 6,1-10**

● Die **Verschlossenheit** Jerichos in V 1 deutet auf eine andere Herzenshaltung als Rahab. Wie der Jordan (die Natur), so sind auch die Mauern (der Menschen) kein Hindernis für Gottes Gericht und Barmherzigkeit.

> ✎ *Alles verschlossen, nichts geht mehr. Als Christ bin ich versucht, bei solchen geistlichen Blockaden mit Weisheit zu tüfteln und überhöre zu schnell, wie in Jos 9,14, die leise, aber stetige Stimme Gottes. Gottes Lösung sprengt die strategische Vorstellungskraft: „Es soll nicht durch Heer oder Kraft, sondern durch meinen Geist geschehen, spricht der HERR Zebaoth" (Sach 4,6).*

● Dass der Sieg nach V 2 bereits feststeht („**gegeben**"), verwandelt Angst in Mut, entbindet die Gläubigen jedoch nicht von ihrem Kampf.

● Es ist Gottes Initiative (6,1-5), welche die Ereignisse in Jos 6 ins Rollen bringt. Als gehorsamer Leiter gibt Josua den zentralen Befehl V 4a sogleich wörtlich weiter an die Priester (V 6). Dann instruiert er das Volk (V 7.10). Der einzige kurze Erzählteil (V 8f, Leitwort „**gehen/folgen**") sichtet die Reihenfolge der Gruppen, welche ab V 11 Jericho umrunden werden.

● Viele scheinbar überflüssige Wiederholungen erklären sich aus der kunstvollen Gestaltung des Textes: V 4 beispielsweise betont die heilige Zahl **sieben**. Das befohlene **Blasen der Posaunen** wird tatsächlich siebenmal berichtet (V 8.9.13.16.20) – jedes Mal, um eine kleine Sinneinheit abzuschließen. Ihr Klang am Ende des Satzes ist in seiner Wirkung verstärkt durch die angeordnete Stille. Das vierte, mittlere Mal markiert die wörtliche Erfüllung von V 4 bei der Umrundung Jerichos in V 13.

● Die **sieben Tage** in V 3f erinnern an den Auszug aus Ägypten: Wie damals feiern die Israeliten das Passa in 5,10f, das gefolgt war von einem siebentägigen Fest der ungesäuerten Brote (2Mose 12,15).

30

Freitag, 21. Januar   **Josua 6,11-27**

● Ab V 11 herrscht **Schweigen,** ab V 20 Geschrei als Antwort auf die Rede Josuas (V 16-19).

● Alle Befehle der Rede Josuas werden im Verlauf der Erzählung aufgegriffen und erfüllt, nur die Warnung in V 18 weist über das Kapitel hinaus auf 7,11f.

● Der letzte Abschnitt V 22-27 stellt Rettung und Fluch einander gegenüber: „**Die Frau**" und „**der Mann**" (1Kön 16,34) entsprechen sich in den beiden Schwüren (V 22.26). Beide erhalten den Lohn ihrer Werke. Nach Jak 2,25 ist es entscheidend, dass sich der Glaube Rahabs praktisch bewies und nicht nur Lippenbekenntnis war.

> ✎ *Im Moment des Triumphs bewährt sich ein treuer Charakter: Wenn es mir gut geht, dennoch an andere zu denken, an alte Versprechen, und nicht mehr zu nehmen, als mir zusteht (V 17f). Wo vergreifen wir uns an Dingen, die eigentlich Gott zustehen?*

● Es ist auffällig, dass der hebräische Text mit 102 Wörtern über die Zerstörung Jerichos berichtet und mit 86 Wörtern über die Rettung Rahabs, einer einzelnen Frau (zusätzlich zu Kap. 2!). Das theologische Interesse richtet sich unverhältnismäßig stark auf die Frage, ob Gottes Gnade einen Weg aus dem Bann findet.

● Wie im NT die Hölle ist im AT der **Bann** kein schöner Gedanke – auch nicht für Gott, der barmherziger ist als wir alle zusammen. Dennoch ist es eine Realität, denn 1. Sünde ohne Reue ist unentschuldbar, 2. Gott ist absolut heilig, 3. billige Gnade ohne Umkehr wäre seiner Schöpfung nicht würdig. Gerade das Buch Josua hat verfolgten Christen der letzten Jahrhunderte Trost und Hoffnung trotz aller Schrecken dieser Welt geben können.

● Bestätigen die Ausgrabungen in Jericho das Feuer in V 24? Die Stadt ist gefunden worden (Tell es-Sultan), sogar eine Brandschicht. Doch die umstrittene Datierung der Funde ist eines der großen ungelösten Rätsel biblischer Archäologie.

Samstag, 22. Januar   Josua 7,1-26

● Im Gegensatz zu Josua blickt der Leser ab V 1 hinter die Kulissen (Achans heimliche Tat, Gottes Zorn).

● **Ai** („Stein-Haufen, Ruine") wird oft mit et-Tell, 14 km westlich von Jericho identifiziert, eine alte Ruine, vielleicht eine Art Schutzburg der Kanaaniter.

● Die Strategie V 2-6 lässt Gottes Initiative vermissen (vgl. 9,14).

● Wie in Jos 2 kehren sich die Verhältnisse um. Freund wird Feind, Israel wird Bann (V 12). Die grausamste Erzählung des Buchs feiert keine Siege über Feinde, sondern durchleidet Gericht am eigenen Volk.

● Gott reagiert nicht zornig, aber doch kühl (V 10-15) auf Josuas Gebet (V 7-9), welches beides aufgreift: selbstmitleidiges Jammern und Ausrichtung auf Gottes Ehre in 4Mose 14,2f.13. Was hätte Josua anderes sagen oder tun können in seiner Verzweiflung?

● Gottes Antwort rückt die Klage Josuas kunstvoll zurecht: „**Warum** hast du (als Gott versagt)" wird zu „Warum liegst du" (am Boden, statt zu leiten)", so V 7.10. Das Problem ist nicht Israels Übertretung des Jordans (LUT: „geführt über"), sondern die Übertretung des Bundes (V 7.11).

> ✎ *1Kor 5,6f.11-13 zeigt: Toleranz von „Räubern" unter Heiligen ist gefährlich nicht nur für den guten Ruf. Oft kann man wenig tun, wenn „Wölfe im Schafspelz" eine Gemeinde in Aufruhr bringen. Was hilft Ihnen, um trotz aller Kämpfe die Freude an Jesus und seiner Gemeinde nicht zu verlieren?*

● Räumt das „**Heiligt euch auf morgen**" (V 13) Achan noch eine Nacht Gnadenfrist ein, um die Schuld von selbst zu bekennen und wie Rahab dem beschlossenen Gericht zu entgehen? Gottes Härte ist kaum zu ertragen: Am Ende steht nicht (wie gewohnt) unverdiente Gnade, sondern schreckliches Gericht. Es ist die Strafe für den Diebstahl an Gott selbst, den ersten Frevel (V 15), die Entweihung von Israels Unschuld im Gelobten Land.

| Sonntag, 23. Januar | Psalm 41 |

● Ps 41 ist der letzte Psalm im ersten Buch des Psalters (Ps 1–41): Er beginnt, wie schon der erste Psalm, mit einer Seligpreisung („Wohl dem ...“), und das Buch schließt mit dem Lobpreis Gottes und doppeltem „Amen“ (V 14).

● Der Psalm umfasst ein an den HERRN gerichtetes Klage- und Bittgebet (V 5-13). Vorangestellt sind Worte, die an eine menschliche Zuhörerschaft (Gemeinde) gerichtet sind; sie dürften nach erhörtem Gebet und der Genesung von der Krankheit (V 4.9) gesprochen worden sein.

● Der Betende ist krank und dem Tod nah. Er bittet um Heilung im Bewusstsein seiner Schuld vor Gott (V 5); sein Schuldgeständnis steht dabei seiner „Frömmigkeit“ (V 13, wörtlich: „Unsträflichkeit, Redlichkeit“) nicht entgegen.

● Da sind nun aber Widersacher, die über ihn schlecht reden, seinen Tod wünschen – dem Beter wird hierbei keine Mitschuld an ihrem Verhalten zur Last gelegt; die Feindschaft trifft ihn unschuldig. Sogar eine einstige Vertrauensperson hat sich gegen ihn gewendet (V 10). In zwei „Feindzitaten“ (V 6.9) werden Worte angeführt, die über ihn gesprochen werden. Er nimmt sie ins Gebet und bringt sie so vor Gott. Der Beter kann die entmutigende und erdrückende Kraft dieser „Killerworte“ brechen, indem er sie bei Gott „deponiert“ und Gott die Reaktion anheimstellt (siehe V 12). Das führt zum Schluss zur Zuversicht (V 11-13).

✎ *Von außen oder innen kommende, wiederkehrende „Einreden“ können in Menschen eine niedermachende, das Leben behindernde Macht entfalten. Überlegen Sie, gegebenenfalls mit seelsorglicher Hilfe, wo solche Wortpfeile in Ihrem Herzen stecken, die immer wieder Anklagen, Verurteilungen, Herabsetzungen auslösen. Bringen Sie diese wörtlich und laut betend in die Gegenwart Gottes, damit er sich Ihnen heilend annimmt und Sie von derartigem „Fluch“ gelöst werden.*

Montag, 24. Januar   Josua 8,1-29

● Im Unterschied zu Jos 7 geht die Initiative nun wieder von Gott aus. Die Zusage erinnert an Gottes Beistandsverheißung (1,9).

● Warum darf Israel die **Beute nun behalten** (V 2; 6,18)? Nach der Flut gesteht Gott Fleischgenuss zu (1Mose 9), nach dem Murren Wachteln (2Mose 16), nach seiner Ablehnung einen König (1Sam 8,19-22). Wo Menschen mehr fordern, als ihnen zusteht, lässt sich Gott nicht als Knauserer entehren. Es geht ihm nicht um die Beute, sondern um das Vertrauen, welches er hier durch unverdiente Großzügigkeit stärkt (das Gebannte ist seine Beute, er darf es verschenken).

● Das Leitwort „**sehen**" rahmt Gottes Befehl (V 4.8). Auch der König von Ai sieht, aber nur das, was Josua ihn sehen lassen will (V 14) – so lange bis er schließlich wirklich sieht (V 20): Wie bei einem Gott geweihten Opfer steigt der Rauch zum Himmel. Die Entmutigung wechselt auf die Gegenseite (vgl. 7,5).

> ✎ *V 18 greift 2Mose 14,16 auf: Josuas Schwert in gestreckter Hand entspricht Moses Stab über dem Schilfmeer. Gott wirkt jedoch kein Naturwunder. Worin liegt die Parallele dieser beiden Situationen?*

● Am Ende in 8,29 wird der Bogen nicht nur zu 7,26 (Steinhaufen Achans **bis auf diesen Tag**), sondern auch zu 7,5 geschlagen: Das **Stadttor** ist nicht mehr Ort der Niederlage.

● Es war damals auch bei anderen Völkern üblich, getötete Gegner öffentlich **aufzuhängen**, um Stärke zu zeigen. Josua hält sich hier und in 10,26 an die Anweisung aus 5Mose 21,22-23: Gott begrenzt diese Barbarei auf einen Tag. Auch bei Jesus waren die Juden darum bemüht (Joh 19,31).

● In Richter 20,29-48 greifen die Israeliten gegen Gibea auf dieselbe **Taktik mit Hinterhalt** zurück, dort jedoch zu ihrem eigenen Schaden.

34

Dienstag, 25. Januar   Josua 8,30-35

● Zwischen der Eroberung von Jericho (Kap. 6) und Ai (7f) und den Siegen über die südliche (10) und nördliche Koalition (11) gibt es zwei Zwischenstücke, die sich mit inneren sozialen Angelegenheiten befassen: Es geht um die Einheit und Grenzen des Volkes sowie den Bund mit Gott und Fremden.

● **Garizim** liegt südlich, **Ebal** nördlich von **Sichem** (vgl. Jos 24), wo der erste Altar Abrahams stand und Jakob das erste Stück Land kaufte, später vorläufige Hauptstadt des Nordreichs, gut 40 km nördlich von Ai.

● Fast der ganze Abschnitt 8,30-35 besteht aus Zitaten aus 5Mose. Betont wird: Josua befolgt das Gebot des Mose exakt. Details der Vorlage werden in dem kurzen Bericht ausgelassen (Kalk auf Steinen, je sechs Stämme auf beiden Bergen).

● **Mose** steht im Zentrum von V 30f (Bau des Altars), im Rahmen von V 32f (Abschrift des Gesetzes), und erneut im Zentrum von V 34f (Verlesen des Gesetzes).

● Dieses **Gesetz** ist „heilig, gerecht und gut" und auch Jesus löst es nicht auf (Röm 7,12; Mt 5,17). Christen sind keine Sklaven des Gesetzes, sondern leben in Freiheit durch Gottes Geist. Dennoch zeigt mir das Lesen der Bücher Mose auch heute noch Gottes heiligen Charakter und schärft mein ethisches Unterscheidungsvermögen.

● In der Mitte des mittleren Abschnitts V 32f finden wir die Unterteilung „die **Fremdlinge** sowohl als auch die Einheimischen", welches als Thema in Jos 9 fortgesetzt wird.

● Die Aufzählung der sozialen Gruppen (V 33.35) zeigt: Es geht in den 12 Geboten (5Mose 27,15-26) um die soziale Ordnung des Bundesvolks, welche durch sexuelle Zügellosigkeit und Verrat am Nächsten, insbesondere dem Schwachen, bedroht ist.

✎ *Wodurch ist der Zusammenhalt und die Reinheit Ihrer Gemeinde besonders gefährdet? Was können Sie heute konkret tun, um zur Stabilisierung beizutragen?*

Mittwoch, 26. Januar   Josua 9,1-27

● Die Könige **hören** von den Taten der Israeliten und wollen Krieg. Die Gibeoniter hören es und wollen Frieden (V 1.3.16).

● Warum bildet sich erst in 9,1f eine Koalition gegen Israel? **Josuas Befürchtungen** nach der Niederlage gegen Ai werden wahr (7,9): Von nun an ist Israel ein besiegbares Volk. Die Feinde werden nicht mehr aufhören, Israels „Namen ausrotten" zu wollen, eine endlose Folge von Kriegen und Blutvergießen. Die Sünde Achans zeigt wie die Sünde Adams, welche schrecklichen globalen **Folgen** eine einzige bewusste Rebellion gegen Gott hat.

● **Gibeon** liegt südlich von Ai auf halbem Weg Richtung Jerusalem. Das israelitische Lager **Gilgal** („Kreis", V 6) liegt nun wohl nicht mehr am Jordan (4,19f; 5,9f).

● Das Bekenntnis V 9f.24 steht parallel zu 2,9-11. **Rahab** bekennt Gott als Herrn der Erde und schenkt ihm ihre Loyalität. Die Gibeoniter bleiben sich selbst treu und wollen Gott zu ihren Gunsten manipulieren. Beide Formen der Religiosität gibt es bis heute.

● Achans und Gibeons Betrug liegen beide zwischen einer Zeremonie und einem Kampf. Im Gegensatz zu Achan liegt hier nicht schwarz neben weiß, sondern dunkelgrau neben hellgrau: Die Gibeoniter verfallen nicht dem Bann. Die Israeliten brechen keinen Bund. Auch das Leben mit Jesus ist nicht nur schwarz-weiß. Was könnte dazu motivieren, auch dann den besseren Weg zu gehen, wenn der schlechtere Weg keine offensichtliche Sünde ist?

● Irgendwie stimmt etwas nicht (V 14). Das Murren in der Wüste bedeutete Aufstand gegen Gott und Mose, hier ist es **nicht unberechtigt, aber doch falsch** (V 18). Wenn die Leiter nicht mehr auf Gott blicken, wird die Gemeinde unzufrieden.

● Warum wünschen sie immer wieder, **Knechte** zu sein (V 8f.11.24f)? Es geht ihnen um Privilegien als Vasallen: Israel ist nun verpflichtet, sie zu schützen (10,6). Sauls Nachkommen tragen die bittere Konsequenz (2Sam 21).

36

Donnerstag, 27. Januar   Josua 10,1-15

● Mit Gibeon und Ai ist die Nord-Süd-Verbindung auf der Hügel-
kette gekappt („divide and conquer"). Dass Jerusalem die nächste
Stadt südlich von Gibeon ist, bedroht **Adoni-Zedek**. Er sammelt
Kräfte.

● Der **Hilferuf** der Gibeoniter steht parallel zu dem von Adoni-
Zedek: Komm herauf ... hilf! Sie fügen das hebräische jascha',
„retten", ein, die Wurzel des Namens Josua/Jesus. Die „Knechte"
fordern die Schutzpflicht ihres Herrn ein (V 6). Als Helfer steht ein
einzelner Josua vier Königen gegenüber.

● Es folgen kurze, kunstvoll komponierte Abschnitte, welche die
Perspektive von Josua (V 7-9), Gott (V 10) und Israel (V 11), be-
leuchten.

> ✎ *Betrachten Sie einen Konflikt aus verschiedenen Blick-*
> *winkeln: Ihre Sicht, die Sicht anderer. Welchen Unterschied*
> *macht Gottes Perspektive? Welche Rolle spielt er in ihrer Per-*
> *spektive und der von anderen?*

● Die Feinde fliehen nach Südwesten den Berg hinab nach **Aseka**,
dann noch einmal 20 km südlich nach **Makkeda** (Lokalisierung
unsicher) auf der Ost-West-Verbindung Hebron, Lachisch, Eglon.

● V 12-14 erscheint nicht erst dem modernen Leser unglaubwürdig. Bereits der Autor des Buchs sucht die **Wahrheit seiner Aussage**
vor seinen Lesern zu rechtfertigen:

→ Nur hier beruft er sich auf eine Quelle.

→ Er betont die geschichtliche Einmaligkeit.

→ Er nennt eine **theologische Begründung** in V 14: Der Schöpfer
von Galaxien, von Licht, Raum und Zeit beweist, dass er es ist, der
für Israel kämpft. Es gibt verschiedene **Erklärungsversuche** bis hin
zu einer symbolischen Deutung (vgl. Ri 5,20; Hab 3,11), die alle
ihre Stärken und Schwächen haben.

Freitag, 28. Januar   Josua 11,1-15

● Wie in Jos 10 führt ein Leiter die Koalition des Nordens an. **Hazor** war eine gewaltige befestigte Hauptstadt (V 10), zehnmal so groß wie damals Jerusalem (etwa 100 Fußballfelder), mit mehreren Zerstörungsschichten (vgl. die Konfrontation mit einem späteren **Jabin** in Ri 4–5. Üblich bei Dynastien: Jabin I., II. etc.).

● **Schimron** liegt 5 km westlich von Nazareth; östlich in Richtung See Genezareth (im AT: „**Kinneret**") liegt wohl **Madon**. **Achschaf** liegt nördlich des Karmel in der Akko-Ebene. Südlich des Karmel liegt **Dor** an der Küste. Die Bezeichnung Land/Ebene **Mizpe** mag sich auf das Tal des Litani-Flusses beziehen, zwischen Libanon und Anti-Libanon (**Hermon** = Süden des Anti-Libanon, V 2.8.17).

● Gemeinsam mit diesen Königen bildet das Volk aus den Dörfern der nördlichen Regionen (V 2f) ein Heer, welches mit Kap. 10 nicht vergleichbar ist: Es ist furchterregend wie die ägyptische Armee (V 4, vgl. 2Mose 15,1). „**Wasser von Merom**" könnte Wadi el-Hamman, ein westlicher Zufluss des Sees Genezareth sein.

● Anders als bei Gibeon sind hier in der Ebene **Pferde und Wagen** überlegen. Josua soll diese Kriegsgeräte endgültig vernichten (V 6.9).

● Die **Verfolgung** führt im Uhrzeigersinn um Galiläa herum: hoch nach Sidon am Meer, dann Richtung Osten, schließlich zurück nach Süden, um Hazor einzunehmen (V 8.10).

● Der **Bann** wird erwähnt, ohne Gewalt zu verherrlichen (wie bei anderen Völkern üblich). Menschlich gesehen ist die Strafe kaum nachvollziehbar für Gräuel (5Mose 12,31) oder Unverbesserlichkeit über vier Generationen (1Mose 15,16). Bei einem göttlichen Gericht gelten jedoch andere Maßstäbe.

● Nur Jericho, Ai und Hazor werden **verbrannt**. Die Verheißung war, in Städten zu leben, die sie nicht gebaut haben (24,13; 5Mose 19,1). Das erklärt den oft nahtlosen Übergang von kanaanitischer zu israelitischer Kultur in den Ausgrabungsfunden.

Samstag, 29. Januar **Josua 20,1-9**

● Nach dem Sieg über die südliche (Jos 10) und nördliche (11) Koalition ist das Land erobert. Jos 13–21 berichtet über die **Verteilung**. Im Zentrum steht Josuas Rede in Silo (18,1-10). Davor die eifrigen Stämme (Ostjordanland, Juda, Joseph), danach die sieben säumigen Stämme (18,3).

● Das „Weihen" (20,7) von **Zufluchts- und Levitenstädten** schließt die Verteilung ab (20f). Nachdem Gott Israel Land gegeben hat, geben sie einen Teil an Gott zurück, ähnlich wie bei einer Ernte.

● V 2 verweist auf **Mose**, der in 5Mose 4,41-43 drei Städte im Osten benennt, in 19,7 die Wahl dreier weiterer Städte befiehlt.

● Was ist das **Ziel**? 4Mose 35 und 5Mose 19 betonen, dass das Land nicht durch zu Unrecht vergossenes Blut entweiht werden soll. Jos 20 betont die **Gerechtigkeit** und fordert einen fairen Prozess (V 6.9). Genannt wird ausdrücklich der Fremde, der nicht zum Sündenbock gemacht werden darf.

> ✎ *Die Institution der Blutrache wird durch die Freistädte begrenzt. Warum kann sie im AT nicht einfach ersatzlos gestrichen werden? Offensichtlich ist ein „Schwamm drüber" zu wenig für Gottes Anspruch an Gerechtigkeit. Haben Sie schon einmal erlebt, dass Gerechtigkeit und Barmherzigkeit sich schwer miteinander vereinbaren ließen?*

● Mit dem **Tod des Hohenpriesters** (V 6) gilt die Schuld wie gesühnt (vgl. 4Mose 35,28.32). Der Totschläger ist ein freier Mensch. Kein Sühnegeld, kein Mensch kann das bewirken (Ps 49,8-10). Warum bringt der Tod des Hohenpriesters einen Neubeginn? Das AT nennt keinen Grund. Bereits der Kirchenvater Hieronymus sieht hier ein Gleichnis auf **Jesus**: Er „ist gekommen als ein Hoherpriester" und hat „durch sein eigenes Blut ... eine ewige Erlösung erworben", um „durch sein eigenes Opfer die Sünde aufzuheben" (Hebr 9,11f.26). Sein Tod sühnt Schuld, befreit und gibt eine zweite Chance.

| Sonntag, 30. Januar | Psalm 97 |

● Psalm 97 feiert das Sichtbarwerden und die endzeitliche (eschatologische) Vollendung von Gottes Königsherrschaft. Der Psalm hat viele Bezüge zu älteren Psalmen und Bibeltexten. Wir können ihn in drei Teile gliedern:

● Erster Teil (V 1-6): Die Erscheinung (Theophanie) JHWHs: Der HERR wird sichtbar als König, darüber soll sich alle Welt freuen. Nicht nur Israel, sondern alle Völker und sogar die Himmel verkünden seine **Gerechtigkeit und** sein **Recht, die Fundamente seiner Herrschaft.** Er tritt aus dem Dunkel, sodass das ganze Erdreich es sieht und erschrickt. Vor ihm zerschmelzen selbst die Berge wie Wachs. Seine Blitze erleuchten alle Welt, sodass niemand und nichts vor ihm verborgen bleibt. JHWH kommt als gerechter, rettender König. Darum wird alle Welt in Jubel ausbrechen.

> ✎ *Vergleichen Sie die Theophanie (Erscheinung) Gottes in unserem Psalm mit der vor Mose am Sinai (2Mose 19,16-19) und mit der vor Elia (1Kön 19,11ff).*

● Der zweite Teil (V 7-9) berichtet die Auswirkungen, wenn Gott erscheint: „Alle, die den Bildern dienen, werden zuschanden." Israel erlebt in seiner Nachbarschaft, wie die Völker vielen Göttern dienen. Zion dagegen bekennt: „Du, HERR, bist (allein) der Höchste, du bist hoch erhaben über alle (sogenannten) Götter."

● Der dritte Teil (V 10-12) richtet den Blick auf die Gegenwart. Den Götzenbild-Dienenden (V 7) werden nun die Gott-Liebenden entgegengestellt. Ihnen gilt der Auftrag: „Hasset das Böse!" Sie sollen schon jetzt ein Leben führen, das Gottes Recht entspricht. Ihnen strahlt auch im Dunkel der Weltgeschichte immer wieder das Licht auf. Sie wissen, wir sind in Gottes Hand, in jeder Lage, unter allen Umständen. Darum: „Freut euch am HERRN, lobt seinen heiligen Namen!"

Montag, 31. Januar   **Josua 21,1-3.41-45**

● Die **Levitenstädte** werden auf den Befehl des HERRN durch Mose verteilt (4Mose 35,1-8).

● Diese Zuteilung bleibt über 1000 Jahre lang gültig, wie 1Chr 6 aus der Zeit nach der babylonischen Gefangenschaft belegt.

● Die Städte lagen oft an den Grenzen zwischen Stammesgebieten. So waren sie als **Zentren des Glaubens** vielen zugänglich.

● Die Bilanz am Ende des dritten Teils des Josuabuchs bezeugt die **absolute Treue Gottes** zu seinen Landverheißungen.

● Unausgesprochen bleiben hier die **großen Probleme**, die sich aus Unglauben und Ungehorsam des Volkes ergeben. Geschickt formuliert der Autor so, dass dieser Schatten das Lob Gottes nicht trüben kann:

→ Der Eid der „Ruhe" wurde den „Vätern", aber nicht den Erzvätern, sondern den **Vätern der Exodus-Generation** geschworen (2Mose 33,14; vgl. „Haus Israel" in Jos 21,45). Ihnen wurde eine vorläufige Vertreibung von drei von sechs Völkern verheißen (2Mose 23,23.28). Erst nach und nach würde Gott sie aus dem Gebiet verdrängen, damit das Land nicht zur Einöde wird (V 29f).

→ Die Ruhe ist **nicht gleichzusetzen mit der Vernichtung** aller Feinde, sondern Voraussetzung für den Sieg über manche Feinde, die noch übrig sind (5Mose 25,19).

→ Gott „gab" alle Feinde in ihre Hände (Jos 21,44), doch Israel war **nachlässig, das zu „nehmen"**, was Gott ihm gab (18,3). Dort wo es Auseinandersetzungen gab, „widerstand" den Israeliten kein Feind (Jos 10f). Aber teilweise führen Furcht und Nachlässigkeit zu Konfliktvermeidung (13,13; 15,63; 16,10; 17,12f; 19,47).

✎ *Gottes Treue und menschliches Versagen prägen eine Situation oft gleichzeitig. Beides sollte zur Sprache kommen. Doch am Ende steht der überwältigte Blick auf Gott. Erkennen Sie das Potenzial, das ein ungetrübtes Lob inmitten einer schwierigen Situation in sich trägt?*

Dienstag, 1. Februar   Josua 22,1-20

● Jos 22–24 erscheint wie eine lose Sammlung von drei zusammenhangslosen Überbleibseln. Auf den zweiten Blick zeigt sich der tiefere Sinn: in diesem vierten Abschnitt des Buchs geht es um die **Frage des richtigen Gottesdienstes im Land.**

● V 4 greift 21,43-45 auf. Der Treue Gottes entspricht die Treue der 2½ östlichen Stämme (vgl. 1,16-18). Josua fasst die Essenz des Gesetzes zusammen (V 5) – Jesus formulierte es so: „Du sollst den Herrn, deinen Gott, lieben von ganzem Herzen, von ganzer Seele und von ganzem Gemüt" (Mt 22,37).

● Die in V 17.20 genannten Beispiele Peor (4Mose 25) und Achan (Jos 7) zeigen: „Die ganze Gemeinde Israel" leidet, **wenn ein Teil sündigt.** Auch im Neuen Bund ist man nicht nur für sich selbst verantwortlich. 1Kor 5 warnt: Die Sünde des Einzelnen ist wie Sauerteig, der den ganzen Teig infiziert.

● V 9 betont den **Abschied** der 2 ½ Stämme – von dem Volk der „Israeliten", von dem Heiligtum „Silo" und von dem Verheißungsland „Kanaan".

● Die Nachricht von dem Altar wird als Sakrileg gedeutet – weil man es nicht anders deuten konnte? Weil das doch wieder mal typisch war? Der Text warnt vor übereilten **Schlussfolgerungen** und Aktionen. Statt zu fragen: „Was sind eure Motive?", setzen Pinhas und sein Gefolge die böse Absicht bereits voraus.

✎ *Das Aussenden einer Delegation verhindert die Eskalation, trotz wüster Anschuldigungen. Auch nach Mt 18,15-17 soll erst geredet werden. Nicht die schönen Worte, sondern das reine Herz (V 5) führt letztlich zu einem guten Ende. „Lieblosigkeit" ist in Gemeinden oft ein übler Anklagepunkt gegenüber Christen, die andere direkt auf Sünde hin ansprechen – auf ihre eigentümliche, manchmal unbeholfene Art. Wie können Sie diejenigen unterstützen, die wahre Einheit und Reinheit in ihrer Gemeinde suchen?*

Mittwoch, 2. Februar   Josua 22,21-34

● V 22 richtet sich an Gott, der in das Herz sieht. Hier kommt
keine Ausrede, sondern **echte Unschuld** zum Vorschein.
● Brand-, Speis- und Dankopfer stehen als die ersten drei aus
3Mose 1–7 stellvertretend für alle **Opfer.**
● Die Idee eines steinernen „Zeugen" (V 27) an einer Grenze erinnert an das Steinmal von **Laban und Jakob** (1Mose 31,45-52).
● Der Gedenk-Altar (V 28) ist dem Urbild des Altars auf dem Sinai **nachgestaltet** (2Mose 25,9; 27,8).

> ✎ *Einheit um jeden Preis? Es gibt eine Spannung zwischen
> Einheit und Heiligkeit, Wahrheit und Liebe. Es geht darum,
> den Kern des Glaubens nicht zu verleugnen, aber in Neben-
> sächlichkeiten Freiheit zu gewähren. Lesen Sie Röm 14,1-6.
> Was sind die geistlichen Gegensätze zu Rechthaberei einer-
> seits und Gleichgültigkeit andererseits?*

● Die formelle Aufzählung der Personengruppen beider Parteien
ab V 30 weist auf ein **Rechtsverfahren** hin, bindend auch für die
Nachkommen (V 24f).
● Drei Umstände fallen in V 31 zusammen: Pinhas spricht die 2½
Stämme des Ostjordanlandes offiziell frei von der Anklage. Die
Gegenwart Gottes wird ungewöhnlich stark (vgl. 3,10) spürbar.
Israel ist errettet (vgl. V 17.20).
● Die **Errettung** Israels greift zurück auf die Rettung Rahabs und
der Gibeoniter (2,23; 9,26). Nicht allein ein tragisches Massaker
ist abgewendet (vgl. Ri 20), Israel wäre unter dem Fluch gestan-
den wie die Kanaaniter und Achan („versündigt" greift zurück auf
Jos 7,1). Auch wenn jede Hoffnung verloren scheint, Rettung ist
möglich!
● **Pinhas** erlebt beides: Er war bereit, bis aufs Blut zu kämpfen, um
Götzendienst und Hurerei zu überwinden (4Mose 25). Auch hier
führt er die Gruppe der Krieger an. Aber sein Eifer ist nicht blind.

Donnerstag, 3. Februar   Josua 23,1-16

● Die Kap. 22–24 beginnen je damit, dass Josua „ruft", hier Israel und die Leiter. Es ist seine **Abschiedsrede**. Inhaltlich fügt sie der Abschiedsrede des Mose (5Mose, insb. Kap. 28–30) nichts hinzu.

→ V 1-5 beschreiben Gottes Treue in der Vergangenheit (V 3) und in der Zukunft (V 4), betont wird die Landverheißung.

→ V 6-13 zeigt die Konsequenzen von Gehorsam (V 6-9) und Ungehorsam (V 11-13), betont wird Gottes Treue (V 10).

→ V 14-16 setzt ein zweites Mal mit „ich" ein und beschreibt Gottes Segenswort in der Vergangenheit (V 14), Gottes Fluch-Wort in der Zukunft (V 16), betont wird die Wirkkraft seines Wortes.

● Dieser Aufbau zeigt: Käme es alleine auf Gottes Treue an, hätte Israel nichts zu befürchten (V 1-5.10). Doch die Konsequenzen von Gehorsam und Ungehorsam (Mittelteil) lassen Josua **mit Sorge in die Zukunft blicken** (Schlussteil). Während er in Jos 24 das Volk direkt vor die Wahl stellt und vor den Folgen warnt, tut er dies hier bereits indirekt.

> ✎ *Welche drei Forderungen stellt Gott an sein Volk in V 6-8? Lassen sich Unterschiede zu einer ritualisierten Gesetzes-Religion erkennen?*

● Das Wort „**anhangen**" (V 8.12) taucht zum ersten Mal in 1Mose 2,24 bei der Verbindung zwischen Mann und Frau auf. Die kanaanitische Kultur ist Götzendienst. Vermischung bedeutet Verrat an Gott, vgl. zur Verschwägerung 5Mose 7,3.

● Dass **ein Mann Tausende jagt** (V 10), wird in 5Mose 32,30 auf Gottes Überlegenheit über die Götter zurückgeführt. Dass **Gott für Israel kämpft** ist Moses Zusage an Josua (5Mose 3,22) und Grund der Rettung am Schilfmeer (2Mose 14,14.25). Es geht gerade nicht darum, dass Gott eigensinnige, menschliche Pläne absegnet. Aber wer für Gottes Sache kämpft, kann mit kleinem Glauben große Hindernisse überwinden.

Freitag, 4. Februar   Josua 24,1-15

● Es soll nicht bei Appellen bleiben (Jos 23), das Volk wird zu einer **Entscheidung** herausgefordert.

● Als Bühne wählt Josua den Ort der Entscheidung zwischen Segen und Fluch, **Sichem** zwischen Garizim und Ebal (vgl. 8,30-35).

● Die Rede beginnt und endet mit dem **Götterdienst der Väter** jenseits des Euphrat (V 2.14f). Nach all dem, was Gott in ihrer Geschichte getan hat, wollen die Israeliten wirklich dahin zurück?

→ Der erste Abschnitt handelt von Abrahams Vater (V 2), **Abraham** selbst (V 3), und der Familie seines Sohns (V 4).

→ Es folgt die **Sendung** des Mose (V 5-7), welcher der Sendung von Hornissen (wohl symbolisch für Schrecken, V 12f) gegenübersteht. Gott sendet Retter vor den Ägyptern sowie vor Og und Sihon.

→ Im Mittelpunkt der Rede steht die **Sendung** des Fluchs in Person (Bileam) durch den **kämpfenden** Erzfeind Moab (V 9f; vgl. 4Mose 22-24). Gott errettet aus seiner **Hand**. Er ist größer als jeder geistliche Angriff. Gerahmt wird diese Bedrohung durch die Bedrohungen durch **kämpfende** Kanaaniter, welche jeweils enden mit „aber ich gab sie in eure **Hände**" (V 8.11).

> ✎ *Gott rettet vor geistlichen Angriffen (V 9f) und von den Bindungen der Vorfahren (V 2). Er beschenkt unverdient (V 12f). V 14 fordert mehr als „konfessionelle Zugehörigkeit". Was ist dieser Gott Ihnen wert? In welchem Bereich Ihres Lebens wollen Sie ihn heute durch Treue und Aufrichtigkeit ehren?*

● Der Ägyptologe Kenneth Kitchen (Das Alte Testament und der Vordere Orient) fand heraus, dass Josua 24 vom Aufbau her **hetitischen Verträgen** aus der Zeit vor 1200 v. Chr. ähnelt: Titel, historischer Prolog (V 2-13), Vereinbarungen, Aufbewahrung (V 26), Zeugen (V 22.27), Segen und Fluch (V 19f).

Samstag, 5. Februar   **Josua 24,16-28**

● „Dienen" kommt in jedem der Verse 14-22 vor (in V 17 in dem Wort „Knechtschaft").

→ Die **Antwort des Volkes** bestätigt Gottes Werk in Ägypten und Kanaan (V 16-18; „Amoriter" hier für Kanaaniter). Betont wird die umfassende Bewahrung (V 17b).

→ Im Mittelteil (19-25) **hinterfragt Josua** die Beteuerung. Es gibt die Möglichkeit der „Bekehrung" von Gott zu den Götzen (V 20) und umgekehrt (V 23). Betont wird die „Erwählung" Israels, Gott zu dienen (V 22; vgl. V 15).

→ Im letzten Teil (V 26-28) richtet Josua einen **Stein** als zweiten Zeugen auf (der Stein „hört" ebenso wie Israel, V 24.27). Im Zentrum der Zeremonie wird **Gottes Wort** für die Zukunft hörbar gemacht, im Zentrum der Rede sichtbar (Gedenkstein).

● Auch **Jakob** (V 4.32) errichtete Gedenksteine. In Sichem forderte er ähnlich wie Josua: „Tut von euch die fremden Götter" (1Mose 35,2). Er vergrub diese unter der Terebinthe („Eiche", LUT), die in Jos 24,26 wieder auftaucht. Es ist kein gutes Zeichen, dass Israel nur redet und nicht wie Jakob handelt (vgl. Ri 2,11f).

> ✎ *Hören und Dienen gehören zusammen (V 24). Wie sieht bei Ihnen das Verhältnis zwischen „Hören" und „Umsetzen" aus? Was können Sie heute zur Tat werden lassen? Was könnte für Sie ein „Gedenkstein" sein, um auch morgen die Umsetzung nicht zu vergessen?*

● Die „**Sünden**" sind verbunden mit abtrünniger Herzenshaltung (V 19f). Das Brandopfer dient der Vergebung, nicht jedoch als Methode, Gott „bei Laune zu halten". Gottes **Eifersucht** entstammt nicht wie bei Menschen einem Mangel, sondern seinem Kampf gegen die Lüge. Bei aller Freiheit, die Gott uns gewährt: Seine Position als Gott verteidigt er mit Entschiedenheit – nicht zuletzt um unseretwillen. Denn an dieser Frage entscheidet sich das Schicksal von Opfern und Tätern.

Sonntag, 6. Februar   **Psalm 54**

● Ps 54 ist ein **Bittgebet** (V 3-5) um **Rettung aus Bedrängnis** durch „Feinde" beziehungsweise „Gewalttäter" (V 5.7.9). Es hat offenbar Erhörung gefunden, sodass ein **Dank(opfer)-Gebet** mit Bezeugung der Rettung angefügt wurde (V 8f). V 6f sind ein „Scharnier", das Bittgebet und Dankdarbringung verbindet.

● Im Zentrum des Psalms (V 6) steht der „zentrale" Satz, ein Bekenntnis der Zuversicht, das auch wir glaubend nachsprechen dürfen:

„Siehe, Gott steht mir bei, der HERR erhält mein Leben."

● Die längere Überschrift (V 1f) gibt Hinweise zu Verwendung („Unterweisung") und musikalischer Aufführung des Psalms.

● Die in der Überschrift in V 2 gegebenen Hinweise weisen auf Geschehnisse, die in **1Samuel 23,14-28** und **26,1-25** geschildert werden. David war bereits zum König gesalbt worden (1Sam 16), aber noch nicht in seinem Königsamt, sondern von seinem Vorgänger, dem regierenden König Saul, verfolgt. Zweimal hatten sich David und seine Getreuen in ödem Gelände verborgen, und zweimal wurde er von den Sifitern, Leute aus der dortigen Gegend, verraten (Sif liegt im südlichen Juda, in der Nähe der Stadt Hebron).

✎ Hier wird in der Bibel ein Zusammenhang zwischen einer Lebensgeschichte (David) und einem Psalmgebet hergestellt. Lesen Sie die entsprechenden Texte, und vergleichen Sie namentlich V 2 mit 1Sam 23,19 und 26,1.

✎ Bedenken Sie nun Verbindungen zwischen Ihrer Lebensgeschichte und Ihrem Gebetsleben. Welche Gebetsworte sind angemessen für Ihre jetzige Situation? Beten Sie diese! Erzählungen wie Psalm 54 machen deutlich, dass Gott das David-Gebet erhört und geholfen hat. Auf diese Gottesworte und Gotteshilfen dürfen wir bauen – wie schon viele Menschen vor uns.

Montag, 7. Februar   Josua 24,29-33

● In V 28 entlässt, wörtlich „sendet" Josua das Volk. Dies beschreibt an anderen Stellen im Buch den Beginn einer Mission (2,1; 7,2): Sie wissen, was ihr Auftrag ist. Wie geht es weiter?

→ Josua **stirbt** im Alter von 110 Jahren (wie Josef; 1Mose 50,26), ein gesegnetes Alter (Ps 90,10). Wie Mose bekommt er den Ehrentitel „Knecht des HERRN" (5Mose 34,5). Auch in diesem Wort steckt das hebräische „dienen".

→ Er findet Ruhe in seinem **Erbteil** (19,49f), symbolisch ein Vorbild für die zögerlichen Stämme, denen die Ansiedlung in ihrem Erbteil bisher zu anstrengend erscheint (18,3).

→ Im Zentrum steht die gute Nachricht, dass Israel weiterhin Gott **dient**. An wem liegt es? Die beteiligten Personengruppen bilden in V 31 einen Chiasmus: Israel – HERR – Josua – Älteste – Josua – HERR – Israel. Es ist die Leiterschaft, die Gottes Taten (noch) „kennt". Im AT ist mit „kennen" auch eine persönliche Beziehung im Blick, ähnlich dem „glauben" im NT.

→ Nun geht es um das **Erbteil** Josefs. Dass sein Wunsch aus dem letzten Vers von 1Mose nun endlich in Erfüllung geht, macht ihn zum Vorbild eines Glaubens mit langem Atem (Hebr 11,22).

→ Schließlich **stirbt** auch Eleasar, der Hohepriester. Nach dem Tod beider Leiter – von Volk und Heiligtum – steht die Zukunft offen. Die Priesterlinie setzt sich mit Pinhas fort. Josua hingegen gründet keine Dynastie. Auch in Zukunft bleibt Gott König, der sich nur ab und zu einzelne Leiter erwählen wird, Richter, die sein Volk retten.

> ✎ *Auch Christen sind aufgefordert, Gott zu dienen, nicht nur im Gottesdienst (Röm 12,1-3). Wenn Sie sich einen Ehrentitel wünschen könnten: Wie wird (sollte) man Sie am Ende Ihres Lebens beschreiben? Was in Ihrem Leben läuft im Moment (nicht) in diese Richtung?*

Der Epheserbrief

Bei diesem Brief handelt es sich vermutlich um einen **Rundbrief** an die Gemeinden in Kleinasien – die Worte „in Ephesus" fehlen bezeichnenderweise in den ältesten Handschriften. Diese Annahme wird bestätigt durch Kol 4,15f, wo dazu aufgefordert wird, die apostolischen Briefe untereinander auszutauschen. Das würde verständlich machen, warum kein konkreter Anlass für den Brief auszumachen ist, warum persönliche Mitteilungen und Grüße fehlen. Der Epheserbrief ist als ein Vermächtnis des großen Völkerapostels Paulus an die ganze Kirche zu verstehen.

Er **hat viele Gemeinsamkeiten mit dem Kolosserbrief,** setzt aber auch selbst eigenständige Akzente.

Er preist in **Kap. 1–3** das Wunder, das „Geheimnis" (1,9; 3,3) der einen universalen Kirche. Christus hat durch sein stellvertretendes Sterben die trennende Mauer zwischen Juden und Heiden niedergerissen und beide mit Gott versöhnt „in einem Leib durch das Kreuz, indem er die Feindschaft tötete durch sich selbst" (2,16). Christus ist das Haupt und die Gemeinde sein Leib (s. 4,15f). Und diese **eine weltumspannende Kirche** ist der Ausgangspunkt und das Hinweiszeichen, dass Gott alles, „was im Himmel und auf Erden ist" zusammenfassen, versöhnen will in Christus (1,10).

Deshalb wird in **Kap. 4–6** aufgerufen, diese von Gott geschenkte Einheit zu bewahren und sichtbar zu machen (4,1-6.15-17). Dazu ist wichtig, den „alten Menschen", die bisherige Lebensweise, abzulegen, in der der Mensch von eigensüchtigen Wünschen und Begierden beherrscht war, und den „neuen Menschen" anzuziehen. Aus der Christusbeziehung heraus erwächst ein herzliches u. freundliches, Miteinander (4,17ff); den „neuen Menschen" kennzeichnet ein „Leben im Licht" (5,1ff) bis in die familiären, geschlechtlichen und beruflichen Beziehungen hinein (5,21–6,9). Um dieses Leben führen zu können, das Gottes allumfassendes Versöhnungswollen unterstützt und in der Welt bekannt macht, bedarf es der „geistlichen Waffenrüstung", die jeder anlegen soll, um allen zerstörerischen Mächten widerstehen zu können (6,10-20).

Dienstag, 8. Februar   Epheser 1,1-6

Haben Sie schon mal eine Fußballreportage aus Südamerika gehört? Wo dem deutschen Kommentator wenige Worte reichen, türmt der Kollege aus Übersee Satz auf Satz – weil er so begeistert ist. Sehr ansteckend!

● So ist auch das Gebet, mit dem Paulus diesen Brief eröffnet (ab V 3): Im Urtext sind es nur **wenige, lange Sätze voller Lobpreis**; als könne Paulus sich gar nicht beruhigen über die großen Taten Gottes. Deren **vorläufiger Endpunkt: die neue Gemeinschaft der Christen, die alte Gräben überwindet.**

● Zuvor stellt sich Paulus selbst vor (V 1f). Den Brief hat er wahrscheinlich um das Jahr 62 geschrieben, in römischer Gefangenschaft, kurz vor seinem Tod, zusammen mit anderen Briefen (Phil, Kol und Phlm).

● Empfänger sind die Christen in Ephesus in Kleinasien (heutige Türkei). Der Brief ist aber nicht auf die Situation einer einzelnen Gemeinde zugespitzt, vielleicht war er also als **Rundschreiben für eine ganze Region** gedacht (vgl. die Einführung zum Eph).

● In der kritischen Forschung wird oft bezweifelt, dass der Brief von Paulus stammt: Zu sehr würden sich Sprachstil und Themen von seinen anderen Briefen unterscheiden; oder aber der Eph sei durch einen Schüler vom Kol abgekupfert. Meine Erklärung: Paulus hat beide Briefe zeitnah geschrieben und sich bewusst wiederholt. Grundgedanken des Eph finden sich sehr wohl auch sonst bei Paulus, gerade zum Thema Einheit der Christen. Möglich ist aber, dass sein Mitarbeiter Tychikus bei der Abfassung mitgewirkt hat, in jedem Fall war er der Briefbote (Kap. 6,21).

● Paulus holt weit aus (V 3-6): **Gott will Gemeinde**, will uns dabei haben – schon seit Ewigkeit. „**Vorherbestimmt**" (V 5) heißt dabei nicht, dass andere keine Chance hätten dabei zu sein. Gott will ja gerade alle erreichen (1Tim 2,4)! Sondern gemeint ist: Wenn jetzt Gemeinde entsteht und **Menschen zum Glauben kommen, ist das kein Zufall, sondern Zeichen der gnädigen Erwählung durch Gott.**

Mittwoch, 9. Februar   Epheser 1,7-10

„Soll ich dir ein **Geheimnis** verraten?" Kaum etwas macht Kinder so neugierig wie dieser Satz. Erwachsene geben sich gerne seriöser, aber auch bei ihnen reicht ein gemurmeltes „Hör mal, so ganz unter uns, und vielleicht sollte ich das auch gar nicht weitersagen ..." – und plötzlich verstummt ein ganzer Raum, sind alle voller gespannter Erwartung, ganz Ohr.

● Auch im Text geht es um ein Geheimnis, aber natürlich nicht um Klatsch und Tratsch. Sondern es geht um Gott selbst: Er **verrät uns „das Geheimnis seines Willens, nach seinem Ratschluss"** (V 9). Der Inhalt: **Alles war von Anfang an Gottes Plan.** Nichts war zufällig, nichts war Notlösung oder Improvisation, weil die Welt aus dem Ruder gelaufen ist. Sondern Gott hat schon von Beginn der Welt an vorgehabt:

→ einmal **„Erlösung und Vergebung"** zu schenken (V 7), also einen Rückweg aus Schuld und Scheitern, einen Neuanfang zwischen Mensch und Gott zu ermöglichen;

→ **dieses Geschenk in Jesus Christus zu machen,** genauer „durch sein Blut" (V 7), also durch seinen stellvertretenden Tod am Kreuz;

→ **in Jesus noch „reichlich" mehr zu schenken,** nämlich **„Weisheit und Klugheit"** (V 8) – denn Glaube entlastet das Herz und schärft den Verstand;

→ **das alles zu tun, wenn die Zeit reif wäre,** genauer: wenn sie „erfüllt" ist.

● Paulus kommt aus dem Staunen nicht heraus, dass genau das alles vor Kurzem passiert ist. Er und die Christen in Ephesus sind Teil der Geschichte und damit Teil des großen Plans, den Gott schon so lange verfolgt. Das verleiht auch ihrer Gemeinschaft eine besondere Würde. Und um die geht es in den folgenden Kapiteln.

> ✎ *Heute ist Nach-vorne-Blättern erlaubt: Schauen Sie in Eph 3,3-6. Welcher Teil von Gottes Geheimnis wird hier gelüftet und was hat dies mit der Gemeinde in Ephesus zu tun?*

Donnerstag, 10. Februar   Epheser 1,11-14

Wer würde schon als **Berufswunsch** „Erbe" angeben? Für Paulus ist „Erbe" aber ein Status von großer Würde (V 11). Natürlich meint er dabei nicht das Erben von materiellem Besitz, sondern von geistlichen Gütern:

→ **Ein Erbe bekommt Besitz und/oder Rechte des „Erblassers"** übertragen, also der Person, von der das Erbe stammt: Mit Jesus verbunden („in Christus", V 11a) haben wir wie Jesus Zugang zu Gott und erfahren seine Nähe und Liebe.

→ Erbe ist **reines Geschenk**, unverdient und nicht selbst erarbeitet; wer erbt, kann dafür dankbar sein, aber sich nichts darauf einbilden. Wie schon gesagt, das Ganze war von Anfang an Gottes „Ratschluss" (V 11b), Gottes Idee, wir haben dazu nichts beigetragen.

→ Im Erbe steckt meist ein **Vermächtnis**. Erbe ist Geschenk, aber es ist auch **mit einer Verpflichtung verbunden:** Mach etwas aus deinen neuen Möglichkeiten! Gott hat uns gewählt und beschenkt mit einem bestimmten Ziel: „damit wir zum Lob seiner Herrlichkeit leben" (V 12).

● Die **Grenze des Vergleichs:** Beim Erben durch Menschen ist der Erblasser zuvor gestorben. Hier lebt er und ist sehr aktiv! Gott ist auf ewig bei uns und beschenkt uns zugleich so, wie Menschen einander zum Schluss ihres Lebens beschenken – wenn die Liebe unmissverständlich sein soll. Manche Menschen leben ja nach dem Motto: „Lebe jeden Tag so, als könne es dein letzter sein." **Gott liebt nach dem Motto: „Liebe an jedem Tag so, als hättest du heute zum letzten mal die Gelegenheit dazu."**

● Woher wissen wir, dass das nicht nur fromme Lyrik ist? Paulus' Antwort: Wegen **Jesus**. Er **ist der Beweis, dass Gott es ernst meint mit seiner Liebe** (V 13). Und Gott ist unser Zutrauen zu ihm so wichtig, dass er uns zugleich „versiegelt" mit seinem Geist (V 13b.14), d. h. dass er mit seinem Geist in uns wirkt und so selbst das Vertrauen weckt und stärkt, das er sich wünscht.

Freitag, 11. Februar   Epheser 1,15-23

Endlich – kriegt Paulus die Kurve zu einem „normalen" ersten
Briefabschnitt – so könnte man meinen. Denn sonst beginnt Paulus seine Briefe meist mit einem **Dankgebet für die Gemeinde**, an
die er schreibt (siehe z. B. 1Thess 1,2-10). So klingt er auch jetzt,
in V 15f.

● Noch stärker als in anderen Briefen ist **der Dank aber gleich
wieder mit dem Staunen über Gott verbunden, also mit Lobpreis.**
Jedes neue Stichwort erinnert Paulus an einen weiteren Aspekt von
Gottes Handeln. Da lohnt sich das genaue Hinschauen. Denn Paulus „stapelt" nicht einfach wahllos fromm klingende Sätze aufeinander, sondern dieser kurze Abschnitt steckt **voller dichter Informationen:**

→ Was Gott in den Ephesern begonnen hat, soll weitergehen: Sie
sollen ihn „**erkennen**" (V 17) – d. h. in der Bibel immer: **besser** verstehen (**Kopf**) **und besser** kennenlernen (**ganze Person**).

→ Natürlich ist also **Glaube** auch „**Kopfsache**", daher bittet Paulus um „Weisheit und Offenbarung" von Gott (V 17b).

→ Glaube ist **zugleich Herzenssache**, daher bittet Paulus um „erleuchtete Augen des Herzens" (V 18a). Die braucht es, um zu erkennen: Ich bin auch gemeint! Gott will mich beschenken, ich gehöre mit zu den „Erben" und sogar zu den „Heiligen" (V 18b);
und zwar deswegen, weil ich zum Heil bestimmt bin.

→ Gott besser kennenlernen heißt auch erkennen, wozu Gott in
der Lage ist (V 19): **In Jesus hat er den Tod besiegt und ihn an
Gottes Seite als Herrn des Universums installiert** (V 20f). Wenn ich
mir aussuchen müsste, wer in der Welt das letzte Wort haben soll,
kann ich mir keinen besseren Kandidaten als Jesus denken.

→ Aus dem „Höhenflug" des Lobpreises setzt Paulus zur Landung
an: Die Gemeinde kommt in den Blick (V 22f). Jesus als Herr der
Welt ist zugleich die oberste Autorität der Gemeinde („Haupt").
Umso spannender, was das für sie heißt – dazu in den nächsten
Tagen mehr.

| Samstag, 12. Februar | Epheser 2,1-10 |

Harte Diagnosen wünscht sich keiner: „Achtung, Lebensgefahr" klingt bedrohlich. Leichter verdaulich ist der Rückblick: Es war ernst, aber es ist vorbei. So setzt auch Paulus hier ein.

● Wir erinnern uns: Vom großen, weltweiten Blick auf Gottes Handeln hat Paulus herangezoomt, den Fokus scharf gestellt auf die Christen in Ephesus. Aber statt nun einfach zur Dankbarkeit aufzurufen, kommt **erst die schroffe Feststellung: „Ihr wart tot"** (V 1), geistlich leblos, weil ihr ohne Gott wart.

● Und nicht nur das. Paulus erläutert: Ihr wart ohne Gott, aber deswegen nicht ohne wirksame Einflüsse: Der „Mächtige" hatte euch im Griff (V 2f). Wie bitte? Naheliegend ist, an den Teufel als Gegner der Pläne Gottes zu denken. Anders als in Kap. 6,11f nennt Paulus hier aber keine Namen – vielleicht weil es ihm an dieser Stelle auf die Folgen eines Einflusses ankommt. **Christsein heißt, unter dem heilsamen Einfluss Gottes zu leben.**

● Unter diesen Einfluss kommen Menschen nicht einfach aus eigener Kraft, genauso wenig wie man „beschließen" könnte, nicht mehr tot zu sein; sondern Gott muss Menschen zuerst geistlich aufwecken (V 4-6). Das klingt wieder harsch, aber darin steckt eine große Portion Gnade: **Nicht mal Christ** werden **muss oder kann man aus eigener Kraft**, sondern schon das ist ein Geschenk Gottes.

> ✎ *Heißt das, dass man Glauben nicht „machen" kann, sondern Gott weckt ihn – oder Gott ruft und Menschen antworten? Vgl. Sie dazu Phil 2,12b.13. Auch wenn Gott den Glauben in uns wirkt, so bleiben wir verantwortlich dafür, ob wir dieses Geschenk annehmen.*

● Die Pointe: Paulus will nicht Diskussionen befeuern à la „Willensfreiheit oder nicht?", sondern er pocht darauf: Es ist alles Gnade. **Lupenreine Gnade** (V 8-10). Darauf kann man sich nichts einbilden, dafür ist man einfach nur dankbar.

Sonntag, 13. Februar   Psalm 51

● Man kann den Psalm verärgert überblättern, weil in ihm so viel von meiner Sünde und meiner Missetat die Rede ist. Doch schon die erste Bitte „Gott sei mir gnädig nach deiner Güte" atmet den befreienden Geist des Evangeliums – mitten im Alten Testament. Offen bekennt sich der Beter dieses Bittgebets vor Gott und vor Menschen als Sünder.

● Die Tiefe der Sündenerkenntnis (**V 2-11**) und die Sehnsucht und Bitte nach einer Erneuerung seines Lebens (**V 12-19**) geben diesem Psalm sein besonderes Gesicht und Gewicht. Es ist keine dogmatische Belehrung, sondern die emotionale Zwiesprache und das Ringen eines Menschen mit Gott. Weder verdrängt er seine Schuld, noch ist er der heute so beliebten Meinung, er könne sich seine Verfehlungen selbst vergeben. Er ist sich bewusst: **Echte Buße und Erneuerung sind Gottes Geschenk.** Darum seine Bitte: Erschaffe mich neu, o Gott; gib mir ein reines Herz und einen neuen beständigen Geist!

● In **V 4-7** legt der Beter die Not seiner sündigen Existenz vor Gott. Hier kommt die heillose Situation unseres Lebens zur Sprache: Der Hang zum Bösen steckt zutiefst im Menschen, gewissermaßen vom ersten Augenblick unserer Existenz an (V 7 ist allerdings keine Aussage über den Vorgang der Zeugung; das wäre zutiefst unbiblisches Denken!).

● Den Beter belastet besonders, dass er „**an Gott allein**" sündigt. Damit ist nicht gemeint, dass er um keine Schuld gegenüber Menschen weiß. Nein, hier wird die Schuld am Nächsten vertieft als Sünde gegen Gott. Wer die Menschenwürde verletzt, verletzt Gottesrecht.

● **V 19**: Dass ein geängstetes und zerschlagenes Herz Gott gefällt, befremdet uns zunächst. Gemeint ist jedoch nicht ein gebrochener Mensch, sondern **das Gegenteil von einem hochmütigen**, überheblichen **Herzen.**

● Die Verse **20-21**, die eventuell später hinzugefügt wurden, spiegeln die Erwartung eines endzeitlichen Zion, in dem die Gerechtigkeit triumphiert.

| Montag, 14. Februar | Epheser 2,11-22 |

● Bevor ein Mensch durch den Glauben an Jesus Christus zu einem Kind Gottes wird, befindet er sich in der **Gottesferne.** Diese äußerst sich fünffach: **Er hat keinen Retter, gehört nicht zum Volk Gottes, hat keinen Anteil an den Verheißungen Gottes, ist ohne Hoffnung und letztlich auch ohne Gott, denn alle Götzen, an die ein Mensch sich hängen mag, sind Nichtse.** Durch Jesus aber ist alles anders geworden. Weil er nicht nur für die Juden gestorben ist, sondern auch für die Nichtjuden, haben nun auch Menschen aus allen Völkern und Nationen die Chance, Gott zu begegnen. **Denn Jesus ist der Friede, der den Zaun (V 14) abgebrochen hat.** Mit diesem Zaun meint Paulus die soziale und religiöse Trennung zwischen Juden und Nichtjuden, auf die die Juden immer sehr stolz waren, weil sie sich als Auserwählte und die Heiden als Feinde Gottes ansahen. Weil nun auch die Nichtjuden durch das Blut Christi die Versöhnung mit Gott empfangen haben, gibt es für sie keine Trennmauern mehr.

● Doch Christus hat nicht nur die Vergebung der Sünden und die Versöhnung mit Gott bewirkt, er hat auch die ganzen **Opfergesetze des AT abgeschafft,** weil sie nicht die Kraft hatten, einen Menschen zu Gott zu führen. Seit Jesu Auferstehung gibt es für Juden und Nichtjuden nur noch einen einzigen Weg zu Gott – und der führt über Jesus (Joh 14,6). An Jesus glaubende Nichtjuden gehören daher fortan – zusammen mit den gläubigen Juden – zum Volk Gottes. Sie haben Anteil an den Verheißungen Gottes und sind Erben des ewigen Lebens. **Sie alle bilden zusammen einen geistlichen Tempel, den Leib Christi.** Jeder, der zum Glauben an Jesus findet, wird – bildlich gesprochen – als Stein in diesen Tempel eingefügt.

✎ *Welche Verantwortung tragen wir als „Steine" für den ganzen Tempel? Bitte lesen Sie 1Kor 6,15-20.*

Dienstag, 15. Februar   Epheser 3,1-13

Den Kerngedanken der gestrigen Bibellese nimmt Paulus im heutigen Bibelabschnitt wieder auf. Er macht klar, **dass die überraschende Einheit von gläubigen Juden und Nichtjuden im Leib Christi bisher ein Geheimnis war.** Selbst Petrus konnte zunächst nicht glauben, dass auch Nichtjuden an Jesus gläubig werden und den Heiligen Geist empfangen können; Gott musste ihm dies erst in einer Vision und Erfahrung verdeutlichen (siehe Apg 10).

● Hier wird **etwas Grundsätzliches an der biblischen Offenbarung deutlich: Sie ist fortschreitend.** Gott hat nicht alle Wahrheiten bereits im AT offenbart; selbst Jesus konnte noch nicht alles mitteilen, sondern kündigte an, dass mit dem Kommen des Heiligen Geistes neue Offenbarungen gegeben würden (Joh 16,12f). Eine dieser neuen Offenbarungen zeigt sich darin, dass das Volk Gottes jetzt aus Juden- und Heidenchristen besteht.

● Dass **Paulus,** der ja einst die an Jesus Gläubigen verfolgte, nun **ein Überbringer dieses Geheimnisses** sein darf, erfüllt ihn verständlicherweise mit tiefer Dankbarkeit (V 8). Die Offenbarung dieses Geheimnisses wird sogar in der Himmelswelt als Neuigkeit verbreitet, denn auch „die Mächte und Gewalten im Himmel" (V 10) – gemeint sind wohl die Engel – kannten diesen Plan Gottes offensichtlich nicht.

● Freilich müssen wir eingestehen, dass in der Christenheit meist noch eine **Trennung von an Jesus gläubigen Juden** – sie nennen sich heute „messiasgläubige Juden" – **einerseits und an Jesus gläubigen Nichtjuden andererseits** besteht. Doch spätestens bei der Wiederkunft Jesu wird diese Einheit des Leibes Jesu für alle sichtbar und erlebbar werden.

> ✎ *Schon Jesus hatte angekündigt, dass in Zukunft auch Nichtjuden zum Volk Gottes dazugehören und bei seiner Himmelfahrt zur Völkermission aufgerufen werden. Bitte lesen Sie Joh 10,16; Mt 28,19f.*

Mittwoch, 16. Februar   Epheser 3,14-21

● Nachdem Paulus die Christen in Ephesus in das Geheimnis eingeweiht hat, dass auch die Heiden durch den Glauben zum Volk Gottes gehören, formuliert er im heutigen Bibeltext sein **apostolisches Gebet für die jungen Gläubigen.** Dabei fällt auf, dass Paulus **nicht – wie man erwarten könnte – um äußeres Wohlergehen –** Gesundheit, Frieden, Reichtum usw. – betet, **sondern um geistliches Wohlergehen.** Ihm liegt daran, dass die Gläubigen Jesus und seine Liebe tiefer begreifen (V 18f). Im griechischen Urtext steht für „Liebe" das Wort „agape". Es meint **die selbstlose, schenkende Liebe.** Die Liebe Christi ist so groß, dass er die ewige Herrlichkeit bei seinem Vater verlassen hat, uns Menschen gleich wurde und wie ein Verbrecher am Kreuz starb, um unsere Sünden zu vergeben und uns ewiges Leben zu schenken. Diese Liebe ist so unendlich gewaltig, dass Paulus darüber ins Schwärmen kommt und durch die Begriffe „Breite, Länge, Tiefe und Höhe" **die Unbegreiflichkeit und alle Maße übersteigende Dimension dieser Liebe** anzudeuten versucht.

● Diese wunderbare Liebe unseres Erlösers verstehen wir dann umso besser, wenn **Christus viel Raum in uns einnimmt** (V 17) **und unser Denken und Handeln von ihm bestimmt wird.** Mit der Bekehrung bzw. Wiedergeburt wohnt Jesus zwar durch seinen Heiligen Geist in dem Gläubigen. Doch nur wenn wir die Sünde meiden, Christus unser Herz erfüllt, wir uns seinem Wort aussetzen, ihn im Gebet suchen und in seiner Liebe verwurzelt sind, können wir stark „an dem inwendigen Menschen" (V 16) werden und für Jesus brennen.

> ✎ *Können Sie noch von Herzen für Jesu Tod und Auferstehung und für Ihre persönliche Errettung danken oder ist Ihnen dies alles zur Selbstverständlichkeit geworden?*

Donnerstag, 17. Februar   Epheser 4,1-6

Befasste sich Paulus in Eph 1–3 zunächst mit der Lehre, so steht
von Kap. 4 an das praktische christliche Leben im Zentrum.

● In V 1 erinnert Paulus die Gläubigen an **das Geschenk der Berufung.** Nur aufgrund von Gottes gnädiger Erwählung (siehe
Kap. 1,4) kommt ein Mensch zum Glauben an Jesus. Im Alltag soll
der Gläubige nun dieser Berufung entsprechend leben. D. h. er soll
sich an Gottes Willen orientieren, indem er sich durch Friedfertigkeit darum bemüht, **die von Gott geschaffene** Einheit **mit allen
anderen Christen zu bewahren.** Es gibt ja nur einen Leib Christi,
nur einen Heiligen Geist, nur einen Herrn, einen Glauben und eine
Taufe. In Konsequenz dessen dürfte es eigentlich auch nur eine
sichtbare Kirche geben. Doch wir alle wissen, wie sehr die Christenheit an dieser Stelle versagt hat. Ungezählte Streitigkeiten haben im Laufe der Kirchengeschichte zu immer neuen Spaltungen
und Trennungen geführt. **Von Einheit keine Spur!** Ist die Bitte Jesu
aus dem hohepriesterlichen Gebet (Joh 17,11.21) somit nicht erhört worden? Die Antwort lautet: noch nicht. Es wird der Tag
kommen, an dem alle wahren Gläubigen unter ihrem Haupt Christus sichtbar eins sein werden. Bis dahin müssen wir in der Spannung des „Schon jetzt und Noch nicht" leben. Das heißt: Alle wahren Christen sind schon jetzt eins in Jesus und sollten sich darum
bemühen, dieser Einheit auch über bestehende organisatorische
Trennungen und theologische Unterschiede hinweg Ausdruck zu
verleihen. Doch vollends sichtbar wird dies erst an dem Tag, an
dem der Herr seine Gemeinde zu sich holen wird.

> ✎ *Die Evangelische Allianz versucht, die Einheit der Chris-
> ten bereits heute darzustellen. Googeln Sie bitte einmal diese
> Allianz und schauen Sie nach, auf welche Weise sie die Ein-
> heit der Christen zu fördern versucht.*

Freitag, 18. Februar   Epheser 4,7-10

● Während die ersten sechs Verse von Kap. 4 die Einheit der Gläubigen betonen, steht im heutigen Bibelabschnitt die **Einzigartigkeit** bzw. **Verschiedenheit** der Christen im Zentrum. Jeder Gläubige ist **ein Original** und soll innerhalb des Leibes Christi eine ganz bestimmte Aufgabe erfüllen; diese Aufgabe entspricht der Gabe, die er erhalten hat. **Denn jedem verleiht Gott eine bestimmte Geistesgabe (griech. charisma),** die er nach seinem souveränen Willen zuteilt (1Kor 12,11) und **die der Gläubige zum Wohl des ganzen Leibes Christi einsetzen soll** (1Kor 12,7).

● Um die Austeilung von Gaben zu erklären, bezieht sich Paulus auf **Psalm 68.** Darin geht es um den Sieg Gottes über seine Feinde. Christus ist zunächst hinabgekommen auf die Erde (V 9). Dort hat er durch seinen Tod am Kreuz und seine Auferstehung am Ostermorgen die Feinde (Sünde, Tod und Teufel) besiegt. Er hat dadurch in der Sünde gefangene Menschen befreit und als Beute zurück zu Gott geführt. Nachdem Christus seinen Auftrag auf Erden erfüllt hat, ist er wieder zurück zum Vater gegangen und hat an Pfingsten den Heiligen Geist gesandt. Seitdem fügt er die dem Teufel entrissenen Menschen als lebendige Steine in seine Gemeinde ein, gibt ihnen **Gaben des Geistes** und baut so seine Gemeinde auf.

● Seit seiner Himmelfahrt sitzt Jesus zur Rechten des Vaters und herrscht über seine Gemeinde. Doch er ist nicht nur Herr seiner Gemeinde, sondern **er erfüllt auch das ganze Universum mit seiner Gegenwart** (V 10). Ihm ist alle Macht im Himmel und auf Erden gegeben, und er zieht im Verborgenen die Fäden der Weltgeschichte bis zu dem Tag, an dem er sichtbar wiederkommen wird.

> ✎ *Bitte lesen Sie 1Kor 12,4-11. Mit welcher Gabe und in welcher Funktion können Sie der Gemeinde bzw. den Menschen dienen?*

Samstag, 19. Februar   **Epheser 4,11-16**

● Damit der Leib Christi ein gesundes Wachstum entwickeln kann, hat **Jesus seiner Gemeinde bestimmte Ämter bzw. Dienste gegeben.** Grundlegend ist der Dienst der **Apostel.** Zu ihnen zählten die zwölf Jünger Jesu (für Judas wurde Matthias hinzugewählt: Apg 1,26) und Paulus, der den auferstandenen Herrn ja auch gesehen hatte. Die Hauptaufgaben dieser Männer waren: als Augen- und Ohrenzeugen Jesu das authentische Zeugnis von Jesus weiterzugeben (vgl. 1Joh 1,1-3) und damit das Fundament der Gemeinde zu legen sowie Gottes Wort zu empfangen, aufzuschreiben und weltweit zu predigen. Dabei wurde den Aposteln das Vorrecht zuteil, das von ihnen verkündigte Wort Gottes durch Wunder und Zeichen zu beglaubigen. An zweiter Stelle kommen die **Propheten.** Während die Apostel übergemeindlich tätig waren, beschränkte sich der Dienst der Propheten in der Regel auf eine Ortsgemeinde. Sie erhielten von Gott besondere Offenbarungen für das Leben der Gemeinde und konnten in Einzelfällen durch den Geist Gottes auch zukünftige Ereignisse vorhersehen. **Evangelisten** war vor allem das Charisma der Glauben weckenden Verkündigung anvertraut. Die **Hirten und Lehrer** waren die Leiter der Ortsgemeinden. Wie ein Hirte seine Schafe versorgt, so soll der Pastor (lat. für „Hirte") durch Lehre, Seelsorge und Leitung seine Gemeinde versorgen.

● **Das Ziel der genannten Tätigkeiten ist ein Mehrfaches:** Die Christen sollen in der Gemeinde zu einer Einheit des Glaubens und der Erkenntnis gelangen; die Gemeinde damit mündig und bewahrt werden vor verführerischen Irrlehren. **Jedes einzelne Gemeindeglied soll die seiner Begabung entsprechenden Aufgaben wahrnehmen und so zum Wachstum der Gemeinde beitragen.**

✎ *Warum gibt es eigentlich heute keine Apostel mehr? Um diese Frage zu beantworten, lesen Sie bitte Apg 1,15-26.*

Sonntag, 20. Februar   Psalm 99

● „Der HERR ist König." So beginnt unser Psalm, wie auch schon die Psalmen 93 und 97. Gott ein König? Diese Aussage ist uns heute ziemlich fremd. Was verbinden wir mit Gott? Vielleicht „Vater im Himmel" oder das meist verwaschene „der liebe Gott", den die Menschen dann für alles Mögliche verantwortlich machen. Gut, dass uns der Psalm neu die Augen öffnet: „Gott (JHWH) ist König." Freilich kein Paradekönig oder Diktator. „Er ist ein König", sagt unser Psalm, „vor dem die Welt bebt. Er ist erhaben über alle Völker". Seine Macht stützt sich allerdings nicht auf Raketen oder Willkür. **Die Stärke dieses Königs ist, dass er Recht und Gerechtigkeit schafft, ja dass er das Recht geradezu liebt (V 4).**

● Er ist **König** über **die ganze Welt**, doch hat er sich und sein Recht an einem ganz bestimmten Ort und zu einer ganz bestimmten Zeit offenbart: dem Volk Israel auf dem Sinai und auf Zion. Wie eine knappe Zusammenfassung der frühen Geschichte Israels nennt V 6 Mose und Aaron und Samuel, mit denen Gott geredet hat, zwar verborgen aus einer Wolkensäule, aber er gab ihnen seine klaren Gebote und Zeugnisse.

● „Sie riefen an seinen Namen, und er erhörte sie. Du, Gott vergabst ihnen und straftest ihr Tun" (V 8). JHWH hat sich als ein die Sünde wegtragender (vergebender) Gott erwiesen, doch hat er aus dem Ernst seines Engagements für Gerechtigkeit heraus – auch gestraft. Hier findet sich ein wesentlicher Zug seiner Heiligkeit: **Es ist seine persönliche, liebende Zuwendung, die den Ernst des Gerichts nicht ausschließt.**

● Zweimal (V 5 und V 9) werden auch wir aufgefordert: „Erhebet den HERRN, unsern Gott, betet ihn an, preiset seinen großen und wunderbaren Namen (V 3), ... denn der HERR unser Gott, ist heilig." Damit wirft unser Psalm ein Licht auf die Bitte im Vaterunser: „Dein Name werde geheiligt."

Montag, 21. Februar　　　　　　　**Epheser 4,17-24**

● Durch die vom Heiligen Geist gewirkte **Wiedergeburt** erhalten Christen **eine neue Gesinnung.** Sie sind nicht mehr „entfremdet dem Leben, das aus Gott ist" (V 18), sondern sind **Gottes Kinder** und möchten ihrem himmlischen Vater fortan gefallen. Die Ungläubigen dagegen haben für solche Dinge keine „Antenne". Sie sind blind für die Wahrheit und richten sich selbst durch ihre Begierden (Geiz, sexuelle Zügellosigkeit, Habgier etc.) zugrunde. Doch weil der Teufel nicht schläft und gerade die Christen in Sünde zu stürzen versucht, ruft unser heutiger Bibeltext dazu auf, uns täglich durch die Kraft des Heiligen Geistes erneuern zu lassen und den **„neuen Menschen"** (V 24) **anzuziehen.**

● Von Martin Luther soll der Ausspruch stammen: Der alte Adam in uns muss täglich ersäuft werden. Nimm dich aber in Acht, das Aas kann schwimmen. Das erleben wir täglich. In uns regen sich sündige Begierden, wir sind manchen Versuchungen ausgesetzt. Wie können wir widerstehen? Indem wir – wie die Rebe mit dem Weinstock – mit Christus verbunden bleiben. Wenn wir unseren Alltag mit Jesus leben, indem wir mit Ihm durch Gebet und Gottes Wort verbunden sind und die Gemeinschaft mit andern Christen pflegen, werden wir der Sünde widerstehen und den alten Adam ersäufen können. Hier liegt **das Geheimnis eines siegreichen Lebens: Wir müssen unsere innere Antenne ständig auf Jesus und sein Wort ausgerichtet haben.** Zugegeben: Das ist im Alltag nicht immer leicht. Doch man kann es einüben. Niemand kann uns daran hindern, mitten im Alltagsstress still zu beten und Jesus um Bewahrung und Hilfe zu bitten. Je öfter wir dies tun, desto mehr werden wir ins **Bild Christi** verwandelt werden.

✎ *Bitte lesen Sie Gal 5,16-26. Welche Früchte soll ein Christenleben hervorbringen und was sollen Sie ablegen?*

Dienstag, 22. Februar   Epheser 4,25-32

● **Ablegen! Die alten Kleider ausziehen und ablegen.** Das ist kein moralischer Appell, sondern eine Auswirkung des neuen Lebens mit Jesus Christus, das wir ja angezogen haben. Dabei geht es immer um die Gemeinde, die nicht durch unser verkehrtes Verhalten beschädigt werden soll. **Weil wir als Gemeinde der Leib Christi sind, passen die alten Verhaltensweisen nicht mehr:** die Lüge, der Zorn, der Diebstahl, das faule Geschwätz, die Bitterkeit, der Grimm, die Lästerung. Das alles sind Verhaltensweisen, die Gottes Geist betrüben, wenn wir ihnen als Christen weiterhin Raum gewähren. Damit ermöglichen wir dem Teufel, die Gemeinde Jesu zu zerstören. Es sind also keine Lappalien, die Paulus hier aufzählt.
● Wie sieht nun der **Kleiderwechsel** (V 24) konkret aus? In der Gemeinde belügen wir uns gegenseitig nicht mehr und müssen lernen, ehrlich miteinander zu reden. Unser **Zorn** – vielleicht über einen Lügner in der Gemeinde – soll nur bis zum Abend dauern. Anhaltender Zorn führt zur Sünde, weil er verbittern lässt. Der ehemalige **Dieb** stehle nicht mehr, sondern arbeite. Nicht nur für den eigenen Lebensunterhalt soll er arbeiten, sondern auch, um damit Notleidende finanziell zu unterstützen. Ein heikler Punkt ist das **Geschwätz** in der Gemeinde. Da gilt es besonders wachsam zu sein. Faules Geschwätz stinkt! Wie reden wir in der Gemeinde über den anderen? Wir sollten Gutes von ihm reden und alles zum Besten kehren – wie Luther es in der Erklärung zum 8. Gebot empfohlen hat. Den **Heiligen Geist** Gottes sollten wir **nicht** durch eine zweideutige Lebensweise **betrüben,** denn Gott hat uns mit ihm versiegelt. Wir gehören Gott, bis es am Ende der Zeiten vor allen offenbar wird.

> ✎ *Stellen Sie den alten Kleidern im Text die neuen Verhaltensweisen gegenüber. Was fällt dabei auf?*

Mittwoch, 23. Februar Epheser 5,1-14

Die Ermahnungen von gestern sind in V 1f zusammengefasst: Gott gibt uns das nachahmenswerte Beispiel vor: Wir sind von ihm geliebt und sollen in dieser Liebe leben. **Liebe nicht als Gefühl, sondern als Hingabe und Opfer**, wie es Jesus Christus uns in einzigartiger Weise vorgelebt hat.

● Weil es besondere Gefährdungen gab, muss Paulus nochmals die Gemeinde ermahnen (V 3-7). In Ephesus mit dem berühmten Dianatempel und den 300 Kultprostituierten waren auch Christen von der sexuellen Freizügigkeit angefochten. Sie kamen ja aus dieser Umgebung und mussten sich nach ihrer Bekehrung deutlich davon abgrenzen. **Sexuelle Ausschweifung und das dumme Gerede darüber sollen in der Gemeinde nicht zu finden sein. Auch Habsucht nicht.** Wer immer mehr raffen und haben will, dient nicht Gott, sondern dem Götzen Mammon. Dafür ist kein Platz in Gottes Reich.

● V 8-14 zeigen **die krassen Gegensätze zwischen dem Früher und dem Heute, der Finsternis und dem Licht.** Ein Leben ohne Christus ist geistlich gesehen dunkel und scheut das Licht der Wahrheit; mit Christus dagegen ist es hell und klar. Dabei leuchten Christen nicht aus sich selbst heraus. Allein weil Christus, das Licht, ihr Leben von innen hell und klar macht, strahlen sie sein Licht und seine Liebe aus. Jesus ruft seinen Jüngern in Joh 12,36 und Matth 5,14 zu: „Werdet Kinder des Lichtes!" bzw. „Ihr seid das Licht der Welt!" Als solche Lichter werden wir in seiner Nachfolge Heimlichkeit meiden, die im Dunkeln gedeiht. Dieses Christus-Licht weckt uns vom Todesschlaf der Gottestrennung auf und verleiht unserm Leben Eindeutigkeit und Klarheit.

> **„So wird die Liebe zu derjenigen Kraft, die uns auf den Weg führt, den wir zu gehen haben, und unser Verhalten von innen her ordnet."**
>
> **Adolf Schlatter**

Donnerstag, 24. Februar   Epheser 5,15-20

Wir sollen als Christen nicht einfach in den Tag hineinleben, sondern unsere Lebensführung immer wieder überprüfen:

● Im Blick auf unsern **Umgang mit der Zeit** (V 16f): Die uns geschenkte Zeit sollen wir nicht ungenutzt verstreichen lassen. Jeden Tag können wir Gott fragen, was heute dran ist, wer heute unsere Hilfe, unser Gebet braucht. Damit stehen wir gegen das Böse auf, das in unserer Welt tobt (6,12). Daher ist es wichtig, gerade in „böser Zeit" Gottes Willen verstehen zu lernen. Elly Heuss-Knapp schrieb einmal, was in solcher Zeit Segen ist: Sie braucht ganze Menschen. Sie stellt uns ganz auf das Vertrauen, auf die Liebe, auf das Gebet.

● Im Blick auf unser **Verhältnis zu Rauschmitteln.** In den Mittelmeerländern ist der Wein ein Lebensmittel. Doch sein übermäßiger Genuss führt dazu, dass man nicht mehr klar denken und handeln kann. Nicht vom Weingeist, sondern vom Geist Gottes sollen wir uns erfüllen lassen. Das wird sich auswirken. Paulus plädiert damit nicht für prinzipielle Abstinenz (vgl. 1Tim 5,23), sondern für Maßhalten.

● Eine Auswirkung des Geistes Gottes ist, dass **in der Gemeinde Gott mit Liedern und Psalmen gelobt wird** (V 19). Gott zu loben, das gemeinsame Singen geistlicher Lieder führt auch dazu, uns damit gegenseitig Mut zu machen.

> ✎ *In den Gemeinden wird oft eine Fülle unterschiedlicher geistlicher Musikformen praktiziert: vom klassischen Choral über Erweckungslieder und Spirituals bis zu modernen Anbetungssongs. Erleben Sie diese Vielfalt eher als bereichernd oder trennend für das Miteinander?*

● In alledem ist das **Danken eine wichtige Übung** (V 20). Jeden Tag neu. Doch können wir für alles danken? Auch für Schweres und unerfüllt Gebliebenes? Wie sehen Sie das?

Freitag, 25. Februar   Epheser 5,21-33

Das Verhältnis zwischen Frau und Mann in der Ehe nimmt Paulus als Beispiel, um daran die Beziehung zwischen Christus und der Gemeinde zu veranschaulichen. Dabei sind **Liebe und Ehre, Hingabe und Unterordnung die Leitlinien.**

● V 21 ist ein Schlüssel: „**Ordnet euch einander unter** in der Furcht Christi." Einander sollen sich Frauen und Männer unterordnen, so wie sie sich auch Christus unterordnen. Damit ist **jede Form der Herrschaft der einen über die andern ausgeschlossen.**

● Im Judentum hatte die Frau eine total untergeordnete Stellung. Sie war minderwertiger als der Mann. Erst durch den Glauben an Jesus Christus wurde sie aufgewertet. Wenn Frauen wie Männer mit Jesus Christus leben, ordnen sie sich ihm unter. Dass sich Jesus Christus für Männer wie Frauen hingegeben und sie damit erlöst hat, soll Vorbild für die Frau in der Beziehung zu ihrem Ehemann sein.

● V 23: Wenn Paulus den **Mann als „Haupt der Frau"** bezeichnet, dann rechtfertigt das kein Machoverhalten, sondern bedeutet, dass er **eine besondere Fürsorgepflicht für seine Frau bzw. Familie** wahrzunehmen hat.

● V 24 ff: **Erwartet Paulus von den Frauen Unterordnung unter den Mann, so mutet er den Männern liebevolle Hingabe an ihre Frauen zu** „wie auch Christus die Gemeinde geliebt hat und hat sich selbst für sie dahingegeben". Manche Fehlentwicklungen im Blick auf die Beziehung der Geschlechter hätten vermieden werden können, wenn von den Kanzeln nicht einseitig die Unterordnung der Frau unter den Mann, sondern auch die Hingabe des Mannes an seine Frau verkündigt worden wäre.

✎ *In der Diskussion über eine „Ehe für alle" gilt, dass Jesus (Mt 19,5) wie Paulus (V 31) an die unverbrüchliche Schöpfungsordnung aus 1 Mose 2,24 erinnern: Ehe ist biblisch nur lebbar in der Liebe zwischen Mann und Frau.*

Samstag, 26. Februar   **Epheser 6,1-9**

Hier geht es um **das Kinder-Eltern-Verhältnis** und um **das Verhältnis von Sklaven und Herren**, also um Gruppen, die zur christlichen Gemeinde gehören.

● Der **Gehorsam der Kinder gegenüber ihren Eltern** wird mit dem 4. Gebot begründet, das die Verheißung eines langen Lebens hat (V 1-3). „Kinder haben ihren Gehorsam gegen die Eltern als Gehorsam gegen Gott zu leisten" (Adolf Schlatter).

✎ *Ist dieser Gehorsam in unserer Zeit noch aktuell? Was meint Gehorsam? Wie sehen Sie das?*

● Gehorsam ist in der Bibel auf den Dreiklang hören-gehören-gehorchen ausgerichtet ... Gehorsam ist in der Bibel immer Heimkehr des ganzen Menschen zu Gott (nach Gerhard Ruhbach). **Gehorchen setzt voraus, dass der, dem ich gehorche, den besseren Überblick über mein Leben hat** und ich ihm daher unbedingt vertrauen kann. Es geht darum, die Eltern mit dem Gehorsam zu ehren als die Autorität, der die Kinder ihr Leben verdanken und die einen Vorsprung an Wissen und Lebenserfahrung hat.

● Doch Paulus spricht nicht nur die Kinder, sondern ebenso die **Väter** an. Sie sollen ihren Kindern **keinen Anlass zum Zorn geben** (V 4). Das geschieht etwa durch willkürliches, liebloses oder gar ungerechtes Verhalten ihnen gegenüber.

● Offiziell ist die Sklaverei – Gott sei Dank – längst abgeschafft, und trotzdem werden **auch heute noch Menschen versklavt, indem sie z. B. unter unwürdigen Arbeitsbedingungen arbeiten müssen** und es keinen Ausweg daraus zu geben scheint. Von ihnen heute Gehorsam „mit Furcht und Zittern" gegenüber ihren „irdischen Herren" zu verlangen, wie es Paulus in V 5ff tut, ist daher unangemessen. **Weit mehr ist es angebracht, den modernen Sklavenhaltern und Menschenschindern unserer Tage die Mahnung von V 9 ins Stammbuch zu schreiben.**

Sonntag, 27. Februar   Psalm 31

● Der **Aufbau** des Psalms ist kein Zufall. Er zeigt eine **geistliche Strategie**. V 1f: Überschrift mit grundlegender Vertrauenserklärung. V 3-9: Vertrauensvolle Bitte. V 10-19: Vertiefung der vertrauensvollen Bitte durch die Klage der Not. V 20-25: Lobpreis und Anbetung Gottes. Ermutigung der Gemeinde zum Vertrauen auf den HERRN.

● Ps 31 ist ein **Seelsorgekurs**. Er geht mit seinen Betern einen Weg. Zuerst gibt er ihnen Worte, um mit Gott zu ringen, ihm ihre Not zu klagen und um seine Hilfe zu bitten. Dann wagt der Psalm den Blickwechsel und legt seinen Betern Worte des Lobes Gottes in den Mund. **Das Lob des Psalms soll zum Lob des Beters werden.** Wer den Psalm betet, dessen Herz und Haltung werden verändert. Schließlich fließt aus der Kraft des Lobes Gottes die Kraft zur Ermutigung anderer.

● Einige **Highlights** auf diesem Weg:

→ V 3b.4a: Gott ist ein starker Fels und eine Burg. Dies ganz persönlich zu erfahren wünscht sich der Beter. **„Sei mir"**, was **„du bist"**.

→ V 4a steigert die Bitte „sei mir" zum Bekenntnis „Du bist mein Fels und meine Burg". **In der Anbetung Gottes findet der Beter zu neuer Glaubensgewissheit.**

→ V 4: „Um deines Namens willen wollest du mich leiten und führen." Der Beter erinnert Gott, dass es sein ureigenes Anliegen sein muss, ihn zu führen. **Gottes Name** steht für sein Wesen, für seine Treue und für seine Glaubwürdigkeit.

→ Am Kreuz macht **Jesus** Ps 31 – ausdrücklich V 6 – zu seinem Gebet. Mit jenen Worten lässt er sich im Sterben in die Hände des Vaters fallen. In diesen Händen „kann uns nicht schaden Teufel, Welt, Sünd oder Tod."

→ V 9: „Du stellst meine Füße auf weiten Raum." Wer mit Ps 31 vor Gottes Thron kommt, wird aus Enge und Beklemmung in die **Freiheit** geführt.

→ Kraft dieser Freiheit sehen wir am Ende des Psalms nicht mehr nur uns selbst, sondern auch wieder unsere **Mitmenschen**.

69

Montag, 28. Februar   Epheser 6,10-17

● Paulus erinnert die Christen in Ephesus daran, dass sie in einem permanenten **Kampf mit den Mächten der Finsternis** stehen (V 10-12). Es gilt zu bestehen gegen die Verführungen des Widersachers Gottes, der sich in verschiedener Gestalt verkleidet. Es sind nicht Menschen, sondern dunkle Mächte, die die Gemeinde Jesu zerstören wollen. In Apg 20,29 nennt er sie „reißende Wölfe". Doch dieser Kampf ist nicht aus eigener Kraft zu gewinnen, sondern kann nur in der Kraft Gottes bestanden werden. Für diesen Kampf bekommen wir die **Hilfe mit der angebotenen Waffenrüstung**. Es sind Waffen zur Verteidigung, aber auch zum Angriff.

● Diese bereitliegende Rüstung gilt es zu ergreifen (V 13-17): mit **Wahrheit umgürtet** sein heißt, unerbittlich sein gegenüber allem, was nicht der vollen Wahrheit entspricht (Ernst Lohmeyer). Mit **Gerechtigkeit gepanzert** meint, dass wir nicht mit unserer eigenen Gerechtigkeit vor Gott bestehen können, sondern nur mit der von Christus erworbenen Gerechtigkeit (Röm 3,24). Für das **Friedensevangelium eintreten** bedeutet, sich mit diesem Evangelium auf den Weg zu andern Menschen zu machen und überall dafür einzustehen. Mit dem **Schild des Glaubens** können alle bösen Angriffe abgewehrt werden, selbst wenn die „feurigen Pfeile" mitten aus der Gemeinde durch Verleumdungen, Unterstellungen oder Hetze abgefeuert werden. Dagegen setzen wir Tag für Tag unser Vertrauen in Gottes Macht. Der Kopf muss mit einem **Helm geschützt** bleiben, der uns gewiss macht, dass nichts und niemand uns das durch Christus erworbene **Heil** wieder nehmen kann. Schließlich ist **das Schwert**, mit dem wir in den Kampf ziehen, das **Wort Gottes** – nicht unsere eigenen Gedanken und Ideen. Deshalb ist es ungeheuer wichtig, das Wort Gottes, die Bibel, gründlich zu kennen und ihm zu vertrauen.

✎ *Wie kann das Anziehen der geistlichen Waffenrüstung konkret aussehen? Denken Sie über einen Teil der Rüstung länger nach.*

Dienstag 1. März   **Epheser 6,18-24**

● Paulus mahnt zum **beständigen Gebet** (V 18). Es hat verschiedene Formen: **„Bitten und Flehen"** (also eindringlich Gott-in-den-Ohren-Liegen) und dabei **wach und beharrlich dranbleiben** (also das Gebet nicht von seiner Stimmungslage abhängig machen und nicht gleich aufgeben, wenn unsere Bitte nicht erhört wird). **„Im Geist beten"** bedeutet, sich von Gottes Geist bewegen lassen. Paulus will, dass Christen für andere Christen beten.

> ✎ *Welchen Stellenwert nimmt bei Ihnen das Gebet für andere ein? Eine Hilfe könnte sein, sich eine Gebetsliste mit Namen, Gemeinden/Werken und besonderen Anliegen anzulegen, für die Sie regelmäßig vor Gott eintreten möchten.*

● Ab V 19 wird Paulus persönlich und wir erfahren, dass er im Gefängnis sitzt, vermutlich in Rom. Doch auch an einem solchen Ort will er die gute Nachricht von Jesus Christus weitergeben. **Er denkt nicht über seine eigene missliche Situation nach, sondern wie er seinen Mitgefangenen das Evangelium weitergeben kann.** Seine Gefangenschaft ist dabei kein Hindernis. Dass er **kein Einzelkämpfer** ist, zeigt sich auch daran, dass er die Gebetshilfe seiner Brüder und Schwestern in Anspruch nimmt. So bittet er auch um Fürbitte für sich selbst, denn er braucht für die Weitergabe des Evangeliums „Freimut" (V 20). **„Freimut" bedeutet, dass er unerschrocken, ohne Angst seinem Auftrag nachkommen kann.** Gerade auch als Gefangener will er sich nicht einschüchtern lassen, sondern mutig das Geheimnis der Heilsbotschaft weitersagen.

● **Tychikus** wurde von Paulus zu den Christen geschickt, damit er ihnen berichtet, wie es Paulus geht und sie durch diese Nachricht ermutigt werden (V 21f). **Paulus nennt ihn einen treuen Mitarbeiter und geliebten Bruder.** Was für eine Würdigung!

● **Frieden-Liebe-Glauben-Gnade** – mit diesen guten Wünschen schließt der Brief (V 23f).

Mittwoch, 2. März   Johannes 11,1-10

Die Auferweckung des Lazarus ist bei Johannes **das letzte Wunder von Jesus** in der Zeit seiner öffentlichen Wirksamkeit. Einerseits ist es wohl das deutlichste der sieben Zeichen, durch die Johannes die Sendung von Jesus in der Vollmacht Gottes verkündigt. Andererseits weist es zusammen mit der Salbung in Betanien (Kap. 12) auf den Leidensweg von Jesus bis zu seinem Tod am Kreuz hin (V 2 bezieht sich darauf). Doch zugleich nimmt das Wunder schon den Sieg von Jesus über den Tod durch seine Auferstehung in den Blick (vgl. V 4).

> ✎ *Für Christinnen und Christen ist auch am Aschermittwoch die Perspektive ihres Lebens und Glaubens Ostern. Prägt Gottes Auferstehungskraft Ihren Alltag? Wie kann sich das konkret auswirken?*

● **Betanien** (deutsch etwa „Armenhausen") lag knapp drei Kilometer (15 Stadien, V 18) von Jerusalem entfernt. Hier übernachtete Jesus während seines Aufenthalts in Jerusalem (Mt 21,17), und hier ist er zum Himmel aufgefahren (Lk 24,50f).

● **„Lazarus"** ist die griechische Form des hebräischen „Eleasar", zu deutsch **„Gott hilft"**. Er gehörte wie seine Schwestern Maria und Marta zu einem **vertrauten Kreis um Jesus**. So kehrte Jesus schon zuvor bei Maria und Marta ein und lehrte dort (Lk 10,38ff). In V 3 sprechen die Schwestern von freundschaftlicher Liebe Jesu zu Lazarus (griech. „phileo"), V 5 wählt dagegen das griech. „agapao" für göttliche, selbstlose Liebe.

● Die Formulierung „es lag aber einer krank" (V 1.3) deutet auf eine lebensbedrohliche Erkrankung hin.

● Erst zwei Tage nach dieser Nachricht zieht Jesus nach Judäa. Seine Jünger warnen ihn davor (V 8). Jesus macht ihnen daraufhin (V 9f) deutlich, dass er nichts zu befürchten hat. Er geht „bei Tage umher", das heißt er tut den Willen Gottes und hat daher das Licht des Tages nicht zu scheuen.

Donnerstag, 3. März　　　　　　　**Johannes 11,11-19**

● Johannes spielt in seinem Evangelium immer wieder mit einem **doppelten Sinn der Worte und Ereignisse.** Hier bezeichnet Jesus den Tod als „Schlaf". Bis heute wird oft am Grab gebetet: „Lass uns die Hoffnung fest und gewiss behalten, dass wir letztlich nicht sterben, sondern einschlafen und am Jüngsten Tage zum ewigen Leben erweckt werden." Oft wird dieses Sprachbild als beschönigend missverstanden. Schon die Jünger verstanden Jesus nicht (V 12f). Doch Johannes versteckt auch in ihrer Antwort einen Doppelsinn: das griech. Wort für „genesen" (Luther: „es wird besser mit ihm") meint auch „retten".

● Jesus nimmt das Missverstehen seiner Jünger ernst und löst sein Sprachbild auf (V 14). Doch sofort fordert er sie wieder heraus mit dem Hinweis, dass **sein vermeintliches Versagen** (er weiß um den Tod des Lazarus, unternimmt aber zwei Tage nichts) **dazu führen wird, dass die Jünger an ihn glauben werden.**

> ✎ *Unser Glaube wird oft eher in schweren Zeiten gestärkt als in guten. Hat Gott in Ihrem Leben schon einmal vermeintlich „versagt"? Haben Sie darüber nachgedacht, was das für Ihren Glauben bedeutet hat?*

● Die resignierende Antwort des Thomas (V 16) hat andererseits manche Christen in späteren Zeiten sicher auch in ihrer Bereitschaft gestärkt, um Jesu willen ihr Leben zu opfern.

● V 17ff schildern dann **die Situation,** die Jesus in Betanien vorfindet. In nüchternen Andeutungen wird die **Trost- und Hoffnungslosigkeit** gezeigt, die dort herrschen. Der vierte Tag (zwei Tage wartete Jesus, zwei Tage war er vermutlich unterwegs) liegt mitten in der Trauerwoche, doch der Volksglaube wähnte die Seele nur noch drei Tage nach dem Tod beim Verstorbenen. Nun war also alle Hoffnung auf eine Rückkehr der Seele in den Körper geschwunden. **Umso mehr wird Jesus in der Kraft Gottes seine Herrschaft über den Tod erweisen.**

Freitag, 4. März   **Johannes 11,20-27**

● Die **unterschiedliche Handlungsweise von Marta und Maria** entspricht der Darstellung in Lk 10,38ff: Marta geht als die Aktive Jesus entgegen, Maria bleibt im Haus zurück (V 20).

● Vermutlich haben sich Marta und Jesus zunächst begrüßt. Aber hier wird verständlicherweise nur **das Anliegen der Marta** formuliert (V 21f). Darin ist wieder **ein Doppelsinn** zu erkennen: einerseits zeigt Marta ihren **Glauben an die Heilungskraft von Jesus**, andererseits schwingt darin der **Vorwurf** mit, **dass Jesus zu spät kam**, um Lazarus noch helfen zu können.

● Ebenso lässt **die Antwort von Jesus eine doppelte Deutung** zu (V 23). Marta hört daraus nur den theologisch korrekten Hinweis auf die **Auferstehung der Toten „am Jüngsten Tag".** Das war eine damals sehr aktuelle Streitfrage zwischen Sadduzäern, (die die Auferstehung leugneten), und Pharisäern (vgl. Mt 22,23ff). Jesus spricht aber **von der unmittelbar bevorstehenden Auferweckung** seines Freundes vom Tod.

● V 25f ist eines der berühmten sieben „Ich-bin-Worte" von Jesus. Es wird häufig Ostern oder bei Beerdigungen zitiert, oft aber ohne die letzte kleine und entscheidende Frage anzufügen: „Glaubst du das?"

● Die Antwort der Marta ist wieder theologisch korrekt und gut überlegt. Man kann auch übersetzen „Ich bin zu dem Glauben gekommen". Dennoch schwingt darin die Anfrage mit, ob ihr Glaube, dass Jesus der verheißene Messias ist, auch einschließt, an das Wunder der Auferweckung ihres Bruders zu glauben.

> ✎ *Fromme Worte wie die der Marta („Was du bittest von Gott, das wird dir Gott geben") können manchmal auch den eigenen Kleinglauben entlarven. Prüfen Sie sich: Trauen Sie Gott zu, dass er ganz konkret hilft? Wenn ja, wie gehen Sie damit um, wenn die Hilfe dann nicht geschieht?*

Samstag, 5. März   Johannes 11,28-45

● V 28-30: Dass Jesus Maria zu sich ruft, wird nicht extra erwähnt. Marta führt ihn „heimlich" aus. Das Stichwort „Meister" (wörtlich „Lehrer") reicht aus: Maria weiß, wer gemeint ist, und sie verliert keine Zeit, um zu Jesus zu kommen.

● V 31: Die dörfliche Trauergemeinschaft begleitet sie, obwohl sie Martas Ziel nicht kennt. Es gehörte zu den religiösen Liebeswerken, Trauernde zu begleiten und mit ihnen zu trauern. In der siebentägigen Klage kam es eben auch auf die menschliche Nähe an.

● V 32: Maria fällt Jesus zu Füßen und sagt denselben Satz wie Marta. Die Schwestern haben die gleiche Not, aber sie sind je eigene Persönlichkeiten und trauern darum auch verschieden.

● V 33f: Jesus „ergrimmte" (wörtlich „schnauben") daraufhin und wird zugleich innerlich erschüttert. Jesus leidet mit. Sein Zorn gilt vor allem dem Tod, der nicht nur der letzte Feind des Menschen ist, sondern auch Gottes Gegner.

● V 35: Sein Weinen drückt den menschlichen Schmerz von Jesus über den Tod seines Freundes aus und darin zugleich auch den Schmerz Gottes über die Todverfallenheit des Menschen.

● V 40 nimmt Bezug auf V 25f. Die „Herrlichkeit" Gottes steht in starkem Kontrast zum „stinkenden" Leichnam des Lazarus.

● V 41: Das „Heben" des Steins vor dem Grab und das „Aufheben" der Augen von Jesus im Gebet ist im Griechischen tatsächlich dasselbe Wort. Das Gebet von Jesus ist von der Gewissheit geprägt, dass der Vater ihn erhören wird (vgl. V 43).

● V 42 zeigt, dass Jesus nicht sich in den Mittelpunkt stellt, sondern möchte, dass die Menschen hinter dem Wunder der Auferweckung die Handschrift Gottes erkennen.

● V 45: „Viele" (also nicht alle!) kamen durch die Auferweckung des Lazarus zum Glauben an Jesus. So „sahen" sie die Herrlichkeit Gottes.

75

Sonntag, 6. März   Psalm 91

● Ps 91 hat zwei Hauptteile: V 1-8 und 9-16. Beide eröffnen mit der „Zuflucht" und „Zuversicht" bei Gott und schließen mit der Gewissheit der **Vergeltung an Frevlern** (V 8) bzw. dem **Heil für die ihn Anrufenden** (V 16).

● Wechselnde „Stimmen" lassen einen liturgischen Hintergrund annehmen: Nach einem **Vertrauensbekenntnis** des (am Tempel) Schutz Suchenden (V 1f) werden ihm **Zusagen von Gottes Rettung** und Schutz gegeben (V 3-8, in Er- oder Du-Rede). Im zweiten Teil des Psalms wiederholt sich die Abfolge von Bekenntnis und Zusagen.

● Begriffe und Formulierungen machen deutlich, dass ein „ungeschützter" und daher schutzbedürftiger Mensch Zusagen von Zuflucht und Geborgenheit bei Gott erhält. Die Verbindung **von investiertem Vertrauen** und **zugesprochenem Schutz** beim HERRN wirken seither für viele, besonders bedrängte Menschen glaubensstärkend. Die Verse 1f und 11f werden dabei gerne erwähnt.

● Das Wort von den **behütenden Engeln** (V 11f) wird in der **Versuchung Jesu** (Mt 4,5-7; Lk 4,9-12) auch vom Teufel in den Mund genommen. Doch er verdreht den Sinn und macht daraus eine magische Formel und reißt das Zitat aus dem Zusammenhang (selbst gewählten, vermessenen Gefahren wird keine Engelbehütung zugesagt). Jesus weist nicht das Wort, aber diese Bibelverwendung als eine Weise, Gott zu versuchen, zurück (siehe 5Mose 6,16).

> ✎ *Lesen Sie die angegebenen Bibelstellen und machen Sie sich zum Bibelgebrauch Gedanken: Wo und wie stehen Sie oder Ihr Umfeld in Gefahr, einzelne Bibelworte isoliert oder sogar „magisch" zu verwenden? Regeln sind: Die Worte gelten im Zusammenhang und sind nicht zu verselbstständigen oder von Gott abzulösen. Dazu gehört: Engel sind wichtig, aber sie treten nie an die Stelle von Jesus Christus als Herr und Heiland!*

Montag, 7. März   **Johannes 11,46-57**

● Im Gegensatz zu V 45 berichtet der letzte Abschnitt in Joh 11 von den **negativen Reaktionen** auf das Wunder von Jesus. Sie verweisen gemeinsam mit Kap. 12 (Salbung in Betanien) auf den Kreuzestod von Jesus, der dann in Kap. 19 berichtet wird. Und doch wird diese „Kettenreaktion des Bösen" von der **Klammer des Sieges Gottes über den Tod** (Kap. 11 und 20) umschlossen und überwunden.

● Ob den Pharisäern das Auferweckungswunder in böser Absicht berichtet wurde, bleibt unklar. Auf jeden Fall folgt daraus eine Sitzung des „Hohen Rates", in der die Tötung von Jesus beschlossen wird (V 53).

> ✎ *Vergleichen Sie den Bericht über das Zustandekommen des Tötungsbeschlusses mit den anderen Evangelien: Mt 26,1-5; Mk 14,1f; Lk 22,1f. Worin unterscheidet sich Johannes von ihnen? Was erfahren Sie hier zusätzlich über die Motive bzw. Befürchtungen des Hohen Rates?*

● **Der stellvertretende Tod von Jesus** hat beim Hohepriester Kaiphas **eine** politische **Bedeutung:** man opfert einen Menschen, damit das Volk Israel insgesamt von den Römern unbehelligt bleibt. Im Tod Jesu geht es aber nicht um die Besänftigung der Besatzungsmacht, sondern um den **Zorn Gottes über die Sünde der Menschen.** Während sich die Hoffnung des Kaiphas als illusionär erweist (Jerusalem wird im Jahr 70 von den Römern zerstört), bewahrheitet sich, was der Hohepriester unwissentlich weissagt: **Jesus stirbt für das Volk und rettet damit alle vor dem Zorn Gottes, die an ihn glauben** (Mt 1,21).

● **Der Ort Ephraim** wird nur bei Johannes erwähnt (V 54). Es könnte das Ofra 20 Kilometer nordöstlich von Jerusalem sein, das in Jos 18,23 erwähnt wird. Jesus zog sich dorthin zurück, bis „seine Stunde gekommen war" (Joh 8,20).

Dienstag, 8. März   Johannes 12,1-11

Nach den Morddrohungen (11,53) war Jesus erst einmal unterge-
taucht (11,54), erscheint aber kurz vor dem Passafest in vertrauter Umgebung in Betanien. Nach Mk 14,3 und Mt 26,6 findet das
Festessen im Hause Simons des Aussätzigen statt. Marta hilft wie
immer, und Lazarus ist auch unter den Gästen.

● V 3-6: Völlig überraschend salbt Maria mit einem extrem kostbaren indischen Öl die Füße Jesu. In der anschließenden Diskussion mit Judas treten **die Gegensätze** messerscharf hervor: **Hier
die verschwenderische Liebe, dort das rechnende Kalkül.** Hier die
wortlose und tiefe Verehrung, dort die scheinbar moralische Entrüstung: „Lieblosigkeit ist immer ‚moralisch‘ und deckt ihre Arm-
seligkeit und Kälte mit sittlicher Entrüstung" (Werner de Boor).

● **Geld scheint für Judas die große Verführung zu sein**, an der
er später sogar abgrundtief scheitern wird (Mt 26,15 und 27,5).
Vor der Versuchung durch den Reichtum warnen auch Jesus und
Paulus (z. B. Mt 19,23f; 1Tim 6,17). Bis heute bringen finanzielle
Habgier (und sexuelle Fehltritte) auch „große" Evangelisten und
christliche Werke zu Fall. Offensichtlich bis heute ein erfolgver-
sprechendes Einfallstor für den Versucher!

● V 7: Jesus lässt diese ungewöhnliche Salbung an sich geschehen
und stellt sich schützend vor Maria. Gleichzeitig weist er geheim-
nisvoll auf seinen kurz bevorstehenden Tod hin, so als wäre diese
Salbung schon eine **symbolhafte Balsamierung seines Leichnams**
(so auch Mk 14,8).

● V 9.11: Aber niemand scheint diesen nachdenklichen Unterton
zu hören, die Menschen strömen herbei, um **die Sensation** zu sehen: **den lebenden Lazarus.** Viele beginnen, nur deswegen an Jesus
zu glauben – wie lange wohl?

● V 10: Die religiöse Führung sieht ihre Macht in Gefahr und entwickelt einen tödlichen Hass, der sich jetzt auch gegen Lazarus
richtet. **Macht und der Kampf um den Machterhalt wirken wie
eine Droge,** die alle ethischen Grundsätze über Bord wirft – bis
heute.

Mittwoch, 9. März   Johannes 12,12-19

● Wie ein Lauffeuer verbreitet sich die Nachricht, Jesus sei tatsächlich wieder da und werde wohl zum Passafest kommen. Vor allem die Augenzeugen der Auferweckung des Lazarus berichten voller Begeisterung, das Volk gerät in Bewegung und lässt die Messiashymne aus dem Abschluss von Psalm 118 ertönen. **Man will Jesus im Triumphzug in die Stadt begleiten.** Sie ergreifen Palmzweige, evtl. auch die üblichen Passasträuße, und ziehen los.

● Jesus nutzt die Situation zu einer **tiefgründigen Symbolhandlung in Anspielung auf Sacharja 9.** Er reitet auf einem „Eselchen", dem Lasttier der armen Leute, und kommt nicht auf dem hohen Ross der Könige daher. Eine später überlieferte rabbinische Auffassung sagt: „Wenn die Israeliten des Messias' würdig sind, kommt er mit den Wolken des Himmels, wenn sie seiner nicht würdig sind, arm und auf einem Esel reitend."

● Die Jünger laufen mit, nach den Berichten der anderen Evangelien heizen sie die Situation sogar noch an. Sie verstehen noch nichts (V 16). **Das Volk aber feiert einen Wundertäter,** schon in Galiläa wollten sie ihn zum König machen (Joh 6,15), damals nach der Speisung der 5000. **Und jetzt erst recht, nach der Auferweckung von Lazarus.**

● Aber es gibt einen **enormen Unterschied zwischen Jesus** nachlaufen **und Jesus** nachfolgen. Viele von denen, die jetzt „Hosianna" schreien, werden einige Tage später – wieder im Sog der Massen – „kreuzige ihn" rufen. Und auch die Jünger werden kläglich versagen, einschließlich Petrus.

● Und **Jesus ist so ungewöhnlich passiv.** Er reitet auf dem Eselchen, umgeben von der wogenden Menge. Er weiß sehr genau, was ihm bevorsteht. Lk 19,41 berichtet sogar, dass er über die Bewohner von Jerusalem weint, weil sie ihn und seine Sendung nicht wirklich erkannt haben.

79

Donnerstag, 10. März   **Johannes 12,20-26**

Die jüdische Religion übte auf Nichtjuden damals eine große Anziehung aus, der Monotheismus war so wohltuend anders als die unübersichtliche Götterwelt des Heidentums. So werden die hier genannten **Griechen wahrscheinlich Proselyten sein, fromme Touristen auf dem Weg zum Passafest.** Sie haben von Jesus gehört und wollen ihn wenigstens einmal sehen – eben wie eine Sehenswürdigkeit. Interessanterweise sprechen sie Philippus an, der einen geläufigen griechischen Namen trägt, wie auch Andreas. Auf dem „Dienstweg" kommt die Anfrage zu Jesus.

● V 24: Der reagiert auf diese Form der Verehrung aber völlig unerwartet mit dem **Bildwort vom Weizenkorn.** Um Frucht zu bringen, muss es in die Erde, seine Gestalt verlieren und kann nur so neues Leben hervorbringen. Ja, **Jesus muss „verherrlicht" werden,** aber nicht in Glanz und Gloria nach menschlichen Erwartungen, sondern **im Sterben und scheinbaren Scheitern.**

● V 25f: Und er macht genau das auch seinen Nachfolgern klar: **Groß sein vor Gott geht immer durchs Sterben.** „Wer Gott folgt, riskiert seine Träume", haben Christen schon in der DDR gesungen. Diese Erfahrung haben auch schon Mose, Petrus, Paulus und viele andere gemacht. **Neues Leben gibt es nur, wenn das alte zuvor gestorben ist, d. h. aufgegeben wird.**

● Paulus greift dieses „Grundgesetz" des Glaubens sehr nachdrücklich auf, wenn er in 1Kor 1,18ff das „Wort vom Kreuz" betont, das allen menschlichen Erwartungen an Gottes Macht und Wirken zuwiderläuft. Martin Luther verstärkt diesen Gedanken einmal bis zum Äußersten, wenn er sagt, dass **Gott am liebsten unter dem Gegensatz dessen handelt, was Menschen erwarten.**

● V 25 ist später manchmal missverstanden worden und hat zu einer ungesunden Martyriums-Sehnsucht geführt. **Jesus hingegen geht es hier um eine radikale Nachfolge, bei der das eigene irdische Leben nicht mehr als höchster Wert angesehen wird.** Ob die Griechen das verstanden haben?

Freitag, 11. März   **Johannes 12,27-33**

● V 27f: Der eben noch von den griechischen Passatouristen bewunderte Jesus gibt sich nicht gelassen und souverän wie ein Star, sondern lässt unvermittelt ganz tief in seine Gefühlswelt blicken. **Er ist hin- und hergerissen zwischen seinem weltumspannenden Auftrag – und der damit verbundenen tiefen Angst.** Er braucht eine spürbare Bestätigung. „Rette mich", möchte er eigentlich mit Ps 6,5 schreien, aber weiß genau, dass er dann seine Berufung verraten würde. **So bittet er demütig um die Verherrlichung Gottes.** Nur darum geht es letzten Endes in seiner Sendung, wie schon in der ersten Bitte des Vaterunsers. Gott antwortet, seine Stimme ertönt vom Himmel. Vielleicht handelt es sich hier um eine Kurzfassung der „Verklärung", die ausführlich in den Berichten der anderen Evangelien (z. B. Mk 9,2-13) geschildert wird.

● V 29f: Dieser Vers ist zunächst schwierig: Jesus hatte die für sich erbetene Bestätigung erhalten, aber am Ende sollte das Zeichen vor allem dem Volk gelten. Aber **die Leute** denken eher an ein Gewitter als an Gott, bestenfalls an einen Engel. Sie **vermögen die Situation nicht richtig zu deuten.**

● V 31-33: Vielleicht gehört das aber schon zum beginnenden Gericht Gottes, dass gerade auch die Menschen, die Jesus nur bewundern, im Grunde gar nichts verstanden haben. **Denn die Stimme Gottes läutet hier eine weltgeschichtliche Wende ein: den Sieg über Hölle, Tod und Teufel.** Dieser Sieg ist nicht ein in ferner Zukunft liegendes Geschehen, sondern beginnt jetzt, mit dem Leiden Jesu, mit seinem Sterben am Kreuz und seiner Auferstehung. **„Erhöhung" ist hier bewusst doppelsinnig gebraucht:** Zunächst wird auf die „Erhöhung" am Kreuz angespielt, aber dann meint es natürlich auch die Erhöhung zur Rechten Gottes nach seiner Himmelfahrt.

● Strittig ist in der Auslegung das Wörtchen „alle" in V 32. Vermutlich muss man im Anschluss an die V 25f ergänzen: „Alle, die als Diener mir nachgefolgt sind."

Samstag, 12. März   Johannes 12,34-36

Unser heutiger Abschnitt beschreibt zunächst eins der typischen Missverständnisse, wie sie Johannes häufig herausarbeitet, z. B. in 4,10 ff. **Die sehr diesseitigen und politischen Messiaserwartungen im Volk sind nach den Wundertaten Jesu enorm bestärkt worden** (V 13), aber wie passt das zu den Worten aus V 24 und 33? Warum redet Jesus vom Abschied (V 35) und nicht vom politischen Durchbruch? Die messianische Heilszeit sollte doch ewig dauern (z. B. Jes 9,6; Hes 37,26 u. a.).

● Jetzt fällt auch noch der etwas rätselhafte Begriff „Menschensohn". Er geht auf das Danielbuch zurück, wo der Menschensohn **der von Gott eingesetzte Weltenrichter** ist, der einmal machtvoll auf den Wolken des Himmels auf die Erde kommen wird (Dan 7,13f). **Jesus bezeichnet sich häufiger mit diesem aus der jüdischen Apokalyptik stammenden messianischen Hoheitstitel.** Dabei fällt auf, dass er stets in der 3. Person von sich als dem Menschensohn spricht (z. B. Mk 10,45; Mt 16,27; Lk 17,22). Als Jesus nach seiner Gefangennahme vom Hohepriester gefragt wird: „Bist du der Christus, der Sohn des Hochgelobten?", antwortet ihm Jesus mit den Worten aus Dan 7,13f: „Ich bin's; und ihr werdet sehen den Menschensohn sitzen zur Rechten der Kraft und kommen mit den Wolken des Himmels" (Mk 14,61f).

● V 35f: Jesus lässt sich auf eine Diskussion über die Gestalt des Menschensohns gar nicht ein und antwortet nur indirekt, mit einem leidenschaftlichen Appell: **Nutzt die Tageshelligkeit auf Eurem Weg, damit ihr ans Ziel kommt.** Ohne Bildwort: **Vertraut mir, glaubt an mich, solange es noch möglich ist, werdet meine Nachfolger** (wörtlich „Söhne des Lichts"), bevor es finster wird und sich das Zeitfenster der Gnade schließt.

● Nach diesen eindringlichen Worten ist seine öffentliche Wirksamkeit beendet. Er widmet sich fortan ganz seinen Jüngern.

82

Sonntag, 13. März   **Psalm 35,1-16**

● Wie schon Ps 31 vor zwei Wochen, ist auch Ps 35 ein sog. Klagelied – das aber wieder nicht bei der Klage stehen bleibt. David geht mit den Betern seines Psalms einen **Weg** – von der Klage zum neuen Vertrauen, zum Lob Gottes und zum ermutigenden Bekenntnis vor der Gemeinde.

● Der Psalm gliedert sich in **zwei Teile**: V 1-10 und V 11-28. Zweimal wird der Beter von der Klage zum neuen Vertrauen und zum Lob Gottes geführt. Mit anderen Worten: Gerade noch hatte man den Eindruck, dass der Beter bereits zum neuen Vertrauen und Lob Gottes durchgebrochen ist, da fällt er in V 11 wieder zurück in die Klage. Typisch. Wie oft üben wir in unseren Gebeten den Blickwechsel von der Not auf Gott, nehmen es uns vor, Gott mehr anzubeten und ihm mehr zu danken, als ihm nur Bitten vorzuhalten – und plötzlich sind wir wieder mitten drin im Klagen. Ps 35 ermutigt uns: **Rückfälle gehören zum Leben.** Das ist normal. Geduld ist gefragt, im Leben und im Beten. Tröstlich ist: **Gott geht mit.**

● Als Grund der Not führt Ps 35 Feinde an. David wird bewusst nicht konkreter, sodass jeder Beter seine **eigene Erfahrung mit Feinden** in den Psalm hineinlegen und vor Gott bringen kann.

● David legt Gott eine Zusage in den Mund, die er von ihm unbedingt hören will: „Sprich zu mir: Ich bin deine Hilfe." Wenn wir **Gott an sein Wort erinnern** und es uns von ihm neu zusagen lassen, verändert das unser Herz, stärkt unseren Glauben und schafft Neues, weil sein Wort ein wirkmächtiges Wort ist.

● Schild, Panzer, Speer und Lanze: Gott soll zu den Waffen greifen (V 2f). V 4-8 benennen das gewünschte Resultat. So zu beten, widerstrebt uns.

✎ *Schlagen Sie nach, was uns Jesus (Mt 5,43f) und Petrus mitgeben (1Petr 3,9) und was unser Herz und unsere Beziehungen wirklich verändert.*

| Montag, 14. März | Johannes 12,37-43 |

Johannes kommentiert jetzt diesen letzten öffentlichen Auftritt Jesu mit einigen Zitaten aus dem AT. Danach (V 44-50) fasst er die Kernaussagen noch einmal zusammen, um ab Kap. 13 mit der Fußwaschung über die Zuwendung zu seinen Jüngern und seinen Abschied von ihnen zu berichten.

● V 37 klingt resignierend. Die Menschen hatten große Wunder (bei Johannes stets „Zeichen" genannt) miterlebt, waren zeitweise begeistert mitgelaufen, wollten ihn sogar zum König machen, aber **zum lebendigen Glauben kommen die meisten nicht.**

● V 38-41: Er sieht darin einmal **eine Erfüllung der Propheten-klage** aus Jes 53,1. Aber das Zitat aus Jesaja 6 zielt noch tiefer. Dort gehört es zur Berufung des Jesaja, gerade durch die Verkündigung die Scheidung herbeizuführen, auch die „Verstockung" zu bewirken. **Die Predigt führt eben nicht nur zum Glauben, sondern auch dazu, dass Menschen aufgrund des gehörten Wortes Gottes sich dagegen entscheiden.** In Jes 6 leidet der Prophet unter dieser negativen Folge seines Auftrags und schreit (Jes 6,11): „Wie lange, Herr?" Jesaja bekommt eine Antwort: Ganz am Ende wird aus dem gefällten Baum ein neuer Spross wachsen. Davon singen wir in manchen Adventsliedern. Ganz ähnlich wagt Johannes dann ab V 44 einen solchen hoffnungsvollen Ausblick.

● V 42 wirft **ein interessantes Licht auf die Situation.** Es gibt nicht nur Nikodemus, sondern auch andere einflussreiche Leute („Obere"), die an Jesus glauben, später sogar der angesehene Gamaliel (Apg 5,34ff). Aber die überaus engagierte religiöse Laien-bewegung der Pharisäer kontrolliert rigoros die öffentliche Meinung. Für sie steht fest, der Messias kann erst kommen, wenn das Volk wenigstens einen Tag lang das Gesetz umfassend befolgt hat. Und weil davon nichts zu sehen ist, kann Jesus nicht der Messias sein.

● Auch heute ist es nicht immer leicht, sich in Fragen von Glaube und Bekenntnis gegen den kirchlichen Mainstream zu stellen.

Dienstag, 15. März   **Johannes 12,44-50**

Wie in einem **Schlusswort** fasst Johannes die wichtigsten Aussagen Jesu in Zitaten zusammen, die wir z. T. schon aus anderen Kapiteln kennen (z. B. 3,16-19 u. a.).

● V 44-46: **Jesus weist über sich hinaus auf den Vater,** er will eigentlich nur Gott sichtbar machen, das reicht, ähnlich wie 14,9b: So, wie ich lebe und rede, so ist Gott, so möchte er eigentlich mit euch umgehen und euch begegnen. Jesus will den Menschen die Augen öffnen, ihren Weg hell machen. Er bringt eine positive Botschaft, ein griech. „eu-angelion" („eu" heißt „gut").

● V 47 setzt diese positive Linie fort, auch im Blick auf diejenigen, die ihm nicht folgen. Jesus konzentriert sich auf die Rettung der Menschen. Er hat vor allem **eine Frohbotschaft, keine Drohbotschaft,** auch wenn es in seiner Verkündigung immer wieder mahnende und warnende Worte gibt. **Das Ziel bleibt die Rettung.**

● V 48: **Wer sich aber auf die Einladung Jesu nicht einlässt, disqualifiziert sich selbst.** Er hat alles Wesentliche gehört und sich trotzdem anders entschieden, mit allen daraus folgenden Konsequenzen; das erinnert wieder an Jesaja 6. Denn das Leben ist kein Spiel, es wird einmal Rechenschaft von uns gefordert werden, und wir werden uns am Jüngsten Tag gegenüber unserm Schöpfer und Retter für unser Leben zu verantworten haben. Die unterschiedlichen Reaktionen auf die Botschaft Jesu sind also nicht bloß unterschiedliche Meinungen, die letztlich folgenlos bleiben. Hinter der Botschaft Jesu steht Gott selber; er hat Jesus legitimiert: V 49f. Das verleiht den Worten bis heute einen unausweichlichen Ernst.

● Das alles sagt Jesus offensichtlich auch **an die Adresse** derjenigen, die das Wort Gottes so engagiert hüten und bewahren wollen, **die von ihrer eigenen Frömmigkeit überzeugten und letztlich selbstgerechten Pharisäer.** Ihnen zeigt er immer wieder, dass man bei aller Gesetzestreue kräftig am Willen Gottes vorbeileben kann.

85

Mittwoch, 16. März   Johannes 13,1-11

● Nach dem Joh starb Jesus am Vortag des Passafestes. Das ist vermutlich der Grund dafür, dass es hier keinen Bericht über das Abendmahl gibt. Stattdessen finden wir – und zwar **nur hier** – den **Bericht über die Fußwaschung.** Hinzu kommen ausführliche Zitate aus Jesu letztem Gespräch mit seinen Jüngern, die sogenannten Abschiedsreden (Kap. 13,31–16,33) und das „Hohepriesterliche Gebet" Jesu in Kap. 17. Die umrahmenden Verse (13,1f und 18,1) machen aber deutlich, dass es sich um die gleiche Situation handelt.

● Dreimal betont Johannes, dass **Jesus** nicht nur reagiert, sondern **Herr der Situation** ist:

→ **Er wusste, dass die Stunde des Abschieds da war** (V 1). Das öffentliche Wirken Jesu ist abgeschlossen. Mit unserem Textabschnitt beginnt ein neuer Teil des Evangeliums: die Passion Jesu.

→ Er wusste, dass ihm der Vater alles in seine Hand gegeben hatte (V 3). **Jesus** wird nicht Opfer der übermächtigen Gegner, sondern **geht freiwillig und ganz bewusst den Weg zum Kreuz.**

→ **Er wusste, wer ihn verraten würde** (V 11). Dass Judas bei der Fußwaschung und auch beim Abendmahl dabei ist, ist kein Versehen. Jesus gibt ihm Brot und Wein und wäscht ihm die Füße. Zugleich sagt er, dass Judas dadurch nicht rein wird (V 11).

● **Die Jünger** sind mit der Situation überfordert. Sie sind zwar betroffen von den peinlichen äußeren Umständen. Aber **sie haben nicht begriffen, wie ernst die Lage ist** und welch außergewöhnliche Stunden sie erleben. Auch verstehen sie nicht, dass die **Fußwaschung ein Symbol für den viel tieferen Sklavendienst Jesu am Kreuz** ist. Dort findet die eigentliche Reinigung statt, indem er die Jünger damals und uns heute von der Schuld reinigt.

> ✎ *Erst im Nachhinein hat die junge Christenheit die Zusammenhänge begriffen. Lesen Sie dazu Phil 2,6-11.*

Donnerstag, 17. März　　　　　　　**Johannes 13,12-20**

● Die Fußwaschung hat eine doppelte Dimension: eine dogmatische und eine ethische:

→ Aus dem Vorgang selbst, so sagt Jesus, können die Jünger die Bedeutung noch nicht begreifen (V 7). Die Fußwaschung ist **Symbol für die grundlegende Reinigung von der Sünde**, die die Jünger in Kürze durch seinen Tod am Kreuz erfahren werden.

→ **Dann aber kommt die ethische Komponente hinzu**, und sie erläutert Jesus im heutigen Textabschnitt. Während die Jünger am Tisch darüber streiten, wer wohl die besten Plätze im Himmel bekommt (Lk 22,24ff), erniedrigt Jesus sich zur Sklavenarbeit. Nicht um sie bloßzustellen, sondern um ihnen **ein konstruktives Beispiel für den Umgang miteinander zu geben**. Wenn schon er als Gottes Sohn sich zum Dienen nicht zu schade ist, wie viel weniger können sich die Jünger solchem Dienst entziehen.

→ Die Beziehung zu Gott und die Beziehung zum Bruder bilden ähnlich wie kommunizierende Röhren immer ein zusammenhängendes System. Das eine wirkt sich immer auf das andere aus. **Dogmatik und Ethik gehören immer zusammen.**

✎ *Blättern Sie einmal den Epheserbrief durch und schauen sich die Überschriften daraufhin an.*

● Jesus kündigt an, was Judas tun wird, um die übrigen Jünger auf die kommenden Ereignisse vorzubereiten. Wie sollten sie ohne solche Hinweise länger an Jesus glauben, wenn er nicht einmal einen Verrat in den eigenen Reihen erkennen und verhindern konnte (V 19)?

● Aber es geht auch um Judas selbst. Jesus wusste, was er vorhatte (V 11). Warum enttarnt er ihn dann nicht? Vielleicht will er Judas herausfordern und eine Chance zur Umkehr geben. Mit seinem Verrat erfüllt sich zwar die Schrift (V 18), aber **Judas ist nicht einfach Opfer der Pläne Gottes.** Schon vorher hat er dem Teufel die Tür geöffnet (Joh 12,6). Die Situation spitzt sich zu. Judas muss sich entscheiden.

Freitag, 18. März   **Johannes 13,21-30**

● Judas – Die Person des Judas ist und bleibt ein Rätsel und Geheimnis. Das NT gibt keine einfache Antwort und nennt unterschiedliche Aspekte, die sich zu keinem Gesamtbild zusammenfügen lassen. (Vgl. Lk 22,3-6; Mt 26,14f; 27,3-5; Apg 1,16-18).

● Jesus – In immer klarer werdenden Andeutungen hatte Jesus vom bevorstehenden Verrat gesprochen (vgl. V 11.18). Das Wissen um seinen Verräter schützt aber auch Jesus nicht vor innerer Erschütterung (V 21). Einer von denen, die er berufen hatte, der drei Jahre mit ihm unterwegs war, der seine bewegenden Predigten gehört und vollmächtige Zeichen miterlebt hatte; einer für den er bereit war, sein Leben zu opfern; einer, den er geliebt hat – der verrät ihn. Auch für Jesus ist das nicht nur ein leider unvermeidlicher Begleitumstand, der dazugehört. So sehr liebt Jesus seine Jünger, dass ihn der Verrat zutiefst erschüttert.

● Die übrigen Jünger – sie sind ratlos und betroffen. Was geht hier vor? So kennen sie Jesus gar nicht. Die detaillierten Berichte sowohl bei Johannes wie auch bei den Synoptikern zeigen – auch wenn sie sich ein wenig voneinander unterscheiden –, wie tief sich ihnen die Szene ins Herz eingebrannt hat. Auch Petrus wagt es nicht, die Frage, wer der Verräter ist, zu stellen. Stattdessen flüstert er sie dem Jünger zu, der gemäß der Tischordnung direkt rechts neben Jesus liegt (vermutlich Johannes). Selbst als Jesus den Bissen an Judas weiterreicht und damit aus unserer Sicht Klarheit schafft, begreifen die Jünger nichts. Die Vorstellung, einer von ihnen könne Jesus verraten, ist zu ungeheuerlich. Judas ist jedenfalls für sie bis zu diesem Zeitpunkt noch unverdächtig.

> ✎ *Mt und Mk berichten, dass die Jünger fragten: „Bin ich's Herr?" Niemand kann für sich geradestehen: Niemand kann den Verrat völlig ausschließen. Können Sie es?*

Samstag, 19. März   **Johannes 13,31-35**

● Mit Joh 13,31 beginnen **die Abschiedsreden Jesu.** Die ersten Verse sind dabei so etwas wie der Verstehensschlüssel und die Ouvertüre der nachfolgenden Ereignisse:

→ Es geht **auf der einen Seite um die Verherrlichung Gottes und seines Sohnes Jesus.** Was von außen wie eine Katastrophe aussehen mag, ist in Wahrheit Gottes Sieg über die Sünde.

→ Der andere Aspekt betrifft die Jünger. **Alles, was geschehen wird, ist nur von der Liebe Gottes her verstehbar.** „Niemand hat größere Liebe als die, dass er sein Leben lässt für seine Freunde", wird Jesus wenig später sagen (15,13).

● Appelle zur Liebe sind nichts Besonderes und begegnen uns bereits im AT (3Mose 19,18). Jesus bleibt aber nicht bei der Aufforderung stehen. **Sein Gebot stellt etwas Neues dar, weil er selbst diese Liebe ermöglicht.** In der Fußwaschung hatte er bereits demonstriert, wie sie aussehen soll. In seinem Sterben wird sie in ihrer tiefsten Dimension sichtbar werden.

● Pfingsten werden die Jünger dann erleben, dass **die Erfüllung mit dem Heiligen Geist ihnen die geforderte Liebe ermöglicht** (Röm 5,5b) und sie wie eine Frucht in ihrem Leben wachsen lässt. Diese Liebe ist so zentral, dass Paulus in 1Kor 13 schreibt, ohne die Liebe sei alles nichts.

● Es geht also nicht nur um die banale Einsicht, dass Liebe schön ist und das Leben angenehmer macht. **Das eigentliche Anliegen** ist, dass Jesus uns mit seinem Wesen durchdringt, und **wir als seine Jünger für ihn und seine Liebe transparent** sind.

● Solche Liebe zu praktizieren ist ein Stück Himmel auf Erden. Das ist so ungewöhnlich und so wenig selbstverständlich, dass auch Außenstehende erkennen: Dahinter kann nur Jesus stecken.

✎ *Jeden Tag und somit auch heute gilt es, sich an diese Worte Jesu zu erinnern und sie zu beherzigen. Wo können Sie heute das neue Gebot der Liebe umsetzen?*

Sonntag, 20. März   Psalm 35,17-28

● Der zweite Teil des Psalms beginnt bereits in V 11: Nach der ersten Dankbarkeit über Gottes Hilfe will die Not wieder alles überlagern und die Klage bricht sich Bahn.

● **Aufbau** des zweiten Teils: V 11-17: Klage; V 18: Dankgelübde; V 19-26: Bitte; V 27f: Lobpreis.

● Bevor David von der Klage zu konkreten Bitten weitergeht, hält er inne und gibt Gott ein **Dankgelübde** (V 18). Er verspricht Gott, ihm in der Gemeinde und darüber hinaus zu danken und ihn zu loben. Dafür braucht es aber sein Eingreifen.

● Mit Gelübden sind wir eher zurückhaltend. Kostbar wäre es aber, wenn wir es wieder lernen würden, öffentlich und regelmäßig in unseren Gottesdiensten und darüber hinaus von Gottes Eingreifen zu **erzählen**.

● David macht es uns am Ende des Psalms vor: Öffentlich lobt er Gott (V 27) und erzählt von seiner Gerechtigkeit (V 28). Auf diese Weise gibt er Gott die Ehre und ermutigt zugleich seine Mitmenschen, sich ebenfalls auf einen Weg mit Gott einzulassen.

● Wo wir **Gottes Hilfe bezeugen**, vermehren wir sein Lob exponentiell. Menschen hören es und wagen es selbst, mit ihrer Klage und Bitte zu Gott zu kommen. Eines Tages bezeugen dann auch sie, wie Gott in ihrem Leben eingegriffen hat, was wiederum andere Menschen herausfordert, sich mit Gott auf den Weg zu machen, bis auch sie Gottes Hilfe bezeugen – usw.!

> **Wer sich mehr Lobpreis in der Gemeinde wünscht, muss der Erzählung Mut machen- der Erfahrungen Raum geben.**

● Wie kommen Menschen zum Glauben? Indem wir ihnen vorleben, was wir mit Gott erleben und wie wir mit ihm leben und er mit uns, gerade auch in der Krise. Hier sind uns die Psalmen ein Vorbild. Dazu gehört aber auch, dass wir selbst von unserem Glauben sprechen: „Meine Zunge soll reden" beschließt David in V 28 sein Gebet. Das wusste schon David: **Der Glaube kommt aus dem Hören** (vgl. Röm 10,17).

Montag, 21. März **Johannes 13,36-38**

● Liebe war das Stichwort des letzten Abschnitts. Diese Liebe ist auch der Grund für die Nachfrage des Petrus. Er möchte bei Jesus bleiben, selbst wenn er dafür einen hohen Preis zahlen muss.

● **Jesus bereitet Petrus auf die Versuchung vor,** indem er präzise ankündigt, was geschehen wird. Aber auch diese Ankündigung wird das Scheitern des Petrus nicht verhindern. – Warum bewahrt Jesus ihn nicht davor, sondern lässt ihn ins offene Messer laufen?

● Der Grund ist wohl, dass Jesus mit Petrus noch viel vorhat. Er soll der Fels sein, auf dem Jesus seine Gemeinde bauen will (Mt 16,18). Damit das möglich wird, ist noch **ein hartes Stück Arbeit am Charakter und am Glaubensverständnis des Petrus nötig.** Genau diese Lektion kündigt Jesus für die nächsten Stunden an.

● In drei Jahren Jüngerschaftschule hatte sich Petrus als „Klassenprimus" profiliert. „Ich will mein Leben für dich lassen", sagt er aus voller Überzeugung (V 37). Doch mit dieser so opferbereit klingenden Einstellung überschätzt er sich selbst und ist so ungeeignet für die große Aufgabe, die Jesus ihm zugedacht hat. Um ihr gerecht werden zu können, **muss er erst durch die Versuchung, das Scheitern und den Zerbruch** aller eigenen Optionen gehen.

● Der Aufarbeitungsprozess dieser Katastrophe wird ausführlich in Joh 21,15ff geschildert und ist für die Geschichte der Gemeinde so wichtig, dass sie im Joh bis ins Detail öffentlich gemacht wird.

✎ *Eine provozierende Frage an uns: Gibt es in den christlichen Gemeinden und Gemeinschaften vielleicht deshalb so viel Unfruchtbares, weil wir zu viele Alphatypen wie den frühen Petrus haben? Fromme, tüchtige, begabte und hochmotivierte Mitarbeiter, die aber erst noch ihre zweite Bekehrung in Form von Krisen, Anfechtung und Scheitern durchlaufen müssen. Ist das vielleicht sogar Ihr persönliches Problem?*

| Dienstag, 22. März | Johannes 14,1-7 |

● V 1: Jesus weiß, dass sein Sterben und seine Rückkehr zum Vater die Jünger zutiefst erschrecken und verunsichern wird. Die **Hilfe gegen solche Furcht besteht im festen Vertrauen zu Gott bzw. im Festhalten an der Beziehung zu Jesus.**

● V 2: Die Jünger sollen verstehen, warum Jesus sie verlässt und dies zu ihrem Besten ist. Es geht um **Gottes letztes Ziel:** Menschen wie die Jünger damals und wir heute sollen **unmittelbar in Gottes Gegenwart wohnen** können (vgl. Offb 21,1-5). Damit das möglich wird, muss Jesus den Weg zum Kreuz zu Ende gehen.

● V 3: In Gottes neuer Welt zu wohnen heißt vor allem, dort zu sein, wo Jesus selbst auch ist. **Die Trennung** von ihm ist also **nur vorübergehend.** Er wird wiederkommen und seine Jünger zu sich nehmen.

● V 4f: Jesus setzt voraus, dass die Jünger diese Zusammenhänge inzwischen verstanden haben. Doch die Frage von Thomas zeigt, dass ihnen **weder das Ziel noch der Weg dahin wirklich klar** sind. Obwohl sie alle Bausteine des mit Jesus angebrochenen Reiches Gottes bereits kennen, werden sie das Puzzle erst nach Ostern zusammensetzen können.

● V 6: Jesus fasst den Sinn seines irdischen Wirkens zusammen. **Er ist gekommen, damit nichts mehr zwischen Gott und Menschen steht.** Dadurch ist der Weg frei, um in Gottes Nähe wohnen zu können. **Er selbst ist der Weg,** und zwar – so provozierend das für manchen klingen mag – **der** einzige.

> ✎ *Warum ist es so wichtig, dass Jesus diesen Anspruch erhebt und nicht etwa seine Jünger?*

● V 7: Die **zukünftige enge Gemeinschaft mit Gott mag noch völlig unvorstellbar** sein. Aber ansatzweise wissen wir durch Jesus doch schon etwas darüber. Wer ihn kennt, kennt Gott.

| Mittwoch, 23. März | Johannes 14,8-14 |

● V 8-10: Einmal Gott, den Vater, sehen – wer wünschte sich das nicht. Eine solche Erfahrung würde allen Fragen und Zweifeln ein Ende bereiten. Aber noch ist das nicht möglich. **Noch ist Gott ausschließlich an Jesus zu erkennen.**

→ Eigentlich wissen die Jünger das auch bereits. Sie haben Jesu Reden und Handeln mitbekommen. Was sie gehört haben, waren ja nicht nur Menschenworte, und seine Taten und Wunder konnte er unmöglich aus sich selbst vollbracht haben. In den drei Jahren der Nachfolge Jesu war ihnen klar geworden, dass ihnen **in Jesus Gott selbst begegnet.** Oder wie Petrus es formuliert, dass er „der Heilige Gottes" ist (Joh 6,68f).

→ Dennoch bleibt da **eine Sehnsucht nach mehr,** nach letzter Eindeutigkeit. Auch bei uns ist das so. Aber Jesus macht deutlich, dass **die Grenze zum Schauen nicht überschritten werden** kann. Stattdessen verweist er immer wieder auf den Glauben an ihn (V 10.11.12).

> ✎ *Erst in der neuen Welt Gottes werden wir Gott unmittelbar sehen. Lesen Sie dazu 1Joh 3,2.*

● V 10-14: Es gibt jedoch noch etwas Weiteres, das den Jüngern helfen kann, **Jesu geheimnisvolle Identität mit dem Vater zu erkennen.** Die Antwort ist erstaunlich: **Es sind die Werke, die sie selbst tun, und die Gebetserhörungen, die sie erleben werden.** Um was es sich dabei im Einzelnen handelt, wird nicht gesagt. Es hängt jedenfalls mit dem Auftrag und der Sendung der Jünger zusammen. Der Vater soll dadurch verherrlicht werden (V 13). Und zugleich soll dabei Jesu Wille umgesetzt werden (V 14).

● Das heißt also: Indem Gott sie gebraucht, hinterlässt er – gleichsam nebenbei – **im Leben der Glaubenden Fußspuren.** Allerdings gilt auch: Erfahrungen können niemals den Glauben ersetzen. Vielmehr setzen sie ihn voraus. **Wer glaubt – der wird erleben.**

Donnerstag, 24. März   Johannes 14,15-21

● Immer noch geht es um die Frage, wer Jesus ist, in welcher Beziehung er zum Vater steht und wie die Jünger das erkennen können. Unser Text gibt darauf eine entscheidende neue Antwort: **Nur der Heilige Geist kann uns letztlich Klarheit** in dieser Frage geben. Jesus bezeichnet ihn als anderen, als **neuen „Beistand"** (Luther: „Tröster" griech. „parakletos"; V 16).

● An wessen Stelle aber soll der Heilige Geist treten? V 18 gibt die Antwort: **Der Heilige Geist kommt an Jesu Stelle.** Denn Jesus will seine Jünger nicht als Waisen zurücklassen. Indem der andere Beistand, also der Heilige Geist kommt, kommt doch derselbe, nämlich Jesus selbst, zu den Jüngern zurück (V 18b).

● Zusammengenommen heißt das: **Der Heilige Geist ist niemand anderes als Jesus selbst, wenn auch in einer anderen Gestalt.** Der Heilige Geist ist die Gestalt, in der Jesus auch nach seiner Rückkehr zu Gott jederzeit bei seinen Jüngern sein kann.

● Der Heilige Geist ist **der Geist der Wahrheit** (V 17). Nur er kann die komplizierten Zusammenhänge klären, die Jesus andeutet. Vielleicht müssen Sie die heutige Auslegung zweimal lesen, um die Aussagen des Bibeltextes zu verstehen. Aber es lohnt sich. Nirgends sonst bekommen wir so tiefe Einblicke in das innere Geheimnis und Wesen Gottes.

● Die **Grundaussage** lautet, **dass Jesus im Vater ist, die Jünger in Jesus sind und Jesus in den Jüngern ist** (V 20). Der Heilige Geist kann seine Aufgabe als Dolmetscher wahrnehmen, weil auch er in den Jüngern ist (V 17b). So macht er sozusagen von innen heraus den Jüngern klar, dass Jesus wirklich Gottes einzigartiger Sohn ist.

● **Die Jünger werden also durch den Heiligen Geist in das Beziehungsgeflecht, in das „Ineinander" mit hineinverwoben,** durch das Jesus selbst auch mit dem Vater verbunden ist. Indem sie das durch das Wirken des Heiligen Geistes erleben, klären sich letzte Fragen, die sie mit ihrer Vernunft niemals lösen könnten.

94

Freitag, 25. März　　　　　　　　**Johannes 14,22-26**

● Der Heilige Geist ist der entscheidende Dolmetscher, der uns die Augen für Gottes Wirken und das Wesen Jesu öffnen kann. Allerdings hatte Jesus auch hinzugefügt, dass nur die Jünger diesen Geist empfangen können (V 17).

● Was der Grund dafür ist, möchte Judas wissen (V 22). **Warum will Jesus sich nicht auch der Welt offenbaren?** Vielleicht lassen sich Menschen ja eher auf Gott ein, wenn sie mehr über die Geheimnisse Gottes wissen, mag er gedacht haben. Aber das ist **aus zwei Gründen nicht möglich:**

→ **Das Geheimnis der Wirklichkeit Gottes erschließt** sich nicht durch Kopf-Wissen, sondern **durch Erfahrungen im Leben mit Jesus.** Ganz ähnlich hatte Jesus den ungläubigen Juden geantwortet, die von ihm einen Beweis seiner Herkunft forderten (Joh 7,17): Nur wenn jemand bereit ist, sich mit seinem Leben auf Jesus einzulassen, wird er Klarheit bekommen, ob diese Lehre von Gott ist oder ob Jesus aus sich selbst redet.

→ **Die von Jesus erwartete Liebe und der Gehorsam** (V 23) **sind Geschenk Gottes.** Beides wird erst durch den Heiligen Geist ermöglicht. Durch ihn, so haben wir gestern gesehen, werden wir zutiefst mit Gott verbunden. Liebe und Gehorsam ergeben sich als Folgen daraus. Sie sind Frucht des Heiligen Geistes.

● **Ohne Liebe zu Jesus bleiben alle Theologie und jedes Bibelstudium letztlich fruchtlos.** Alles dreht sich bei Jesus um die Liebe. So wie Jesus vom Vater geliebt wird, und so wie er den Vater liebt, lieben ihn seine Jünger. Und umgekehrt werden sie vom Vater geliebt (V 21.23). Wo diese Liebe zu Jesus und dem Vater, die Sehnsucht nach einer persönlichen Beziehung zu Gott einen Menschen bewegt, da kann der Heilige Geist seine Arbeit tun. Menschen aber, die solch eine Liebesbeziehung zu Gott gar nicht wollen, können den Geist Gottes nicht empfangen. Sie werden in den johanneischen Schriften als „Welt" bezeichnet.

Samstag, 26. März   **Johannes 14,27-31**

● „Euer Herz erschrecke nicht" – so hatte die Abschiedsrede Jesu an die Jünger begonnen (14,1). Nun wiederholt Jesus diese Aufforderung und fügt die Zusage hinzu: **Den Frieden lasse ich euch.** Mag auch manches bis an die Grenzen ihrer Kraft gehen, die Jünger werden in den bevorstehenden Prüfungen nicht zerbrechen. Dafür sorgt Jesus selbst. Dieses Heil-Bleiben trotz allem meint das Wort Friede. Die „Welt" kann eine solche Garantie niemals geben.

● **Das größte Drama der Weltgeschichte** tritt nun in seine entscheidende Phase. Betrachten wir noch einmal die Beteiligten:

→ **Jesus:** Zunächst wird er von den Jüngern weggehen und danach wiederkommen (V 28a). All dies ist geplant und gewollt. Gott kommt zum Ziel. Das Kreuz gehört zu seinem Weg. Auch wenn es nach außen anders aussieht, ist es nicht Niederlage, sondern Sieg über alles, was Gott und Menschen voneinander trennt.

→ **Die Jünger:** Hätten sie begriffen, was Jesu Weggang bedeutet, würden sie sich mit Jesus und für Jesus freuen, dass er zum Vater zurückkehrt. Sein Fortgehen ist die Voraussetzung für das, was für ihn das Größte ist: die Gemeinschaft mit dem Vater. Aber ihre – durchaus vorhandene – Liebe zu Jesus ist für diese Sichtweise noch zu selbstbezogen. Dahinter steht dieselbe Grundhaltung, die Petrus ausrufen ließ „Das widerfahre dir nur nicht" (Mt 16,22)!

→ **Der Teufel:** In der Tat spielt „der Fürst dieser Welt" bei Jesu Sterben eine gewisse Rolle. Es könnte so aussehen, als sei der Tod Jesu sein Werk und als habe Gott sein Ziel verfehlt. Und doch sind der Teufel und seine menschlichen Handlanger nur Statisten in Gottes Drama. Jesus gegenüber hat er keine Macht (V 30).

→ **Die Welt:** Letztlich soll auch die Welt, die bisher von Gott nichts wissen will, erkennen, dass Jesus den Auftrag Gottes ausführt. Aus Liebe zu Gott und zu uns Menschen wird er ihn nun sehr bald zu Ende bringen, indem er am Kreuz stirbt (V 31).

Sonntag, 27. März	Psalm 84

● Ps 84 ist ein Zionslied voller Freude und Begeisterung über die **Gegenwart Gottes.** Im Jerusalemer Tempel auf dem Zionsberg kann man den lebendigen Gott (V 3) erleben. Bei ihm erfährt der Beter Heimat und Geborgenheit (V 4f), Stärke (V 6), gesegnetes Leben (V 7), Kraft (V 8) und Gutes ohne Mangel (V 12).

● **In die Begeisterung mischt sich aber auch melancholische Sehnsucht** (V 11). Möglicherweise singt der Beter sein Lied weit weg von Jerusalem. Er kennt den gefährlichen Weg im „dürren Tal" (V 7). Er ruft Gott an im Gebet (V 9). Im Aufblick auf JHWH (V 8) erfährt er Kraft und Trost.

● Drei Glückwünsche (V 5.6.13) preisen die Menschen, die in der Nähe Gottes leben. Gottes Gegenwart konnte man in der Zeit des Alten Testaments im Tempel erleben, aber auch in der Nachfolge im Alltag und im täglichen Gottvertrauen (V 6.13).

● **Ps 84 lädt dazu ein, die Sehnsucht nach Gott auszuleben.** Das gelingt dem Beter, indem er den Tempel in den Blick nimmt. Doch der Jerusalemer Tempel steht nicht mehr. Nebukadnezars Truppen haben ihn im Jahr 589 v. Chr. zerstört. Die alttestamentliche Lesung zum heutigen Sonntag, Jes 54,7-10, spricht in diese geistliche Notsituation hinein.

> ✎ *Was ist der Trost für die Gemeinde Israels im Exil? Wie wird JHWH ihnen auch ohne den Tempel nahe sein (Jes 54,10)?*

● **Nach dem NT findet die Sehnsucht von Ps 84 ihre Erfüllung in Jesus Christus,** in dem Gott seine Herrlichkeit in unserer Welt „wohnen" lässt (Joh 1,14). Und Christus ist in seiner Gemeinde gegenwärtig. So kann die christliche Gemeinde auch als „Tempel Gottes" bezeichnet werden (1Kor 3,16f; Eph 2,19-22). In der Gemeinde werden wir „reichlich getröstet durch Christus" (2Kor 1,5). **Der lebendige Gott hat einen Ort in unserer Welt! Wir dürfen seine Gegenwart in der Gemeinde erleben.**

Montag, 28. März   Johannes 15,1-8

● „Bleibt in mir und ich in euch" (V 4). **Diese gegenseitige Verbundenheit ist das Zentrum des Glaubens. Das Schlüsselwort ist „bleiben".** Denn die Beziehung zwischen Christus und uns ist auf Dauer angelegt. Sie ist Gabe und Aufgabe zugleich: Als Gabe Gottes gibt sie uns Halt und Sicherheit. Wir bleiben, weil Christus in uns bleibt. Doch als Aufgabe fordert uns die Beziehung heraus, sie zu gestalten. **Eine Beziehung muss man pflegen.** Wir sollen also alles daransetzen, in Christus zu bleiben.

● In dem **Bild vom Weinstock und den Reben** macht Jesus diese Grundspannung des Glaubens anschaulich:

→ Wie eine Rebe ohne den Weinstock keine Frucht bringt, sondern verdorrt, so können wir als Christen keine Frucht bringen, ohne **mit Jesus in Verbindung zu bleiben** (V 6). D. h.: sich an seine Worte zu halten (V 7a). Sie aufnehmen und beherzigen.

→ Es heißt aber auch: **Gott zu bitten.** Dann wird uns „widerfahren", worum wir gebeten haben (V 7b). Das muss nicht heißen, dass sich unser Gebet genauso erfüllt, wie wir es uns wünschen. Aber gewiss ist, dass etwas geschehen wird; dass Gott unser Gebet nicht ohne Antwort lässt. **So bleiben wir an Christus, indem wir auf sein Wort hören und vertrauensvoll beten.**

→ Und wenn wir an Jesus Christus, dem Weinstock, bleiben, **dann bringen wir Frucht.** Wichtig ist, genau hinzuhören: Jesus fordert uns nicht auf, Frucht zu bringen. **Sie ist nicht das Ergebnis unserer Anstrengungen, sondern die Folge unserer Verbundenheit mit ihm.** Frucht zu bringen ist das Ziel unseres Christseins – aber ein Ziel, das wir nicht direkt erreichen können. Wir sollen uns vertrauensvoll Christus überlassen, sollen einfach in ihm bleiben – und alles andere fügt sich.

> ✎ *Wie verstehen Sie das „Reinigen" der Reben, von dem Jesus in V 2 spricht, im Blick auf Ihren Glauben?*

Dienstag, 29. März   **Johannes 15,9-17**

● **Liebe ist ein großes Wort.** Leicht zu missbrauchen, weil es unsere tiefsten Wünsche berührt: Angenommen zu sein, so wie ich bin. Oder sogar: ... weil ich bin. Ohne mein Zutun. Aber auch ohne die Angst, die Liebe zu verlieren, wenn ich nicht dem Ideal entspreche. Kein flüchtiges Gefühl, sondern eine verlässliche Beziehung. **Nicht nur ein missverständliches oder trügerisches Wort – sondern ein Handeln, das die Liebe kostbar macht, weil sie den Liebenden etwas kostet.**

● „Niemand hat größere Liebe als die, dass er sein Leben lässt für seine Freunde", verspricht Jesus seinen Jüngern (V 13). Sein Tod ist das unauflösliche Zeichen der Liebe Jesu zu uns. So real der Tod Jesu ist, so wirklich ist seine Liebe zu uns. **Liebe ist für Jesus kein unverbindliches Wort, sondern ein verbindliches – und verbindendes – Tun.**

● Wir dürfen wissen, dass wir **Jesu Freunde** sind (V 14f). **Eine Beziehung auf Augenhöhe.** Nicht wie die Beziehung eines Knechtes zu seinem Herrn, die auf Unterwerfung beruht und den Knecht über die Absichten seines Herrn im Ungewissen lässt (V 15). Der Freund verhält sich der Freundschaft entsprechend. Sie prägt sein Leben. Alles andere wäre nur vorgetäuscht.

● **Deshalb sollen wir tun, was Jesus uns sagt** (V 14). Und das bedeutet, dass wir uns, als Jünger Jesu, so lieben sollen, wie Christus uns geliebt hat (V 12). Denn die Liebe, mit der die Freundschaft durch Christus begann, ist die Liebe, die uns Nachfolger miteinander verbindet. Dabei geht es nicht darum, ob unsere Liebe in der Intensität der Liebe Christi entsprechen kann. Vielmehr soll das, was wir von Christus empfangen, auch unser Leben bestimmen.

✎ *Warum ist es entlastend für uns, dass unser Glaube an Jesus nicht auf unserer Initiative bzw. Entscheidung gründet, sondern auf Jesu bzw. Gottes erwählendem Handeln (V 16)?*

Mittwoch, 30. März   Johannes 15,18-25

● **Hass ist ein starkes Wort.** Wer hasst, der möchte den anderen beseitigen. Der kann seine Existenz nicht ertragen. Es gibt für ihn keinen Kompromiss. Keinen Ausgleich. „Er oder ich!" Desha!b hat der Hass auch immer etwas Selbstzerstörerisches, wenn man den anderen nicht zerstören kann.

● „Wenn euch die Welt hasst", teilt Jesus seinen Jüngern mit, „so wisst, dass sie mich vor euch gehasst hat" (V 18). Die Welt ist Gottes Schöpfung, die aber ihren Schöpfer nicht anerkennt (Joh 1,10). Es ist die Menschheit, die ihren Ursprung verleugnet, die Gottes Eigentumsrecht an seiner Schöpfung verwirft, und sich selbst an seine Stelle zu setzen versucht. Die Jünger aber sind für die gottlose Welt eine unerträgliche Erinnerung daran, dass es auch einen anderen Weg gibt.

● **Der Hass der Welt auf die Jünger Jesu** ist nicht bloß eine Emotion, sondern **ist die natürliche Reaktion der Welt auf ihre Lebenslüge: den Versuch, ohne Gott zu leben.** Und darum ist es nicht nur das Verhalten der Jünger, das diesen Hass der Welt auslöst, sondern ihre bloße Existenz. So wie das Kommen Jesu unc seine Werke, mit denen er sich als von Gott Gesandter vorgestellt hat, erst die Sünde der Welt, ihre Gottlosigkeit, provoziert hat (V 24), so deckt die Existenz der Jünger Jesu diese bleibende Sünde immer wieder auf – und fordert den Versuch heraus, die Jünger zu beseitigen, so wie die Welt versucht hat, Jesus zu beseitigen (V 20). Er ist das letzte, vergebliche Aufbäumen der Gottlosigkeit der Welt, die ihren blinden Fleck nicht wahrnehmen kann: Die Welt kennt Gott nicht, weil sie ihn nicht anerkennt (V 22).

> ✎ *Es sollte uns daher nicht verwundern, wenn heute auch uns Christen zunehmend ein kräftiger Gegenwind ins Gesicht bläst. Oder wie erleben Sie die Haltung Ihrer Umgebung uns Christen gegenüber?*

Donnerstag, 31. März **Johannes 15,26–16,4**

● Es ist gut, vorbereitet zu sein auf das, was kommt. **Es werden für die Jünger raue Zeiten kommen.** Sie werden ihr vertrautes Umfeld verlieren, weil sie aus den Synagogen der jüdischen Mehrheit ausgeschlossen werden (V 2a). Ihre Gegner sind sich ihrer Sache – der Ablehnung Jesu und seiner Jünger – sehr sicher. Sie glauben sogar, damit Gott einen Dienst zu erweisen (V 2b). Für sie kann es kein Zusammenleben mit den Nachfolgern Jesu geben – weil es keine gemeinsame geistliche Basis gibt. Dabei ist es nicht das jüdische Volk, das sich hier gegen die junge christliche Gemeinde stellt. **Es ist die organisierte religiöse Elite, die sich infrage gestellt fühlt und um ihren Machterhalt kämpft.** Sie versucht, ihre Interpretation des jüdischen Glaubens im Volk durchzusetzen und damit zugleich die bestehenden Machtverhältnisse zu erhalten.

● Kann die junge christliche Gemeinde den Verlust des vertrauten Umfeldes, den Tod ihres Lehrers und Anführers und den heftigen Widerstand ihrer Gegner ausgleichen? **Woher soll sie die Kraft nehmen, zu widerstehen und einen eigenen, zukunftsträchtigen Weg zu finden?**

● **Die Antwort: Jesus wird seinen Jüngern den Tröster** (griechisch: Paraklet) **senden** (V 26). Paraklet ist der Name des Heiligen Geistes im Johannesevangelium. **Er wird die Gemeinde stärken und widerstandsfähig machen.** Das geschieht dadurch, dass der Geist „Zeugnis gibt" von Jesus (V 26) und damit das Zeugnis der Jünger von ihm unterstützt (V 27). **Der weltlichen Macht der Gegner der Gemeinde setzt Jesus die geistliche Macht des Heiligen Geistes entgegen.** Die Gegner wollen die Gemeinde mundtot machen und das Zeugnis von Jesus und seinem Vater zum Schweigen bringen. Aber der Heilige Geist verstärkt dieses Zeugnis noch, sodass das Gegenteil von dem eintritt, was die Gegner der Gemeinde bezwecken: **das Zeugnis der Gemeinde von Jesus wird die Menschen erreichen und zum Glauben an Jesus Christus führen.**

101

Freitag, 1. April   **Johannes 16,5-15**

● Es ist gut, einen Begleiter zu haben. Jemand, der unterstützt; der motiviert; der den Weg kennt. Das war bisher Jesus für seine Jünger. Für ihn haben sie ihr altes Leben aufgegeben; haben in Jesus die Nähe Gottes erlebt. Doch diese gemeinsame Zeit wird jetzt abrupt zu Ende gehen. **Was wird aus den Jüngern?**

● **Jesus verspricht ihnen einen neuen Begleiter: den Parakleten** (Luther: „den Tröster", V 7). Den „Herbeigerufenen" (so wörtlich), Motivator, Ermahner, Ermunterer, Tröster, Gerichtsbeistand. **Das griechische Wort hat viele Nuancen.** Es bezeichnet ein Versprechen: Der Paraklet wird die Jünger begleiten und ihnen das richtige Wort zur richtigen Zeit geben. Er wird die Jünger „in aller Wahrheit leiten" (V 13). Er führt sie nicht in die Irre. Er verwirrt sie nicht. Er verlässt sie auch nicht. **Der Paraklet hilft den Jüngern zu verstehen, was ihr Weg ist und wie sie ihn gehen können.** Er erschließt ihnen die Wahrheit ihres Glaubens und ihrer Sendung. Die Wahrheit des Heiligen Geistes ist die Zuverlässigkeit seines Wortes. Was er sagt, das gilt – darauf können sich die Jünger unbedingt verlassen.

● Wenn Jesus geht, wird der ihr neuer, zuverlässiger Begleiter. Das scheint für die Jünger auf den ersten Blick eine große Umstellung zu sein. Sie werden Jesus nicht mehr sehen wie zuvor. Sie werden ihn nicht mehr berühren können. Er wird nicht mehr leibhaftig unter ihnen, sondern bei seinem Vater sein. **Und doch ist Jesus im Parakleten seinen Jüngern ganz nahe.** Denn der Geist Gottes wird nur das sagen, was er von Jesus gehört hat (V 13). Jesu Worte werden zu den Worten des Heiligen Geistes. Die Form der Beziehung mag sich ändern – der Inhalt aber nicht. Alles wird anders für die Jünger – und bleibt doch gleich.

✎ *Was bedeutet Ihnen der Heilige Geist? Wie erfahren Sie sein Wirken?*

Samstag, 2. April   **Johannes 16,16-23a**

● **Trauer und Freude** (V 22). Widersprüchliche Gefühle, mit denen sich die Jünger auseinandersetzen müssen. Jesu Tod wird sie in tiefe Trauer stürzen (V 20a). Und die „Welt", die nicht an Jesus glauben will (Joh 1,10f), wird sich freuen. Über Jesu Tod und über die Trauer der Jünger. Alles wird aussichtslos erscheinen. Und es wird bald geschehen: „Noch eine kleine Weile, dann werdet ihr mich nicht sehen", sagt Jesus ihnen voraus (V 19a). Die Jünger werden keine Zeit haben, sich darauf vorzubereiten. Es wird sie überwältigen: der gewalttätige Tod Jesu, die tiefe Trauer des Verlustes, die höhnische Freude der gottlosen Welt.

● Doch Gott ist mit Jesus und mit seinen Jüngern nicht am Ende, auch wenn ihre Trauer bodenlos zu sein scheint: „Und abermals eine kleine Weile", verspricht Jesus, „dann werdet ihr mich sehen" (V 19b). **So plötzlich wie der Tod Jesu in das Leben seiner Jünger einbricht, so überraschend wird Jesu Auferstehung die Trauer der Jünger** überwinden. „Eure Traurigkeit soll zur Freude werden" (V 20b). Die Trauer wird sich in Freude verwandeln. Diese Energie, die in der Trauer das Leben bedrückt und es eng und dunkel macht, wird zur Freude, die das Leben öffnet, befreit und erhellt. In der Freude ist die Trauer im doppelten Sinne aufgehoben: Sie ist nicht mehr als drückende Last zu spüren – und ist doch nicht einfach beseitigt. Sie ist Teil der Geschichte Jesu mit seinen Jüngern – und daher auch Teil ihres Glaubens.

● Diese Freude kann niemand den Jüngern nehmen (V 22). **Die Trauer vergeht, die Freude bleibt. Sie wird das Kennzeichen der neuen Beziehung der Jünger zu Jesus sein.** Wenn sie ihn, als Auferstandenen, wiedersehen (V 22) und wenn sie ihn im Heiligen Geist neu erfahren (V 7), fügt sich für sie alles zusammen. Die Jünger begreifen, warum Jesus diesen Weg gehen musste. Und sie werden mit ihm neue Wege gehen. In der Freude des Glaubens.

103

| Sonntag, 3. April | Psalm 43 |

● Die Psalmen 42 und 43 bilden eine Einheit. Sie sind ein Gebets-lied in drei Strophen, erkennbar an dem Kehrvers in 42,6.12 und 43,5. Den Beter hat große Traurigkeit erfasst, und er will diese mit Gott bewältigen. Außerhalb Israels, fern der Heimat, im Quellge-biet des Flusses Jordan (Ps 42,7) kämpft er darum, seinen Glauben nicht zu verlieren.

● Judika („richte mich"), der Name des heutigen Sonntags, ist aus V 1 entnommen. Der Beter ruft das Gericht Gottes an in der Er-wartung, dass er Recht bekommt und Rechtsschutz erfährt. Unse-riöse, böse Menschen verfolgen ihn. Er erlebt tiefe Niedergeschla-genheit und fühlt sich darin wie von Gott selbst verstoßen (V 2). Doch er bleibt nicht stehen bei der Klage („Warum?"). Er weiß ja: Gott ist seine Stärke. So fleht er um Licht und Wahrheit: Das Dun-kel seiner Traurigkeit möge erhellt werden durch die Anwendung des Rechts. Die Wahrheit über seine Rechtschaffenheit muss doch ans Licht kommen!

● Trost gibt der Blick zum Haus Gottes, dem Jerusalemer Tem-pel. Er erinnert sich an fröhliche Wallfahrten zum Tempel (42,5 vgl. V 3f). Dort, am Ort der Gegenwart Gottes, erwartet der Beter Schutz, Geborgenheit, Asyl. Seine Rettung durch JHWH ist dem Beter bereits jetzt schon so gewiss, dass er den künftigen Dank schon jetzt vorausdenken und vorausempfinden kann. So wirk-mächtig ist der Trost, der ihn aus JHWHs Stärke heraus schon jetzt erfüllt!

● Der Kehrvers (V 5) verallgemeinert die Situation: Alle Menschen in Leid und Sorge können bei Gott Hilfe erfahren. Die Brieflesung zum Sonntag Judika (Hebr 5,7-9) zeigt, wie Jesus seinen Weg durch das letzte Dunkel gehen konnte: Durch Leid und Tod und Schmach hindurch wurde er errettet und zur Vollendung geführt. So ist er für uns „Urheber der ewigen Seligkeit" (Hebr 5,9) gewor-den. Trost und Rechtsprechung, die der Beter von Ps 43 im Tem-pel erwartet, ist uns weltweit durch Christus zugänglich geworden.

104

Montag, 4. April   Johannes 16,23b-33

● Der Glaube der Jünger wird sich wandeln. Zwangsläufig. Wie werden sie mit dem Tod Jesu fertigwerden und damit, nicht mehr mit ihm zusammen zu sein wie bisher? Werden sie am Glauben festhalten? Oder wird die Angst ihren Glauben zerbrechen?

● **Es kommt darauf an, wie man den Tod Jesu versteht: als Abbruch der Beziehung zu seinen Jüngern oder als Aufbruch zu Gott, seinem Vater.** Die Jünger glauben, dass Jesus von Gott ausgegangen ist (V 27). Sie haben – anders als die Welt – die Herkunft Jesu von Gott, dem Vater, erkannt, darum sollen sie seinen Tod jetzt auch als Rückkehr zum Vater verstehen (V 28). **Jesus scheitert nicht, sondern erfüllt seinen Auftrag: die Welt von der einzigartigen Liebe Gottes zu überzeugen und sie zurückzubringen zu Gott, dem Vater, und damit zum Leben.** Die Jünger werden den Tod Jesu verstehen können, wenn sie den ganzen Weg Jesu sehen (V 28).

● Die Jünger reagieren begeistert. Endlich spricht Jesus offen aus, was Gottes Plan betrifft (V 29). Ihr Glaube an Jesus wird noch einmal bestärkt, weil Jesus ein Wissen hat, das nur Gott zukommt (V 30). **Für die Jünger sind die offenen Worte Jesu eine Bestätigung ihrer Entscheidung für ihn.**

● Doch Jesus bremst ihre Euphorie: Das Wissen der Jünger um die Göttlichkeit Jesu wird sie nicht davor bewahren, „zerstreut zu werden" und Jesus zu verlassen (V 32). Ihr Wissen, auf das sie gerade so stolz sind, wird sich durch die Angst verflüchtigen. Der Tod Jesu wird alles infrage stellen, was ihnen gerade noch fraglos erschien. Aber sie sollen sich an diese Worte Jesu erinnern, um so die Angst zu überwinden (V 33). **Die gottlose Welt macht den Jüngern Angst, aber Jesus hat diese Welt überwunden.** Sein Tod ist nicht seine Niederlage, sondern sein Sieg (Joh 19,30). Die Welt, die versucht, Jesus zu beseitigen, besiegelt damit nur ihre eigene Niederlage. **Die Zukunft gehört Jesus – und darum auch seinen Jüngern.**

| Dienstag, 5. April | Johannes 17,1-5 |

● Auf die Abschiedsworte Jesu in den Kap. 14–16 folgt nun in Kap. 17 der **Höhepunkt: das sog. Hohepriesterliche Gebet Jesu.** Sind jene an die Jünger gerichtet, wendet sich Jesus nun an den Vater, unmittelbar bevor – Kap. 18f – der Weg der Passion ans Kreuz und der Erhöhung bzw. Rückkehr zum Vater beginnt. Auf diesen Weg stimmt Jesus seine Jünger ein, indem er sie hineinnimmt in die Gemeinschaft mit Gott, dem Vater.

● Wir gewinnen Einblick in das innerste Verhältnis des Sohnes zum Vater. Es ist bestimmt durch **die gegenseitige „Verherrlichung"** (vgl. V 1.4.5) **von Vater und Sohn.** Der Sohn hat nur ein Anliegen: die Verherrlichung des Vaters, d. h. ihn für seine Einzigartigkeit und sein Wirken zu rühmen und zu preisen. Darum verlässt er die Herrlichkeit beim Vater (vgl. Phil 2,5ff), gibt die göttliche Position auf, die er beim Vater hatte. Der Sohn lässt sich auf den Weg in die Tiefe, in unser Verlorensein ein, um die Größe Gottes inmitten dieser kaputten Welt nicht nur zu verkündigen, sondern wiederherzustellen. **Er tut dies, indem er der verlorenen Welt „ewiges Leben"** (V 2) gibt. „Ewig" – das heißt: unzerstörbar, von Gott kommend, von göttlicher, unvergleichlicher (Lebens-)Qualität.

● Dieses neue, ewige, göttliche Leben gewinnen auch wir, wenn wir „den allein wahren Gott" und den, den er „gesandt" hat, „Jesus Christus erkennen" (V 3). **Jesus erkennen – das heißt: eine innige, vertrauensvolle Beziehung zu ihm haben,** mit ihm und im Gegenüber zu ihm leben; es heißt: aus der Quelle leben, die er selbst ist; dieses Leben suchen und wertschätzen – mehr als alles andere, weil es das wahre Leben ist und weil wir das erfahren haben.

> ✎ *Sind Sie dieses ewigen Lebens gewiss? Bestimmt es Ihr Leben? Lassen Sie sich hineinnehmen in diesen Prozess der Verherrlichung Gottes durch Ihr Leben?*

Mittwoch, 6. April   Johannes 17,6–11a

● Das Wichtigste, was uns Jesus gibt: **Er hat uns seinen „Namen", den Namen Gottes, „offenbart"** (V 6). Die Gabe des Namens heißt ...

→ **Gott wird anrufbar.** Wir können jemanden nur erkennen (V 3) und in Kontakt mit ihm treten, wenn wir seinen Namen kennen.

→ **Gott zeigt, wer er ist.** Wir wollen jemanden kennenlernen, wenn wir wissen, wer er ist und was er für uns bedeutet.

● Die Gabe des Namens heißt damit: Wir können jemanden kennenlernen, der für uns über alle Maßen wertvoll, attraktiv, anziehend, bedeutungsvoll ist.

● Die Bedeutung Jesu besteht darin, dass er uns **Gott als Vater** (V 11) zeigt. Wir ehren Jesus darin und dadurch, dass wir ihm das glauben: Gott ist unser Vater; **wir dürfen ihm vertrauen als Vater; wir dürfen ihn anrufen „Vater unser!"**

● Christen sind Leute, die das kapiert haben und dies beherzigen. Wir dürfen auf Gott als Vater setzen, ihm unser Leben anvertrauen. **Wir vertrauen damit nicht einem dunklen Schicksal, sondern einem machtvollen Gegenüber, der selbst die notvollsten Umstände in unserem Leben zu unserm Besten wenden kann** (Röm 8,28).

● Das macht den Unterschied zwischen den Seinen und der „Welt" (V 9.11), zwischen christlichem Glauben und den Religionen: zu wissen und zu erfahren, dass Jesus Christus die Gabe des ewigen Lebens ist; weil allein er vom Vater herkommt, vom Vater autorisiert ist, den Vater „offenbart" (V 6) und den Zugang zum Vater ermöglicht (Röm 5,1). Mit dem eigenen Leben zu realisieren, dass Jesus das ewige Leben ist: das macht auch den Unterschied zwischen Glauben an Christus und Christentum aus.

✎ *Können Sie aus der Vielfältigkeit Ihres Lebens erkennen, wo der liebende Vater selbst in notvollen Zeiten seine Segensspuren hinterlassen hat und Sie seine fürsorgliche Gegenwart erfahren haben?*

Donnerstag, 7. April   Johannes 17,11b-19

● Jesus nimmt seine Jünger – also die, die ihm glauben und folgen – in das Verhältnis zum Vater mit hinein. Die Zugehörigkeit bedeutet „eins sein", wie Vater und Sohn „eins sind" (V 11). **Die Einheit zeigt sich nicht in Uniformität oder Konformität; sie ist begründet in der Haltung der gegenseitigen Ehrerbietung und Wertschätzung.** Vorbild ist die gegenseitige Verherrlichung von Vater und Sohn (siehe zu V 1-5). Daraus folgt als Realität reine Liebe (vgl. V 26; 15,11). Gemeinde als Ort solcher Liebe rechtfertigt die Erwartung Jesu, dass die Jünger „seine" eigene „Freude völlig in sich" haben (V 13). Was für eine unglaublich starke, fundierte, im lebendigen Gott begründete Erwartung und Hoffnung für die Gemeinde als Gemeinschaft der herausgerufenen Jünger!

● Zweimal bittet Jesus den Vater, er möge die Jünger „**bewahren**" (V 12.15). Das Bewahren vor dem Bösen (V 15) erinnert an die Bitte aus dem Vaterunser (Mt 6,13). Wie der Vater den Sohn in die Welt gesandt hat, so sendet der Sohn die Jünger in die Welt (V 18; 20,21). Sie sind zwar noch in der Welt, und es geht auch nicht darum, dass sie aus der Welt herausgehen bzw. sich von ihr absondern (V 15). **Sie sind in der Welt, aber nicht** von (**der Art) dieser Welt.** Der Unterschied ist nicht räumlicher oder dinglicher Art: Jünger Jesu teilen mit allen anderen Menschen die Lebensverhältnisse dieser Welt; der Unterschied zeigt sich in der Qualität, der Art ihres Lebens. Dies kommt aus einer anderen Quelle. „Geheiligte" (V 19) sind sie nicht durch ihr Tun, sondern durch die „Wahrheit", die Christus ist und aus der sie leben. **Diese Zugehörigkeit zu Christus und zum Vater macht sie zu einem Fremdkörper in der Welt.** Das führt zum „Hass" (V 14), zu schärfster Ablehnung durch die Welt.

✎ *Wo erfahren Sie sich als „Fremdkörper" in der Welt?*

Freitag, 8. April **Johannes 17,20-26**

● Die Fürbitte Jesu umfasst nicht nur seine Jünger, sondern „auch die, die durch ihr Wort an mich glauben werden" (V 20). **So nimmt Jesus schon die künftige Gemeinschaft der Glaubenden in den Blick.** Die Gemeinde ist aber kein Selbstzweck. Auch sie dient der Verherrlichung Gottes, des Vaters. **Jesus bittet den Vater um die Einheit der Gläubigen,** „damit die Welt glaube, dass du mich gesandt hast" (V 21). Fehlende Einheit, gar Streit unter Christen macht ihr Zeugnis unglaubwürdig. Die gelebte Einheit und Herzlichkeit unter Christen hat dagegen eine starke missionarische Ausstrahlung.

● Die Einheit von Vater und Sohn wie die Einheit der Jünger besteht in der Liebe, mit der einer sich dem anderen hingibt und sein Bestes sucht. Ausdruck dieser Liebe, die zum Einssein führt, ist der wechselseitige Wunsch der Verherrlichung des anderen. Die Gemeinschaft der an Jesus Glaubenden „verherrlicht" den Sohn (V 10), weil sie die Liebe des Vaters, die der Sohn ihnen offenbart hat, unter sich wirken lässt. Sichtbares Zeichen dieser Liebe ist die innige Verbundenheit der Jünger mit Jesus. Wenn die Jünger eins sind und wo sie eins sind, können sie das nur sein, weil sie einander lieben und diese Liebe selber empfangen haben (vgl. Röm 5,5b). Es kann nicht anders sein: Wer Gott liebt, liebt auch seine Geschwister, die ebenfalls aus der Liebe Gottes geboren sind (1 Joh 4,20-5,1).

● Die Gemeinde unterscheidet sich von der Welt dadurch, dass sie der empfangenen Liebe Gottes Raum gibt. **Durch ihre gegenseitige Liebe werden die Jünger zu Zeugen der Liebe Gottes und weisen auf den Gott hin, der Liebe ist** (1 Joh 4,8.16). Das Aufscheinen dieser Liebe in unserer verlorenen Welt bedeutet Herrlichkeit. So trägt die Gemeinde zur Verherrlichung des Sohnes und des Vaters bei. An ihr wird offenbar, wer dieser Gott ist. Sie wird zum Empfehlungsbrief für Gott (vgl. 2 Kor 3,2f).

Samstag, 9. April   **Johannes 18,1-11**

Jesus ist und bleibt Herr – auch in auswegloser Lage

● Mit der Gefangennahme Jesu beginnt seine Leidensgeschichte
bei Johannes im engeren Sinn. Doch **Jesus bleibt Herr des Geschehens,** auch wenn es die Akteure nicht wahrhaben können. Er weiß,
was geschehen wird (V 4). Er ergreift die Initiative, spricht die Häscher zweimal an: „Wen sucht ihr?", und antwortet zweimal mit
dem herrschaftlichen: „Ich bin's" (V 4f.7f).

● Beim ersten Mal weichen die Häscher zurück und fallen vor ihm
zu Boden (V 6) – was für eine Verkehrung! **Diejenigen, die Jesus
festnehmen wollen, fallen ihm zu Füßen.**

● Beim zweiten Mal macht Jesus deutlich, wie er wirklich ist:
Er setzt sich dafür ein, dass seine Jünger in Freiheit bleiben, und
wehrt jeder Form von Gewalt. Verkehrte Welt: Jesus verteidigt diejenigen, die ihn gefangen nehmen sollen, und kritisiert Petrus für
dessen Gewalt.

● Nicht nur der Verräter wird dadurch beschämt, sondern auch
seine Jünger. Jesu Auftrag lautet, den Auftrag seines Vaters zugunsten der Menschen zu erfüllen. **Er beweist damit, dass Gott
Wort hält, dass er an der Seite der Menschen steht:** Er will, dass
niemand verloren geht, den ihm der Vater gegeben hat.

● **Was für eine Botschaft auch für uns:**

→ Jesus ist und bleibt **Herr des Geschehens,** auch wenn nichts danach aussieht, gegen alle Erwartungen und gegen das, was vor Augen ist. Nichts kann uns von Gottes Liebe trennen (Röm 8,38).

→ **Kein Mensch muss verloren gehen,** denn Jesus tritt für ihn ein.
Er selbst begibt sich ins Leiden, um uns Freiheit zu schenken.
Durch ihn sind wir zur Freiheit befreit (Gal 5,1).

→ **Gott hält Wort,** Jesu Name ist Programm: „Gott hilft!", so ausweglos die Lage auch sein mag. Wir sind auf Hoffnung hin gerettet (Röm 8,24).

→ **Gott kann verkehrte Verhältnisse verkehren.** Er ist und bleibt
der Herr der Geschichte und jeder persönlichen Lebensgeschichte.
Ihm gehört alle Macht und Gewalt (Mt 28,18).

Palmsonntag, 10. April   Psalm 55

● Der Beter versteht die Welt nicht mehr. Die eigenen Freunde haben sich gegen ihn gestellt (V 14f) und sind ihm feind geworden. Und dies geschieht, nachdem sie alle Gottesdienst gefeiert haben! Doch der Beter hält fest am Glauben an JHWHs Hilfe (V 17-20a.24). **Er hofft in stetem Gebet (V 18), dass JHWH ihm „Ruhe" verschaffen wird (V 19).**

> ✎ *Gott schafft seinem Volk Ruhe, Schalom. An welchen Stellen der Geschichte stellt die Bibel das heraus? Lesen Sie Jos 21,44; 2Sam 7,10f; 1Kön 8,54-56; Hebr 4,9-11!*

● Hart kritisiert der Beter die Verhältnisse in der Stadt (V 10-12). Am besten wäre die Flucht in die Wüste (V 7f). Dieser Ort des Todes wäre noch sicherer als das Chaos in der Stadt (V 5f).
● **Ein Ausleger schlägt vor, Ps 55 als Gebet einer Frau zu hören, die vergewaltigt wurde.** Die psychischen Folgen dieser Gewalttat sind im Text erkennbar (vgl. auch Hes 22,10ff):
→ Ruhelosigkeit und Beschädigung der Identität (V 3.6);
→ Todesangst (V 5) und Fluchtgedanken (V 8f);
→ ein Vertrauter hat die Nähe missbraucht (V 14) mit wortreicher Verführung (V 22);
→ Hoffnung auf den Tod des Täters, damit die Verletzung und die Demütigung getilgt werden (V 16).
Diese Deutung bleibt eine Vermutung. Doch sie zeigt, wie das alte Gebet für viele Biografien in unserer Zeit eine neue Perspektive eröffnet (V 23). **In der äußersten Verletzung der eigenen Persönlichkeit wird Gott als Halt erfahren.**
● Die alttestamentliche Lesung zum Palmsonntag ist das 3. Gottesknechtslied Jes 50,4-9. Der geheimnisvolle „Knecht" nimmt alles Leid bereitwillig auf sich und trägt es als „Jünger" und Werkzeug Gottes. Hier ist vorgezeichnet, was wir am Karfreitag erfahren: **Was der Beter von Ps 55 erhofft (V 23) und der Gottesknecht weiß (Jes 50,7), kommt in Christus zum Ziel für alle Welt.**

Montag, 11. April	Johannes 18,12-27

Freimut contra Kleinmut – vom Bekennen und Verleugnen

● Jesus wird abgeführt. Und bekommt eine Abfuhr: Der scheinbar mutige Petrus gerät selbst ins Kreuzfeuer und erteilt mit seinem zweimaligen „Ich bin's nicht!" Jesus eine Abfuhr.

● Was für ein Gegensatz: Zweimal hatte Jesus gegenüber seinen Häschern gesagt: „Ich bin's" (V 5.8). Und zweimalig die Verleugnung durch Petrus: „Ich bin's nicht!" (V 17.25). **Auf der einen Seite der Freimut Jesu** auch während des Verhörs, **auf der anderen Seite der Kleinmut des Petrus.** Auf der einen Seite der krähende Hahn, eine „Ohrfeige" für den Versager Petrus, und die Verleugnung des Petrus ein innerlicher Schlag ins Gesicht für Jesus. Auf der anderen Seite das aufrichtige Vorgehen Jesu, verbunden mit handgreiflichen Schlägen in sein Gesicht.

● **Jesus schickt sich nicht einfach in sein Schicksal.** Es bleibt dabei: Auch vor Hannas redet er „frei und offen" (V 20), wie immer. Auch seine Antwort: „Fragt doch die, die mich gehört haben" (V 21), zeigt **seine Souveränität,** die angesichts seiner Lage nicht zu erwarten ist. Unbeeindruckt von der Machtdemonstration fordert er sogar den Gegenbeweis (V 23).

● **Auch wenn seine äußere Freiheit beschnitten ist, bleibt Jesus innerlich frei.** Auch wenn Gewalt gegen ihn angewandt wird, er zahlt nicht mit gleicher Münze heim. Auch wenn er selbst von einem engsten Vertrauten verleugnet wird, bleibt er sich treu.

● Solche Freiheit ist ein Geschenk. Gerade der scheinbare Mut des Petrus und sein Versagen machen deutlich: Es liegt nicht an uns! Doch **wir können darauf vertrauen, dass Gottes Kraft gerade in den Schwachen mächtig ist** (2Kor 12,9) **und zu einem mutigen Bekenntnis zu Jesus befähigt.**

✎ *In Apg 4,12.20 erleben wir später einen ganz anderen Petrus. Was hat diesen Wandel bewirkt?*

Dienstag, 12. April　　　　　　　　**Johannes 18,28-40**

Der wahre König und das wahre Königreich

● Jesus wird als Häftling zu Pilatus gebracht. Seine Hände in Unschuld zu waschen, gelingt Pilatus nicht. Als Statthalter der Römer ist er in Israel der Herr über Leben und Tod. Darauf legen ihn die Ankläger Jesu fest (V 31).

● So mächtig Pilatus auch scheinen mag, das Gespräch mit Jesus kehrt die Verhältnisse um. Zwar bleibt Jesus der Befragte, doch seine Worte haben Wirkung. Pilatus findet keine Schuld, für die er Jesus verurteilen könnte. Sein einziger Ausweg angesichts einer bedrohlichen Zuspitzung der Situation ist es, die Ankläger selbst vor die Wahl zu stellen: Barrabas, ein nachweislich schuldiger Räuber, oder Jesus, dem keine Schuld nachzuweisen ist (V 39f). **Die Macht des Pilatus wird damit als Ohnmacht entlarvt.** Zeichen hierfür und alles andere als ein Signal seiner souveränen Entschlussfähigkeit ist auch sein Satz, der fast schon verzweifelt klingt: „Was ist Wahrheit?" (V 38).

● **Ganz anders bei Jesus: Seine Worte sind klar.** Er ist König eines Reiches, das sich nicht auf die sichtbare Welt begrenzen lässt. Ihm ist und bleibt nichts verborgen, und er lässt auch nichts im Verborgenen – so der tiefe Sinn des Wortes „Wahrheit". Pilatus spricht mit Jesus im Prätorium (V 33). Er spricht öffentlich. Er hätte die Chance, seine Macht zu demonstrieren, doch er lässt sich behandeln, als ob er ohnmächtig wäre. Auf das Verstehen kommt es an!

● Mit den Ohren des Glaubens hört man besser: Nur wer den Worten Jesu Vertrauen schenkt, nur wer seine Stimme wirklich hört und sich darauf einlässt, kann verstehen, was er sagt: **Grund zur Freude hat, wer Gottes Wort hört und zu Herzen nimmt** (Lk 11,28). Wer jedoch nur auf sich selbst hört und alles Gehörte daran misst, dass nur sein kann, was in den eigenen Augen auch sein darf, dem bleibt die Rede vom Reich Gottes und der Wahrheit verschlossen.

113

Mittwoch, 13. April   Johannes 19,1-5

Der Spott-König – der Unterschied von Schein und Sein

● **Wie ein König wird Jesus vorgeführt.** Doch nur zum Spott: Nicht mit einer goldenen Krone wird er gekrönt, sondern mit einem Dornenkranz. Ausgeliefert erscheint er: körperlich gepeinigt, mit Worten verspottet, der Würde beraubt, ins Gesicht geschlagen: „Sei gegrüßt, König der Juden!", lautet die Begleitmusik der Krönungszeremonie, die an Gemeinheit nicht zu überbieten ist.

● Verbissenheit macht blind. Falsche Vorstellungen verstellen schnell den Blick: Wer sich seine Welt so zurechtlegt, wie sie ihm gefällt, sieht nur noch das, was in den eigenen Augen sein darf und den eigenen Vorstellungen gefällig ist. **Der falsche Schein wird schnell zum Sein, auch wenn der Schein trügt.**

● Dass der verhasste Statthalter Pilatus, der ungläubige Römer, tiefer und weiter sieht als die verblendeten vermeintlich Frommen, lässt tief blicken. Nochmals beteuert er die Unschuld Jesu. Und doch lässt er feige dem Spiel der Gewalt seinen freien Lauf. Der Schlusssatz des Pilatus lässt jedoch aufhorchen: **„Seht, welch ein Mensch!" Eine Aussage, die es in sich hat:** Der Gott, der Mensch wurde mit Fleisch und Blut, mit Kopf, Herz und Hand, dieser Gott liefert sich nun als Mensch ganz den Menschen aus. Unvorstellbar, unbegreiflich, nicht zu fassen!

● Doch gerade weil Gott dies tut, ohne dreinzuschlagen, gerade deshalb und **darin erweist er seine Souveränität und seine Liebe zu den Menschen.** Noch ist der falsche Schein nicht aufgezogen, noch triumphiert die Bosheit. Doch das wahre Sein des Spott-Königs schimmert bereits auf: „Welch ein Mensch!"

● So ist Gott – anders als von Menschen gedacht, erdacht und vorgestellt. Doch der vermeintliche Triumph der Bosheit dauert nur kurze Zeit. Und wieder wird es ein Römer sein, der erkennt, dass dieser Mensch Gottes Sohn ist (Mt 27,54b). **Auf Gottes Sein kommt es eben an – auch gegen manchen (Augen-)Schein.**

Gründonnerstag, 14. April   Johannes 19,6-16a

Entscheidungen scheiden die Geister

● Zum dritten Mal beteuert Pilatus die Unschuld Jesu (V 6), trotzdem gibt er wider besseren Wissens den drängenden Rufen nach, die Jesu Kreuzigung fordern.

● Erstaunlich ist die Grundlage, weshalb Jesus gekreuzigt werden soll: Gottes Gesetz. **Gottes gute Lebensweisungen werden gegen den Gottessohn gewendet** (V 7). Was für eine **Verkehrung**! Und was für eine **Verkennung** dessen, wie Gott handelt und ist! Und dies trotz aller Erwartungen, dass ein gottgesandter Messias das Gottesvolk retten soll!

● An der **Grundfrage** scheiden sich die Geister: Ist Jesus Gottes Sohn? **Kann es sein, dass Gott Mensch wird, ohne nur Mensch zu sein?** Die Entscheidung steht an: Legen wir Gott auf das fest, was für uns vorstellbar ist? Oder lassen wir Gott Gott sein und damit alle Möglichkeiten offen?

● Noch einmal geht es im Gespräch mit Pilatus um die Macht. Und wieder stellt Jesus klar, wer eigentlich die Macht hätte und hat. Und weil die Gegner Jesu den scheinbar mächtigen Statthalter der Römer in die Enge treiben (V 12), liefert dieser Jesus aus. **Die Ohnmacht des scheinbar Mächtigen ist damit entlarvt.**

● Obwohl Pilatus Jesus eigentlich freilassen will, spricht er das Todesurteil über ihn, nicht ohne mit seinen Untertanen Spott zu treiben und damit, ohne es zu wollen, die Wahrheit zu sagen: „Sehet, euer König!" (V 14f). **So wird der wahre unerkannte „König" zum Passaopferlamm** (Joh 1,29). Der Gipfel der Selbstvergottung des Menschen in Abkehr von Gott ist erreicht.

● **Die Rufe: „Weg, weg mit ihm!"** (V 15) werden zum **Weg**, der schließlich die Augen öffnen und den Weg bahnen wird, der zum wahren Leben führt (Joh 14,6). **In allem, was Menschen tun und lassen, bleibt Gott im Spiel.** Er ist und bleibt der Herr des Geschehens.

115

Karfreitag, 15. April   Johannes 19,16b-30

Ein Tod, der nicht das Aus bedeutet – Es ist vollbracht!

● In fünf Etappen schildert Joh den letzten Weg Jesu.

→ **Jesus trägt das Kreuz selbst und wird gekreuzigt** – in der Mitte, umgeben von zwei anderen Gekreuzigten.

→ Pilatus macht ernst: Er lässt **am Kreuz die Aufschrift** anbringen: **Jesus von Nazareth, der Juden König** – in den lateinischen Anfangsbuchstaben INRI. Und diesmal beharrt er trotz allen Protesten darauf (V 22).

→ **Der kostbare Rock Jesu wird verlost und nicht zerteilt.** So erfüllt sich, was in der Schrift geschrieben ist (Ps 22,19).

→ Bei der Begegnung **unter dem Kreuz entsteht** angesichts des Todes Jesu **die neue Glaubensfamilie,** die alle verwandtschaftlichen Grenzen überschreitet.

→ Bis in den **Ruf „Mich dürstet!"** erfüllen sich die Voraussagen der Schrift (Ps 22,16).

✎ *Vgl. Sie dazu die letzten Worte Jesu nach den Synoptikern: Mt 27,46 par. Mk 15,34; Lk 23,34.43.46.*

● Die „Erniedrigung" der Kreuzigung gipfelt darin, dass sich der **Gekreuzigte als der Erhöhte erweist.** Der Spottkönig ist der wahre König der Welt. Nichts ist geschehen, was seiner Macht entglitten wäre.

● **Die Menschen,** die sich mächtig fühlen und ihre Macht missbrauchten, **sind nichts anderes als ohnmächtige Handlanger** dessen, der sich am Ende als Sieger erweist. Die scheinbar Frommen, die das gute Gesetz Gottes gegen den Gottessohn ins Feld führen, werden als scheinheilig entlarvt.

● **Das Leiden Jesu** dient dazu, die Sünde und Bosheit zu überführen. **Es reißt selbstgefälliger Frömmigkeit die Maske vom Gesicht.** Noch liegt nicht auf der Hand, was Jesu Auferstehung offenbart: Aber die Zukunft gehört Gott und seiner Liebe zu den Menschen.

116

Karsamstag, 16. April   Johannes 19,31-42

Das Grab Jesu – ein Friedhof wird zum Garten des Lebens

● In einem Garten findet die Grablegung Jesu statt – in einem neuen, unbenutzten Grab. Und wieder zeigt Pilatus, wer die Macht im Lande hat: **Die Grablegung geschieht** mit seinem Einverständnis – **heimlich**, „aus Furcht vor den Juden" und gegen deren Willen (V 38).

● Ein Jünger Jesu, der nicht zum Zwölferkreis gehörte, kümmert sich darum. Und mit **Nikodemus**, der die kostbaren „Spezereien" zur ehrenvollen Beisetzung des Leichnams bringt, schließt sich der Kreis: Er, der zu den „Obersten der Juden" gehörte und ein „Pharisäer" war (vgl. Joh 3,1ff; 7,50ff), gibt Jesus nun die (vermeintlich) letzte Ehre. Ein wichtiger Hinweis, dass es unter den einflussreichen Juden auch Nachfolger – zumindest Sympathisanten – Jesu gab.

● Und noch eine Besonderheit verbindet sich mit Jesu Tod: **Gegen alle Gewohnheit** bei Gekreuzigten **bleibt sein Leichnam nach seinem Sterben unversehrt** (V 33). Und beim ebenso üblichen Lanzenstich entweicht nicht nur Blut, sondern auch Wasser: ein symbolischer Hinweis auf das Versprechen Jesu, dass nur er lebendiges Wasser geben kann, das unsern Durst nach Leben für immer stillt (Joh 4,14).

● **Der Tod Jesu am Rüsttag zum Sabbat,** dem Tag des Friedens, der Ruhe, der Rekreation (1Mose 2,1f) und der Vollendung, **ist ein Signal:** Die Grabesruhe ist nicht das Letzte, der Friedhof ist nicht die letzte Station des Lebens, sondern der Garten des neuen Lebens, in dem das Alte nicht einfach vergeht, sondern zur Vollendung kommt.

● **Im Garten,** so die Grablegungs- und Auferstehungsgeschichte, **beginnt das neue Leben in bleibender Gemeinschaft mit Gott.** Die beiden Schriftworte (V 36f) sprechen für sich: An Gottes Willen kommt kein Mensch vorbei. Seine Liebe kann sich sehen lassen – selbst im Tod.

Ostersonntag, 17. April   Johannes 20,1-10

Von allen Evangelisten berichtet Johannes am ausführlichsten über die Auferstehung Jesu. Er überliefert einige Szenen zusätzlich zu den Berichten der Synoptiker.

● Alle Evangelisten stimmen darin überein, dass **Frauen am Tag nach dem Sabbat als Erste zum Grab von Jesus kommen** und somit **die ersten Zeuginnen der Auferstehung Jesu** sind. Und das, obwohl das Zeugnis von Frauen in der Antike nichts galt. Aber gerade ihnen vertraut Gott die Botschaft von der Auferweckung Jesu an.

● Während die **Synoptiker von mehreren Frauen berichten**, die zum Grab von Jesus gehen (Mt 28,1 par), nennt **Johannes nur Maria von Magdala** (vgl. aber V 2: „wir"). Als sie aber sieht, dass der Stein vom Grab entfernt ist, kehrt sie schnell um und berichtet den Jüngern, dass der Leichnam Jesu wohl gestohlen worden ist (V 1). Nun müssen die Jünger helfen.

● In einer Art Wettlauf eilen Petrus und „der andere Jünger, den Jesus lieb hatte" (V 2), also Johannes (vgl. 19,26f), zum Grab. Johannes, der Jüngere, kommt als Erster dort an, schaut aber nur kurz hinein. Im Gegensatz zum später eintreffenden Petrus traut er sich nicht, in die Grabkammer hineinzugehen. **Petrus dagegen inspiziert das Grab und bemerkt die sorgfältig geordneten Binden und Tücher.** Das alles spricht gegen einen „Leichenraub".

● Durch Petrus ermutigt geht **Johannes** nun auch hinein „und sah und glaubte" (V 8). Auch **ohne schon alles ganz zu verstehen, glaubt er: Jesus lebt! Er ist auferstanden!** Damit dieser Glaube aber nicht nur auf dem Sehen beruht, braucht er die Erkenntnis: Gott hat seine in der Heiligen Schrift gegebene Verheißung von der Auferstehung des Messias (Ps 16,8ff; vgl. Apg 2,24ff) jetzt erfüllt.

> ✎ *In keinem der Osterberichte wird die Auferstehung selbst beschrieben. Was könnte der Grund dafür sein?*

Ostermontag, 18. April   Johannes 20,11-18

In der Zwischenzeit ist **Maria zum Grab Jesu zurückgekommen.**
Sie steht dort und weint, voller Trauer darüber, dass Jesus, ihr
Herr, verschwunden ist.

● Dann beugt sie sich ins Grab hinein und sieht **zwei Engel** am
Kopf- und Fußende der Grabbank, worauf der Leichnam Jesu gelegen hatte. Aber nicht einmal die Gottesboten können Maria aus
ihrem Schmerz reißen. In der Bibel richten die Engel den Menschen
sonst eine wichtige Botschaft aus (z. B. Lk 2,10ff; 24,5f). Hier dagegen **fragen** sie **Maria:** „Frau, was weinst du?" (V 13). Aber Maria möchte nur wissen, wohin man ihren Herrn gebracht hat.

● Als **Maria** sich umdreht, **sieht** sie **plötzlich Jesus vor ihr stehen.** Doch **sie erkennt ihn nicht.** Maria hält ihn für den Gärtner
und fragt ihn nach dem Verbleib von Jesus. Aber wenn der auferstandene Jesus dieselbe Person ist wie der gekreuzigte, müsste
man ihn dann nicht sofort wiedererkennen? Als der Auferstandene den **Emmausjüngern** begegnet, fällt ihnen nicht auf, dass es
Jesus ist, denn „ihre Augen wurden gehalten, dass sie ihn nicht er-
kannten" (Lk 24,16). Erst als er das Brot bricht, erkennen sie ihn
(Lk 24,30f). Ähnlich ergeht es auch Maria. Erst als Jesus sie mit ihrem Namen anredet, erkennt sie ihn an seiner Stimme. Hier erfüllt
sich die Weissagung Jesu: „Meine Schafe hören meine Stimme"
(10,27; vgl. 10,3f).

● Noch vor den Jüngern **erhält Maria von Jesus einen Auftrag,**
der sie zur Botin der Auferstehung macht: „Geh aber hin zu meinen Brüdern" (V 17). **Nur hier** im Johannesevangelium **nennt Jesus seine Jünger „Brüder".** Er knüpft damit an die messianische
Prophezeiung an: „Ich will deinen Namen kundtun meinen Brüdern" (Ps 22,23) und unterstreicht so die enge Verbindung mit seinen Jüngern.

> ✎ *Als Christen sind wir Gesandte des Auferstandenen in die
> Welt. Wie versuchen Sie, diesem Anspruch gerecht zu werden?*

Dienstag, 19. April   **Johannes 20,19-23**

Nach der Entdeckung des leeren Grabes, der Erscheinung Jesu
vor Maria von Magdala und ihrem Zeugnis vor dem Jüngerkreis
kommt Jesus selbst zu seinen Jüngern.

● Zunächst sehen wir diese am Abend des Auferstehungstages
noch verstört und **voller Angst.** Sie fürchten, dass sie dasselbe
Schicksal wir ihr Meister erleiden müssen. Deshalb haben sie alle
Türen verriegelt. Haben sie vergessen, dass Jesus ihnen seine Auferstehung angekündigt hat (Mk 10,34 par) und dass er auch in
ausweglos scheinenden Situationen gegenwärtig ist und helfen
kann (vgl. Mk 4,35-41; Joh 6,16-21)?

● Doch dann **steht Jesus plötzlich in ihrer Mitte.** Er, den sie für tot
halten, lebt! Verschlossene Türen und angsterfüllte Herzen können
ihn nicht abhalten, zu seinen Jüngern zu kommen. Mit den Worten: „Friede sei mit euch!" (V 19) – hebräisch „schalom" – spricht
er sie als der Auferstandene an, der ihnen den tiefen **Frieden bei
Gott** bringt (vgl. Jes 53,5), den er ihnen verheißen hat (14,27;
16,33). Zum Glauben finden die Jünger aber nicht dadurch, dass
Jesus in seinem Auferstehungsleib durch verschlossene Türen kommen konnte. **Sie erkennen ihn unzweifelhaft an seinen Wundmalen**
und glauben. Es ist der Gekreuzigte, der als Lebendiger zu ihnen
kommt.

● Seinen Frieden verbindet Jesus mit einem Auftrag: „Wie mich
der Vater gesandt hat, so sende ich euch" (V 21). Dieser **Auftrag
zur Mission** ist auch in den anderen Evangelien zu finden (vgl.
Mt 28,18f par) und stellt das wichtigste Gebot Jesu nach seiner
Auferstehung dar. So werden aus Jüngern Apostel (Gesandte) ihres
Herrn, begleitet vom Frieden Gottes, denn Jesus sagt: „Wer euch
hört, der hört mich" (Lk 10,16).

● Danach **haucht Jesus die Jünger an** und verleiht ihnen den **Heiligen Geist** als eine Art Anzahlung auf die vollständige Geistausgie-
ßung an Pfingsten (Apg 2,4). Damit werden die Jünger zu Bevoll-
mächtigten der Vergebung der Sünden und des Friedens mit Gott.

Mittwoch, 20. April   Johannes 20,24-31

Die Jünger Jesu sind keine Glaubenshelden. Auch unter ihnen gibt es **Zweifel und Unglauben.** Das wird in den Evangelien ehrlich berichtet (Mt 28,17; Mk 16,11; Lk 24,11), anhand der **Geschichte von Thomas** aber auch, **wie der Zweifel überwunden wird.**

● Thomas ist nicht bei den Jüngern, als Jesus unter ihnen erscheint (V 24). Ein Grund dafür wird nicht genannt. So ist er auf das Auferstehungszeugnis der anderen Jünger angewiesen, das ihn aber nicht überzeugt. **Thomas will nicht nur hören, sondern auch sehen** (V 25) und sich überzeugen, ob es stimmt, dass Jesus lebt.

● Trotz seiner Zweifel bleibt Thomas bei den Jüngern. Man darf ihn nicht einfach als „ungläubigen Thomas" abschreiben. Er fragt nach, bleibt aber in der Gemeinschaft. Als Jesus eine Woche später wieder zu den Jüngern kommt, geht er erstaunlicherweise direkt auf die Zeichenforderung des Zweiflers ein (V 27). Doch **Thomas erkennt in Jesus den auferstandenen Gekreuzigten.** Einen anderen „Beweis" hat er nicht nötig, um bekennen zu können: **„Mein Herr und mein Gott!"** (V 28).

● Weil Thomas dem auferstandenen Jesus begegnet ist, findet er zum Glauben an ihn. Als Augenzeuge kann er nun dafür bürgen, dass Jesus lebt und dass die biblische Botschaft wahr ist. Mit einer Seligpreisung preist Jesus darauf diejenigen glücklich, „die nicht sehen und doch glauben" (V 29). Die allein auf das Wort der biblischen Zeugen hin bereit sind, zu glauben.

> ✎ *Johannes betont die absolute Echtheit der biblischen Botschaft durch zuverlässige Augen- und Ohrenzeugen. Lesen Sie dazu 1Joh 1,1-3.*

● Abschließend bestätigt Johannes, dass das Evangelium auf den Glauben abzielt: dass Jesus der im AT angekündigte Messias und Sohn Gottes ist. Wer an ihn glaubt, der hat das ewige Leben (vgl. 5,24).

Donnerstag, 21. April   Johannes 21,1-14

In Kap. 21 wechselt das Geschehen von Jerusalem nach Galiläa an den See Tiberias und knüpft unmittelbar an die Berichte von den Erscheinungen Jesu in Kap. 20 an und setzt diese voraus. Obwohl der Auferstandene den Jüngern zweimal begegnet ist, hat sich an ihrer Lage scheinbar nichts geändert.

● V 1-3: Inzwischen sind **sieben Jünger nach Galiläa zurückgekehrt** (vgl. Mt 28,10), wo Jesus sich ihnen erneut offenbart (V 1). Zunächst hat man den Eindruck, die Jünger würden eher ratlos in ihr früheres Alltagsleben zurückkehren. So ergreift Petrus die Initiative und entscheidet selbstbestimmt: „Ich gehe fischen" (V 3). Er fragt nicht wie früher, was **Jesus** von ihm will (vgl. Lk 5,5: „Aber auf dein Wort hin ..."). **Die Folge ihrer Eigenmächtigkeit ist Erfolglosigkeit: Sie fingen nichts.** Nicht nur als Jünger haben sie versagt, sondern auch als erfahrene Fischer sind sie erfolglos. Ohne Jesus fehlt ihnen jegliche Perspektive.

● V 4-8: Plötzlich taucht Jesus auf (V 4), aber **die Jünger erkennen ihn noch nicht.** Auf seine Frage: „Habt ihr nichts zu essen?", müssen sie resigniert zugeben: „Nein" (V 5). Nun ist Hilfe von außen nötig. Knapp und mit unbedingter Autorität befiehlt der Fremde, das Netz auf der rechten Seite auszuwerfen, um dann mit einem großen Fang beschenkt zu werden. Das bewirkt bei **Johannes** – nicht bei Petrus – die Erkenntnis: „Es ist der Herr!" (V 7).

● V 9-14: Am Ufer hat Jesus mit Brot und Fischen schon vorgesorgt. Trotzdem ist das, was die Jünger von ihrem Fang beisteuern, nicht überflüssig. Mit 153 Fischen scheint die Zahl aller damals bekannten Fischarten gemeint zu sein. Dies kann als Hinweis auf die nun anbrechende weltweite Mission der Apostel als Menschenfischer gedeutet werden. Dann **gewährt Jesus seinen Jüngern Gemeinschaft im Mahl.** Brot und Fisch verweisen auf Jesu Speisungswunder und erinnern zugleich an das Abendmahl.

| Freitag, 22. April | Johannes 21,15-19 |

Nach dem Frühstück am See nimmt Jesus Simon Petrus zu einem seelsorgerlichen Vier-Augen-Gespräch beiseite.

Versagt, aber nicht fallen gelassen

● Jesus hatte seinem Jünger den Namen Petrus = Fels gegeben (vgl. 1,42). Hier redet er ihn mit seinem alten Namen „Simon, Sohn des Johannes" (V 15) an. Damit erinnert er ihn daran, dass er sich nicht als „Fels" bewährt hat, sondern mit seiner Verleugnung Jesu zum „Wackelpeter" wurde. Wird Jesus ihm nun die Freundschaft aufkündigen? Gibt es für ihn trotzdem noch eine Zukunft mit seinem Herrn? Jesus verharmlost das Versagen und die Schuld seines Jüngers keineswegs (vgl. Mt 10,32f). Mit der **dreimaligen Frage: „Hast du mich lieb?"** erinnert er ihn an sein Versagen. Aber er erspart ihm weitere Vorhaltungen. Simon antwortet auf Jesu Frage nicht mit großen Schwüren, sondern **bekennt dreimal seine Liebe zu Jesus: „Du weißt, dass ich dich lieb habe"** (V 15.16f).

Versagt, und trotzdem neu beauftragt

● Tatsächlich fängt Jesus neu mit seinem Jünger an. **Vergebung und Neubeauftragung geschehen in einem Atemzug:** „Weide meine Lämmer" (V 15), also die Kinder und die jungen Leute. „Weide meine Schafe" (V 16f), die erwachsenen Gläubigen in der Gemeinde. Versorge sie mit geistlicher Nahrung aus dem Wort Gottes. Und schütze sie vor Gefahren für ihren Glauben. Diesen „Weideauftrag" hat Simon Petrus später ausgeführt.

Versagt, doch nun von Jesus geführt

● Jesus lässt Simon nicht im Unklaren über seinen weiteren Lebensweg. Früher war er oft ein „Hitzkopf". Von nun an wird er nicht mehr eigene Wege gehen, sondern **von Jesus geführt werden** und wie sein Herr das Martyrium erleiden. Aber gerade so macht Jesus ihn zu einem brauchbaren Boten seines Evangeliums.

✎ *Kennen Sie Christen, denen wie Petrus der Weg ins Leiden und Sterben zugemutet worden ist?*

123

Samstag, 23. April   Johannes 21,20-25

● Petrus hat noch Jesu Aufforderung im Ohr: „Folge mir nach!"
(V 19). Aber er will zuerst wissen, wie das Schicksal von Johannes,
dem Jünger, „den Jesus lieb hatte" (V 20), aussehen wird. Fragt er
aus ehrlichem Interesse, aus Neugier oder gar aus Neid? Doch Jesus weist diesen Wunsch schroff zurück: „Was geht es dich an?"
Die Lebenswege der beiden Jünger sind verschieden; sie **liegen allein in der Hand ihres Herrn.** Einer wird den Märtyrertod sterben,
der andere „bleibt" nach Jesu Willen. Damit erteilt Jesus jeglichem
„Konkurrenzdenken" unter seinen Nachfolgern eine klare Absage.
Nochmals fordert Jesus Petrus zur Nachfolge auf: „Folge **du** mir
nach!" (V 22).

● Offenbar ist Jesu Aussage: „Wenn ich will, dass er bleibt, bis ich
komme" (V 22) innerhalb der christlichen Gemeinde („unter den
Brüdern") so missverstanden worden, Johannes werde gar nicht
sterben. Dagegen wird in **V 23** daran erinnert, **was Jesus wirklich
gesagt hat.** Auf alle Fälle soll den Lesern des Evangeliums die Bedeutung von Johannes vor Augen geführt werden.

● Das wird auch durch den **Schluss des Evangeliums** unterstrichen. Was Johannes hier berichtet, ist **Zeugnis von dem, was er als
Jünger in der Nachfolge Jesu selbst erlebt hat.** „Wir wissen, dass
sein Zeugnis wahr ist" (V 24), also zuverlässig. Denn es bringt Leser und Hörer mit Jesus Christus in Verbindung. Hinter dem „wir"
stehen wohl die anderen Jünger als Augenzeugen.

● Dass Jesus „noch viele andere Dinge getan hat" (V 25), wird
schon in 20,30 berichtet. **Johannes will keine Spekulationen und
Ausschmückungen bieten, sondern** Wirkliches, Tatsächliches, eben
Jesu Worte und Taten. Daraus haben Johannes und die anderen
Evangelisten gewissenhaft ausgewählt. **Die Menschen** aller Zeiten
sind auf das glaubwürdige Zeugnis der Bibel angewiesen, die auf
Jesus hinweist, den lebendigen Herrn und Retter, der denen ewiges
Leben schenkt, die ihm vertrauen.

Sonntag, 24. April	Psalm 81

● Ps 81 zieht uns hinein in ein ausgelassenes Freudenfest (V 2-4), wie es nach uralter Ordnung (V 5f) gefeiert wird. Vermutlich ist das Laubhüttenfest gemeint, das an die Befreiung Israels aus Ägypten erinnert (3Mose 23,41ff). **Es ist derselbe Festjubel über den Gott der Befreiung, den die christliche Gemeinde von Ostern her anstimmt und mit dem heutigen Wochenspruch bekräftigt (1Petr 1,3).**

● Mit verblüffender Wucht drängt sich etwas Sperriges in die Festgemeinde hinein. V 6b.11b lässt erkennen, wie ein Mensch etwas Fremdes, Überwältigendes empfängt. Sehr behutsam wird hier etwas Ungeheuerliches ausgesagt: **Eine Rede des lebendigen Gottes drängt sich in einen Menschen hinein, sodass er diese mit seinem Mund weitergeben muss.** So hat JHWH immer wieder seine Propheten gebraucht und ermächtigt, in seinem Namen zu sprechen. So begegnet uns im Menschenwort der Bibel Gottes eigenes Reden.

✎ *Der Beter „hört" die Stimme Gottes. Dabei ist viel mehr gemeint als ein biologischer Vorgang. Vgl. 2Sam 7,27; Hiob 4,12-16; Jes 22,14; Offb 2,7.*

● Mit wenigen Worten erinnert das Gotteswort an die Heilsgeschichte Israels. **Leidenschaftlich wird das erste Gebot eingefordert (V 9-11).** Doch Israel will seinen Gott nicht mehr (V 12)! Deshalb lässt Gott sie machen, was sie wollen (V 13). So sieht die Strafe aus: Gott lässt seine Menschen einfach machen – und die Folgen eines Lebens ohne Gottes Gebote sind furchtbar.

● Der Anklage folgt eine großartige Verheißung (V 14-17). Wenn Israel sich ihm zuwenden würde, würde Gottes Zuwendung alle Maßstäbe sprengen. Aber die Rede bleibt im Konjunktiv. **Kann Israel, können wir solche Ermahnung hören und nutzen zu einem Lebensstil, der den Geboten Gottes entspricht? Wie leben wir, „wiedergeboren zu einer lebendigen Hoffnung"** (1Petr 1,3)?

Die Johannesbriefe

Der Verfasser nennt sich zu Beginn des 2 u. 3Joh der „Älteste"
(Presbyter). Der Kirchenvater Papias (geb. 70 n. Chr.) kennt sowohl den Jünger Johannes als auch einen Presbyter Johannes, der
anscheinend eine Leitungsperson der joh. geprägten Gemeinde
war. In Sprache und Verkündigungsakzenten haben die Briefe viele
Gemeinsamkeiten mit dem Johannesevang. (s. Joh 14–16).
Im **1Joh** fehlen Briefkopf, Absender, Empfänger, Grüße. Der Brief
scheint eine **Sammlung von Ermutigungs- und Mahnpredigten** in
Briefform zu sein. In drei Gedankenkreisen werden je sechs Grundanliegen herausgestellt (1,5–2,27; 2,28–4,6; 4,7–5,12): Gemeinschaft mit Gott, Absage an die Sünde, Liebe zu Gott und Halten
seiner Gebote, Bruderliebe, Absage an die Welt, der Antichrist und
das Christusbekenntnis.
Anlass für den Brief dürften **Irrlehrer gnostischer Prägung** sein. Sie
behaupten, sie hätten Gemeinschaft mit Gott, würden ihn kennen,
im Licht Gottes und aus dem Geist leben. Sie halten sich für sündlos und meinen, die Gebote Gottes nicht mehr beachten zu müssen. Sie prahlen mit ihrer Gotteserkenntnis, distanzieren sich jedoch von den Mitchristen. Gottesliebe und Bruderliebe gehören
aber zusammen wie zwei Seiten einer Medaille. Weil sie zudem die
wahre Gottheit Jesu und sein wahres Menschsein infrage stellen,
sieht der 1Joh diese Irrlehrer als Antichristusse.
Der 2. und 3Joh sind „Privatbriefe" an die „auserwählte Herrin
und ihre Kinder" – vermutlich eine Hausgemeinde – und an Gajus, eine Einzelperson. Jeweils geht es um das Leben aus der Liebe
Gottes und in der Liebe zu den Mitchristen und um die Warnung
vor Irrlehrern. 3Joh ist ein **Empfehlungsschreiben für den Wander-
missionar Demetrius** (V 12), der der Gemeinde des Gajus angekündigt wird. Sein Gegenspieler ist Diothrepes (V 9f), der seine
Machtposition durch den Besuch von Wandermissionaren gefährdet sieht. Der Brief gibt uns einen Einblick in die Gründung und
Versorgung von (Haus-)Gemeinden durch Wandermissionare in
der Frühphase der Kirche.

Montag, 25. April   **1. Johannes 1,1-4**

Der 1Joh wurde sehr wahrscheinlich von **Johannes, dem Lieblings-jünger Jesu,** geschrieben. Er nennt sich Augen- und Ohrenzeuge. Er hat Jesus „mit seinen Händen betastet" (V 1). Er ist damit **ein authentischer Zeuge.** Der Schreibstil entspricht dem des Johannes-evangeliums.

● Johannes hat **das Hauptthema** in seinem Brief: **Jesus ist der Christus.** Der Logos. Das Wort, das schon am Anfang war und heute noch gilt. Johannes denkt das Wort Logos nicht nur griechisch, sondern auch hebräisch. **Das Wort ist Schöpfungswort Gottes, aus ihm ist alles entstanden.** Jesus spricht nicht nur Worte für Zeit und Ewigkeit. Er **ist** das Wort Gottes für Zeit und Ewigkeit. Johannes führt damit eine Auseinandersetzung mit den Menschen, die sich der philosophischen Richtung der „Gnosis" (griech. für „Erkenntnis") verschrieben haben. Nach dieser Lehre war Jesus weder Gottes Sohn, noch ist er als leibhaftiger Mensch am Kreuz gestorben.

● Das Wort Gottes, das von Anfang an war, wurde in Jesus Fleisch, d. h. ein normaler Mensch, und hat als Mensch und Gottes Sohn unsere Erlösung bewirkt.

● V 2: Die Begriffe **„bezeugen und verkündigen"** sind Johannes sehr wichtig. Zum Bezeugen sind wir aufgefordert, wenn man uns fragt, mit welcher Hoffnung wir leben. Das Evangelium zu verkündigen geht jedoch über das reine Bezeugen hinaus. Menschen in der Sprache unserer Zeit zu Jesus als dem Wort des Lebens einzuladen, nicht aufdringlich aber ernsthaft, das bleibt unsere Herausforderung.

● V 3: Das Wort annehmen, glauben, leben, ist für Johannes die Voraussetzung, um **Gemeinschaft mit Gott und Jesus sowie untereinander** zu haben.

● Dazu ein Zitat von Hans-Joachim Iwand: „Weil das Wort des Lebens, das in Jesus Christus erschienen ist, kein Dahinter und kein Davor haben kann, müssen alle, die dahinter kommen wollen, das Unergründliche ergründen wollen, ins Nichts stürzen. Er ist das A und das O, der Erste und der Letzte."

Dienstag, 26. April   1. Johannes 1,5-10

Im Unterschied zu Paulus, der seine Briefe meistens mit einer persönlichen Grußadresse beginnt, kommt Johannes sogleich auf **sein Kernanliegen** zu sprechen: **die Gemeinschaft untereinander bzw. mit Gott und Jesus Christus** (V 3).

● V 5: Ohne seinen Namen zu nennen oder sich auf ein bestimmtes Jesus-Wort zu beziehen, nennt Johannes als zentrale Botschaft von Jesus, dass **Gott Licht** ist. Zu vergleichen wäre z. B. Joh 1,5.9; 3,19; 8,12; 9,5; 12,46, wo aber jeweils Jesus als Offenbarer des Vaters „das Licht" ist.

● V 6-10: Die folgenden Verse sind durch ein dreimaliges „**wenn wir sagen**" stilistisch besonders hervorgehoben (V 6.8.10). Vermutlich greift Johannes damit Aussagen von Irrlehrern in der Gemeinde und denen auf, die sich ihnen angeschlossen haben.

→ Mit der ersten Aussage weist Johannes auf den **Widerspruch zwischen Lehre und Leben** hin. Als „Lichtträger" – wie sich die gnostischen Irrlehrer gerne bezeichneten – leben sie faktisch doch in der Finsternis, d. h. ihr alltägliches Handeln wird von Heimlichkeit und vorgetäuschtem Wissen geprägt. Echte Gemeinschaft ist aber nur möglich, wenn unser Leben als Christen transparent und von Schmutz und Sünde gereinigt ist.

→ Mit der zweiten Selbstaussage kommt Johannes auf **die behauptete Sündlosigkeit** der Irrlehrer zu sprechen. Sie waren überzeugt, dass Verfehlungen ihrem wahren, erleuchteten Selbst nichts anhaben konnten. Johannes entlarvt das als **Selbstbetrug.**

> ✎ *Sündenvergebung ist für uns meist ein Zeichen der Gnade und Barmherzigkeit Gottes. Hier wird sie mit Gottes Treue und Gerechtigkeit in Verbindung gebracht. Wie erklären Sie das? Vgl. Röm 1,17; 2Kor 5,21.*

→ Mit der Behauptung „wir haben keine Sünde!" geht Johannes nun noch schärfer ins Gericht, indem er sie jetzt als **Frevler gegenüber Gott** hinstellt, der damit zum Lügner gemacht wird.

| Mittwoch, 27. April | 1. Johannes 2,1-6 |

● V 1.2: Wenn Johannes die Behauptung, ohne Sünde zu sein, als Selbstbetrug, ja als Frevel gegenüber Gott hinstellt (1,8.10), dann könnte daraus die falsche Schlussfolgerung gezogen werden, dass es nicht darauf ankomme, ob wir mal mehr oder weniger sündigen. Dem tritt Johannes entgegen mit seiner **Aufforderung, entschlossen der Sünde abzusagen.** Wenn wir dann aber trotz ehrlichen Bemühens wieder schuldig vor Gott und Menschen werden, dürfen wir wissen, dass **Jesus als unser „Fürsprecher"** (griech. „parakletos" = „Anwalt", „Tröster") **bei Gott für uns eintritt.**

● V 3-5: Auffallend ist in diesen Versen **das betonte Reden von** „Gott erkennen". Die gnostischen Irrlehrer erhoben ja den Anspruch, im Unterschied zu den einfachen, bloß „glaubenden" Christen über die wahre „Erkenntnis" (griech. „gnosis") zu verfügen. Ihnen hält Johannes als **Wahrheit** entgegen, dass sich **rechte Gotteserkenntnis im Halten der Gebote Gottes bzw. im Gehorsam gegenüber dem Wort Gottes beweist.** Ja, er geht sogar noch einen Schritt weiter, indem er im **Befolgen der Gebote den Ausdruck der Liebe zu Gott und der innigen Gemeinschaft mit ihm** sieht (vgl. Joh 14,15).

● V 6: Ein weiteres Mal nimmt Johannes zu einer Behauptung der Gnostiker Stellung. Selbstbewusst vertraten sie die Auffassung, dass ihnen aufgrund ihrer Gotteserkenntnis die ständige Gemeinschaft mit Gott sicher sei. Demgegenüber stellt Johannes fest, **dass man in Gott nur bleiben kann, wenn man sein ganzes Leben an dem Beispiel Jesu ausrichtet.** Es ist unmöglich, in Christus zu bleiben und dann ein eigenmächtiges Leben zu führen.

✎ *Der Begriff des Bleibens spielt bei Johannes eine herausragende Bedeutung: Er findet sich im Joh insgesamt 41-mal und im 1Joh 22-mal. Was könnte das für unsern Glauben bedeuten? Vgl. z. B. Hebr 10,39.*

Donnerstag, 28. April   1. Johannes 2,7-11

Hatte Johannes bisher ganz allgemein vom „Halten der Gebote" (V 3.4) gesprochen, so hebt er jetzt ein Gebot besonders hervor: **das Gebot der „Bruderliebe".** Dabei sollten wir uns vergegenwärtigen, dass im Sprachgebrauch des NT die Schwestern immer mit gemeint sind. „Bruder-" oder daher besser „Geschwister-liebe" ist **eins der zentralen Themen des Briefes** (vgl. 3,10ff.23; 4,7.11f.20f.).

● V 7.8: Johannes nennt das Gebot zunächst **ein „altes Gebot"** und bezieht sich dabei wohl auf das von Jesus überlieferte Wort aus Joh 13,34. **Neu ist das Gebot** wiederum für die Adressaten des Briefes, weil sie ja erst durch den Glauben zu einer herzlichen Gemeinschaft als Brüder und Schwestern untereinander gefunden haben. Zuvor war ihnen eine solche kulturelle, nationale und soziale Grenzen überschreitende Gemeinschaft fremd.

> ✎ *Man könnte fragen, ob es nicht eigentlich eine Selbstverständlichkeit sein müsste, dass Christen sich untereinander lieben. Warum bedarf es dazu ausdrücklich eines Gebotes? Was meinen Sie?*

● V 9-11: Auffällig ist, dass es bei der **kompromisslosen Haltung** des Johannes **keinerlei Zwischenstufen zwischen Liebe und Hass** zu geben scheint – wie etwa Abneigung, Antipathie, Gleichgültigkeit oder Lieblosigkeit. Aber alles dies würde für Johannes bereits unter das Wort „Hass" fallen. **Klar ist, dass es im Verhältnis zum Bruder bzw. zur Schwester keine Neutralität gibt.** „Neutralität wäre als solche schon Verweigerung der Liebe und in diesem Sinn bereits ein Hassen des Bruders, die Verweigerung der Bruderschaft" (Werner de Boor). – Abermals greift Johannes den Kontrast von Licht und Finsternis auf und macht klar, dass **liebloses Verhalten Zeichen für ein Leben in Finsternis** ist und der Lieblose blind ist für die Wirklichkeit eines neuen, von Christus geschaffenen Lebens in Gemeinschaft.

130

Freitag, 29. April   **1. Johannes 2,12-17**

Ohne eine erkennbare Verbindung zum Vorhergehenden wendet sich Johannes unvermittelt an **die verschiedenen Generationen in der Gemeinde.** Auffällig ist der Tempus-Wechsel von V 12f zu V 14, der sich vermutlich dadurch erklären lässt, dass Johannes sich in V 14 auf einen früheren Brief bezieht.

● V 12-14: Was Johannes im Blick auf die einzelnen Generationen bewegt, lässt sich kurz so zusammenfassen:

→ **Den Vätern** bescheinigt er, dass sie mit ihrer Erkenntnis tiefer in das Geheimnis des Glaubens eingedrungen und damit geistliche Reife erlangt haben.

→ **Die jungen Männer** lobt er, dass sie stark sind und trotz mancher Anfechtungen in ihrer Jugend am Wort Gottes festhalten; ja, dass sie sogar „den Bösen überwunden haben". Das klingt nach einer liebevollen Überschätzung der jungen Generation, die sicher auch damals schon trotz lebendigen Glaubens nicht immer standhaft gegenüber manchen Versuchungen geblieben ist.

→ **Von den Kindern** heißt es schlicht, dass sie „den Vater kennen". Welche Botschaft könnte für Kinder zentraler sein als die, dass sie einen Vater im Himmel haben, der sie lieb hat und dem sie in allen Dingen vertrauen können?

● V 15-17: Wie passt die Aufforderung „nicht die Welt lieb zu haben" zu der Aussage Jesu aus Joh 3,16: „Also hat Gott die Welt geliebt?" Natürlich nur so, dass der Begriff „Welt" beide Male inhaltlich unterschiedlich gefüllt ist. Hat Jesus in Joh 3 die unerlöste Menschheit im Blick, die Gott durch die Hingabe seines Sohnes rettet, so steht **„Welt" bei Johannes für die eigenmächtige, von selbstsüchtiger Lust bestimmte Lebenseinstellung der Menschen.** Mit der Aufforderung des Johannes wird keine Weltflucht legitimiert, wohl aber die entschiedene Abgrenzung gegenüber einer eigensüchtigen Lebensweise erwartet. **So wie das Schiff ins Wasser gehört, aber kein Wasser ins Schiff, gehören Christen in die Welt, aber die Welt nicht in den Christen.**

| Samstag, 30. April | 1. Johannes 2,18-29 |

Johannes ordnet die konkrete Lage der Gemeinde in den großen heilsgeschichtlichen Zusammenhang, wenn er von der „letzten Stunde" (V 18) schreibt und damit auf die endzeitliche Verführung der Gemeinde vor der erwarteten Wiederkunft Jesu (V 28) anspielt. Schon Jesus hatte ja in seinen Endzeitreden vor der Verführung durch „falsche Christusse und falsche Propheten" (Mt 24,24) gewarnt. Johannes schreibt vom „Antichrist" – eine Bezeichnung, die nur bei ihm vorkommt –, ohne dabei eine einzelne geschichtliche Gestalt vor Augen zu haben, weshalb im gleichen Atemzug auch von „vielen Antichristen" die Rede ist.

● V 19.22.23: Zur **Charakteristik dieser Antichristen** gehört,

→ dass sie **aus den eigenen Reihen kommen**, also nicht wie jüdische oder heidnische Verführer von außen in die Gemeinde eindrangen. Eben das macht sie für die Gemeinde so gefährlich,

→ dass sie das Bekenntnis der Gemeinde bestreiten, dass Jesus der Christus, d. h. der Messias ist. Dabei geht es nicht wie bei den Juden um die Leugnung der Messianität Jesu an sich, sondern um die **Bestreitung der wesensmäßigen Einheit von Jesus mit dem Vater** (Joh 10,30). D. h. die als Antichristen bezeichneten Irrlehrer erkennen die Gottessohnschaft Jesu nicht an.

● V 20.21.24-27: Was haben die Gemeindeglieder **der Verführung durch die Antichristen entgegenzusetzen?**

→ Sie haben die „Salbung" (wörtlich griech. „chrisma" = „Salböl") empfangen, womit Johannes auf **die Gabe des Heiligen Geistes** anspielt. Der Heilige Geist hat ihnen die Augen geöffnet für die Wahrheit und sie ihres Glaubens bzw. ihrer Gotteskindschaft gewiss gemacht (Röm 8,16).

→ Im Bleiben bei dem, was ihnen in der Verkündigung zuteilwurde, können sie der **Gabe des ewigen Lebens** gewiss sein.

→ Weil **der Heilige Geist** – wie schon Jesus in Joh 16,13 versprochen hat – **die Gläubigen „in alle Wahrheit leiten"** wird, haben sie es nicht nötig, von andern belehrt zu werden.

| Sonntag, 1. Mai | Psalm 56 |

● **Der Beter steht unter Druck.** Er hat Feinde. Arrogant agieren sie gegen ihn. Unaufhörlich, täglich (V 3.6) erlebt er Bosheiten. Sie verabreden sich, sie stellen ihm nach. Er hat Angst um sein Leben (V 7). Er kann sich nicht wehren. Er flieht. **Doch ein Ausweg bleibt: Glaubenshoffnung gegen die Angst (V 4f.11f). JHWH ist doch seine Schutzmacht!** In Gottes Wort erkennt der Beter: Seine Feinde sind ja bloß Menschen! Ihre Macht ist begrenzt, sie sind sterblich, nur ein Hauch vor der Majestät JHWHs (V 5.12, vgl. Jes 2,22; Ps 144,4). Trotzig ruft der Beter das Eingreifen JHWHs herbei (V 8).

● Ganz menschlich, ganz persönlich weiß sich der Beter von JHWH getröstet. Keine Träne ist vergeblich! Andere Übersetzungen schreiben in V 9c von einem Buch, in dem JHWH alles verzeichnet. So weiß sich der Beter geborgen: JHWH ist „mein Gott" (vgl. Röm 8,31).

✎ *Die Bibel erwähnt mehrfach ein solches „Gedenkbuch" bei Gott: Mal 3,16; Lk 10,20; Phil 4,3. Was steht darin, was bedeutet das?*

● Eigentlich setzt V 14 die Rettung voraus, auf die der Beter zurückblickt. Doch auch wenn die Hilfe noch aussteht, kann der Beter schon danken. **Im festen Vertrauen auf JHWH kann er seine Rettung schon vorausdenken, als ob sie schon geschehen wäre.** Denn JHWH ist Gott, „mein Gott", bei ihm ist Leben, der Tod hat keine Chance! Wenn das AT von „Seele" spricht, so ist damit nicht etwas im Menschen, sondern das volle, ganze Leben gemeint.
● Die Evangeliumslesung zum heutigen Sonntag (Joh 10,11-16.27-30) nimmt die Spannung zwischen Todesgefahr und unbeschädigtem Leben aus Ps 56 auf. Der Hirte steht mit seinem Leben ein für die Unversehrtheit aller, die ihm anvertraut sind. **Was der Beter von Ps 56 erlebt, glaubt und vorausdenkt, ist in dem Guten Hirten Jesus Christus für alle Welt sichtbar geworden.**

Montag, 2. Mai   1. Johannes 3,1-10

Welch **souveräne Ruhe**, wie viel **Ermutigung** strahlt doch der 1Joh aus, etwa im Vergleich mit den kämpferischen Paulusbriefen, die gärende Konflikte oft auf die Spitze treiben! Es mag kein Zufall sein, wenn hier, mitten im 1Joh, wie in einem Brennglas konzentriert, die Grundanliegen zusammengefasst sind. Dies geschieht meditativ-kreisend, erinnernd und vorausschauend, liebevoll-deutlich. Machen Sie sich beim Lesen des Texts eine Liste der Begriffe, die mehrmals vorkommen! Was sagt sie über die Akzente aus, die Johannes hier setzt?

● Unser Text beschreibt das „Wir", mit dem er sich mit den Adressaten des Briefes zusammenschließt, als „Gottes Kinder" (V 1f). Zwei Akzente trägt dieses Bild: **Kinder sind**

→ **aus dem Vater „hervorgegangen"**, also genuin mit ihm verbunden und

→ **von ihm abhängig**, d. h. sie brauchen ihn und sind an ihn, an seinen Willen gebunden.

● Unvermittelt stehen den „Kindern Gottes" die „Kinder des Teufels" (V 10) bzw. „die Welt" (V 1) gegenüber. Johannes formuliert um der Klarheit willen so deutlich. **In der Spur von Jesus beurteilt er alle Menschen nach ihrer Beziehung zu Gott.** Eine „neutrale" Zwischenposition kennen beide nicht. „Der Mensch wird entweder von Gott oder vom Teufel geritten" (Martin Luther).

● Doch nicht der Kampf zwischen Gott und Teufel steht im Zentrum, sondern **der Sieg**, den Jesus schon errungen hat (V 8b). Leider entspricht die Situation in unserer Welt auch für Christen noch nicht dem, was erst für alle sichtbar werden wird, wenn Jesus „unverhüllt" wiederkommt (V 2). Bis dahin gilt es, der Sünde keinen Raum in unserm Leben zu geben, sondern sich davon zu reinigen (V 3).

Dienstag, 3. Mai   **1. Johannes 3,11-18**

Um biblische Texte zu verstehen, ist eine Hürde zu überwinden, die unseren Blick behindern kann. Wir müssen uns bewusst machen, dass 1500 Jahre christlicher Prägung hinter uns liegen. Abendländische Kulturen sind deshalb stark von Nächstenliebe, Mitleid und Barmherzigkeit als unser Leben prägende Verhaltensweisen bestimmt. Das war in der heidnischen Antike nicht so. Weitgehend regierte Egoismus, Rücksichtslosigkeit und Härte. Nur vor diesem dunklen Hintergrund verstehen wir, warum die von Jesus, Paulus und Johannes so betonte **Liebe als Kern des christlichen Glaubens** damals viele irritierte, aber auch anzog: sie führte nämlich zu Veränderungen im Lebensalltag (V 18). Ein Beispiel aus der Geschichte (V 12) und eine aktuelle Konkretion (V 15) illustrieren, was gemeint ist:

● In dem **Gefühl des Hasses** steckt oft die Absicht, den Gehassten wenn möglich völlig zu vernichten, wie Kain es tat. Jedenfalls beschreibt es einen unüberbrückbaren Gegensatz (V 13), wie es ihn in der Gemeinschaft von Christen nicht geben kann (V 15).

● Im Blick auf die **Liebe**, die das Verhalten prägt, steht Johannes ganz nah bei Jakobus (vgl. V 17 mit Jak 2,15-17). Beiden geht es nicht um das allgemeine Gebot der Nächstenliebe. Sie fokussieren das Innenleben ihrer Gemeinden: **die Liebe der Christen untereinander**. Sie ist nur möglich, wo man sich gut kennt und einander vertraut (V 17f).

● V 16-18 beschreiben **Kennzeichen echter und nur vorgetäuschter christlicher Liebe:** Anders als der Hass ist Liebe, weil sie mitleidet, bereit, zu verzichten und zu geben, wo der Hass rücksichtslos nur seinen Vorteil sucht.

> ✎ *Wo auf einer Skala von 1 bis 5 würden Sie den „Liebesquotienten" in Ihrer Gemeinde oder Familie ansetzen? Und Ihren eigenen?! Wo wäre Veränderung durch Liebe nötig?*

Mittwoch, 4. Mai   **1. Johannes 3,19-24**

In Jesus „bleiben" und von ganzem Herzen den andern lieben: davon hatte Johannes geschrieben (2,28; 3,18). Das ist der innere Beweis, die nachvollziehbare **Heilsgewissheit** (V 19).

● Luther unterschied zwischen „Gewissheit" und „Sicherheit". „Sicherheit" wäre eine völlig unangefochtene, unwiderlegbare, objektive Tatsache, die niemand bestreiten könnte. Eine solche Garantie wünschen wir uns immer wieder – und bekommen sie doch nicht! Denn wenn wir uns selbst ansehen, unsern Glauben und unser Verhalten, sehen wir Versagen und bleiben angefochten. „Gewissheit" **finden wir** nicht, wenn wir uns selber den geistlichen Puls fühlen, sondern **wenn wir uns auch gegen die eigene Befindlichkeit an Jesus klammern.**

● Wenn von „Geboten" die Rede ist, sind nicht willkürliche Anordnungen einer fremden Macht gemeint. Sie sind das, was der Schöpfer für nötig und richtig hält, damit unser Leben vor ihm und Menschen gelingt. Gebote sind also nichts zum „Abhaken", die Sollerfüllung und Sollverfehlung wie auf zwei Schalen einer Waage gegenüberstellt! Wäre es so, könnten wir nur verzweifeln.

● Hatte Jesus im Rückgriff auf 5Mose 6,5 das Doppelgebot der Liebe zu Gott und zum Nächsten in Erinnerung gerufen (Lk 10,27), so stellt Johannes das **Doppelgebot des Glaubens und der Liebe** daneben (V 23). Dies sind zwei Seiten einer Medaille, die als solche nicht getrennt werden können, die aber auch nicht gewichtet werden dürfen (vgl. Jak 2,18).

> ✎ *Schwierige Frage: Was sagt Paulus dazu?*

● Wenn im 1Joh von „Liebe" die Rede ist, ist nicht immer gleich zu entscheiden, ob nun Gottes Liebe zu uns oder unsere Liebe zu Gott gemeint ist. Ähnlich verhält es sich mit dem „Bleiben" (V 24): dass Gott durch seinen Geist bestimmend in uns ist und dass wir diesen Zustand bewusst suchen und wollen; eben das macht unser Christsein aus.

Donnerstag, 5. Mai   **1. Johannes 4,1-6**

Der Blick richtet sich nun nach außen. **Umkämpft und umworben ist die Gemeinde,** an die 1Joh gerichtet ist. Dieser Zustand begleitet die Gemeinde Jesu durch die Jahrtausende – manchmal deutlich spürbar, manchmal kaum wahrzunehmen, aber dadurch umso bedrohlicher. **Harte Worte fallen über die Gegner:** „Lügenpropheten" – „Geist des Antichrists" – „Lügengeist" – „falsche Propheten" – „Geist des Irrtums und der Lüge" (NGÜ). Was müssen wir uns darunter vorstellen?

● Die griech. Vorsilbe **anti-** bedeutet sowohl **„gegenüber",** als auch **„anstelle von".** Die Bezeichnung „Antichrist" schillert also zwischen Gegnerschaft gegen Jesus und dem Anspruch, die Stelle von Jesus als Erlöser oder Herr einnehmen zu wollen.

● Durch rhetorisch beeindruckend vorgetragene Verkündigung der Lügenpropheten sollen Christen sich nicht täuschen lassen. **Immer gilt es, ihren Inhalt zu prüfen** (vgl. 1Thess 5,21). Aber wie?

→ Der oft so „vergeistigt" wirkende Johannes stellt eisern **Jesus** in den Mittelpunkt, **„der ein Mensch von Fleisch und Blut geworden ist"** (V 2f, NGÜ). Damals wie heute können sich die Menschen kaum vorstellen, dass Gott in Jesus Mensch geworden ist. Von solchen Gruppen beeinflusst, hat später auch der Islam das Gottsein Jesu bestritten. Heute ist vielen ein Problem, **dass in dem Menschen Jesus Gott selbst stecken soll.**

→ Hinter solchem Denken steht für Johannes etwas, das die geistig-geistliche Herkunft der **„Lügenpropheten"** zeigt: Sie **„stammen von der Welt",** nicht von Gott (V 5f; vgl. Joh 3,31). Sie denken und reden „systemimmanent" bzw. „weltkonform" (H.-J. Klauck), d. h. was ihre Erfahrungswelt und Vorstellungskraft übersteigt, kann nicht real sein.

✎ *In welchen Zusammenhängen begegnet Ihnen die Meinung, möglich sei nur, was wir erlebt haben und beweisen können; also was in unser diesseitsbezogenes System passt?*

137

Freitag, 6. Mai   1. Johannes 4,7-16

Ging es eben (V 1-6) noch darum zu erkennen, dass wahrer christlicher Glaube seine Wurzel in Gott hat (sechsmal: „von Gott kommt") und deshalb für die Gemeinde verbindlich ist, so wendet Johannes dies nun auf die Liebe an. 15-mal kommt das griech. Wort in den 10 Versen vor!

● Die Feststellung „Gott ist Liebe" (V 8.16) dürfen wir nicht wie eine mathematische Formel behandeln, die wir auch umdrehen dürften ($2+4=6$ ist wie $6=2+4$)! Denn die „Spielarten" der Liebe zwischen Menschen sind oft anders als die der Liebe Gottes. Gemeint ist: **Wo Gott am Werk ist, da wird Liebe aktiv, aber nicht überall, wo wir Liebe zu erkennen meinen, ist auch Gott am Werk!**

● Der Abschnitt V 7-12 liest sich wie eine Meditation über Joh 3,16: „So sehr hat Gott die Welt geliebt ..." **Johannes kann Gottes Liebe problemlos mit dem Tod seines Sohnes am Kreuz für unsere Schuld zusammen denken (V 10)** und daraus unsere Verpflichtung zur Geschwisterliebe ableiten (V 11). Die Liebe, von der hier die Rede ist, ist frei von gefühlsseliger Romantik. Sie hat ihren Sitz viel tiefer, nämlich einerseits in Gottes Verbundenheit mit allen seinen Geschöpfen (vgl. Röm 5,8), andererseits in der Dankbarkeit der Christen für Gottes tätige Liebe, die das Beste für uns Menschen will und deshalb kein Opfer scheut (4,19).

● Neben der von Gott empfangenen Fähigkeit und Bereitschaft zu echter Liebe werden **zwei weitere Erkennungsmerkmale** der Christen genannt: Sie haben:

→ **Anteil an Gottes Geist erhalten** (V 13) und

→ **bekennen sich aufgrund eigener Überzeugung zu Jesus als seinem Sohn** (V 14f). Damit wird die historische Verlässlichkeit der ntl. Berichte über Jesus betont. Bei Johannes beruht diese Überzeugung auf Augenzeugenschaft (vgl. 1Joh 1,1-3), nicht auf Hörensagen. Das ist ein wichtiger Unterschied, den uns die frühe Gemeinde voraushatte. Der Text zeigt, dass das nicht immer ein Vorteil sein muss und den Glauben erleichtert.

Samstag, 7. Mai **1. Johannes 4,17-21**

Ganz nah am gelebten Glauben mit seinen Zweifeln bleibt Johannes, wenn er nun eine **weitere Auswirkung der Liebe** anspricht: **Er setzt sie in Beziehung zur Angst.** Uns muss bewusst sein, dass antike Gesellschaften von Angst (und Aberglauben) geprägt waren. Hier allerdings geht es ja um Christen und ihre besonderen Ängste. Da spielt für manche offenbar das erwartete Endgericht eine Rolle.

> ✎ *Fallen Ihnen andere für Christen typische Ängste ein? Wie können wir, mit der Liebe im Rücken, damit umgehen?*

● Das griech. Wort für „**Angst**" bedeutete ursprünglich „panische Flucht". Fühlen wir uns bedroht und zur Verteidigung zu schwach, suchen wir das Weite. Wo Liebe ist, ist aber auch Vertrauen (V 18), also der Wunsch nach Nähe, nicht die Absetzbewegung.

● **Gericht** heißt: Mein Leben kommt im Ganzen und im Detail vor Gott noch einmal zur Sprache. Das wirkt schon bedrohlich, aber doch auch im Blick auf Gottes vergebende Liebe befreiend und entlastend. Johannes stellt Gottes Gericht nicht infrage. Es gibt keinen Weg daran vorbei, aber einen behüteten hindurch. Wer durch Jesus „Frieden mit Gott" hat (Röm 5,1), besitzt auch das Recht über alles mit ihm zu reden, darf „jede Äußerung" (so die Grundbedeutung) machen. **Wer Jesus im Gericht auf seiner Seite weiß, muss sich davor nicht mehr fürchten.**

● **Unsere Liebe zu Gott ist keine Einbahnstraße** (V 19). Sie wird erwidert! Wo mir Liebe entgegengebracht wird, ist Angst fehl am Platz.

● Wir sind wieder bei V 17 angekommen: Gottes Liebe zu uns, aber dann auch unsere Liebe zu Gott machen uns im Denken und im Verhalten zu neuen Menschen (vgl. 2Kor 5,17). Neu, aber nicht vollkommen! Immer noch kämpfen wir mit der Angst vor Gottes Gericht und mit der Abneigung anderer gegenüber (V 20).

Sonntag, 8. Mai	Psalm 66

● Der Name Jubilate („Jauchzet") des heutigen Sonntags ist aus V 1 entnommen. Die christliche Gemeinde, die heute den Osterjubel fortsetzt, soll die alttestamentliche Verwurzelung des Jubels erkennen. Die Auferstehung Jesu hat universelle Bedeutung. Ganz ähnlich bekennt Israel seinen Gott JHWH als den HERRN der ganzen Welt. **So ist Ps 66 für die Christenheit ein Training im globalen Denken: Der Gott der Bibel hat es mit aller Welt zu tun. Gemeinsam mit allen Völkern stehen wir vor ihm** (Ps 22,28-30), **niemand kann sich seiner Macht entziehen.**

● Zunächst (V 1-12) singt eine Gruppe, die alle Welt zum Mitsingen einlädt. Grund für den Jubel ist Gottes wunderbares Handeln in der Geschichte (V 3.5). Seine Macht überwindet die Unheilsmächte des Bösen (V 3.7). **Denn JHWH ist ein Gott der Befreiung:** V 6 erinnert an das Wunder am Schilfmeer (2Mose 14,21f) und an den Zug durch den Jordan (Jos 3,16f, vgl. Ps 114,3.5). „Dort" (V 6c) gibt es allen Grund zum Jubel, dort in der Ruhe des Gelobten Landes (Jos 21,44).

● Das schwere Leid (V 11f) wird überwunden (V 12), es muss geistlich als Prüfung verstanden werden. Mit Jes 43,2 kann man hier an das babylonische Exil denken. **JHWH hat sein Volk in die neue Freiheit geführt** (V 12c), **seine Macht steht über allen politischen Mächten.**

● Im zweiten Teil V 13-20 singt ein Einzelner. Er erzählt von Not und Rettung, berichtet, was JHWH an ihm getan hat. Seinen Dank will er mit gewaltigen Opfern im Haus Gottes zum Ausdruck bringen (V 15). So wird deutlich: **Die Hilfe für den Einzelnen hat ihren Ursprung in JHWHs Heil für Israel. Das Danklied des Einzelnen vereinigt sich mit dem großen Chor der vielen. JHWH hört, JHWH hilft, seine Güte hat kein Ende.**

✎ *M. Jorissen hat Ps 66 wunderbar nachgedichtet („Jauchzt, alle Lande, Gott zu Ehren", EG 279).*

Montag, 9. Mai   **1. Johannes 5,1-5**

● V 1: Johannes verknüpft die **drei Themen des Briefes: Der Glaube, das Christusbekenntnis und die Liebe.** Sie sind untrennbar miteinander verbunden.

→ **Der Glaube** bekennt Jesus als den Christus, den Sohn Gottes.

→ Wer Christus so **bekennt,** der ist von Gott geboren. (Vgl. Mt 16,17, als Jesus zu Petrus sagt: „... Fleisch und Blut haben dir das nicht offenbart, sondern mein Vater im Himmel.") Das ist für Johannes entscheidend.

→ Wer glaubt, **liebt** den, der ihn „geboren" hat – Gott, den Vater. Wer aber ihn liebt, der liebt auch die Geschwister. Gottes- und Geschwisterliebe sind nicht voneinander zu trennen.

> ✎ *Was für ein Anspruch, – aber auch welche Erkenntnis und Weisheit stecken in diesen Worten. Seit der ersten Christenheit bis heute kollidiert diese tiefe geistliche Wahrheit oft mit der gemeindlichen und persönlichen Wirklichkeit. Wie erleben Sie das?*

● V 2f: **Die Liebe zu den Geschwistern ist der Prüfstein unserer Liebe zu Gott,** wobei sich die Liebe zu Gott im Gehorsam zu seinen Geboten zeigt. Gehorsam nicht aus Angst oder Zwang, sondern aus Liebe. Der, der Gott liebt, wird in diesem Gehorsam auch die Anweisungen Gottes aus Einsicht beherzigen. Denn es sind die für uns hilfreichen Maßstäbe des geliebten Vaters. In diesem Sinne lässt sich der für uns heute etwas provokant anmutende Satz „Seine Gebote sind nicht schwer" besser verstehen.

● V4f: **Das siegreiche Leben in Christus, durch Christus, mit Christus.** Das ist die österliche Zuspitzung. Wer aus Gott gezeugt ist, tut gern seinen Willen und findet darin das Leben. Wer in diesem Willen Gottes lebt, der verdrängt die Welt nicht, sondern „überwindet" sie, d. h. die Welt mit ihrer Lust und ihrem Begehren verliert ihren bestimmenden Charakter für sein Leben.

141

Dienstag, 10. Mai   1. Johannes 5,6-12

● V 6-8: Der „Hebräer" Johannes benennt **drei Zeugen** in Abgrenzung zu gnostischen Irrlehren. Hier scheiden sich die Geister. Wer ist Jesus? Ein Prophet, ein weiser Lehrer, ein guter Mensch – oder der Sohn Gottes? Drei Zeugen, die die Wahrheit und Wirklichkeit des Gottessohnes Jesus von Nazareth bezeugen. Im jüdischen Recht müssen zwei oder drei Menschen Zeugnis geben, damit eine Tatsache als wahr anerkannt wird (vgl. 5Mose 17,6).

→ **Das Wasser.** Damit wird auf die Taufe Jesu angespielt, bei der Gott sich zu Jesus als seinem Sohn bekennt (Mt 3,17).

→ **Das Blut.** Das Wort steht für Jesu Opfertod am Kreuz (Mt 26,26-28; Joh 6,53-55). Da vollendet Jesus, der Gottessohn, den Heilsplan Gottes zur Versöhnung mit uns Menschen. Er macht die Beziehung mit Gott, dem Vater, wieder heil.

→ **Gottes Geist** bezeugt Jesus als den Mensch gewordenen, getauften, gekreuzigten und auferstandenen Gottessohn und Herrn (1Kor 12,3). Wer diesem Zeugen glaubt, ihm Raum in seinem Leben gibt, der kann auch erfassen, was dieses Handeln Gottes für ihn persönlich und für die Menschheit bedeutet.

● V 9-10: **Es folgt die Bestätigung von höchster Stelle.** Gott ist der größte und wichtigste Zeuge. Bei der Taufe (s. o. Mt 3,17) und auf dem Berg der Verklärung (Mt 17,5) bestätigt Gott Jesus als seinen Sohn. Wer das bestreitet, macht Gott zum Lügner und verlässt die Grundfesten des Glaubens.

● V 11-12: Hier gibt es kein Herumlavieren und auch kein neutrales „Zur-Kenntnis-Nehmen" oder ein „Sowohl-als-auch". Hier geht es um eine **klare Alternative:** „Wer den Sohn hat, der hat das Leben. Wer den Sohn Gottes nicht hat, der hat das Leben nicht." Für die meisten Zeitgenossen, die die Frage nach Gott bzw. der Wahrheit gerne offenhalten möchten bzw. nach ihrer subjektiven Sicht beurteilen, ist das eine ungeheure Provokation! Wer die Aussage des Johannesbriefes vertritt, wird da schnell als intolerant oder arrogant abgestempelt.

Mittwoch, 11. Mai | 1. Johannes 5,13-21

● V 13: In einer Gemeinde, von Irrlehren bedroht und verunsichert, kann jeder sicher und gewiss sein, der glaubt und bekennt: „Jesus, der Sohn Gottes, ist mein Leben."

● V 14f: **Das Gebet lebt von der Gewissheit, dass es erhört wird.** Die **Voraussetzung:** „**in seinem Willen zu bitten.**" Das Gebet im Namen Jesu (Joh 14,13f; 16,23) ist geprägt von der Frage: „Herr, was willst Du?" Es geht um das Hören auf den Willen Gottes und ein Bitten, wie es Jesus uns lehrt: „Dein Wille geschehe" (Mt 6,10).

● V 16f: Es ist ein Vorrecht, dass Christen füreinander beten. Hier geht es um Fürbitte für einen Glaubenden, der sich schuldig gemacht hat. Eine Ausnahme macht Johannes: **die Sünde zum Tod.** Er bezeichnet sie nicht näher. Jesus redet in Mk 3,29 von der „Sünde der Lästerung des Geistes Gottes". Vermutlich hat Johannes dabei gnostische Irrlehrer in der Gemeinde im Blick, die die Glaubensbasis verlassen haben, indem sie die Gottessohnschaft Jesu verneinen (vgl. 2,19). Das schließt sie von der Fürbitte aus.

> ✎ *Müssen wir Angst haben, dass wir die unvergebbare „Sünde zum Tod" begehen? Skrupulös veranlagte Christen fragen sich das ernsthaft. Aber ihnen dürfen wir versichern: Nur wer sich wider bessere Erkenntnis entschlossen von Gott und seinem Sohn lossagt und die erfahrene Gnade Gottes mit Füßen tritt, könnte diese Sünde begehen (vgl. Hebr 6,4-6; 10,26-29).*

● V 18-21: Sicher will Johannes mit dem ersten Satz (vgl. 3,9) nicht sagen, das wir als Christen sündlos wären. Das widerspräche auch seiner Aussage aus 1,8-10. Aber er möchte deutlich machen, dass die Sünde keine Macht mehr über uns hat, weil Jesus uns der Macht des Bösen entrissen hat. So lenkt Johannes zum Schluss den Blick noch einmal auf Jesus Christus: **Der Sohn bewahrt seine Gläubigen und umgibt sie wie ein Schutzmantel.**

143

Donnerstag, 12. Mai   **2. Johannes 1-6**

● V 1-3: Der kürzeste Brief im NT beginnt mit den klassisch-antiken Merkmalen im Briefkopf: **Verfasser, Empfänger, Gruß.** Er passt auf eine Papyrusseite. Verfasser ist Johannes. Der Begriff „**der Älteste**" bringt seine Autorität, sein Alter und seinen Status als letzter der noch lebenden Apostel zum Ausdruck. Empfängerin ist eine Frau mit ihren Kindern, die er mit „**auserwählte Herrin**" anspricht. Es gibt verschiedene Deutungen:

→ Es ist **eine angesehene Frau in der Gemeinde**, wahrscheinlich eine Witwe, die bei ihren Kindern wohnte.

→ Es könnte **die symbolische Umschreibung für die Gemeinde sein. Die Kinder sind die Mitglieder der Gemeinde** (V 1.13).

→ Es ist eine **angesehene Frau, deren Kinder geistlich zu verstehen sind,** also Christen, für die die Frau eine geistliche Mutter war.

● Der Brief betrifft **die gesamte Gemeinde.** Er ist persönliche Mitteilung und zugleich Ermutigung der Gemeinde. Diejenigen, die Jesus als den Sohn Gottes erkannt haben und ihr Leben nach ihm ausrichten, haben die Wahrheit erkannt und sind eng verbunden. Das bestimmt das Verhältnis untereinander in der Gemeinde (V 1f) und bietet den Zugang zu den Segnungen des Vaters und des Sohnes (V 3).

● V 4-6: Johannes benutzt in V 1-4 fünfmal das Wort „Wahrheit". Es wird in V 4-6 viermal durch „Gebote" abgelöst. Johannes ermutigt „**einige deiner Kinder**", in der Wahrheit und nach dem Gebot der Liebe zu leben. Offensichtlich gab es in diesem Bereich Defizite im Zusammenleben der Christen. **Wahrheit und Liebe gehören untrennbar zusammen** (vgl. 1Kor 13,6). Dieses Gebot gab es von Anfang an (V 6). Das Doppelgebot der Liebe ist das Zentrum der Botschaft im AT und NT (vgl. 5Mose 6,5; Mt. 22,36-40).

> ✎ *Wo erleben Sie im Zusammenleben in der Gemeinde, dass Wahrheit und Liebe auseinanderfallen?*

Freitag, 13. Mai   **2. Johannes 7-13**

● Der Zusammenhang zwischen Wahrheit und Liebe wird hier besonders deutlich. Die Liebe grenzt sich konsequent ab, wenn es um die Verfälschung der biblischen Wahrheit durch Irrlehrer geht.
● V 7: „**Sie sind in die Welt hinausgegangen.**" Johannes meint wahrscheinlich Irrlehrer, die einst selbst Mitglieder in der christlichen Gemeinde waren, doch später ausgeschlossen wurden. – „**Ins Fleisch gekommen.**" Woran erkennt man Irrlehrer? Dass sie eben **nicht** die Menschwerdung des Sohnes Gottes bekennen, sondern leugnen, weil es für sie undenkbar, ja gotteslästerlich war, dass der ewige Gott ein sterblicher Mensch wird. – „**Er ist der Anti-Christus.**" Johannes spricht schon in 1Joh 4,3 vom Antichristen, der kommen soll und „jetzt schon in der Welt ist", nämlich in Gestalt der Irrlehrer, also vieler Antichristen.
● V 8: „**Seht euch vor.**" Denkt nicht, dass sie ungefährlich sind, sondern schaut auf das, was ihr durch Jesus geworden seid und mit ihm erreicht habt: Lasst euch nicht nehmen, was als „Lohn" bzw. „Siegeskranz" (1Kor 9,24) für euch bereitliegt.
● V 10f: Die Irrlehrer versuchen in den Gemeinden, ihre Lehren zu verbreiten, wobei sie die Gastfreundschaft der Gemeinden (vgl. 1Petr 4,8; Hebr 13,2) ausnutzen. Johannes warnt deutlich davor, ihnen Gastfreundschaft zu gewähren. **Hier bedeutet Liebe klare Distanzierung;** nicht einmal grüßen soll man die Irrlehrer. Wer mit diesen Leuten Gemeinschaft hat, macht sich mitschuldig gegenüber der Wahrheit. Solche Worte erscheinen auf den ersten Blick lieblos. Aber der gefährliche Charakter ihrer Lehren, der die Grundlagen des Glaubens zu zerstören droht, rechtfertigt ein solches Verhalten.

> ✎ *Wie können wir den Unterschied zwischen theologischen Ermessensfragen und eindeutiger Irrlehre erkennen? Was sind die entscheidenden Kriterien in der Beurteilung?*

Samstag, 14. Mai	3. Johannes 1-15

● Das ist der persönlichste Brief von Johannes. **Empfänger ist Gajus**, ein Vertrauter aus der Gemeinde.

● V 1-4: Johannes ist Gajus in brüderlicher Liebe sehr zugetan. Sein Wunsch: „In allem wünsche ich, dass du einen guten Weg geführt wirst." Weil Gott führt, wird dieser Weg gut.

● V 5-8: Johannes hat Missionare ausgesandt. Obwohl Gajus sie nicht kannte, hat er sie großzügig aufgenommen und beherbergt. Johannes erfährt davon und bittet Gajus freundlich, die Brüder für ihre Weiterreise auszurüsten. Sie sind unterwegs, um die Gemeinden zu stärken und den Nichtchristen das Evangelium zu predigen. So ist Gajus ein **„Ermöglicher"** missionarischer Mitarbeiter. Mit dem, was er hat und bereitstellt, fördert er die Ausbreitung des Evangeliums.

● V 9-12: Der Brief betreibt **keine Schönfärberei**. Auch gestörte Gemeinschaft wird als Problem offen angesprochen. Die Gemeinde wird von **Diotrephes** beherrscht, der offensichtlich eine Führungsrolle in der Gemeinde beansprucht. Doch er missbraucht sie, um Macht und Einfluss auszuüben. Johannes wirft ihm vor, der Erste sein zu wollen. Er betreibt üble Nachrede gegen Johannes und untergräbt seine Autorität. Er weigert sich, Missionare aufzunehmen. Ja, er schließt Gläubige aus der Gemeinde aus, die ihm nicht genehm sind. Dieses Verhalten widerspricht der Weisung Jesu: „Wer unter euch groß sein will, der sei euer Diener (Mt 20.26). Deshalb die Mahnung an Gajus, dem Guten zu folgen. Als Beispiel nennt Johannes **Demetrius**, dem er ein gutes Zeugnis ausstellt. Er lebt entsprechend der Wahrheit: Er glaubt an das Evangelium und setzt sich für seine Ausbreitung ein.

✎ *Oft gefährden heute persönlicher Ehrgeiz und Konkurrenzdenken das Miteinander in der Gemeinde. Was könnte dagegen getan werden?*

Sonntag, 15. Mai   **Psalm 98**

● „Singt"! – Ps 98 hat dem Sonntag Kantate seinen Namen verliehen. Wir hören den mitreißenden Aufruf, die Majestät JHWHs zu rühmen und zu loben. **Doch es soll ein neues Lied sein, denn Israel schaut auf neue Wunder, die aus der alten Bundestreue JHWHs vom Sinai her erwachsen sind** (V 3, vgl. 5Mose 4,31). JHWH hat mit gewaltiger Hand Heil für sein Volk geschaffen. Dies geschah im politischen Raum vor den Augen der Völker. Es ist der „zweite Exodus" gemeint, die Befreiung Israels aus dem babylonischen Exil.

● In V 2 wird „Heil" mit „Gerechtigkeit" parallel gesetzt. Es geht darum, dass Israel zu seinem Recht kommt. Ohne Recht und Gerechtigkeit gibt es kein Heil, keinen Schalom, keinen Frieden.

● **Ps 98 ist ein dichterischer Kommentar zu der Verkündigung des 2. Teils des Jesajabuchs:**

→ zu V 1 vgl. Jes 40,10; 52,10;

→ zu V 3 vgl. Jes 40,5; 66,18;

→ zu V 4 vgl. Jes 52,9;

→ zu V 5 vgl. Jes 51,3;

→ zu V 7f vgl. Jes 55,12.

● **Was im 2. Teil des Jesajabuchs als kommendes Heil in der Exilsgemeinde verkündigt wurde, ist nun Wirklichkeit geworden.** Die politischen Veränderungen unter dem Perserkönig Kyros führten zur Rückkehr der Exulanten nach Jerusalem (2Chr 36,22ff). Dieses Wunder der Geschichte preist Ps 98 als gewaltiges Eingreifen JHWHs.

● Das Gotteslob soll mit allen menschlichen und musikalischen Möglichkeiten erschallen (V 4-6). Und dann wird die ganze Schöpfung von einem brausenden Jubelgeschehen erfasst, denn Gott kommt zum Gericht (V 9)! Hier herrscht nicht Angst vor dem Richter, sondern freudige Erwartung. Das unbeschreibliche Elend der Völker, das unermessliche Leid fast überall auf der Welt wird dann zu Ende sein (vgl. Offb 21,3f). **Gerechtigkeit und Heil wird auf alle Völker ausgebreitet. Und dann werden alle einstimmen können in das „neue Lied"!**

147

Der Prophet Jona

Über Jona, einen der bekanntesten Propheten der Bibel, wissen wir nicht viel: Sein Vater heißt Amittai und er kommt aus Gat Hefer (2Kön 14,25).

Anders als die anderen Prophetenbücher ist das Buch Jona keine Sammlung von Prophetenworten, sondern eine Prophetenerzählung. Nur ein halber Vers enthält eine prophetische Botschaft (3,4b), ansonsten steht der Prophet selbst im Mittelpunkt. Es geht nicht primär um Ninive, sondern um Jona.

Ninive war die riesige Hauptstadt der aggressiven Eroberermacht Assyrien. Als das heidnische Ninive umkehrt und erlebt, dass auch Gott umkehrt – vom Gericht zur Gnade –, rezitiert Jona im Zorn das Glaubensbekenntnis von dem gnädigen, barmherzigen Gott, der sich das Übel gereuen lässt (4,1-3). Er will Gnade nur für sich, nicht für die Heiden, nicht für die anderen. Jona steht für Israel – auch für uns?

Das Buch Jona erinnert an das Ringen Jesu um eine „Herzenserweiterung" der Pharisäer, etwa im Verhalten des älteren Sohnes im „Gleichnis vom verlorenen Sohn" (Lk 15,25-32) oder an das Ringen des Paulus um die Heidenmission. Gott hofft auf unsere Mitfreude, dass seine Liebe und Barmherzigkeit weiter reicht als unser oft so kleinkariertes „Schwarz-Weiß-Denken".

| Montag, 16. Mai | Jona 1,1-16 |

● Jonas Auftrag ist klar und kurz: „**Geh nach Ninive und predige gegen die Stadt.**" Jona sträubt sich verständlicherweise gegen so einen Auftrag und nimmt ein Schiff nach Tarsis. Er fährt also in die **entgegengesetzte Richtung** nach Westen.

● Mein erster Gedanke: „Was für ein Dummkopf! Wie kann man denn versuchen, vor Gott wegzurennen?" Und schon schiebt sich der zweite Gedanke hinterher: „Wie oft tue ich dasselbe? Eigentlich weiß ich was zu tun ist, was Gottes Wille ist, aber mein Trotzkopf setzt sich durch und ich mache mein Ding."

● **Gott lässt ihn zwar gehen, aber lässt ihn nicht los.** Er schickt einen gewaltigen Sturm – und die heidnische Schiffsmannschaft, die in ihrer Not zu ihren Göttern schreit, muss den Propheten Gottes auffordern, zu seinem Gott zu beten.

● Die Seeleute sind voller Ehrfurcht vor dem HERRN, dem Gott Israels, und geloben ihm Treue. Der Prophet wider Willen wird zum Rettungswerkzeug für heidnische Seeleute. Überhaupt zeigen sich die Seeleute moralisch und religiös vorbildlicher (V 14) als der ärgerliche Prophet aus Gottes Volk: Sie beten um Vergebung, dass sie Jona dem Meer übergeben haben, und erkennen die Herrschaft und Souveränität Gottes an.

Danke Gott, dass du auch aus meinen Fehlern, sogar aus meinem Ungehorsam noch etwas Gutes für dein Reich machen kannst.

● Erstaunlich: **Gott benutzt selbst Jonas Ungehorsam, um Menschen zu retten.**

✎ *Sträube ich mich gegen etwas, was ich schon lange tun soll?*

Dienstag, 17. Mai   **Jona 2,1-11**

● Gott hat schon manchmal sehr besondere Wege mit seinen Leuten: Nachdem Gott für Jona zunächst einen tödlich erscheinenden Sturm sendet, schickt er einen Fisch und lässt seinen Diener **drei Tage und drei Nächte in einem Fischbauch** beten. In seiner sehr beengten und angespannten Lage schreit Jona zu Gott und ringt mit ihm um sein Leben. Seine Worte lesen sich schon fast wie eine Nahtod-Erfahrung: „Der Erde Riegel schlossen sich hinter mir ewiglich" (V 7). Und doch ist Jonas Gebet geprägt von der **Zuversicht** und der Erfahrung, dass Gott hört: „Er antwortete mir" (V 3a) und „du hörtest meine Stimme" (V 3b). **Er lobt Gott sogar,** obwohl seine persönlichen Umstände ihn eher zum Fluchen bringen könnten.

> ✎ *Auch wenn Gott uns manchmal sehr viel zumutet, lässt er uns doch nicht im Stich. Überlegen Sie, wo Sie ansatzweise ähnliche Erfahrungen gemacht haben. Gott verändert nicht immer unsere Situation, aber oft verändert das Gebet uns. In schweren Tagen spüren wir oft Gottes Nähe nicht, weil wir vor ihm weglaufen. Aber im Gebet bauen wir wieder Nähe zu Gott auf (vgl. Jak 4,8: „Naht euch zu Gott, so naht er sich zu euch.")*

● In diesem „Psalm Jonas" unterwirft sich unser Prophet dem Willen Gottes und der Fisch spuckt den geläuterten Propheten ans Ufer. Jona erkennt, dass weder er, noch der Sturm, noch der große Fisch wirkliche Macht haben, sondern Gott allein. **Gott lenkt nicht nur das Leben seines Propheten, sondern auch alle Schöpfungsgewalten und Tiere.**

> ✎ *Die Geschichte von Jona fordert uns heraus: Wie oft halten wir erst „im Bauch des Fisches" inne? Werden wir erst befreit, uns ganz Gott auszuliefern, wenn alles um uns herum dunkel erscheint?*

Mittwoch, 18. Mai   Jona 3,1-10

● Jona bekommt eine **zweite Chance**, seinen Auftrag zu erfüllen. Immer wieder schenkt Gott eine zweite Chance, so z. B. bei Petrus (Joh 21). Die prominenteste zweite Chance wird wohl dem verlorenen Sohn gewährt (Lk 15). Jedoch gibt es auch Begebenheiten, bei denen Menschen keine zweite Chance gegeben wird, z. B. Lots Frau (1Mose 19). Gott lässt nicht mit sich spielen. Doch bei Jona zeigt Gott Gnade mit seinem Auserwählten. **Die Berufung wurde durch seinen Ungehorsam nicht ausgelöscht.**

● Nachdem Jona gestrandet ist, macht er sich auf den Weg nach Ninive. Seine Botschaft, die er in der Mitte der Stadt abliefert, ist erstaunlich und erschreckend kurz: „**Es sind noch vierzig Tage, so wird Ninive untergehen**" (V 4). Der hebräische Grundtext braucht hierfür mal gerade **fünf Worte**. Von Gott oder gar von Umkehr und einer möglichen Rettung ist keine Rede in seiner Predigt. Mittelpunkt seiner Predigt ist die Zerstörung der Stadt, an deren Rettung er keinerlei Interesse hat. Seine Reaktionen im nächsten Kapitel bestätigen das leider.

● Das Volk von **Ninive** gehört zum **Assyrischen Reich.** Dieses Volk bekämpft Israel und die Nachbarvölker auf unglaublich aggressive und grausame Weise. Es ist nachvollziehbar, dass Jona daran gelegen ist, dass das Urteil, das Gott über diese Stadt gesprochen hat, auch vollzogen wird.

● Doch nun folgt die für Jona und den Leser völlig unerwartete Reaktion der Niniviten: **Sie glauben an Gott,** alle vom Kind bis zum Greis beginnen zu fasten, hüllen sich in Sackkleider und der König befiehlt eine Abkehr vom Bösen und eine Hinkehr zum Vertrauen auf die Gnade Gottes (V 5-9). So ein Handeln trifft direkt in Gottes Herz. Gott hat eine Schwäche für Menschen, die ihr Leben ändern und auf Rettung und Gnade von ihm vertrauen. Und Gott vergibt der Stadt. **Möge unser Herz von dem Geheimnis von Umkehr, Gnade und Rettung voll sein!**

Donnerstag, 19. Mai   **Jona 4,1-11**

● Jona kann es gar nicht leiden, wie Gott sich hier zeigt. Er ist regelrecht **zornig auf Gott, der sich als barmherziger und rettender Gott gezeigt hat.** Der Frust über seine aus seiner Sicht misslungene Mission ist so groß, dass Jona sterben will (V 3). Doch aus Gottes Sicht ist seine Mission mehr als gelungen. Auf seine Predigt hin kehrt eine ganze Stadt um zu Gott. Jonas Herz wird von der Buße der Niniviten nicht erreicht und es pocht weiter auf Gerechtigkeit und Zerstörung. Als Gott Jonas Frust und Zorn hinterfragt, verlässt Jona die Stadt Richtung Osten und scheint noch auf einen **Gesinnungswandel Gottes** zu hoffen, um doch noch den Untergang Ninives erleben zu können. Jona zeigt sich hier weiter entfernt vom Herzen Gottes als die Menschen von Ninive. So mag es uns auch mal gehen, dass Gott seine Gnade Menschen schenkt, denen wir sie lieber versagen.

● **Nun hält Gott Jona mit dem Strauch einen Spiegel vor,** um ihn sehen zu lassen, was gerade in seinem Herzen los ist, und ihm die Unverhältnismäßigkeit seines Zorns zu zeigen. Doch Jona verweigert die Gnadenlektion (V 9). Nehmen wir sie als Leser der Jonageschichte an?

Gott, lass mich in dein Herz schauen und zeige mir, worüber du zornig bist und worüber du dich freust. Ich will dich besser kennenlernen und dein Wesen soll mich prägen.

● Denken wir nicht manchmal ähnlich – „Bei mir soll Gott gnädig sein, bei anderen soll er gerecht sein"? **Gerne legen wir bei anderen ein höheres Maß an Gerechtigkeit an.** Doch wir lernen Gott in seinem Wort anders kennen. Er ist mit uns gnädig, obwohl wir seine Feinde sind (vgl. Röm 5).

✎ *Jona ist über einen fehlenden Strauch zorniger und frustrierter als über eine ganze Stadt, die verloren geht. Was macht mich immer wieder zornig? Welchen Maßstab lege ich an andere Menschen an?*

Der Galaterbrief

Nach Angaben des Briefes hat Paulus die Gemeinden in Galatien (die Gegend um die heutige türkische Hauptstadt Ankara) gegründet (1,8ff; 3,2) und später nochmals besucht (4,13). Bald danach sind Irrlehrer („Judaisten") in den Gemeinden aufgetreten und haben zum einen die Autorität des Paulus als eines von Christus selbst berufenen Apostels und zum anderen seine Verkündigung eines „gesetzesfreien" Evangeliums in Misskredit gebracht. Sie halten die Beschneidung, das Einhalten des Sabbats und anderer Bestimmungen des jüdischen Gesetzes für heilsnotwendig. Sie scheinen mit ihrem „Zusatz-Evangelium" schon einen gewissen Erfolg errungen zu haben. Deshalb kämpft Paulus mit schneidender Schärfe bis hin zu Verfluchung gegen dieses „andere Evangelium" (1,9).

In Kapitel 1 und 2 versucht er zunächst, das angeschlagene Vertrauen in die Echtheit und Vollmacht seines Apostelamtes wiederherzustellen, um dann in Kapitel 3 und 4 aufzuzeigen, dass wir nur durch Christus und das Geschenk des Glaubens das Heil empfangen. Wer zusätzlich meint, auch das Gesetz befolgen zu müssen, verliert Christus (5,2). Es gibt nur ein „Entweder-oder", kein „Sowohl-als-auch"!

Den Vorwurf, die Freiheit vom Gesetz könne zu Zügellosigkeit und Beliebigkeit führen, wehrt Paulus in Kapitel 5 und 6 dadurch ab, dass er aufzeigt, dass wahre Freiheit in Christus in der Freiheit zur Liebe konkret wird (vgl. 5,6). Die in Christus geschenkte Freiheit wird darin sichtbar, dass „die Liebe einer dem andern dient, denn das ganze Gesetz ist in dem einen Wort erfüllt: ‚Liebe deinen Nächsten wie dich selbst'" (5,13f). Und diese Liebe erweist ihre Glaubwürdigkeit im Umgang mit schuldig gewordenen Mitchristen, denn wie Christus für Sünder eingetreten ist, so ist auch sein Geist eine aufhelfende, tragende und vergebende Kraft (6,1-5).

| Freitag, 20. Mai | Galater 1,1-9 |

● V 1-5: Wie in den Paulusbriefen üblich beginnt der Galaterbrief mit der **Nennung des Absenders, der Adressaten** und einem **Friedensgruß**. Paulus schreibt an verschiedene Gemeinden in Galatien, einer Gegend rund um das heutige Ankara. Auffallend ist, dass Paulus besonderen Wert darauf legt, dass er seine Legitimation von Jesus Christus und Gott selber hat und dass er durch die mitgrüßenden Geschwister eingebunden ist in eine Gemeinde.

● **Gnade** und **Friede** wünscht Paulus den Gemeinden. Gnade meint die erbarmende Hinwendung Gottes zum Menschen, die im Leiden, Sterben und Auferstehen Jesu sichtbar wird. Darin zeigt sich Gottes Plan zur Rettung der Menschheit. Das führt Paulus in die Anbetung Gottes.

> ✎ *Überlegen Sie einmal, ob und wieweit das Staunen über Gottes Handeln in Christus Sie in die Anbetung führt. Welchen Raum nimmt das in Ihren Gebeten ein?*

● V6-10: Ohne weitere Umschweife, ohne Dank für die Gemeinde ist Paulus dann sofort beim **Anlass des Briefes:** Irrlehrer vertreten in der Gemeinde ein Evangelium, das abweicht von dem, was Paulus ihnen nicht lange zuvor verkündigt hat. Erstaunlich ist, dass die Rede ist von einem „**anderen Evangelium**". Das bedeutet, dass die Irrlehrer ihre Botschaft als Frohe Botschaft tarnen. Sie lassen das Evangelium von Jesus Christus durchaus gelten, bestehen aber noch auf zusätzliche Hilfen zum Heil. Immer dann, wenn das Heil an Jesus plus ... geknüpft wird, ist der Heilsweg allein durch das Sühnegeschehen in Christus in Gefahr. Das ist bis heute der Fall, etwa wenn für den Glauben eine bestimmte Lebensweise verpflichtend gemacht wird: z. B. eine vegane Ernährung oder das Engagement gegen Atomkraft usw. **Die Lebensweise eines Christen ist immer eine Folge der Rechtfertigung, nie Teil davon oder Bedingung dafür.**

Samstag, 21. Mai   **Galater 1,10-24**

● V 10 gehört eigentlich noch zum vorherigen Abschnitt, setzt aber inhaltlich ein **Vorzeichen** vor die folgenden Verse: **Paulus – Sklave Jesu Christi.**

● In den V 11-24 gibt Paulus einen biografischen Rückblick auf sein Leben vor und nach der Christusbegegnung vor Damaskus. Die apostolische Autorität des Paulus wurde in der Gemeinde angezweifelt und er als Person verleumdet. Für Paulus ist dies auch ein Angriff auf seinen Auftraggeber. Deshalb macht er den Galatern noch einmal deutlich, woher er seine Autorität und das von ihm verkündigte Evangelium seine Bestätigung hat. **Paulus** ist **Direktempfänger des Evangeliums** von Christus selbst. Seine apostolische Autorität hat er ausschließlich durch die Begegnung mit dem Auferstandenen vor Damaskus.

● V 13f: Paulus leugnet seine Vergangenheit nicht. Vor Damaskus war er ein **gesetzestreuer Jude**, der sich streng an die Thora und die väterlichen Satzungen hielt, um damit vor Gott gerecht zu sein. Der Weg zum Heil führte über die Einhaltung des Gesetzes. Durch seinen Eifer für das Gesetz musste er zum Feind der Christen werden. Dass aus dem Christenhasser Saulus der engagierte Heidenmissionar wird, ist erst durch die Begegnung mit Christus möglich geworden. Allerdings musste Paulus ein Ja zu diesem Weg Gottes mit ihm finden.

● In den V 15ff beschreibt Paulus die Jahre, die seiner Begegnung mit Christus folgten als Jahre des Lernens, Reifens und Missionierens. Erst danach begegnet er Petrus in Jerusalem. Die **Gesetzesfrömmigkeit** stellt den Menschen auf einen Weg, fordert seinen lebenslangen Einsatz mit der **Aussicht,** dass ihm am Ende seines Lebens hoffentlich die **Gerechtigkeit** zugesprochen wird.

● Auch die **Nachfolge** stellt den Menschen auf einen Weg, aber die **Gerechtigkeit** wird ihm am Anfang **geschenkt** und **zugesprochen,** sodass er als Erlöster aufatmen und seine Kraft einsetzen kann, um andere für den Glauben zu gewinnen.

Sonntag, 22. Mai	Psalm 95

● V 1-7a lehren uns, die oft vergessene **Tiefe des Gebets in Lobpreis und Anbetung** zu entdecken – jenseits von Fürbitte, Dank und persönlichen Bitten. Der zweite Teil V 7b-11 ist überraschend anders und endet verstörend mit dem Zorn JHWHs. Erkennt man den Psalm als „prophetische Liturgie", also als Teil des Gottesdienstes, so lässt sich der Zusammenhang erklären.

● Zweimal wird die Gemeinde dazu aufgerufen, JHWH zu ehren (V 1f.6). Dies wird vierfach begründet:

→ JHWH ist groß, er steht über allen Göttern.

→ Alle Mächte sind in seiner Hand (V 4): In der Tiefe hausen die Todesmächte, auf den Höhen verehren andere Völker ihre Götter.

→ Der, der die Welt erschaffen hat, verfügt auch über alle Gewalt im Himmel und auf Erden (V 5 vgl. 1Mose 1,9f; Mt 28,18).

→ Israel ist das von JHWH erwählte Volk, das er führt und versorgt (V 7 vgl. 5Mose 7,6).

Deshalb: **Hinein in den Tempel, anbeten, knien, niederfallen vor dem gegenwärtigen JHWH!**

✎ *In V 3 heißt es, dass JHWH ein „großer König über alle Götter" ist. Wie ist das zu verstehen? Vgl. hierzu Jer 2,11; 10,3-5; 16,19f und auch Ps 96,4f!*

● Doch **niemand soll sich lobpreisend in Ekstase verirren!** Wie ein Donnerwort erschallt eine **prophetische Mahnrede** in die Anbetung hinein. Sie erinnert an die **Verstockung Israels** (V 8 vgl. 2Mose 17,1ff), steigert sich mit der Erwähnung von JHWHs Widerwillen, ja Ekel vor seinem Volk (V 10 vgl. 3Mose 26,30) und gipfelt in JHWHs Schwur: Die bekommen keinen Platz im Gelobten Land! So soll das Volk **heute, jetzt** (V 7c vgl. 2Kor 6,2) **zur Umkehr bewegt werden** (vgl. 1Kor 10,11). Erschütternd ist das abrupte Ende des Psalms, der JHWHs Zorn ohne irgendeine Relativierung stehen lässt. Brauchen wir solche Ermahnungen, brauchen wir solche Predigten?

Montag, 23. Mai   **Galater 2,1-10**

● Paulus beschreibt in diesen Versen, wie er 14 Jahre nach seiner ersten Reise nach Jerusalem mit Barnabas (vgl. Apg 4,36) und Titus wieder nach Jerusalem reist. Anlass ist die Legitimierung des von ihm unter den Heiden verkündigten Evangeliums durch die anderen Apostel. Dies geschieht auf dem sogenannten „Apostelkonzil" (vgl. auch Apg 15,1-29). Paulus unterzieht sein Evangelium der Prüfung durch die Apostel. Er sucht die Übereinstimmung mit den Säulen der Gemeinde.

● An der Tatsache, dass auch Titus als gebürtiger Grieche und Heidenchrist sich nicht beschneiden lassen muss, wird für Paulus deutlich, dass die Beschneidung nicht Bedingung für die Rettung ist. **Die Rettung allein aus Gnade ohne Befolgung der jüdischen Gesetze und der Beschneidung,** wie Paulus es unter den Heiden verkündigt, **wird von den Aposteln,** die Augen- und Ohrenzeugen Jesu sind, **mitgetragen.** Das Gesetz ist nicht mehr Mittel zum Heil.

● In diesem Zusammenhang wird auch an der **Aufgabenverteilung** festgehalten: Paulus missioniert unter den Heiden, Petrus unter den Juden. Obwohl beide Gruppen einen völlig unterschiedlichen Hintergrund haben, gehören sie in der Freiheit des Gehorsams gegen den einen Herrn als Brüder und Schwestern zusammen.

● Per Handschlag bringen Jakobus (der Bruder Jesu), Kephas (Petrus, der Fels der Gemeinde) und Johannes (der Lieblingsjünger) und Paulus zum Ausdruck, dass sie sich einig sind. Damit sind Paulus und seine Mitarbeiter autorisiert, weiterhin die Rechtfertigung allein aus Gnaden zu verkündigen. Das **Apostelamt des Paulus wird damit anerkannt.**

> ✎ *Die von Paulus erwähnte Auflage in V 10 unterscheidet sich von der in Apg 15,29 getroffenen Vereinbarung. Vermutlich war letztere für Paulus eine Selbstverständlichkeit.*

Dienstag, 24. Mai	Galater 2,11-21

● Paulus berichtet als weitere Begründung für seine Vollmacht von einer **Auseinandersetzung mit Petrus**. Dabei geht es um das gelebte Evangelium im Miteinander der Gemeinde.

● Zur Situation: Petrus besuchte, vermutlich nach dem Apostelkonzil, **die heidenchristliche Gemeinde in Antiochien**. Dabei zeigte er den dortigen Christen seine Freiheit vom Gesetz, indem er mit ihnen Tischgemeinschaft hatte. Das ist im Orient Ausdruck einer tiefen Zuneigung und Zusammengehörigkeit. Sobald jedoch Judenchristen aus der Gruppe um Jakobus dazukamen, zog er sich zurück, um ihnen keinen Anstoß zu geben. Dazu muss man wissen, dass die Judenchristen auch im Neuen Bund sich weiterhin an die Speise- und Reinheitsvorschriften des Judentums hielten.

● Paulus sucht daraufhin **die offene, direkte und ehrliche Auseinandersetzung** mit Petrus (V 14).

✎ Was können wir hier für unsere Auseinandersetzungen in der Gemeinde lernen? Lesen Sie dazu auch Mt 18,15-20. Dabei wird auch zu beachten sein, ob es um unterschiedliche Meinungen zu Randfragen oder um zentrale Fragen des Heils geht.

● Paulus macht noch einmal eindringlich klar, dass der Heilsweg des Gesetzes nicht zum Ziel führt. Einzig der Glaube an Christus führt zur Gerechtigkeit vor Gott. Ab V 19 wird er dann ganz persönlich: „Ich bin mit Christus gekreuzigt!" Der Nachfolger wird in das Geschick seines Herrn hineingezogen. Das neue Leben des Paulus ist nicht mehr ein Leben für das Gesetz, sondern ein Leben für Gott. Dieses Leben wird in der Gemeinschaft mit Christus gelebt. Zwar bleibt Paulus in seiner Prägung und Originalität derselbe, aber die Antriebskraft seines Lebens ist eine andere: „Ich lebe im Glauben an den Sohn Gottes" (V 20). Die neue Lebensgrundlage ist das Leben im Glauben.

Mittwoch, 25. Mai　　　　　　　　　　**Galater 3,1-14**

● Nachdem Paulus seine Autorität als Apostel in Kap. 2 geklärt hat, entfaltet er in den Kap. 3,1–5,12 ausführlich, dass **der Heilsweg durch das Gesetz vom Heilsweg des Glaubens abgelöst** wurde.

● V 1-5: Paulus will von den Galatern erfahren, wodurch sie so verblendet wurden, dass sie sich so schnell vom begonnenen Heilsweg in Christus abwenden ließen. „Wer hat euch bezaubert?" (V 1). **Bezaubert sein heißt: anfällig sein für Lüge und Verführung.** Beides deutet auf die Methode des Satans, der die Gemeinde von Jesus wegreißen will. Eine Gefahr bis heute!

● **Paulus stellt die Galater in die Entscheidung,** ob sie das, was der Geist in ihnen angefangen hat, nun in eigener Kraft vollenden wollen. Wollen sie in ihr altes, unerlöstes Leben zurückfallen? Er lenkt ihren Blick auf den Anfang ihres neuen Lebens, wo sie die Kraftwirkungen des Geistes erfahren haben.

● Ab V 6 nimmt Paulus die Galater hinein **in das Zeugnis der Heilsgeschichte seit Abraham.** Durch sein Gottvertrauen erlangte Abraham die Gerechtigkeit vor Gott. Paulus nimmt hier Habakuk 2,4 auf: „Der Gerechte wird aus Glauben leben!"

> ✎ *Ich bin Gott recht, wenn ich ihm vertraue! Was bedeutet diese Aussage in unserer vom Leistungsdenken geprägten Gesellschaft?*

● Wer diesen Weg des Vertrauens zu Gott einschlägt, ist Abrahams Kind und hat Anteil an dem Segen, den Gott Abraham versprochen hat (1Mose 12,3). Durch Jesus kam der Segen auch zu den Heiden. Die Galater sind im Begriff, diesen Segensweg zu verlassen, um auf den Fluchweg des Gesetzes zurückzukehren.

● V13f: Christus hat uns (Paulus schließt sich mit ein) losgekauft von der Strafandrohung und dem folgenden Gericht für das nicht eingehaltene Gesetz. Er bezahlt die Schuld und Gott kann in ihm die Rettung nach seinem Heilsplan verwirklichen.

Himmelfahrt, 26. Mai — Psalm 68,1-19

● **Himmelfahrt.** Da singt die Gemeinde Jesu: „Jesus Christus herrscht als König, alles wird ihm untertänig, alles legt ihm Gott zu Fuß. Aller Zunge soll bekennen, Jesus sei der Herr zu nennen, dem man Ehre geben muss" (EG 123). Die Himmelfahrt von Jesus zeigt den Anfang seiner Herrschaft über Himmel und Erde an. Seine Gemeinde lobt und preist Jesus Christus, den Gott erhöht hat, vor dem sich einmal alle Knie beugen müssen und alle „Zungen bekennen sollen, dass Jesus Christus der Herr ist, zur Ehre Gottes, des Vaters" (Phil 2,9ff).

● **Zur Ehre Gottes des Vaters:** Darum geht es auch in dem „Himmelfahrtspsalm" 68! Der Beter bejubelt Gottes Sieg über kriegerische Mächte, die vielen Menschen so viel Angst machen können. Das macht er sehr vielfältig:

→ Er beginnt mit einer **festen Zuversicht:** Wenn Gott „aufsteht", müssen sich seine Feinde zerstreuen und vor ihm fliehen! Gott ist kein Gott, der unbewegt dem Lauf der Dinge zuschaut, – sondern ein Gott, der handelt und Recht schafft (**V 1-4**).

→ Dem folgt ein **Lobpreis** (mit Anklängen an Jes 40,3 und Lk 3,4-6): Gott ist für **Witwen und Waisen,** für Verfolgte und Einsame da (**V 5-7**).

→ In einem dritten Teil wird Gott konkret gedankt für seine **Heilstaten in der Geschichte** (**V 8-11**).

→ Und dann: Gott wird als Sieger über Könige gefeiert (**V 12-15**).

→ Dem folgt eine Verherrlichung des Gottesberges, wahrscheinlich des Berges Zion (**V 16-17**).

→ **V 18-19** wirken wie ein Vorschein auf die Himmelfahrt Jesu: „Du bist aufgefahren zur Höhe" (vgl. Eph 4,8). Ein Psalm mit vielen Teilen, aber einem roten Faden! Das Loben Gottes steht im Zentrum.

✎ *Welche Rolle spielt das Loben Gottes in unserem Leben? Wofür können wir Gott heute danken?*

Freitag, 27. Mai   **Galater 3,15-18**

● Nachdem Paulus in den vorangegangenen Versen das Ende des Gesetzes als Heilsweg dargelegt hat, sieht er sich verpflichtet, den Galatern nun das **Verhältnis der Verheißung an Abraham und des Gesetzes** zu erklären. Dazu verwendet er das Beispiel eines menschlichen Testaments. Ein Testament, das rechtsgültig niedergelegt ist, kann nicht für ungültig erklärt werden (V 15).

● **Gottes gültiges Testament sind die Verheißungen an Abraham.** Damit legt Gott seinen endgültigen Willen schon am Anfang der Erwählungsgeschichte nieder. Allerdings betont Paulus, dass **die alttestamentliche Verheißung auf Christus hin verstanden** werden müsse: „Nun ist die Verheißung Abraham zugesagt und seinem Nachkommen, welcher ist Christus" (V 16). Dabei ist die Bundeszusage „ich will dein Gott sein" (1Mose 17,7f) die Hauptaussage dieser Verheißung. Im AT sind Fruchtbarkeit und Landbesitz Konkretionen der einen Segensgabe, der unerschütterlichen Gnadenzuwendung Gottes. **Die endgültige Verwirklichung der Bundeszusage wird erst in Jesu Tod am Kreuz greifbar.** Dadurch wird der Bund Gottes auf die Heidenvölker ausgeweitet.

✎ *Lesen Sie dazu 1Mose 12,3 und Röm 8,1.14 und 17.*

● In V 17 und 18 antwortet Paulus auf die Frage, ob durch die Gabe des Gesetzes 430 Jahre später das ursprüngliche Testament abgeändert wurde, was Paulus vehement verneint. **Das Erbe, also der Anteil am Reich Gottes,** wird nicht durch das Gesetz erworben. Das Erbe (wörtlich: „das Zugeloste")
→ wird nicht durch Eigenleistung erworben, sondern **ist freie, geschenkte Zuteilung von Gott her;**
→ **ist rechtmäßig zugeteilt** und frei von unlauteren Machenschaften und Benachteiligung;
→ **ist dem Zugeteilten sicher und gehört ihm persönlich.**
● Eine Ergänzung der Verheißung durch das Gesetz ist nicht möglich. Welch ein Geschenk bis heute!

Samstag, 28. Mai	Galater 3,19-29

● Welchen Sinn hat das **Gesetz**? Dieser Frage geht Paulus im heutigen Abschnitt nach. Während die Verheißung von Gott selbst kam, ist **das Gesetz** durch einen Mittler gekommen (Engel und Mose). Es ist

→ „hinzugekommen". Es ersetzt Gottes Verheißung nicht, sondern steht daneben.

→ Hinzugekommen „um der Sünde willen". Das Gesetz ist Gottes Antwort auf den Ungehorsam Israels. Erst durch das Gesetz entfaltet sich die Sünde in allen Lebensbereichen und wird als solche aufgedeckt.

✎ *Daneben hat das Gesetz auch die Funktion eines Schutzzaunes. Überlegen Sie einmal, wo das Gesetz (die 10 Gebote) unser Leben hier schützt, sichert und erhält?*

→ Hinzugekommen „bis der Nachkomme da sei".

● **Das Gesetz hat seinen Ort in der Heilsgeschichte.** Mit Christus kam der Einschnitt in der Heilsgeschichte. In der Frage der Gerechtigkeit vor Gott steht **das Gesetz** im Gegensatz zu der Verheißung. **Es kann die tödliche Krankheit der Sünde zwar aufdecken, aber nicht die Heilung oder das Heil bewirken.**

● In diesem Zusammenhang bezeichnet Paulus **das Gesetz als „Zuchtmeister" auf Christus hin** (griech. paidagogos; V 24). Ein für die Erziehung angestellter Hausklave hatte in griechischen und römischen Familien die ihnen anvertrauten Kinder vor Gefahren zu schützen bzw. zu warnen und sie zu gutem Verhalten anzuleiten. **So soll das Gesetz die Menschen in Zucht nehmen bis Christus kommt und ihnen neu den Weg der Verheißung, den Weg des Glaubens öffnet.** Bildlich gesprochen könnten wir sagen: Das Gesetz hält die Menschen in Untersuchungshaft bis zur Gerichtsverhandlung. Es bleibt aber die Frage, ob der Häftling den ihm dort angebotenen Freispruch, den Jesus durch sein Opfer am Kreuz für ihn erwirkt hat, annimmt!

Sonntag 29. Mai   **Psalm 68,20-36**

● Der **Lobpreis** setzt sich fort, und wie! In **V 20-22** wird Gott erneut gedankt: Was hat das Volk wohl alles durchgemacht, welche Last hat es zu tragen gehabt? Aber es hat nicht vergessen, dass Gott durchgetragen hat.

● Dem folgen **zuversichtliche Aussagen** über Gottes zukünftiges mächtiges Handeln (**V 22-24**): Alle Machthaber, die jetzt so tun, als wären sie allmächtig, alle Diktatoren, die nur sich selbst sehen, werden nicht bleiben. Gott ist im Regiment.

● Aber damit bleibt er nicht fern von den Menschen. Darum heißt es anschließend (**V 25-28**): **Gott zieht ein.** Wie in einer Prozession wird der Einzug Gottes in sein Heiligtum dargestellt. Für heute heißt das: Es ist Sonntag! Jeder Gottesdienst, der diesen Sonntag gefeiert wird, ist ein Fest! Gottesdienst heißt ja: Gott dient uns, wir dienen ihm. So zieht er ein in unseren Gottesdiensten. Da wird auch David feierlich: Seine Beschreibung des Einzugs Gottes formuliert er als Gebet.

● Das wandelt sich dann in eine **Bitte bzw. Fürbitte** (**V 29-32**): Dieser Gott, der seine ganze Macht schon gezeigt hat, möge sie auch gegenüber denen erweisen, die das Volk Gottes besonders bedrohen: Mit dem „Tier im Schilf" (**V 31**) ist mit Sicherheit Ägypten gemeint, das damals wohl ein Hauptfeind des Gottesvolkes war.

● Der Psalm endet mit Worten, die eine **Einladung an alle Völker** darstellen. Alle sollen diesen Gott anbeten und verehren (**V 33-36**). Seine Herrschaft hat kein Ende.

> ✎ *Vom Einzug Gottes als König lesen wir auch in Psalm 24,7-10 oder Jes 40,3-6. – Johannes der Täufer kündigt diesen König in Lk 3,4-5 an. Vielleicht ist jetzt im Mai eine gute Gelegenheit, diese Verse einmal ohne „Weihnachtsstimmung" zu meditieren.*

Montag, 30. Mai   Galater 4,1-7

Das ist die Grundlage: Befreit vom knechtischen Gesetz sind die
Galater befreit **zur königlichen Gotteskindschaft**, allein aus Glauben an Christus Jesus.

● Diesen Gedanken führt Paulus zunächst am **Beispiel eines Erben**
aus. Tritt der Erbfall ein und ist der Erbe noch unmündig, übernimmt einstweilen ein Vormund sein Erbe. Der Erbende ist zwar
de jure schon Erbe, kann aber noch nicht darüber verfügen. Erst
mit der Volljährigkeit erlangt er das Erbe und ist dann frei.

● **Wer nun zum Glauben an Jesus Christus kommt**, wird darum
nicht wieder versklavt – als ob er noch ein unmündiger Erbe sei,
sondern **erlangt eine königliche Freiheit in Verantwortung vor
Gott.** Das Gesetz soll ihn nicht mehr bevormunden. Stattdessen
schenkt der Heilige Geist den Glaubenden ein kindliches Vertrauen
zu Gott.

● In dieser königlichen Freiheit hat er **Anteil an der Verheißung
Gottes** (V 7). Paulus setzt hier seine Botschaft gegen das „andere"
Evangelium (1,6), das Menschen von Neuem knechtet. Die neue
Freiheit hat Gott selber offenbart (1,11f), und Christus hat uns er-
löst vom Fluch des Gesetzes (3,13).

● Dieses beglückende Evangelium gründet in der Sendung Jesu,
der uns loskaufte, damit wir Kinder Gottes sind (V 5f).

● Hier liegt der Wendepunkt: **Der Glaube an Jesus Christus
schenkt diese königliche Freiheit und eben nicht eine neu erzwun-
gene Werk- bzw. Selbstgerechtigkeit.** Wer nun Kind Gottes ist, ist
auch Erbe der Verheißung Abrahams.

> ✍ *Vor zwei Missverständnissen ist zu warnen: Der Fluch des
> Gesetzes negiert nicht das gute Gebot Gottes, das das Leben
> fördert und ihm einen Rahmen gibt. Und: Die Heidenchristen
> als neue Mitadressaten des Erbes der Verheißung Abrahams
> ersetzen nicht die Anwaltschaft Israels auf dieses Erbe. Israel
> bleibt das ersterwählte Volk Gottes.*

Dienstag, 31. Mai   **Galater 4,8-20**

● **Paulus wirbt um die Gemeinde,** damit „Christus Gestalt in euch gewinne" (V 19). Er fragt sie, warum sie sich wieder den alten Zeiten zuwenden und sich damit der alten Knechtschaft unterwerfen (V 8-11).

● **Statt wie Erben verhalten sie sich wie Sklaven.** Er fragt sie ein wenig abschätzig, warum sie sich erneut den alten, dürftigen Mächten zuwenden und sich von bestimmten Kalendertagen abhängig machen (V 9f).

✎ Auf uns heute gewendet, könnte man fragen, ob wir zuweilen nicht auch immer mal wieder in alte Lebensmuster zurückfallen und so die Sünde über uns herrschen lassen?

● **Paulus wird zum Vorbild** und lädt dazu ein: „Werdet doch wie ich" (V 12-16). Sein Vorbild ist jedoch kein heroisches! Eher umgekehrt, durch seine Schwachheit hindurch schimmert die Kraft und der Glanz eines anderen. (2Kor 12,9). Die Galater hatten damals keinen Anstoß an seiner körperlichen Schwäche genommen, sondern ihn liebevoll aufgenommen (V 14f). Dass die Galiläer bei seinem Schwächeanfall nicht vor ihm „ausgespuckt" haben, werten Ausleger als Anzeichen dafür, dass Paulus einen epileptischen Anfall hatte. Weil man in der damaligen Welt dabei böse Geister am Werk sah, spuckte man vor dem Epileptiker aus zum Zeichen der Abwehr der vermeintlich bösen Geister.

● **Nun werben vor Ort andere um ihre Gunst** (V 17-20). Paulus erkennt dabei durchaus den Wettbewerb an. „Umworben zu werden, ist gut, wenn es im Guten geschieht, und zwar immer" (V 18). Aber **Paulus hinterfragt die Motive ihres Werbens: Sie wollen die Galater nur von ihm „abspenstig" machen.**

● Damit sind wir als Leser erinnert, dass wir selber inmitten eines konkurrierenden Marktes der Ideen und Ideologien stehen und ständig umworben sind. Wer oder was wird uns leiten? Wer oder was darf uns verführen? Wer oder was schenkt uns Orientierung?

Mittwoch, 1. Juni   Galater 4,21-31

● Zwei Prinzipien stehen hier im Widerstreit und sind nicht harmonisierbar. Wer durch die Kraft der Verheißung und der rechtfertigenden Kraft des Glaubens in die Gemeinde hineingekommen ist, kann nicht mehr aus der Gesetzmäßigkeit des Fleisches heraus handeln. Wobei Paulus mit „Fleisch" (V 23.29) auf eine eigensüchtige Lebensweise anspielt und sich mit seiner Argumentation gegen den Rückfall in ein Leben wendet, der letztlich wieder zu einer versklavenden Gesetzlichkeit führt.

● Zunächst greift Paulus eine Allegorie von Sara, der „Freien" und Hagar, der „Sklavin" auf (V 24-27). Paulus bedient sich dabei einer bestimmten Stilfigur der biblischen Textauslegung, um hinter dem wörtlichen Sinn einen geistlichen – hier typologischen Sinn – zu entdecken. V 24b nennt den Vergleichspunkt und deutet Hagar und Sarah, Dienstmädchen und Ehefrau Abrahams, auf den Alten und Neuen Bund. Dabei entstehen allerdings Probleme, wenn etwa das aktuelle Israel bzw. „das jetzige Jerusalem" (V 25) mit Hagar, also dem Alten Bund unter dem Gesetz, verglichen wird. Das könnte zu dem Missverständnis führen, dass Israel zur Zeit des Paulus nicht mehr Gottes erwähltes Volk ist. Dem tritt Paulus jedoch in Röm 9–11 entschieden entgegen.

● Später wendet dann Paulus das Beispiel von Sara und Hagar auf die vorliegende Situation (V 28-31) an. Die Adressaten des Galaterbriefs sind Sarahs Kinder, also Kinder der Verheißung, und sind folglich aus dem Geist geboren. Sie sind nicht dem irdischen, sondern dem himmlischen Jerusalem verpflichtet, und leben darum in der Freiheit des Geistes.

● Paulus markiert eine Trennlinie: Wer die Freiheit bewahren will, muss sich von dem Alten trennen können.

✎ *An welchen Stellen bin ich herausgefordert, auf etwas zu verzichten, um Größeres in meinem Leben zu bewahren?*

Donnerstag, 2. Juni   Galater 5,1-15

● „Zur Freiheit hat uns Christus befreit" (V 1). Es ist das uns in Christus zugesprochene Heil, das sich mit einer neuen Werkbzw. Selbstgerechtigkeit nicht verträgt. **Gnade muss Gnade bleiben!** Hier steht die exklusive an keine Bedingung gebundene Heilszusage an erster Stelle. Der **Gnade entspricht dann der Glaube, der die zugesprochene Gerechtigkeit für sich in Anspruch nimmt.**

● Erst eine ganze Weile danach folgt aus der Zusage des Heils auch der Anspruch auf ein demgemäßes Leben. Paulus erinnert daran: **Befreiung muss auch bewahrt und bewährt werden.** Die geschenkte Freiheit verträgt sich nicht mit der Beschneidung nach jüdischem Gesetz, weil sonst die ganze Last des Gesetzes wieder auf einem lastet. Paulus macht klar: Wer A sagt, d. h. sich beschneiden lässt, der muss auch B sagen, d. h. das ganze Gesetz mit all seinen Bestimmungen halten. Demgegenüber steht die Gnade, die wirklich frei macht.

● **Die neue Ethik lebt aus dem Geist der Liebe:** „Der Glaube, der durch Liebe tätig ist" (V 6). Oder: „Das ganze Gesetz ist in dem einen Wort erfüllt: „Liebe deinen Nächsten wie dich selbst!" (V 14 bzw. 3Mose 19,18). Die Ethik der Freiheit ist darum eine Ethik der Liebe. **Sie ist nicht maßlos, nicht gesetzlos, weder libertinistisch noch gleichgültig, sondern erfüllt das Gebot Gottes** (vgl. Mk 12,28-34 par).

● Hier deutet sich an, dass das Gesetz den Fluch und den anklagenden Charakter verliert und durch den Geist der Freiheit eine wohltuende, neue Funktion erhält, indem es das Leben bewahrt, es mit Liebe füllt und dazu einlädt, wechselseitig die Lasten zu tragen (6,2).

● Im Ganzen zeigt Paulus hier: **Die von Christus geschenkte Freiheit muss verteidigt, bewahrt und mit Leben gefüllt werden.** Verteidigt gegenüber einer neuen Knechtschaft durch das Gesetz, bewahrt durch den Glauben und erfüllt durch die tätige Liebe.

Freitag, 3. Juni **Galater 5,16-26**

● Paulus verwendet **unterschiedliche griechische Begriffe für Leib und Leiblichkeit.** „soma" spiegelt die kreatürliche Seite unserer körperlichen Beschaffenheit wider, die von Paulus – im Unterschied zum abwertenden Urteil der griechischen Philosophen – als „Tempel des Heiligen Geistes" (1Kor 6,19) wertgeschätzt wird. Der Begriff **„sarx"** dagegen wird von Paulus häufig wie auch hier in einem negativen Sinn verwandt. Er **bezeichnet ein selbstsüchtiges, sich gegen Gott auflehnenden Leben.** Der Gegensatz zwischen „Fleisch" und „Geist" steht für einen „geschichtlichen" Dualismus, der sich mit dem Leben, dem Kreuz und der Auferweckung Jesu Christi verbindet, wodurch die Macht der Sünde und der Fluch des Gesetzes gebrochen werden (V 24). Durch Glauben, Taufe und Empfang des Heiligen Geistes vollzieht sich ein **Existenzwandel,** bei dem der Mensch aus dem Machtbereich des Fleisches („sarx") in den Bereich des Geistes („pneuma") tritt. (Röm 8,9). Nur Vorsicht: Geist meint hier nicht den menschlichen Geist, sondern wird als Geist Gottes verstanden!

● Was passiert nun, wenn **die Begierde** auf den Plan tritt und dann die beide Machtsphären im Widerstreit liegen? (V 17). Im Rückblick kann nur festgehalten werden: Das Gesetz kann aus diesem Widerstreit nicht befreien. Paulus' Rat ist: „Wandelt im Geist (Gottes), so werdet ihr das Begehren des Fleisches nicht erfüllen" (V 16). „Regiert euch (...) der Geist (Gottes), so seid ihr nicht unter dem Gesetz" (V 18). Die Kraft des Heiligen Geistes ist eine positive Kraft, die hilft, sich im Glauben und Leben nicht von selbstsüchtigen Motiven („eitler Ehre"; V 26) leiten zu lassen.

● Die Kataloge listen Stereotypen auf: V 19-21 stellt einen **Lasterkatalog** dar, V 22 einen **Tugendkatalog.** Der Geist kann wie ein Baum gute „Früchte" hervorbringen, zuallererst die Liebe und dann alle weiteren guten Lebensäußerungen.

| Samstag, 4. Juni | Galater 6,1-18 |

● Die V 1-10 spannen eine lockere **Kette von Mahnungen** aneinander. V 1f beinhaltet den **Kern der Mahnung**, die zunächst auf den Umgang mit der Schuld eines anderen eingeht und sodann auf die wechselseitige Unterstützungsbereitschaft zu sprechen kommt, die christologisch begründet wird („Gesetz Christi"). **Die von Paulus geforderte Solidarität ist eine Konkretion des Gebots der Liebe** (5,14 vgl. auch 1Kor. 13).

● Es folgen dann **drei Anwendungsbereiche:**

→ V 3-5: Überprüfung des eigenen Verhaltens

→ V 6: Verpflichtung zur Versorgung der Lehrer

→ V 7f: Warnung vor falscher „Saat"

● V 9-10: In allem geht es darum, **das Gute zu tun,** solange die Möglichkeit dazu besteht, wobei die Glaubensgeschwister besonders im Blick sein sollen.

● Die V 11-18 beinhalten einen **eigenhändigen Briefschluss** des Paulus. Er rekapituliert als zentrales Anliegen seines Briefes die Auseinandersetzung mit seinen theologischen Gegnern:

→ V 13: Er unterstellt ihnen, nur ihr eigenes Ansehen im Blick zu haben, ohne sich selbst an das Gesetz zu halten.

→ V 14: Paulus bindet seine Ausführungen an die **Kreuzestheologie.** Er selbst ist fortan den alten Gesetzmäßigkeiten der Welt gestorben. **Was die Christen bereits erleben dürfen, ist eine Art** „Neuschöpfung" (vgl. 2Kor 5, 17). Darum haben die alten Bestimmungen zur Beschneidung keine Bedeutung mehr (V 15).

● Im Ganzen wird – auch hier im Briefschluss – deutlich, dass der Galaterbrief eine Art **Magna Charta der christlichen Freiheit** ist. Eine Freiheit, die eine Wirkungsgeschichte in Gang setzte und sich beispielsweise bei Luther in seiner Schrift „Freiheit eines Christenmenschen" niederschlägt.

✎ *Freiheit meint im Galaterbrief nicht Unabhängigkeit oder Selbstbestimmung/Autonomie, sondern Bindung an Christus aus freien Stücken.*

| Pfingstsonntag, 5. Juni | Psalm 148 |

● Heute ist **Pfingsten!** Da freuen wir uns, dass Gott seinen Heiligen Geist ausgegossen hat, und feiern den Geburtstag der Kirche. Gottes Geist gibt unserer Gemeinde und uns selbst Kraft, Mut und Orientierung. Was für ein besonderer Grund, Gott zu loben!

● Psalm 148 gibt die Richtung an. Der Beter kann nicht lassen, **Gott zu loben,** aber das nicht nur im Blick auf persönliche Durchhilfe, sondern **global, umfassend.** Gott wird gelobt als Herr über alles, was der Beter sich vorstellen kann.

● Dabei bezieht er damalige wissenschaftliche Einsichten zur Entstehung von Himmel und Erde mit ein. **Gott hat alles geschaffen,** den Himmel, die Engelwelt, die Sonne, den Mond und die Sterne, die Erde mit Wind und Wetter, mit Bergen und Hügeln, mit Bäumen und Pflanzen, mit der Tierwelt und den Menschen. Der erste Schöpfungsbericht vom Anfang der Bibel klingt mit an.

● Aber das wird nicht einfach aufgezählt, sondern **verwandelt in ein großes Gotteslob.** Gleich siebenmal ruft der Beter am Anfang des Psalms (V 1-4) dazu auf, den Schöpfer der himmlischen Welt zu loben.

● Einmal gilt sein Lob dem, was sich auf der Erde tut (V 7-12). **Die Menschen werden einfach eingebunden in dieses umfassende Lob:** Auch sie sollen Gott loben, ob sie nun groß an Macht sind oder klein, ob sie alt oder jung sind.

● Beide Aufrufe zum Loben Gottes werden sozusagen kommentiert: In V 5-6 bekommt die **himmlische Welt eine Garantie auf ewigen Bestand,** in V 13-14 folgt eine **besondere Verheißung für das Gottesvolk Israel.**

✎ *Der Apostel Paulus beschreibt in Röm 8,14-17 markant, was der Heilige Geist in uns bewirkt. Der Heilige Geist, der in uns wohnt, und der Geist Gottes, der die ganze Welt erschaffen hat und erhält – es lohnt sich, darüber nachzusinnen, wie beides zusammengehört.*

Das Hohelied Salomos

Das Hohelied gehört zur Weisheitsliteratur des AT, die etwa ab dem 7. Jahrhundert v. Chr. entstanden ist. Im „Lied der Lieder", so der hebräische Titel, sind ca. 25 **Liebeslieder** gesammelt, die wohl bei den mehrtägigen Hochzeitsfeiern vorgetragen wurden. Sie besingen das Liebesverhältnis von Braut und Bräutigam. Bis heute wird im Orient der Bräutigam gerne als König, ja als Salomo angeredet (1,4.12; 3,11; 6,8f; 8,11f). Die Texte stecken voller **Vergleiche und Anspielungen**; so sind Weinberg und Garten Symbole für die Frau (2,15; 4,12), das Pflücken, Essen und Trinken meinen meist den Liebesgenuss (4,16; 7,3; 8,2). Überraschend oft ergreift die Frau das Wort, gelegentlich entspinnt sich ein Wechselgespräch. Von **Gott** wird nur einmal beiläufig gesprochen, aber durchgehend spürt man die Freude an Gottes Schöpfung.

Von der **geschlechtlichen Liebe** spricht bereits der Schöpfungsbericht (1Mose 2,24) – hier im Hohenlied wird sie auf vielfältige Weise besungen. Alle einzelnen Abschnitte handeln von der Liebe, die „stark ist wie der Tod", von der „Leidenschaft, die unwiderstehlich ist wie das Totenreich" (8,6).

Da bei Hosea, Jeremia u. a. häufiger das **Bild der Ehe für das Verhältnis Gottes zu Israel** gebraucht wird, lag es nahe, auch das Hohelied auf das Verhältnis Gottes zu seinem Volk zu deuten, später auf die Beziehung von Jesus zu seiner Gemeinde. Im Judentum begann eine Auslegungstradition, die von den Kirchenvätern aufgenommen wurde und auch die Reformatoren prägte: Man sah im Hohelied ein Abbild der Liebe Gottes zu den Menschen und der Menschen zu Gott. Zum Glück hat man neu entdeckt, dass es die unbefangene Freude an der Schönheit des Menschen und dem beglückenden Miteinander von Mann und Frau bejubelt. Damit leistet es einen Beitrag zur Befreiung aus Verkrampfung und Abwertung der Sexualität.

Manche Theologen heute halten das Buch lediglich für eine schöne, aber profane Liebesdichtung. Demgegenüber berücksichtigt die folgende Auslegung neben dem **wörtlichen Verständnis** auch die Tradition eines **geistlichen Verständnisses**.

Pfingstmontag, 6. Juni　　　　　　**Hohelied 1,1–2,7**

Die Dynamik des geistlichen Lebens

● Das Bild von **Braut und Bräutigam** lässt sich auf das Geheimnis der **innigen Beziehung zwischen Gott und dem glaubenden Men-schen** übertragen. Wie auch die menschliche Liebe nicht mit der Eheschließung an einen Endpunkt gekommen ist, sondern weiter-wächst und darauf angelegt ist, sich zu vertiefen und zu immer größerer Einheit zu wachsen, so ist es auch mit unserer persönlichen Beziehung zu Gott. Siehe dazu Eph 4,15.

> **„Lasst uns wahr-haftig sein in der Liebe und wachsen in allen Stücken zu dem hin, der das Haupt ist, Christus."**
> **Eph 4,15**

● Geistliches Leben bedeutet also, in der Heiligung voranzuschreiten und **Christus mehr und mehr Raum im eigenen Leben zu geben.** Das heißt: immer mehr für seine Liebe empfänglich zu werden und ihn aus dieser Liebe heraus immer tiefer zu lieben.

✎ *Lassen Sie sich auf das Bild von Braut und Bräutigam im Hohelied ein und beziehen Sie es auf Ihre eigene Christusbe-ziehung.*

→ Der Bräutigam begrüßt die Braut mit dem bräutlichen Kuss. **Ihre Liebe ist konkret und fühlbar, sie gehören zusammen.** Der persön-liche Weg beginnt nun inmitten der großen Festfreude (V 1-4).

→ **Die Braut entdeckt ihre Unzulänglichkeit (V 5-6).** Sie entspricht nicht dem damaligen Ideal. Ihr Bräutigam aber sieht sie an mit den Augen der Liebe, die sie vollkommen macht (V 9.10.15).

→ Die Braut erträgt es kaum, getrennt von ihrem Liebsten zu sein. Die Sehnsucht nach ihm bestimmt ihr ganzes Fühlen und Denken (V 7-8).

→ **Braut und Bräutigam preisen einander.** Sie freuen sich an der Schönheit und Einzigartigkeit des anderen (V 9-11 und 12-14).

→ Die Braut fühlt sich bei ihrem Bräutigam **geborgen und versorgt** (V 2,1-7).

Dienstag, 7. Juni　　　　　　　　　　**Hohelied 2,8–3,11**

● **Die Sehnsucht nach Gott ist den Menschen ins Herz geschrieben:** Der Kirchenvater Augustinus hat das Suchen und Sehnen des Menschen mit dem Satz beschrieben: „Unruhig ist unser Herz, Gott, bis es Ruhe findet in Dir." Das Hohelied entfaltet diese Sehnsucht und zeigt, wie sie im Leben Raum gewinnen kann.

● **Die Grundlagen zur Vertiefung der Beziehung:** In den zurückliegenden V 2,3-6 sind – ausgehend von der menschlichen Liebe – die wichtigsten Elemente genannt, die auch für ein geistliches Wachstum nötig sind:

→ **einen Raum der Geborgenheit finden:** Die poetische Sprache beschreibt diesen als ein „Lagern im Schatten". Damit ist ein Rückzugsort gemeint, der inmitten der täglichen Herausforderungen einlädt, Gott zu begegnen. Das kann eine häusliche Gebetsecke oder der regelmäßige Besuch einer geöffneten Kirche sein.

→ **vertraute Ruhemomente schaffen:** Die innige Zweisamkeit ist nötig, um eine Beziehung zu vertiefen. (Vgl. auch 2,14). In der Beziehung zu Gott pflegen viele Christen feste Zeiten zur täglichen Lesung und Gebet.

● **Das Wachsen einer Beziehung:** Im Hohelied lässt sich folgender Aufbau erkennen:

→ **Das Werben: 1,2-3,5**

→ **Die Hochzeit: 3,6-5,1**

→ **Das Reifen in der Ehe: 5,2,–8,4**

● Das werbende bräutliche Spiel drängt zur Vertiefung der Liebe. V 5 nimmt den Refrain von 2,7 wieder auf und markiert damit den Übergang zur Hochzeit. Im Duktus des orientalischen Brauchs beginnt diese mit der Hochzeitsprozession (V 3-11). Der Bräutigam nähert sich dem Haus der Braut, um sie abzuholen und in ihre neue Wohnung zu bringen.

| Mittwoch, 8. Juni | Hohelied 4,1–5,1 |

● Das „Ja" für immer

In diesem Kapitel wird die Hochzeitsnacht Salomos mit seiner Braut Sulamith beschrieben. Zärtliche Worte findet der Bräutigam. Die Schönheit des Augenblicks ist über jegliche falsche Prüderie erhaben, denn die Sehnsucht danach, dass Mann und Frau eins werden, ist bereits schöpfungstheologisch angelegt.

Der Text aber ist weitaus hintergründiger – er weist über das menschliche Glück hinaus und bezieht sich auf das Geheimnis der vollkommenen Liebe zwischen Gott und Mensch.

● Erst die Liebe entfaltet die vollkommene Schönheit

Dreimal sagt der Bräutigam zu seiner Braut, dass sie schön sei (V 1.7) und entfaltet dies in allen Einzelheiten. Es sind die Augen seiner Liebe, die sie – seine Braut – schön und vollkommen machen (vgl. auch 5,2), sodass auch sie sich als schön und vollkommen annehmen kann. Vor dieser innigen Begegnung hat sie sich selbst mit anderen Augen gesehen – vgl. 1,5.6!

> ✎ *Jesus sieht uns Menschen mit den Augen seiner verändernden Liebe an. Berührt von dieser verwandelnden Liebe spürt ein Mensch: Ich kann und soll es wagen, mich zu ändern, anders zu leben und neu zu beginnen. Lesen Sie dazu die Geschichte von Zachäus (Lk 19) oder der Sünderin (Joh 8).*

● Neues bricht auf durch die Liebe

„Liebe Braut, du bist ein verschlossener Garten, eine verschlossene Quelle ..." (4,12). „Steh auf, Nordwind, ... und wehe durch meinen Garten." In dieser poetischen Sprache ist der Vollzug der Hochzeitsnacht des Salomo geschildert (4,16–5,1).

● Geistlich verstanden zeigt sich hier die innige Dynamik zwischen Christus und dem glaubenden Menschen. Christus kommt hinein ins Leben, er bringt zur Entfaltung, was verschlossen war, und Gottes Geist hält Einzug. Neues beginnt!

| Donnerstag, 9. Juni | Hohelied 5,2-16 |

● Das Reifen einer Beziehung

Wie eine menschliche Beziehung Tiefe und Wachstum erst durch
die Bewährung im Alltag erreicht, so ist dies auch in der Beziehung
des Menschen zu Christus.

● Die Sprache der Liebe vertieft sich

Salomo nennt sie jetzt nicht mehr „Braut". Die Liebe nimmt nun
Qualitäten an, die in der gemeinsamen Lebensbewältigung eine
Rolle spielen:

Schwester (4,9), Freundin (u. a. bereits in 1,9; 2,2; 4,1.7; 6,4).

So wandelt sich auch der Ausdruck der Liebe zu Gott, der uns mit
dem Heiligen Geist als Beistand gegeben ist: der Tröster, der Lehrer, der Ermutiger. Es ist immer der gleiche, treue und liebe Gott,
der uns je anders begegnet – aber er tut es so, dass wir in der Beziehung zu ihm wachsen.

✎ *Lesen Sie zu den Wirkungen des Heiligen Geistes: Joh
6,63; 14,26, Apg 1,8 und Gal 5,22.*

● Die Zeiten des Nicht-Verstehens

Im Hohelied mag es Gleichgültigkeit sein, die dazu führt, dem
draußen Anklopfenden die Türe nicht zu öffnen. Vielleicht ist hier
angedeutet, was in der Offenbarung als Verlust der „ersten Liebe"
beschrieben ist. In V 16ff des Hohelieds wird dann entfaltet, welchen Schmerz die Erfahrung verletzter Liebe auslösen kann. Zugleich wird aber auch erwähnt, wie dieser Schmerz die Augen für
die Kostbarkeit des Missachteten öffnen kann und die ursprüngliche Liebe vertieft wiedergefunden wird.

✎ *Beschreiben Sie doch einmal in Ihren eigenen Worten die
Schönheit der Liebe Gottes zu Ihnen.*

175

Freitag, 10. Juni   **Hohelied 6,1–7,10**

● Die Zeiten der Dunkelheit
„Ich suchte ihn, aber ich fand ihn nicht" (5,6b). „Wo ist denn dein
Freund hingegangen?" Diese Erfahrung der Sulamith findet, geistlich übertragen, ihren Ausdruck in den Psalmen. „Meine Seele
dürstet nach Gott, nach dem lebendigen Gott" (Ps. 42,3).
Ähnlich beschreiben viele Christen auch ihre Not im persönlichen
Glaubensleben. **Die gewohnte Nähe zu Gott ist nicht mehr spür-**
bar. Das mag seine Ursache in eigener Nachlässigkeit im Glaubensleben haben. Es kann
aber auch an Gottes unergründlichem Handeln liegen, dass wir Zeiten der Gottesferne
erleben, die wir menschlich nicht erklären
können. Viele Mystiker erlebten solche Zeiten geistlicher Dürre oder Dunkelheit, die
nach ihrer Überwindung jedoch zu einem
großen geistlichen Wachstum und zu einer
vertieften Gottesliebe führten.

> **„Wenn ich auch
> gleich nichts fühle,
> von deiner Macht.
> Du führst mich
> doch zum Ziele,
> auch durch die
> Nacht." EG 376,3**

● Geistliche Freude
Sulamith vertraut auf das, was sie tief im Herzen unverlierbar weiß
(V 3) und erlebt schließlich das übergroße Glück, ihren Geliebten
wieder bei sich zu haben. Sie erfährt, was vielen Glaubenden in ihren je eigenen geistlichen und äußeren Nöten auch geschenkt wird:
die beglückende Erfahrung, dem Geliebten bzw. Gott wieder ganz
nahe sein zu können.
Das kann – wenn unser eigenes Verhalten die Beziehung zu Gott
getrübt hat – geschehen durch **Buße und Umkehr**. Es kann aber
auch bedeuten, dass wir unerklärbar schwere Zeiten durchleben,
in denen wir – getragen durch die Fürbitte anderer – nur glaubend
daran festhalten können: „**Mein Freund (Christus) ist mein, und
ich bin sein**" (V 3).

176

Samstag, 11. Juni   **Hohelied 7,11–8,14**

● Liebe – wie ein Quellgrund und ein Frühling

Die Geliebte und der Geliebte besitzen einander (7,11), sie sind eins (vgl. 2,16; 6,3). Diese Liebe erschöpft sich nicht, sondern speist sich immerfort aus der Fülle, die – im übertragenen Sinn – aus Gott selbst kommt. Der Frühling, die Knospen und blühenden Bäume können für beide Bedeutungsebenen ein Bild sein.

● Die immerwährende Nähe

Die Vertrautheit der beiden ist so groß (V 1-4), dass sie kaum voneinander lassen können und nach immer größerer Innigkeit streben. Im Orient waren öffentlich ausgetauschte Zärtlichkeiten nur bestimmten Familienmitgliedern vorbehalten. Daher wünscht Sulamith, sie mögen Bruder und Schwester sein, damit sie sich keine Zurückhaltung auferlegen müssen.

> ✎ *Im christlichen Liedgut gibt es Dichtungen, die eine vergleichbare Innigkeit und wachsende Vertiefung in der Gottesbeziehung ausdrücken: Suchen Sie sich ein Lied aus, das Sie in den nächsten Wochen begleitet, z. B.:*
> - *Schönster Herr Jesu (EG 403)*
> - *Herz und Herz vereint zusammen (EG 251)*
> - *Ich bete an die Macht der Liebe (EG 641)*
> - *O Jesu, all mein Leben bist du (GL 377)*
> ✎ *Vielleicht finden Sie auch eigene Worte, um Ihre Liebe zu Christus auszudrücken.*

● Der Zauber des Anfangs ist geblieben

Der Schluss des Hohelieds (V 8-14) lenkt den Blick noch einmal zurück an den Anfang, als Sulamith noch jung war und von ihrem Bruder beschützt wurde, bis sie sich mit Salomo zunächst in seinem Weinberg traf. Die Vertrautheit der V 13.14 zeigen abschließend, dass ihre Liebe seitdem nichts an Intensität verloren hat (vgl. 2,14.17).

Sonntag, 12. Juni	Psalm 93

● Ein kurzer, aber ungemein kontrastreicher Psalm! Zum einen wird **Gott der HERR als König** gepriesen (V 1-2); deshalb gehört dieser Psalm in die Kategorie der Königspsalmen (vgl. auch u. a. Ps 2; 21; 45; 72; 101).

● **Schmuck und Kraft** sind seine Kennzeichen; er ist **Herrscher und Schöpfer** zugleich; sein Thron ist fest und seine Herrschaft bleibt ewig bestehen. Zum anderen sind da **furchterregende Wassermassen**, die Angst erzeugen, Überschwemmungen ohne Ende, Chaosmächte, die sprachlos machen und Hoffnung nehmen (V 3-4a).

● Aber dabei bleibt es nicht. Schon der Eingang in die bedrohlichen Worte in Vers 3, der Gebetsruf „HERR" zeigt, dass das Chaos keine dauerhafte Macht hat. Das unterstreicht der strahlende Vers 4b: „**Mächtiger als die Wellen des Meeres ist der HERR in der Höhe.**"

> „Mächtiger als die Wellen des Meeres ist der HERR in der Höhe." Ps 93,4b

● In **großer Ruhe** endet der Psalm (V 5) mit einem **Lobpreis auf das Wort Gottes** und mit einem Verweis auf die Heiligkeit des Gotteshauses. Denn wahrscheinlich ist dieser Psalm Teil der gottesdienstlichen **Liturgie beim Laubhüttenfest** gewesen, dem Fest, das Israel für alle Zeiten auch mit der Übermittlung seiner Gebote verbunden hat.

● Also: **Die Chaosmächte bedrohen das Leben, aber sie sind sozusagen umschlossen von der souveränen Herrschaft des lebendigen Gottes, der den Chaosmächten nur eine kurze Zeit lässt.**

> ✎ *Auch wir geraten immer wieder in große Angst angesichts von Kriegen, Feuersnot, Überschwemmungen, Pandemien ... Womit kann dieser Psalm ganz konkret Trost geben in angefochtenen Zeiten?*

Das Buch der Richter

Das Buch Richter schildert die Ereignisse in der sog. „vorstaatlichen Zeit" oder „Richterzeit", also der **Zeit zwischen der Landnahme unter Josua und der Königszeit,** die mit Saul begann. Es war eine turbulente Zeit. Über längere Zeit fehlte eine politisch starke und geistlich überzeugende Führungsperson. „Zu der Zeit war kein König in Israel, und jeder tat, was ihn recht dünkte" (17,6; 18,1 u. ö.). Einige Hinweise zum besseren Verstehen der Richterzeit:

1. Ri 1 zeigt: Das Land Kanaan ist noch längst **nicht vollständig erobert.** Die eher kargen Höhen werden besiedelt, die fruchtbaren Ebenen und festen Städte sind weiter in der Hand der Kanaaniter. Die Folge sind entweder viele Kämpfe einzelner Stämme gegen die Einheimischen oder aber Verträge mit ihnen, was dann oft zur teilweisen Übernahme ihrer Religion führte.

2. Im neuen Land erleben die Israeliten Kulte, in denen **Fruchtbarkeitsgötter** („Baale") verehrt werden, die angeblich für Regen, gute Ernten, Gesundheit und Nachkommen zuständig sind. Ist der Gott Israels nur der „Gott der Geschichte" oder auch der „Gott der Natur"? Muss man nicht ihn **und** Baal verehren? Die alleinige Verehrung JHWHs, des Gottes Israels, war Grundlage für die Einheit des Volkes. Dieser Zusammenhang löste sich jetzt mehr und mehr auf.

3. Es gab damals nur ein **Amt,** das **ganz Israel** betraf, das der sog. „kleinen Richter". Zwei „Richterlisten" (Ri 10,1-5; 12,7-15, auch 1Sam 7,15-17) zeigen: Es war ein lebenslanges Amt und diente der Schlichtung von Streitigkeiten zwischen den Stämmen und zur Klärung schwieriger Streitfälle vor Ort.

4. Ausführlich wird von den sog. „großen Richtern" berichtet. Die Bezeichnung ist für uns heute eher irreführend, da sie eigentlich keine „Richter" sind, sondern „charismatische Heerführer". „Charismatisch", weil es bei ihrer Berufung oft heißt: „Der Geist Gottes kam über ..." – und „Heerführer", weil sie in einer Notlage von Gott an die Spitze des Heers gegen meist überlegene Feinde gestellt wurden. Jeweils aber wird deutlich, dass nicht der jeweilige

Richter, sondern Gott selbst – oft auf wunderbare Weise! – den Sieg errungen hat. War der Konflikt überstanden, wurden sie wieder normale Stammesmitglieder; sie hatten eine zeitlich begrenzte Aufgabe.

5. **Die Schlusskapitel 17–21** fallen aus dem Gesamtrahmen. Die Probleme der Stämme Dan und Benjamin zeigen aber deutlich die teils chaotischen Zustände in der „Richterzeit".

6. Beeindruckend in all dem Durcheinander und dem häufigen Abfall zu anderen Göttern ist die **Treue Gottes zu seinem Volk**. In „Gericht und Gnade" hält er an Israel fest. Viele erkennen in der allgemeinen Skizze der Richterzeit in Ri 2,11-23 einen festen Geschichtsablauf:

1. Abfall von Gott,
2. Unterdrückung durch die Feinde,
3. Hilfeschrei zu Gott,
4. Gottes Rettung durch Berufung eines „großen Richters".

Wichtiger als die Entdeckung eines Schemas ist jedoch das Staunen über Gottes immer neue rettende und vergebende Verlässlichkeit. Er hält sein Bundesversprechen bis heute – zu unserem Wohl und Heil.

Montag, 13. Juni   **Richter 1,1–3.17-21**

● Hoffnungsvoll beginnt das erste Kapitel des Richterbuches: „Nach dem Tod Josuas befragten die Israeliten den HERRN …" Und hoffnungsvoll geht es weiter: Juda erobert militärisch erfolgreich weiteres Territorium, das bisher noch nicht eingenommen worden war. Wie schon unter Mose und Josua und später wieder unter den Königen ist das Volk Israel dann erfolgreich, wenn es ganz eng mit seinem Gott verbunden ist und sich von ihm führen lässt. Wie schon bei der Wüstenwanderung soll der Stamm Juda vorneweg ziehen (4Mose 2,9). Juda war die Führungsrolle zugesprochen (1Mose 49,10; Ri 20,18). Doch leider bricht diese hoffnungsvolle Spur des Hörens auf Gott schon im ersten Kapitel ab.

● Die **Auflistung der nicht vertriebenen Völker ab V 18** beschreibt die Grundlage für den Niedergang Israels in den folgenden Kapiteln. Gott hatte für Israel geplant, dass es ein heiliges Volk in einem eigenen Land sein sollte. Die Bewohner Kanaans wurden ja gerade wegen ihrer Sünde von Gott gerichtet. Ein eindrückliches Beispiel für die Haltung der Bewohner liefert der überwältigte kanaanäische König Adoni-Besek (V 7), der stolz von seinen menschlichen Siegestrophäen berichtet, an denen er sich bei seinen täglichen Mahlzeiten ergötzt hatte.

● **Weshalb Israel nicht mehr konsequent Gott befragt, sondern menschlicher Strategie folgt, bleibt offen.** Ist es ein fehlender Gesamtleiter wie Josua? – Im Gegensatz zu Mose hatte Josua keinen Nachfolger berufen. Das Motto der Richterzeit steht in 17,6: „… jeder tat, was ihn recht dünkte".

> ✎ *Welche Rolle spielen Leiter, Autoritäten, Führungspersönlichkeiten in meinem Leben? Welche von ihnen sind hilfreich, um mich zu korrigieren? Welche helfen mir, Jesus nachzufolgen und seinen Willen zu erkennen und wo muss ich mich abgrenzen?*

Dienstag, 14. Juni   **Richter 1,27–2,5**

● „Sie vertrieben nicht …" zieht sich wie ein Refrain ab V 18 durch das 1. Kapitel, ab V 27 wird dann quasi nur noch der Refrain wiederholt.

● Das war **keine militärische Frage**: Die hier aufgezählten Städte waren besiegt worden. Aber man kam zu dem Schluss, dass es vorteilhafter wäre, die Bewohner zu **Fronarbeitern** zu machen, statt sie zu vertreiben (V 28).

● Der Auftrag Gottes, die Kanaaniter zu vertreiben, war **einmalig** und war ein von ihm angeordnetes **Gericht** an ihnen. Das ist nicht übertragbar – und deshalb ist hieraus, im Gegensatz zu entsprechenden Grundschriften des Islam, **keine Aufforderung zur Nachahmung** herauszulesen.

> ✎ *Wir haben heute andere Dinge zu „vertreiben" und könnten vielleicht beten: Herr, was habe ich bisher nicht aus meinem Leben vertrieben, was ich vertreiben sollte? An welchen Beziehungen oder Dingen halte ich fest, obwohl sie mich von deinem Plan wegbringen? Lass mich deinem Plan folgen und in der Verbindung mit dir meine Berufung erfüllen!*

● Weshalb Israel nicht konsequent den vorgesehenen Weg zur Eroberung Kanaans fortgesetzt hat, ist nun auch Gottes Frage an das Volk durch seinen Engel: **„Warum habt ihr das getan?"** (V 2). „Warum habt ihr eure Berufung nicht so ausgeführt, wie ich es euch gesagt habe?" – Die **eigenmächtig geschlossenen Bündnisse** mit den Völkern Kanaans und die **nicht entfernten Anbetungsplätze für fremde Götter** werden zum Fallstrick für das Volk und die Einnahme des Landes. Durch diesen Ungehorsam wird Gott vom Verbündeten zum Gegner seines Volkes (V 15) und er lässt die fremden Völker ganz bewusst als Prüfstein im Land (V 22). Das Weinen des Volkes in Bochim (V 5) scheint aber keine wirkliche Buße und Hinwendung zu Gott gewesen zu sein – es war Ausgangspunkt für die weitere dramatische Abwärtsbewegung innerhalb des Buches.

182

Mittwoch, 15. Juni   Richter 2,6-23

Ausführlicher berichtet der zweite Abschnitt noch einmal darüber, wie sich diese folgenreiche Abwendung von Gott entwickelt hatte.

● **Josua hat keinen Nachfolger berufen.** Es war niemand da, der seine Aufgabe als Volksführer übernommen hat. Das allgemeine Vergessen nach dem Generationswechsel, das in V 10 beschrieben wird, kann wohl als die zentrale Ursache für die Abwendung Israels von Gott und die Hinwendung zu ihren Nachbarn gesehen werden.

● Israel hatte nicht verstanden, wie wichtig es ist, die nächste Generation, seine eigenen Kinder zu lehren. Ausführlich instruiert Gott durch Mose das Volk, wie sie jeden Tag und durch Feste und Rituale den Glauben an ihn lebendig und wach halten sollten (5Mose 4,9f; 6,6-25). Doch dieser wichtige Punkt der **Weitergabe des Glaubens an die nächste Generation** wurde außer Acht gelassen. Denn wo es Menschen gibt, die Gott kennen und erleben, und das auch weitererzählen, da wird der Glaube gestärkt und in der nächsten Generation auch neu entdeckt.

> ✎ *Wo kann ich Verantwortung übernehmen, dass Gott, sein Wort und seine Kraft in der nächsten Generation nicht vergessen werden?*

● In V 21-23 und dann ausführlicher in Kap. 3, wird die Warnung offensichtlich, die der Apostel Paulus den alttestamentlichen Schriften zuschreibt: „Es ist aber geschrieben uns zur Warnung" (1Kor 10,11). **Israel wird von Gott geprüft,** indem er die fremden Völker im Land ließ. Leider besteht das Volk die Prüfung nicht: Statt sich in Gehorsam gegenüber Gottes Geboten zu üben, vermischt sich das Volk mit den Nachbarvölkern und nimmt auch ihren Götzenglauben (3,6) mit den dazugehörigen religiösen Ritualen an. In aller Regel gehörten Hurerei und Kindsopfer dazu. Die Warnung an uns heute lautet: **Prüfe dich, dass dein Herz in der Abhängigkeit zu Gott bleibt.**

Donnerstag, 16. Juni **Richter 4,1-24**

● Im Kreislauf von Abfall von Gott, folgender Unterdrückung durch einen Feind, dem Schreien der Israeliten und der Erweckung eines Retters tauchen in diesem Kapitel fünf neue Hauptpersonen auf, die auch in der folgenden poetischen Darstellung in Ri 5 die wesentlichen Akteure sind:

→ Jabin, der König von Kanaan, unterdrückt Israel vor allem im nördlichen Teil. Sein Regierungssitz Hazor liegt nördlich des Sees Genezareth.

→ Sisera ist der militärische Leiter von Jabins Armee, deren beachtliche Stärke in 900 eisernen Wagen liegt.

→ Debora, die Richterin in Israel, ermutigt Barak, Gottes Gericht an Jabin auszuführen, und weissagt ihm den Platz der Schlacht (V 7).

→ Barak, der Heerführer Israels, schlägt mit Deboras Unterstützung und 10.000 Mann aus den nördlichen Stämmen Naftali und Sebulon das Heer Jabins.

→ Die Keniterin Jaël (V 11) tötet Sisera in ihrem Zelt mit einem Pflock durch die Schläfe.

● Die Prophetin Debora agiert als charismatische Ermutigerin (V 6f.14) und Prophetin (V 7.9) in unserem Kapitel. Sie bekommt von Gott die Sicht, dass die Zeit gekommen ist, die Unterdrückermacht anzugreifen und zu vernichten. Offensichtlich braucht Barak diese Ermutigung, da er sich diese Aufgabe nicht allein zutraut (V 8). Die beiden Frauen Debora und Jaël spielen in Ri 4f eine besondere Rolle. Wie sich aus der Beschreibung im Text (V 9) schließen lässt, war es nicht üblich, dass Frauen eine so exponierte Stellung einnahmen. Der mangelnde Glaube Baraks nahm ihm die Ehre, den Feind getötet zu haben, und bereitete Sisera ein besonders schmachvolles Ende: von einer Frau getötet worden zu sein.

● Letztlich ist es Gott selbst, der seinem Volk Befreiung schenkt und Jabin demütigt (V 23). Denn der HERR zieht vor Barak aus (V 14) und erschreckt Sisera (V 15), möglicherweise durch ein besonderes Wetterereignis, da z. B. Regen den Einsatz der eisernen Wagen schwer behindert.

184

Freitag, 17. Juni   **Richter 5,1-31**

● Im fünften Kapitel werden die Ereignisse aus Kapitel vier in po-
etischer Form zusammengefasst und von Debora und Barak vorge-
sungen (V 1). Es ist ein wahres Siegeslied, in dem Gott als Herr der
Schlacht und Schöpfung (V 4f), eigentlicher Kämpfer (V 4.13) und
Sieger gelobt wird. Die Schöpfungsgewalten streiten an der Seite
des HERRN (V 20-22) und vernichten Pferde und Wagen Siseras.
Ganz ähnlich singen Mose und die Israeliten, nachdem sie durch
das Schilfmeer gezogen sind und die Ägypter hinter ihnen von den
Wassermassen ertränkt werden (2Mose 15). Debora und Barak ehren im weiteren Verlauf die Personen und die am Kampf beteiligten Stämme (V 9-15.18-26). Sie verspotten die Feinde, die sich sie-
gessicher wähnen (V 27-31) und schelten die nördlichen Stämme
Israels, die sich nicht am Kampf beteiligen (V 15-17). Fluch gilt denen, die nicht im Kampf Gottes helfen (V 23) und Segen und Lobpreis denen, die zur Tat schreiten (V 24).
● Debora weiß, woher das Unglück Israels stammt: Das Volk hat
sich andere Götter als den HERRN erwählt. Nahrung und not-
wendiges Kriegsgerät fehlen deshalb im Land (V 8). Diesen Zusammenhang von Tun und Ergehen nutzt Debora nun positiv, indem sie auf Gott hört und die „Willigen" (V 9) aktiviert und unter
dem Segen des HERRN mit Barak (V 12f) gemeinsam den Sieg für
Israel holt.

> ✎ *Denke darüber nach, wo Gott in deinem Leben Schlach-*
> *ten geschlagen hat, dich gerettet hat, und danke Gott dafür!*
> *So schnell haben wir andere Erklärungen für die Höhepunkte*
> *unseres Lebens parat. Doch Gott ist der Held der Geschichte,*
> *aber auch deines und meines Lebens!*

● Abgerundet wird das Lied noch einmal mit Fluch und Segen:
Tod über den Feinden des HERRN und eine wunderschöne Ver-
heißung über denen, die ihn lieb haben. Sie „sollen sein, wie die
Sonne aufgeht in ihrer Pracht!" (V 31).

Samstag, 18. Juni   **Richter 6,1-10**

In der Hand von Feinden zu sein und nicht mehr unter dem Schutz Gottes zu stehen: Was das heißt, wird hier eindrücklich beschrieben. Als das Volk der Midianiter von Osten her ins Land einfällt, muss Israel in die Berge fliehen. Fortan wohnen sie in Höhlen und Schluchten. Dazu vernichten die Midianiter die Ernte und setzen damit Israels Existenz aufs Spiel. Das Volk Gottes wird zu einem Spielball fremder Mächte und ist ihnen auf Gedeih und Verderb ausgeliefert. Was ist der Grund für all das?

● Eine erste Antwort erfahren wir gleich zu Beginn unseres Abschnittes: **„Die Israeliten taten, was dem HERRN missfiel"** (V 1). Gott hatte seinem Volk die Zehn Gebote gegeben. Sie sind wie ein Schutzraum, ein Dach, unter dem Israel leben und sich entfalten kann. Von besonderer Bedeutung ist dabei das erste Gebot: Gott will Israels Gott, d. h. Versorger, Schutzmacht und Begleiter sein. Wo Israel diesen Raum verlässt, ist es preisgegeben. Wenn es hier heißt „der HERR gab sie in die Hand Midians" kommt genau das zum Ausdruck. **Israel schlüpft aus der Hand Gottes und gerät damit unter die Hand fremder Mächte. Eine neutrale Existenz gibt es nicht.**

● **In der Not ruft Israel zu seinem Gott** (V 6). Er aber erhört anders als erwartet. Seine Hilfe kommt nicht postwendend. Gott beseitigt das Übel nicht einfach, sondern lässt Israel den wahren Grund der Not erkennen. Das Wort eines namentlich nicht genannten Propheten deckt auf, was Israel in seiner ganzen Tiefe nicht verstanden hat: Sie haben sich von ihrem Gott entfernt und anderen Göttern gedient. Israel steht und fällt mit dem Gehorsam gegenüber dem 1. Gebot. Dieser Streit um das 1. Gebot durchzieht die gesamte Geschichte Israels, die Geschichte dieser Welt und auch unseres Lebens. **Die Frage, auf wen ich höre, wem ich gehöre und wem ich gehorche, ist daher für unser Leben entscheidend. Die Antwort kann nur mit dem 1. Gebot gegeben werden.**

Sonntag, 19. Juni   **Psalm 76**

Gott ist nicht nur der liebe Gott, der alte Mann mit dem langen Bart, der, der alles versteht und alles vergibt. Das verkündet Psalm 76 in aller Härte. **Gott ist Richter,** und sein Urteil wird hart ausfallen für alle Stolzen, Machtbesessenen, Unterdrücker und für alle, die glauben, dass sie machen können, was sie wollen.

● Auch wenn dieser Tag noch nicht da ist, auch wenn es kaum einer glaubt, dass er je kommt: Der Beter dieses Psalms ist ganz sicher: Der Gerichtstag wird kommen.

● In drei Schritten beschreibt er Gottes Tun und die Folgen für die Menschen.

→ Zum einen (V 2-4): Gott hat seine Wohnung auf dem Zion, im Tempel, den er auch als Hütte oder Zelt beschreibt. Der Beter erinnert damit an Heiligtümer Gottes aus einer Zeit, als es noch keinen Tempel gab. Entscheidend ist nun: **Gott ist nicht nur der, der am Kultort Opfer entgegennimmt, er ist auch der Kriegsherr, der Kriegswaffen zerschlägt.**

→ In einem zweiten Schritt wird deutlich (V 4-11): **Der Kriegsherr ist der Richter,** der unerbittlich strafen wird. Die „Stolzen" (V 6) können Kriege führen, sie können sich gegen Gott und Menschen erheben, aber sie werden ein schreckliches Zorngericht erleiden. Statt ihrer wird sich Gott über die erbarmen, die bisher die Verlierer waren, die „Elenden auf Erden" (V 10).

→ In einem dritten Schritt (V 12-13) werden alle Menschen aufgerufen, sich nun unter **die Leitung dieses Gottes zu stellen und ihm die Ehre zu geben.**

> ✎ *Psalm 76 bestätigt nicht gerade den Mainstream der öffentlichen Meinung. Aber Gott ist nicht nur der liebe Gott. Was sagen Sie dazu?*

| Montag, 20. Juni | Richter 6,11-24 |

Berufungen sind in der Bibel nie einfach. Sie offenbaren etwas vom Wesen und dem Charakter des Berufenen, seinen Einwänden, seinem Glauben und seinen Zweifeln. Sie zeigen aber auch etwas vom Wesen Gottes, der bereit ist, sich auf die Einwände der Menschen einzulassen und so den Berufenen Schritt für Schritt für den Dienst zu gewinnen. Beides ist in besonders schöner Weise zu sehen.

● Berufungen scheinen zufällig zu geschehen. Der Engel des HERRN kommt und beobachtet Gideon beim Weizendreschen. Dann spricht er ihn mitten bei seiner Arbeit unvermittelt an. **Gottes Berufungen geschehen unerwartet. Dabei benutzt er seine Boten. Seien es Engel oder auch Menschen.**

● **Der Berufene hat Einwände.** Das ist typisch für Berufungen. Zunächst macht Gideon Gott Vorhaltungen. Warum hat er es nur soweit kommen lassen? Warum hat er Israel nicht längst errettet, wie es in früheren Zeiten der Fall war? Wir dürfen Gott alle unsere Bedenken und Einwände vorlegen. Es wird ihm nicht zu viel. Auch die persönlichen Lebensumstände, seine Jugend und seine geringe Abstammung führt Gideon ins Feld. Gideon ringt mit Gott. Am Ende aber kann er Gottes Ruf nicht widerstehen.

● **Berufungen brauchen Vergewisserung.** Menschen können sich täuschen. Die eigene Fantasie kann einen zum Narren halten. Gideon will sich sicher sein, dass er es mit Gott zu tun hat. Das Schöne ist: Gott lässt sich auf alle unsere Zweifel ein. Er kommt uns entgegen. Gideon bekommt ein Zeichen. Gott ist kein „Basta"-Gott.

● **Berufungen sind Gnade.** In der Formulierung „hab ich Gnade vor dir gefunden" (V 17) zeigt sich das Wesen einer Berufung. Gott lässt sich finden. Er öffnet die Tür zu uns Menschen von innen. Wir selbst müssen allerdings hindurchgehen.

● **Berufungen leben von der Zusage Gottes.** „Friede sei mit dir. Fürchte dich nicht" (V 23). Die Aufgabe ist immer größer als das persönliche Vermögen. Die Zusagen Gottes aber sind noch größer.

Dienstag, 21. Juni   Richter 6,25-32

● Es ist interessant zu sehen, womit Gideon anfangen soll. Nicht die militärische Befreiung aus der Hand der Midianiter steht am Anfang. Auch keine politischen Verhandlungen oder Aktionen stehen am Beginn von Gideons Wirken. Sein Auftrag ist vielmehr primär geistlicher Natur. **Es geht um die Aufrichtung der Gottesherrschaft in Israel.** Diese muss am Anfang stehen. Dazu müssen der Altar von Baal und das Standbild der Aschera, einer weiblichen Gottheit, wie sie in Kanaan verehrt wurde, beseitigt werden. Wo Gottes Herrschaft aufgerichtet wird, müssen die Götzen weichen. Eine gleichzeitige Verehrung von Gott und Götze ist nicht möglich. Gott ist exklusiv. Seine Liebe zu uns ist unteilbar und unsere Liebe zu ihm soll es auch sein. **Die Gottesfrage muss also zuerst entschieden werden. Alles andere kann folgen.**

● Gideon richtet den Jahwe-Altar wieder auf und opfert dort einen Stier. Da die Sache ziemlich gefährlich ist, geschieht es in der Nacht. Am nächsten Morgen erscheint die aufgebrachte Menge bei Gideons Vater. **Wenn man Menschen ihre Götzen nimmt, reagieren sie empfindlich.** Sind sie es doch, die ihnen scheinbar gutes Leben und Sicherheit garantieren.

● Joas, Gideons Vater, soll der Menge seinen Sohn überlassen, damit sie ihn töten. Hätte Gideon nur einen Jahwe-Altar neben Baal und Aschera gestellt, wäre die Sache vermutlich anders gelaufen. Die Radikalität und Kompromisslosigkeit der Handlung aber provozieren Widerstand. Überraschend ist nun, wie sich Gideons Vater verhält. Als ehemaliger Baal-Verehrer reagiert er klug und gelassen: **Wenn Baal Gott ist, kann er selbst für sich streiten.** Mit einem ähnlichen Argument werden später Elia (1Kön 18,24) und auch Jesaja (Jes 41,22-24) gegen die Baalsreligion ins Feld ziehen. **Die Überlegenheit Jahwes, des Gottes Israels, gegenüber dem stummen Baal, wird deutlich.**

Mittwoch, 22. Juni   Richter 6,33-40

● Die **Jesreel-Ebene** ist eine fruchtbare Anbaufläche im Norden Israels am Fuße des Karmelgebirges. Sie ist nicht nur **landwirtschaftlich**, sondern auch **militärisch und strategisch** von großer Bedeutung. Nun sind die Midianiter dort eingefallen, um zu rauben, zu plündern und zu zerstören. Gideon aber soll ihnen in der Kraft Gottes entgegentreten.

● Auf eine Formulierung gilt es hier besonders zu achten: „**Der Geist des HERRN umkleidete Gideon**" (V 34, ELB). Wie ein Kleidungsstück kommt der Geist über Gideon und bemächtigt sich seiner. Mit diesem eindrücklichen Bild kommt zum Ausdruck, dass Gideon von Gott umhüllt ist. **Gott selbst wird ihm Kraft, Schutz und wie eine zweite Haut sein.** Gideon wird nicht in eigener Kraft kämpfen müssen.

● Angesichts dieser Geistesumkleidung könnte man meinen, dass Gideon nun seiner Sache sicher sei und furchtlos in die Schlacht ziehen würde. Das Gegenteil aber ist der Fall. Was wir bei seiner Berufung schon gesehen haben, zeigt sich auch hier: Gideon sucht erneut die Bestätigung Gottes und zwar gleich zweimal. Überraschend dabei ist einmal, dass **Gideon trotz seiner Geistmächtigkeit ein schwacher Mensch ist.** Gideon wird uns nicht als selbstsicherer Gotteskämpfer vorgestellt, sondern als ein übervorsichtiger Bedenkenträger. Gerade diesen kann Gott gebrauchen. Überraschend ist auch, dass Gott sich auf diesen Deal einlässt. Gott schenkt ihm zweimal ein glaubensstärkendes Zeichen.

Gott gibt uns nicht nur Worte und Verheißungen. Er gibt uns auch Zeichen seiner Gegenwart und Hilfe. Solche Zeichen können uns das Vertrauen erleichtern. Wir dürfen um solche Zeichen bitten.

> ✎ *Welche Zeichen seiner Gegenwart kennen Sie? Sind sie nicht Ausdruck seiner Zuwendung, seiner Gnade und dass er sich ganz auf uns einlässt?*

| Donnerstag, 23. Juni | Richter 7,1-15 |

● Es geht um die **Wiederaufrichtung der Herrschaft Gottes in Israel!** Die Gottesherrschaft aber kann letztlich nur von Gott selbst aufgerichtet werden. Menschen wie Gideon werden in dieses Werk einbezogen und sind unverzichtbar. **Im Kern aber geht es um die Ehre Gottes und nicht um die Ehre von Menschen.** Dieser geistliche Zusammenhang tritt auch in dem vor uns liegenden Abschnitt hervor.

● **Zwei große Heere** liegen sich in der Jesreel-Ebene gegenüber. Da ist auf der einen Seite das stattliche Heer Israels. Auf der anderen Seite das zahlenmäßig weit größere Heer der Midianiter. Die militärische Logik einer solchen Konstellation ist offensichtlich: Das mächtigere Heer wird das kleinere Heer besiegen. Die Logik Gottes aber ist eine andere. Das zahlenmäßig unterlegene Israel muss zusätzlich dezimiert werden, und das gleich zweimal. Am Ende wird Gideon mit dreihundert Mann in die Schlacht ziehen. Gott kommt mit einfachen, ja geringen Mitteln zu seinen großen Zielen. **Nicht durch Heer oder Kraft, sondern durch seinen Geist baut er sein Reich** (vgl. Sach 4,6). **Durch ein Kind hat Gott der Welt seine Liebe gezeigt. Durch den ohnmächtigen Mann am Kreuz hat er sie erlöst.**

● **Mit kleiner Kraft soll** Gideon den Auftrag ausführen. Bevor es dazu kommt, nimmt Gott ihm noch seine Furcht. Auf der Lauer liegend belauscht Gideon ein Gespräch zwischen zwei Midianitern über einen Traum, wie ein Gerstenbrot ein Zelt überrollt. Der Gerstenlaib steht für das Bauernvolk Israel, der über das durch das Zelt symbolisierte Nomadenvolk der Midianiter kommt.

● **„Ich habe es in deine Hände gegeben."** (V 9). In menschlich aussichtslosen Situationen zeigt sich die Überlegenheit Gottes. Gott handelt, indem er alle menschliche Logik außer Kraft setzt. **In der Schwachheit von uns Menschen kommt Gott in seiner Stärke zur Geltung.**

Freitag, 24. Juni   **Richter 7,16–8,3**

● Auf den ersten Blick sieht es wie psychologische Kriegsführung aus. Die Israeliten erschrecken ihre Feinde mit ohrenbetäubendem Lärm. Das Blasen der Schofar-Hörner und das Zerschlagen der Tonkrüge löst in den Midianitern Angst und Konfusion aus. Sie fühlen sich von einer Übermacht umzingelt und in ihrer Panik wissen sie bald nicht mehr, wer Freund und Feind ist, und gehen mit dem Schwert aufeinander los. Am Ende fliehen sie alle. Die geniale Strategie des Gideon besitzt allerdings nicht nur eine psychologische, sondern auch eine **geistliche Seite.**

● Der Text will uns zeigen, dass **Gott hier der Handelnde ist.** Hier heißt es: „Sie blieben stehen, jeder an seiner Stelle, rings um das Lager her" (V 21). Kein Schwertstreich. Kein Kampf Mann gegen Mann. Kein Soldatengemetzel. Sie bleiben einfach stehen und überlassen Gott den Rest. Gott wird die Feinde in Panik versetzen und so den Sieg herbeiführen. Welche ein Gegensatz! Hier die Männer Gideons in wohlgeordneten Reihen – dort die Feinde in heilloser Verwirrung und Selbstzerstörung. **Wer Gott auf seiner Seite weiß, bleibt auch in scheinbar aussichtslosen Situationen gelassen und verliert den Mut nicht.**

● Begleitet wird das Getöse und Gelärme der Israeliten durch den Kriegsruf: „Hier Schwert des HERRN und Gideons!" (V 20). Schon der Name des HERRN musste die Feinde in Schrecken versetzen. Eine dunkle Vorahnung von dem, was auf sie warten würde, hatten die Midianiter ja bereits durch die Träume bekommen (V 15).

● Wir ahnen wohl kaum, welche Macht im Gottesnamen steckt. **Vor dem Namen Jesu Christi werden sich einmal alle Feinde beugen müssen. Es ist der Name, der über allen Namen steht.** In Gideons Sieg über die Midianiter wird etwas vorweggenommen, was einmal die ganze Welt umfassen wird. Nämlich der Sieg Gottes über alle seine Feinde. **Gott selbst wird seine Herrschaft aufrichten und die Welt in Staunen versetzen.**

Samstag, 25. Juni   **Richter 8,22-35**

● Nach dem glanzvollen Sieg über die Midianiter soll Gideon König über Israel werden. Gideon aber lehnt dankend ab. Ausschlaggebend sind dabei weder politische noch taktische Gründe. Man könnte dabei an Neid denken, der ihn von anderen Stämmen entgegenschlagen könnte. Hinter seiner Ablehnung steckt vielmehr ein geistlicher Gedanke. **Der HERR allein soll über Israel herrschen.** Gideon, der Gotteskämpfer, hat die Gottesherrschaft in Israel aufgerichtet. Diese soll jetzt nicht durch menschliche Herrschaft ersetzt werden. Israel steht unter Gott und die Kirche auch. Sich dieser gnädigen Herrschaft unterzuordnen ist das Beste für ein Volk, für die Kirche und für jeden Menschen. Bis diese Königsherrschaft Gottes in Israel verwirklicht wird, braucht es allerdings noch Zeit und viele Auseinandersetzungen.

> „Jesus Christus herrscht als König, alles wird ihm untertänig." EG 123

● Wenn man unseren heutigen Abschnitt weiterließt, hält man den Atem an. Denn was Gideon, der Gottesmann, nun macht, passt nicht ins Bild. Er fertigt aus den Beutestücken eine Götterstatue und erinnert damit an Aaron, der am Sinai das Goldene Kalb formte. Ein Ephod ist eine Art Orakel, das man in allen Entscheidungen befragen kann. **Gottesglaube und Götzendienst liegen nahe beieinander!** Wer steht sehe zu, dass er nicht falle! Unser Glaube ist gefährdet. Paulus wird später sagen: „Hab acht auf dich selbst und auf die Lehre!" (1Tim 4,16).

● Vierzig Jahre lang wird Israel im Frieden leben. Die Zahl 40 steht in der Bibel für eine heilvolle und gesegnete Zeit. Danach wird Israel wieder dem Götzendienst verfallen. Unsere abschließende Frage lautet: **Wann kommt endlich der, dessen Herrschaft nicht nur 40 Jahre währt, sondern ewig? Wann kommt endlich derjenige, der die Königsherrschaft Gottes für immer in unserer Welt durchsetzt?** Gott wird diese Herrschaft schenken in Jesus seinem Sohn.

Sonntag, 26. Juni   Psalm 36

Man könnte meinen, hier lägen zwei Psalmen vor uns.

● Zum einen sind da **die Gottlosen**, Menschen ohne Gottesfurcht (V 2-5). Und wo keine Gottesfurcht ist, da ist auch keine Rücksicht anderer Menschen gegenüber. Da herrschen Lüge und Betrug; Weisheit und Güte haben keinen Raum mehr. Der Gottlose „steht fest auf dem bösen Weg" (V 5), beklagt David in diesen Sätzen.

● Auf der anderen Seite sind da die V 6-10. Sie beschreiben **das geborgene Leben eines Menschen in der Gemeinschaft mit Gott.** David hat sich ganz auf Gott konzentriert und sieht ihn am Wirken. **David preist Gottes Güte und seine Wahrheit,** die die Welt umspannen. Er findet schöne Bilder, die seine Freude, sein Glück beschreiben: Er hat unter den Schatten der Flügel Gottes Schutz gefunden, Gottes Zuwendung fließt ihm zu wie ein Strom. Er sieht Gott als Quelle des Lebens und weiß sich umgeben von seinem Lichtglanz.

> **„Wie köstlich ist deine Güte, Gott, dass Menschenkinder unter dem Schatten deiner Flügel Zuflucht haben!" V 8**

● Zwei Psalmen? Nein, doch einer! David hat böse Menschen kennengelernt, hat ihre Machart kennengelernt und sich vor ihnen gefürchtet, aber dann ist er **in den Tempel geflüchtet und hat bei Gott Frieden gefunden. Ein Zittern ist immer noch da** (V 10-13): Die Feinde sollen ihn ja nicht wieder bedrängen. Aber dann weiß er, dass er bei Gott dauerhaft geborgen ist.

✎ *Als Christen finden wir diese Geborgenheit bei Jesus Christus, dem lebendigen Herrn. Er hat gesagt, dass wir „in der Welt Angst haben", aber er fügt hinzu, dass er die Welt besiegt hat (Joh 16,33). In wunderbaren Bildern beschreibt der Evangelist Johannes, was wir an Jesus haben (u. a. Joh 6,35; 7,38; 8,12; 10,27-30).*

Montag, 27. Juni **Richter 9,1-6**

● Wir erinnern uns, wie Gideon das ihm angetragene Königtum ablehnte (8,22). Mit **Abimelech,** dem Sohn einer Nebenfrau Gideons, wird uns das **Gegenmodell** präsentiert. Abimelech entstammt einer Nebenehe Gideons (8,31) und ist daher kein vollgültiger Nachkomme von ihm. Als solcher aber gibt er sich aus. Mit List und Gewalt bringt er das Königtum an sich. Dazu sucht er seine Verwandtschaft in Sichem auf, um sie für die Idee eines Königs zu gewinnen. Es gelingt ihm, die Sichemiten zu überzeugen, und sie stellen ihm auch die finanziellen Mittel zur Verfügung. Das dem Baalstempel entnommene Geld verwendet Abimelech, um sich eine Söldnertruppe zusammenzustellen. Mithilfe dieser Männer tötet er seine 70 Halbbrüder und schafft so seine potenziellen Mitbewerber um das Königsamt aus dem Weg. Abimelech aber ist kein rechtmäßiger König.

● Was können wir geistlich aus der Geschichte lernen bzw. wo dient sie uns zur Warnung?

→ Die Männer von Sichem **fragen nicht nach dem Willen Gottes.** Ihr einziges Argument für Abimelech ist die verwandtschaftliche Beziehung. „Er ist unser Bruder" (V 3). Was aber sagt Gott dazu? **In wichtigen Entscheidungen ist die Frage nach dem Willen Gottes unverzichtbar.**

● Auch Abimelech **fragt nicht nach der Gottesherrschaft.** Sein eigener Machtwille bringt ihm das Königtum. Das biblische Königtum aber ist so konzipiert, dass **Gott die Könige einsetzt.** Das Verhalten Abimelechs führt auch uns dazu, unsere eigenen Motive immer wieder zu überprüfen. Jesus sagt in der Bergpredigt: „**Trachtet zuerst nach dem Reich Gottes"** (Mt 6,33).

● In der ganzen Geschichte scheinen Gottes Wort und Wille vergessen zu sein. **Wo Gott aber vergessen wird, bleibt nicht das Vakuum. Andere Mächte nehmen den Raum ein.** In diesem Falle sind es sogar die Götzenmächte, die Gideon einst beseitigt hatte.

Dienstag, 28. Juni   Richter 9,7-21

Jotam ist der einzige der Söhne Gideons, der das Massaker überlebt hat. Er begibt sich auf den Berg Garizim in der Nähe von Sichem. Wenn die Bewohner von Sichem seine Worte hören, wird
auch Gott sie hören. **Jotam will erreichen, dass Israel sich wieder an Gott wendet.** Der für die Rede gewählte Ort ist kein Zufall. Nach der Einwanderung ins Land Kanaan sollte Israel auf
dem Garizim den **Segen** und auf dem benachbarten Berg Ebal den
Fluch über das Land sprechen (vgl. 5Mose 11,26-30). Um Segen
und **Fluch** für Israel geht es auch in der nun folgenden Rede, der
sogenannten **Jotamfabel.**

● Welchen Baum würden die Bäume wohl als ihren König wäh-
len? Den Ölbaum mit seinem Fett? Den **Feigenbaum** mit seinen sü-
ßen Früchten oder den **Weinstock** mit seinen edlen Gaben? Jeder
dieser Bäume besitzt seine ihm eigene Würde und wäre für dieses
Amt geeignet. Sie lehnen jedoch ab. Ihre Begründung ist jeweils
dieselbe. Sie würden es als nicht angemessen halten, über den anderen Bäumen zu schweben. **Ihre Antwort kann als Ausdruck ihrer
Demut gesehen werden.**

● Anders ist es mit dem **Dornbusch.** Obwohl er nur Stacheln her-
vorbringt und keine Früchte und obwohl er keinen Schatten spendet, nimmt er die Wahl an. Der Dornbusch mit seinen Stacheln ist
Ausdruck einer **fruchtlosen Gewaltherrschaft.**

● Die Deutung des Gleichnisses liegt auf der Hand. So wie der
Dornbusch unter den Bäumen keine Würde besitzt, so fehlt auch
Abimelech die Königswürde. Abimelech ist für sein Amt ungeeig-
net. Er gewährt keinen Schutz.

● Am Ende spricht Jotam einen Fluch über Abimelech. Abimelech
und die Bewohner von Sichem, die ihn zum König gemacht haben,
werden sich gegenseitig zerstören.

✎ *Was hat Bestand vor Gott und was bleibt? Lesen Sie dazu
Johannes 15,5-8. Welche Parallelen zur Jotamfabel sehen Sie
in dem Ich-Bin-Wort von Jesus?*

Mittwoch, 29. Juni   Richter 9,50-57

● **Abimelechs Königtum** endet in Gewalt und Vernichtung. Zuerst unternimmt er einen Feldzug zur Vernichtung der Stadt Sichem (Ri 9,42-49). Danach belagert er die Stadt Tebez und kommt selbst dabei um. Dass sein Tod ausgerechnet durch einen Mühlstein einer Frau geschieht, ist eine zusätzliche Demütigung.

● Das Fluchwort Jotams hat sich erfüllt. Abimelech wird ganz anders als sein Vater Gideon zum **Modell usurpatorischer, d. h. eigenmächtiger, widerrechtlich an sich gerissener Herrschaft, die am Ende zum Scheitern verurteilt ist.** Ganz anders verhält es sich mit der Gottesherrschaft, die Jesus am Ende der Zeit bringen wird.

● In Matthäus 20,25-28 steht: „**Ihr wisst, dass die Herrscher ihre Völker niederhalten und die Mächtigen ihnen Gewalt antun. So soll es unter euch nicht sein, sondern wer unter euch groß sein will, der sei euer Diener; und wer unter euch der Erste sein will, der sei euer Knecht. So wie der Menschensohn nicht gekommen ist, dass er sich dienen lasse, sondern dass er diene und gebe sein Leben als Lösegeld für viele.**"

● **Jesus** ist der rechtmäßige, von Gott an Ostern bestätigte und an Himmelfahrt eingesetzte **König dieser Welt**. Das **Zeichen seines Reiches ist das Kreuz**, seine Hingabe an uns Menschen. Die **Insignien seiner Herrschaft sind Gnade und Wahrheit,** Zuwendung und Treue zu dieser Welt. Er ist gekommen, um zu dienen und nicht sich dienen zu lassen. Er ist der fruchtbare Weinstock in einer Welt der Dornen und der Disteln. – Die wechselvolle Geschichte des Königtums in Israel und in unserer Welt läuft auf den einen König zu, Jesus Christus. Seine Königsherrschaft ist angebrochen. Wir sehen sie schon und warten auf ihre Vollendung.

> ✎ *Wie erlebe ich die Königsherrschaft von Gott? Wie und wo erfahre ich, dass Jesus mir dient?*

Donnerstag, 30. Juni   Richter 13,1-25

● **Simson** ist der letzte der zwölf Richter, von denen in diesem Buch berichtet wird. Sein Name steht mit dem hebräischen Wort „Sonne" in Zusammenhang und kann daher als „Sönnchen" oder „**Sonnenmann**" wiedergegeben werden. Allerdings fällt er im Vergleich zu den bisher genannten aus dem Rahmen: Während die anderen Richter ihre Volksgenossen zum Befreiungskampf gegen die Feinde anführen, agiert Simson als **einzelner Held**. Zuvor werden die durch die Richter ermöglichten Friedensjahre erwähnt; zu Beginn der Simson-Erzählungen aber wird die **40-jährige Philisterherrschaft als Gerichtszeit** hervorgehoben. Die Auseinandersetzung mit den Philistern wird dann auch durch Simson nicht beendet, sondern dauert unter Samuel und Saul fort, bis David sie endgültig schlägt (2Sam 8,1).

● Einzelne Züge der ausführlich dargestellten Geburtsgeschichte begegnen bei anderen bedeutenden biblischen Gestalten: **der unfruchtbaren, kinderlosen Frau wird ein Sohn angekündigt,** wie bei Isaak (1Mose 18) und Samuel (1Sam 1); **schon vor der Empfängnis wird dem Kind eine Aufgabe von Gott übertragen** (vgl. Jer 1,5); die Ankündigung durch den Engel des HERRN findet sich wieder bei Johannes dem Täufer und bei Jesus.

● Besonders hervorgehoben wird: Simson ist mit seinem gesamten Leben (V 7) ein **Geweihter des HERRN**; die entsprechenden Anweisungen werden dreimal wiederholt: V 4f.7.14.

● Der „**Engel des HERRN**" erscheint „wie ein Engel Gottes" (V 6), dessen Namen ungenannt bleibt (V 18), und ist schließlich in der Flamme des Altars als **Gott, der HERR, selbst** zu erkennen (V 20.22).

● Die wundersame Ankündigung erweist sich an dem heranwachsenden Jungen als wahr: **Er steht unter dem Segen Gottes, und sein Geist beginnt, durch ihn zu wirken.**

| Freitag, 1. Juli | Richter 14,1-20 |

● An die außergewöhnliche Ankündigung des lebenslang „Geweihten Gottes" in Kap. 13 reiht sich eine **Abfolge von Simsons Rätseln, Streichen und Gewalttaten an den Philistern, in denen Gott nur wenig Raum zu haben scheint.**

● Vordergründig müssen die entsetzten Eltern dem Drängen ihres Sohnes nachgeben, eine Frau aus dem Volk der Philister (der „Unbeschnittenen") zu heiraten. Was als verwerflicher Eigensinn erscheint, kommt jedoch „**von dem HERRN**" (V 4) und hat einen ersten Schlag gegen die Philisterherrschaft zur Folge.

● Simsons übermenschliche Begabung mit Kraft („Geist des HERRN") zeigt sich an der Leichtigkeit, mit der er einen Löwen überwältigt. Als wahrer Held prahlt er nicht einmal vor seinen Eltern mit seiner Tat.

● Während der siebentägigen Hochzeitsfeierlichkeiten ist Raum für Spiele, Scherze und Rätsel, für die Simson offenbar eine besondere Neigung hat (vgl. V 18; 16,25). Den ihm zugeteilten Brautgesellen der Philister winkt bei Lösung seines Rätsels kostbarer Lohn. Als sie jedoch befürchten, dass sie diesen erheblichen Wert an Simson entrichten müssen, schüchtern sie seine Braut mit einer schrecklichen Drohung ein (die in 15,6 sogar wahr wird).

● Was vorgeblich mit Zuneigung und Liebe begonnen hatte, schlägt um in seelischen Druck (V 16f), Zorn, Totschlag, Trennung (V 20).

● Bemerkenswert ist jedoch: **Inmitten menschlicher Irrwege setzt Gott seinen Willen durch, verfolgt seine Ziele und schafft letztlich Heil.**

✎ Während hier die vordergründigen Verwicklungen um eine Hochzeit letztlich zur Erschütterung der feindlichen Philisterherrschaft dienen, zielten die Irrwege im Leben des Josef auf Gottes Heil für ein großes Volk (1Mose 50,20!). Können Sie sich an Irrwege in Ihrem Leben erinnern, aus denen nachher Gutes geworden ist?

Samstag, 2. Juli   Richter 15,1–16,3

● Nach dem unglücklichen Beginn seiner Ehe mit der Frau aus Timna war Simson zurück zu seinen Eltern gegangen, beschließt aber nun, seine Frau wieder aufzusuchen. Da die jedoch inzwischen mit seinem Brautführer verheiratet wurde, wird Simson angetragen, ihre Schwester, die Hübschere, zu heiraten. Doch Simson nimmt diese persönliche Kränkung zum Anlass, um die Philister der ganzen Gegend an einer höchst empfindlichen Stelle massiv zu schädigen: Durch die vor Schmerz wild gewordenen Füchse werden Weizenfelder und bereits geerntete Weizengarben, Weinberge und Ölbäume angezündet und vernichtet.

● Als Schuldigen an dieser verheerenden Katastrophe machen die Philister ihren Landsmann aus Timna, Simsons Schwiegervater, aus und rächen sich an dessen Familie in furchtbarer Weise (V 6). Dies wiederum nimmt Simson zum Anlass, seinerseits Rache an den Philistern zu üben.

● Diese Rache nimmt eine bisher ungeahnte Dimension an, als der zum Einsiedler gewordene Simson zunächst als Gefesselter den Philistern übergeben wird und unter diesen dann mit einem Eselskinnbacken ein riesiges Blutbad anrichtet.

● Simsons Heldentat wird in zwei Wortspielen festgehalten:

→ Zum einen klingt der Name des Ortes, Lehi, nahezu identisch wie das hebräische Wort für „Kinnbacken", „lehi".

→ Zum anderen bedeutet der hebräische Begriff „hamor" sowohl „Esel" als auch „Haufen": „Mit eines Esels Kinnbacken habe ich sie über den Haufen geworfen" (V 16).

● Während sich Israel resigniert unter das Joch der Philister beugt (V 9-13), verschafft Simson, getrieben vom Geist des HERRN, seinem Volk einen „großen Sieg" (V 18). Zugleich bleibt der übermächtige Held darauf angewiesen, dass Gott seine Bitte um einen Schluck Wasser erhört und ihn so vor der Auslieferung an die Feinde bewahrt (V18f). **Menschliche Heldentaten können und sollen nicht vergessen lassen: Gott allein ist derjenige, von dem Kraft und Leben kommt.**

Sonntag, 3. Juli	Psalm 52

● Wie lange hatte ein offenbar **rücksichtsloser Mann** den Beter und sicher auch viele andere ausgebeutet. Wie lange hat er mit seinem **Reichtum geprahlt**, obwohl er sich diese Besitztümer nur durch **Betrug und üble Geschäfte** angeeignet hat. Er konnte **Fake News** verbreiten, so viel er wollte, und keiner konnte ihm etwas anhaben. Aber jetzt! Der Mann ist erledigt. Der Beter listet auf, was der reiche Protz alles angerichtet hat (V 2-6, vgl. ähnlich auch Jes 22,17f). Er benutzt die direkte Rede, damit wird es noch erschreckender, greller. Er greift ihn an, wohl wissend, dass er ihm nichts mehr antun kann.

● Das **Urteil Gottes** über den „Tyrannen" steht, Gericht steht ihm bevor, Vernichtung (V 7). Und das Gericht wird nicht im Verborgenen bleiben: Alle werden es sehen, alle werden ihn verlachen und verspotten, nachdem er doch vorher so viele verspottet hatte (V 8-9).

● **Nun kann der Beter zur Ruhe kommen** (V 10), der Tempel wird sein Zuhause, er selbst wird „bleiben wie ein grünender Ölbaum". Was für ein lebensstarkes Bild, um jemanden zu beschreiben, der Gott treu geblieben ist und ein ehrliches Leben geführt hat. Der Psalm endet mit einem großen Lobpreis Gott gegenüber (V 11), der sich wieder als **Anwalt der Schwachen, Armen und Unterdrückten** erwiesen hat.

● Jesus porträtiert im **Gleichnis vom reichen Kornbauer** einen Charakter (Lk 12,16-21). Der reiche Kornbauer wird allerdings nicht bezichtigt, seinen Reichtum unrechtmäßig erworben zu haben. Trotzdem hatte er in seiner Gier und seinem Sicherheitsbedürfnis Gott vergessen.

✎ *Wo mahnen die beiden Charaktere uns, dass wir Maßstäbe verloren oder Prioritäten im Leben falsch gesetzt haben?*

Montag, 4. Juli	Richter 16,4-22

● Auffällig ist, dass jeweils am Anfang der Simson-Episoden von einer **Liebesbeziehung** berichtet wird, die in der Folge zu den Auseinandersetzungen mit den Philistern führt (14,1; 15,1; 16,4). Durch die Nennung des Namens, **Delila**, wird die Begebenheit hier besonders betont.

● Delila lässt sich von der gewaltigen Bestechungssumme der „Fürsten der Philister" dazu bewegen, dem Geliebten das Geheimnis seiner übermenschlichen Kraft zu entlocken.

● Dreimal lässt Simson die durchsichtigen Bemühungen ins Leere laufen. Dabei kommt der dritte Vorschlag seinem Geheimnis bedenklich nahe.

● War Simson in Kap. 15,18 angesichts des Wassermangels nahe dran, vor Durst zu sterben, so wird er nun durch die in ihn dringende Delila sterbensmatt und verrät ihr schließlich sein Geheimnis. Dreimal wird betont, dass ihr Simson damit „sein ganzes Herz auftut", d. h. sein ureigenstes Wissen preisgibt.

● Indem mit dem Scheren der Haare nun das geschieht, was nach der Anweisung des Engels in Kap. 13,5 bei Simson nie geschehen sollte, **weicht nicht nur seine Kraft von ihm, sondern wird er auch von Gott, dem HERRN, verlassen** (V 20). Er wird wie jeder andere schwache Mensch; der bisher strahlende Held wird gefangen genommen, geblendet und hat im Gefängnis wie eine Magd die Mühle zu drehen.

● **Der Gottgeweihte, der „anfangen soll, Israel aus der Hand der Philister zu erretten" (13,5), ist auf dem Tiefpunkt seiner Mission angekommen.** Der lästige Held ist zur Strecke gebracht! **Doch selbst hier noch bekennt sich der HERR als der Schöpfer zu seinem Auserwählten: Er lässt seine Haare wieder wachsen!**

✎ *Simson war von Gott auserwählt und übernatürlich begabt, aber eigentlich eher ein tragischer „Antiheld". Wie sieht demgegenüber ein richtiger „Held" Gottes aus? (Vgl. z. B. Joh 17 oder Phil 2,6-11).*

Dienstag, 5. Juli   **Richter 16,23-31**

● Für die Philister ist die Gefangennahme Simsons zugleich ein **Triumph ihres Gottes Dagon über den Gott Israels.** Deshalb wollen sie ihren Gott durch ein Dankfest ehren. Seine besondere Würze erhält es dadurch, dass der gefangene Israelit Simson als Clown mit Späßen und Sprüchen zur Belustigung der Philister beitragen muss.
● Sie reagieren darauf ebenfalls mit einem Reim, der ihn verspottet und ihren Gott preist. K. Gutbrod ahmt die Poesie mit den Worten nach:
„Unser Gott hat gegeben in unsere Hand,
der als Feind wider uns stand,
der verwüstet hat unser Land
und unser viele gesandt ins Todesland!"
● **Simson bittet den Gott Israels, den HERRN, ein letztes Mal um Kraft zu einer außergewöhnlichen Tat:** Indem er die Mittelsäulen der Versammlungshalle zerbricht, zieht er Führer und Volk der Philister mit sich in den Tod. So zeigt sich: Nur einer ist der wahre Gott und HERR, auch über Dagon und die Philisterherrschaft.
● Wenn die Reihe der Richter mit Simson abgeschlossen wird, so wird hier noch einmal sehr deutlich: **Trotz der vielfältigen Untreue seines Volkes hält Gott dennoch in großer Treue an ihm fest.** Durch Retter und Helfer gegen die Feinde wirkt er Großes, auch wenn diese herausragenden Gestalten selbst vielfältig Schuld auf sich laden. Der letzte Retter, der ohne Sünde ist, steht noch aus.

✎ *Bemerkenswert ist, dass Simson zusammen mit den Richtern Gideon, Barak und Jeftah in Hebr 11,32 am Ende der langen Reihe von Glaubenszeugen genannt wird, die sowohl außergewöhnliche Taten vollbracht als auch vielfältige Leiden erduldet haben. Während er „aus der Schwachheit zu Kräften gekommen" ist und dadurch Tausende von Philistern mit sich in den Tod riss, hat Jesus umkehrt sein Leben „als Lösegeld für die vielen" (Mk 10,45) dahingegeben, damit sie das ewige Leben haben.*

Das Buch Rut

Eine kleine, in sich geschlossene, romantische Geschichte – laut Goethe „das lieblichste kleine Ganze ... das uns episch und idyllisch überliefert ist". Das Buch Rut schlägt die Brücke von der chaotisch-anarchischen Richterzeit, in der es spielt, zur Königszeit und damit zu Gottes weiterer Heilsgeschichte.

Während im Richterbuch alles drunter und drüber geht („Zu der Zeit war kein König in Israel", Ri 21,25), finden wir hier ein **Beispiel von Liebe, Tugend und charakterlicher Größe**. In der Geschichte gibt es keine Schurken, aber es gibt große Vorbilder, von deren Liebe, Treue und Güte wir lernen können.

Was für uns nichts Außergewöhnliches ist, war für die patriarchalische Gesellschaft im Alten Orient eine Sensation: Im Zentrum stehen **zwei starke, selbstständige Frauen**, und Rut, die Moabiterin – also eine Heidin – erweist sich durch ihr Bekenntnis zu dem Gott Israels und durch ihr Handeln als eine wahre Israelitin und wird so eine der Vorfahrinnen von König David (4,22) und damit eine Stammmutter des einen, wahren Sohnes Davids, also des Messias. Und es geht auch in dem Buch um **Erlösung**: Nach 5 Mose 25,5-10 musste der nächste Verwandte eines kinderlos Verstorbenen dessen Witwe heiraten, um ihm einen Sohn zu zeugen – zum Fortbestand des Namens und der Familie. Damit verbunden war eine weitere Pflicht: Dieser nächste Verwandte musste auch das Land des Verstorbenen „auslösen", also kaufen, damit es der Sippe erhalten blieb. Boas ist bereit, sich dieser Verpflichtung zu stellen und Rut „auszulösen". Noomi wird dadurch „das Leben zurückgegeben" (so 4,15 wörtlich, wo in der Lutherübersetzung „Der wird dich erquicken" steht). Hinter diesen vordergründig ganz irdischen, juristischen Abläufen steht Gott, der die Geschicke der Protagonisten und die (Heils-)Geschichte lenkt. Und irgendwann einmal wird ein Nachfahre von Rut und Boas als Erlöser erscheinen ...

Mittwoch, 6. Juli   Rut 1,1-22

● In der anarchischen Richterzeit muss die Familie Elimelechs wegen einer Hungersnot in die Fremde auswandern. Der Name „Elimelech" („Mein Gott ist König") ist **Programm** für das Buch: **Gott wird erweisen, dass er trotz allen Unglücks regiert.** Schon in der Vätergeschichte waren Katastrophen und Auswanderung der Rahmen für Gottes Fürsorge und Erfüllung seiner Verheißungen.

● Durch die drei Todesfälle scheint Noomis Lage hoffnungslos – schutzlos in der Fremde. Aber die Nachricht vom Ende der Hungersnot – dass Gott sich seines Volkes wieder angenommen hatte – bewirkt den Mut zur Heimkehr.

● Dankbar für ihre bisherige Treue versucht sie alles, um die Schwiegertöchter zu überzeugen, Ruhe und Sicherheit in deren Heimat und in neuen Ehen zu finden. Dann öffnet sie ihr Innerstes: „Des HERRN Hand hat sich gegen mich gewandt." Im Gegensatz zur verbreiteten oberflächlichen Rede vom „lieben Gott", der ja immer für uns (da) sei, weiß sie – wie Hiob, Luther u. v. a. – um die unverständliche **dunkle Seite Gottes.**

● Rut „hängte sich an sie" (wie der Mann an die Frau in 1Mose 2,24). Ihre Entschlossenheit, sich ohne Sicherheit zu binden, ist nicht vernünftig, aber Ausdruck echter Liebe. Erstaunlich ihr Bekenntnis „Dein Gott ist mein Gott" angesichts der verbitterten Worte Noomis. Durch ihre Treue wird Rut **eine neue Heimat und ein neues Gottesverhältnis geschenkt.**

● Nach der Ankunft in Bethlehem macht Noomi den ironischen Vorschlag, sie künftig „Mara" zu nennen, denn sie hat bitteres Leid erfahren und ist darüber bitter geworden. Sie ahnt noch nicht, dass in der treuen Ausländerin an ihrer Seite schon die Wende naht.

✎ *Welchem Menschen kann ich Treue und Liebe so erweisen, dass er wieder Zuversicht bekommt? Wo gibt es schon inmitten von Leid und Enttäuschungen Licht im Dunkel durch Menschen?*

| Donnerstag, 7. Juli | Rut 2,1-23 |

● Boas, ein Mann von Wohlstand und Ansehen, hatte als Mitglied des Clans von Elimelech Verantwortung für dessen Familie.

● Nach 3Mose 19,9f gehörte es zur „Heiligkeit" (19,2), in der Ernte keine Nachlese zu halten, damit etwas für die Armen und Fremden übrig bleibt.

● Ruts Bescheidenheit und Fleiß werden gelobt. Boas zeigt sich **großzügiger**, als zu erwarten gewesen wäre: Rut muss nicht weitersuchen, darf von geschöpftem Wasser trinken und wird vor Übergriffen geschützt. Aber er schüttet nicht einfach Gerste in ihr Gefäß, sondern gibt „Hilfe zur Selbsthilfe". Boas hatte von ihrer Loyalität gegen Noomi und ihrem Auszug in die Fremde erfahren.

● Der HERR soll ihr vergelten, was sie Gutes getan hat (vgl. Spr 19,17). Das Wort für „Lohn" könnte auch Nachkommenschaft als Lohn enthalten.

● 12b öffnet mit der Metapher von den schützenden Flügeln (Ps 36,8; 91,4) eine größere Perspektive: Rut ist in den Schutzbereich des Gottes Israels eingetreten. Sie empfindet den Trost, der sich in freundlichem Zuspruch und gütigem Verhalten ausdrückt, so wie Joseph seine Brüder von der Angst vor Rache befreite.

> ✎ *Wer braucht heute meinen tröstlichen Zuspruch? Wen kann ich durch meine Großzügigkeit überraschen?*

● Boas ist Werkzeug in der Hand des Gottes, der die Fremden liebt, und will auch seine Arbeiter in seine Großzügigkeit einbeziehen:

● Der Ertrag, die Frucht der Güte und harten Arbeit ist enorm: Ein Scheffel, das sind mehrere Liter, reichen für sie und ihre Schwiegermutter für Wochen.

● Als Noomi den Namen Boas hört, weicht ihre Bitterkeit und sie gewinnt **neues Vertrauen** zu Gott, der auch „Tote" wie sie wieder lebendig macht. Niemand soll Rut etwas zuleide tun: Es geht um den Schutz der Frau, die in der Zukunft eine **besondere Rolle** erhält als Stammmutter Davids und schließlich des Messias.

Freitag, 8. Juli   **Rut 3,1-18**

● Noomi wünscht für Ruts Zukunft eine „**Ruhe**" in einer Ehe und im Land, ein echtes Zuhause, wo Leib, Seele, Geist, Gemüt und Nerven zur Ruhe kommen.

● Darum ist ihr Plan nicht einfach Kuppelei, um ihre Schwiegertochter gut unter die Haube zu bringen. Es geht um **Fürsorge** (sie will ihre Treue mit Treue beantworten) und dass ihre Familie nicht ausstirbt.

● Noomi trägt gezielt zur Erfüllung ihres Gebets bei – **göttliche Führung und das Tun des Menschen schließen sich nicht aus.** Der „Zufall" (2,3), die von Gott zugefallene Begegnung mit Boas, soll jetzt durch eigene Initiative zu ihrem Ziel kommen.

> ✎ *Wo hat Gott etwas unerwartet vorbereitet und wir sollen mit Zielstrebigkeit und überlegtem Handeln die Gunst der Stunde nutzen?*

● Wenn Boas nach getaner Arbeit und in Freude über seine Ernte (vgl. Jes 9,2) gut gegessen und getrunken hat und sich in guter Stimmung schlafen gelegt hat, soll sich Rut, attraktiv und wie zur Hochzeit geschmückt, heimlich zu ihm begeben und sich zu ihm legen.

● Auch wenn es ein **gefährliches Spiel** war (Boas hätte die Situation ausnutzen können), geht es hier nicht um sexuelle, wohl aber um Heiratsabsichten. Dies zeigt die **Bitte, seine verwandtschaftliche Verantwortung wahrzunehmen,** die Rut an den um Mitternacht aufgeschreckten Boas heranträgt. Rut will den Wunsch der Noomi erfüllen und damit die Familie vor dem Aussterben bewahren.

● Boas segnet sie, weil sie nun noch größere „Güte" gegenüber Noomi erwiesen hat, indem sie ihre Eigeninteressen um der anderen willen zurückstellt. Sie, die sich demütig als seine „Magd" bezeichnete, wird nun als „**tüchtige, verlässliche Frau**" geehrt.

207

Samstag, 9. Juli   Rut 4,1-22

● Im **Tor** wurden auch Rechtsstreitigkeiten entschieden (Amos 5,15). Wie zufällig, aber hier auch erwartbar, erscheint der „Löser".

● Boas spricht geschickt zunächst nur vom Landbesitz des Elimelech. Erst später konfrontiert er den Löser mit der Bedingung, dass er damit zugleich die Ausländerin und Witwe erwirbt – Boas verbindet also das Rückkaufrecht (3Mose 25,23ff) mit dem Leviratsrecht der „Schwagerehe" (5Mose 25,5-10; s. Einf.). Das Ziel war, den Namen des Verstorbenen durch einen Sohn wieder aufleben zu lassen und den Erbbesitz zurückzugewinnen. Der Löser lehnt ab, befürchtet einen Nachteil, indem er eines Tages das Land an den Sohn aus Elimelechs Familie abgeben muss.

● Durch den Brauch, den Schuh auszuziehen, wird das Besitzrecht, hier das Löserecht, abgetreten.

● Aus dem Akt der Verantwortung und „Güte" des Boas erwachsen **Segensworte**: Rut (jetzt „Frau", nicht mehr Magd und Fremde) soll gesegnet sein wie Rahel und Lea. Es geht also auch um die Erfüllung der alten Verheißung: „Ich will dich zu einem großen Volk machen." Auch dass der Name des Boas groß werden soll, erinnert an die Abrahamverheißung (1Mose 12,2). Bemerkenswert, dass der Segen auch Perez und Tamar erwähnt – Tamar war wie Rut eine Ausländerin, deren Mann kinderlos starb. Sie verschaffte sich auf höchst fragwürdige Weise (als verkleidete Prostituierte) ihr Recht auf Nachkommen (vgl. 1Mose 38). Die Frauen preisen auch den Gott der Noomi, der ihr „wieder Leben gegeben" hat.

● V 17-22 öffnen den weiten Horizont der **Erlösungsgeschichte** Gottes, denn zum Stammbaum Davids und später des Messias Jesus gehören Boas, Rut und Obed (Mt 1,5f).

> ✎ *Vielleicht erscheint auch in unserem Leben vieles verworren und allzu menschlich. Wo erkennen wir auch durch Leid und Umwege die Führung Gottes und einen höheren Zweck?*

Sonntag, 10. Juli	Psalm 42

● Dieser Psalm ist voller „**Herztöne**", hat ein Ausleger einmal formuliert. In der Tat: Hier betet einer, der viel durchmacht: Er ist **fern von Gott** – zunächst rein äußerlich: Er ist weit entfernt von Jerusalem und den Gottesdiensten, die dort gefeiert werden. Aber Gott scheint ihm auch **innerlich** fern – und er muss, vermutlich von Heiden, unter denen er lebt, Spott ertragen (V 4).

● Er droht daran zu zerbrechen, aber er gibt noch nicht auf. **Wie ein Verdurstender schreit er seine Sehnsucht nach Gott heraus** (V 2-3). Dabei hat er nicht vergessen, dass Gott ihn über viele Jahre seines Lebens getragen und beglückt hat und wie er ihn in der Gemeinschaft des Volkes Gottes angebetet hat (V 5).

● Die Erinnerung daran lässt ihn fragen, ob er jetzt wirklich so einsam ist. „Nein", denkt er, „ich bin nicht vergessen! Wie konnte ich das nur denken. Auch wenn Gott mir jetzt eher verborgen ist, so ist er doch da. Ich werde es noch merken!" – So ähnlich klingt das Gespräch mit der eigenen Seele.

● Aber der Beter wird darüber immer noch nicht ganz ruhig. Plötzlich sind sie wieder da, die Ängste. Er scheint hoch im Norden Israels zu sein. Die Jordanquellen werden ihm plötzlich zu Wasserfluten (V 7-8), die ihn ängstigen.

● Noch radikaler als in V 4-5 klingen die **Klagen der Einsamkeit**. Aber da bricht sie wieder durch, die Gewissheit im Herzen (V 12): „**Nein, ich bin nicht allein.**" – Mit den gleichen Worten wie in V 6 spricht er: **Ich bin in Gott geborgen.** So wird es in Psalm 43 weitergehen: Ein drittes Mal kommt es zu diesem Selbstgespräch (43,5).

✎ *Manchmal brauchen wir einen solchen geistlichen Weg gleich mehrfach, damit wir uns wieder erinnern, was wir an Gott haben, und damit unsere aufgescheuchte Seele wirklich zur Ruhe kommt (vgl. Phil 3,1; 4,4).*

Montag, 11. Juli   Johannes 5,1-18

● V 1-8: Dieses Heilungswunder Jesu geschieht wahrscheinlich am Laubhüttenfest. In der Nähe des „Schaftores" lag der **Teich Betesda**, d. h. „Haus der Barmherzigkeit". Ausgrabungen zeigen, dass er aus zwei Teichen bestand, die durch eine 6,5 Meter breite Mauer getrennt waren. Über dieser Mauer und entlang der vier Seiten des Teiches befanden sich fünf Säulenhallen, in denen Gelähmte und Blinde lagen und auf Heilung warteten. Unter ihnen ist ein Mann, der schon 38 Jahre gelähmt ist. Nun fällt Jesu Blick auf diesen einen, der ihn braucht.

● Jesus wendet sich ihm zu. Natürlich weiß auch Jesus, dass der Kranke gesund werden will. Trotzdem fragt er ihn: „Willst du gesund werden?" **Jesus zwingt sich eben nirgends auf. Er will, dass Menschen sich bewusst für ihn öffnen und sich willentlich ihre Hände von ihm füllen lassen.** Erstaunlich ist auch die Antwort des Kranken: „Ich habe keinen Menschen, der mich zum Teich bringt." Und dann heilt Jesus den Gelähmten. Schon im AT wird angekündigt, dass der Messias sich auch um Blinde und Lahme kümmert (Jer 31,8; Jes 29,18f).

> ✎ *Ist in Ihrer Nähe jemand, der von sich sagen könnte: „Ich habe keinen Menschen", und für den Jesus Sie gebrauchen möchte?*

● V 9-18: **Die Heilung geschieht am Sabbat.** Als der Geheilte gefragt wird, warum er am Sabbat seine Matte trägt – was nach den Auslegungsbestimmungen zum Sabbatgebot verboten war –, verweist er auf Jesus. Das hat zur Folge, dass sich nun Jesus verteidigen muss. In seiner Antwort **spricht Jesus von „mein Vater". Damit unterstreicht er, dass er der Sohn Gottes ist.** Wie der Vater **alle** Tage „wirkt", so kann auch Jesus als der Sohn Gottes **alle** Tage wirken, also auch am Sabbat (V 17). Das Bekenntnis, dass er der Sohn Gottes ist, führt dazu, dass Jesus nun mit der Todesdrohung leben muss (V 18).

210

Dienstag, 12. Juli   **Johannes 5,19-30**

Der heutige Abschnitt ist die **Antwort Jesu an die jüdischen Füh-rer, die den Todesbeschluss über Jesus gefasst hatten,** weil er sich als Sohn Gottes bezeichnet hat. In den V 19-30 redet Jesus über sich als den **Sohn Gottes.** Dreimal beginnt Jesus seine Antwort mit einem „Wahrlich, wahrlich" (V 19.24.25), was bedeutet: „Es ist gewiss, was ich euch sage." Aber was sagt nun Jesus über sich als den Sohn Gottes?

● V 19-23: **Jesus stellt klar, dass der Sohn in der Abhängigkeit von seinem Vater lebt.** Der Sohn tut nur das, was auch der Vater tut, und der Sohn will nur, was auch der Vater will. Wir stehen hier vor dem **Geheimnis der Trinität.** Wenn wir wissen wollen, wer der Vater ist, müssen wir auf Jesus sehen. In ihm sehen wir, wie Gott der Vater ist, wie er es mit uns meint und was sein Wille ist. **Die noch größeren Werke,** die der Vater dem Sohn zeigt und die der Sohn dann auch tut, **sind die Passion, die Auferstehung, das Gericht und die Herrschaft mit dem Vater.** Wie der Vater geehrt wird, soll auch der Sohn geehrt werden. Damit macht Jesus deut-lich, dass er göttliche Würde hat.

● In V 24 zeigt Jesus, warum er als der Gottessohn gekommen ist, nämlich **um uns aus ewiger Verlorenheit zu retten** und allen, die an ihn glauben, ewiges Leben zu schenken. Deshalb lädt er zum Glau-ben ein. Und dabei ist **der Glaube an den Vater und den Sohn nicht voneinander zu trennen,** „denn es geht ja um den Glauben an den Gott, der Jesus gesandt hat" (Gerhard Maier). Wer an Jesus glaubt **ist** gerettet und **hat** das ewige Leben.

● V 25-30: Weil **der Sohn Gottes auch der Menschensohn** nach Daniel 7,13f ist, hat ihm **der Vater auch die Vollmacht gegeben, Gericht zu halten,** wie wir es im Glaubensbekenntnis bekennen. Dabei ist entscheidend, dass wir unser Leben Jesus anvertrauen und für uns gelten lassen, was er für uns getan hat. Zentrum des „Guten" (V 29) ist es, dass wir an Jesus glauben. Und wer Jesus hat, der hat das Leben!

211

Mittwoch, 13. Juli   Johannes 5,31-40

In den vorausgehenden Versen (V 18ff) hatte sich Jesus als Sohn Gottes zu erkennen gegeben. V 31 ist in dem Sinne zu verstehen, dass seine Gegner ihm nicht glauben, weil er das selbst über sich aussagt. Andere müssten das also auch bezeugen. **Was aus zweier oder dreier Zeugen Mund kommt, ist nach damaliger Anschauung erst glaubwürdig. Und nun nennt Jesus hier sogar vier Zeugen für seine Gottessohnschaft.**

● V 32-35: **Erster Zeuge** ist **Johannes der Täufer.** Er bezeugt Jesus als Messias und Gottessohn. Das war seine Aufgabe (Joh 1,6f).

> ✎ *Lesen Sie zu V 33 Joh 1,19-23; 24-27.29.*

Johannes hatte wie ein Scheinwerfer auf Jesus hingewiesen, aber leider haben viele nicht an Jesus geglaubt.

● V 36: **Zweiter Zeuge** sind die „Werke" Jesu. Größer ist dieser Zeuge, weil Johannes ein Mensch war, die Werke aber von Gott stammen. Jesu Wunder bestätigen ihn als Messias und Gottessohn. Im AT war angekündigt: Wenn der Messias kommt, werden Blinde sehen, Lahme gehen, Aussätzige rein und Tote werden auferstehen (vgl. Jes 61,1f).

● V 37f: Der **dritte Zeuge** ist der **Vater.** Jesus war bereits beim Vater, schon bevor er in die Welt kam. Bei der Taufe, bei der Verklärung und bei anderen Ereignissen sagte der Vater über Jesus: „Dies ist mein lieber Sohn" (Mt 3,17; 17,5; Joh 12,28).

● V 39f: Als **vierten Zeugen** nennt Jesus die **Schrift.** Er erkennt an, dass seine Zuhörer das AT gründlich erforschen. Sie glauben sogar, dass sie dort den Weg zum „ewigen Leben" finden. Und Jesus bestätigt das und auch, dass es im AT viele Aussagen gibt, die ihn als Messias und Gottessohn ankündigen (vgl. 2Sam 7,12f; Ps 2,7; Jes 7,14; 52,14; 53,2ff u. a.). Wie traurig muss Jesus sein, wenn Menschen an ihm vorbeigehen! Bei ihm könnten sie erfülltes und ewiges Leben finden. Und das möchte er doch so gerne schenken!

Donnerstag, 14. Juli   Johannes 5,41-47

Jesus legt größten Wert darauf, dass wir erkennen, dass er der Sohn Gottes ist. Deshalb spricht er so ausführlich über sich als den Gottessohn. Mit V 41ff schließt er dieses Thema nun ab, indem er noch einmal deutlich macht, warum er in die Welt gekommen ist und was er bei uns sucht.

● Jesus ist nicht in die Welt gekommen, um Ehre bei Menschen zu suchen und groß herauszukommen. **Er kommt nicht wegen sich. Er kommt wegen uns.** Er kommt im Namen seines Vaters, um uns zu retten. Er lässt sich um unsertwillen vom Vater senden. Wenn wir das erkennen und ihn und den Vater lieben, werden wir aus Dankbarkeit Jesus loben und ihm die Ehre geben.

● Mit zwei Begriffen beschreibt Jesus **das Ziel seines Kommens. Er möchte aufgenommen werden und er sucht Glauben.**

→ Wie schon in Joh 1,11 stellt Jesus in V 43 traurig fest, dass seine Zuhörer ihn nicht an- bzw. aufnehmen. Sein ganzes Sehnen ist darauf gerichtet, dass wir ihn **in unser Lebenshaus aufnehmen,** ihm in unserem Leben Raum geben und er bei uns das Sagen haben darf.

→ Und zum anderen **sucht Jesus bei uns Glauben.** Er möchte, dass wir ihn als Sohn Gottes anerkennen, seinen Worten glauben und ihm vertrauen.

> ✎ *Was bedeutet in Ihrem Glaubensleben Jesus aufnehmen und an ihn glauben?*

● Jesus sieht bei seinen Zuhörern, was sie hindert, ihn aufzunehmen und an ihn zu glauben. Sie wollen bei Menschen gut dastehen und anerkannt werden, anstatt Ehre bei Gott zu suchen. Wenn sie das täten, würden sie entdecken, dass sie sich Ehre nicht bei Gott verdienen können. **Ehre bei Gott ist Gnade. Und die schenkt er uns in Jesus.** Bei Jesus finden wir Rettung, Vergebung, Gemeinschaft mit Gott und ewiges Leben – eben Ehre bei Gott. Wenn wir ihn aufnehmen, sind wir Gottes geliebtes Kind (Joh 1,12).

213

Freitag, 15. Juli   **Johannes 6,1-15**

Die Speisung der 5000 wird in allen vier Evangelien erzählt. Während Jesus mit seinen Jüngern mit dem Boot vom Westufer an das Ostufer des Sees Genezareth fährt, läuft das Volk um den See herum Jesus nach.

> ✎ *Schauen Sie auf einer Karte in Ihrer Bibel nach, wo sich die Geschichte ereignete.*

● Jesus sieht das Volk und fragt schließlich Philippus, wo sie Brot für die Verpflegung des Volkes kaufen könnten. **Jesus will mit dieser Frage das Vertrauen der Jünger prüfen. Er weiß bereits, was er tun wird.** Philippus zeigt mit seiner Antwort, dass er Realist ist. Brot für 200 Denare – das ist der Verdienst eines Tagelöhners in 200 Tagen. Es stellt sich heraus, dass ein Jugendlicher fünf Brote und zwei Fische dabeihat. Wenn Jesus seine Jünger beauftragt, das Volk sich lagern zu lassen, dann will er sie bei dem Speisungswunder **als seine Mitarbeiter gebrauchen.** Das gilt bis heute. Dann teilt Jesus wie ein Hausvater beim Passamahl von den fünf Broten und zwei Fischen aus. Alle werden satt und die Jünger sammeln noch zwölf 12 Körbe ein.

● Jesus übergeht das Wenige nicht, das der Junge dabei hat. Für ihn sind auch unsere kleinen Gaben und Fähigkeiten nicht zu wenig. **Aus dem Kleinen, das durch seine Hände geht, kann Großes werden.** Und wenn in V 10 erzählt wird, dass es viel Gras an dem Ort gab, so erinnert das an Ps 23,2: „Er weidet mich auf einer grünen Aue." **Hier zeigt sich Jesus als der messianische Hirte, der für uns sorgt.** Und die übrigen 12 Körbe am Schluss beweisen Jesu Freigebigkeit.

● **Interessant ist auch der Abschluss.** Das Volk sieht in Jesus den in 5Mose 18,15 verheißenen Propheten. Als Jesus merkt, dass sie ihn zum Brotkönig machen wollen, entflieht er. Es geht ihm nicht um politische Macht. Er geht den Weg ans Kreuz zur Sühne für unsere Schuld. Was für ein Herr!

214

Samstag, 16. Juli   **Johannes 6,16-21**

● Am Abend, unmittelbar nach der Speisung der Fünftausend, steigen die Jünger in ein Boot. In Mt 14,22 lesen wir, dass Jesus die Jünger genötigt habe, wegzufahren. Offensichtlich wollte er eine Zeitlang allein sein für das Gebet mit seinem himmlischen Vater. Die Jünger fahren ohne Jesus in einem Ruderboot vom Ostufer des Sees Genezareth Richtung Kapernaum. Dabei kommt ein heftiger Sturm auf.

> ✎ *Ist das nicht auch ein Bild für manche Lebenssituationen? Gab es auch bei Ihnen schon Situationen, wo Ihr Lebensschiff auf stürmischer See unterwegs war und von Jesus zunächst nichts zu sehen war?*

Jesus kommt nicht sofort, als der Sturm beginnt. Er lässt die Jünger warten. Als sie etwa in der Mitte des Sees sind (ein Stadion ist ca. 190 m) sehen sie eine Gestalt auf dem Wasser auf sie zukommen. Sie erkennen Jesus noch nicht, deshalb haben sie Angst. Da gibt sich Jesus ihnen zu erkennen mit den eindrücklichen Worten: „Ich bin's, fürchtet euch nicht" (V 20).
● Diese Geschichte zeigt **Jesus in seiner göttlichen Hoheit**. In Hiob 9,8 heißt es: „**Gott allein ... geht auf den Wogen des Meers.**" Wenn Jesus auf dem Wasser zu den Jüngern kommt, dann macht er damit noch einmal deutlich, dass er der Sohn Gottes ist (vgl. Joh 5,18ff).
● Zum anderen gibt Jesus sich mit den Worten zu erkennen: „**Ich bin's.**" **Jesus lässt seine Jünger auch in ihren Lebensstürmen nicht allein.** Gerade da, wo wir ihn besonders brauchen, vergisst er uns nicht und macht sich nicht aus dem Staub. Auch in schwierigen Zeiten lässt Jesus uns hören: „Ich bin's, ich bin bei euch". Deshalb kann er uns auch heute sagen: „Fürchtet euch nicht!" Jesus kennt auch unsere Stürme. Er weiß, dass wir in der Welt Angst haben (vgl. Joh 16,33). Aber er ist der Herr über alle Mächte und Gewalten und stellt sich schützend an unsere Seite.

215

Sonntag, 17. Juli   **Psalm 73**

● Ehrlich gibt Asaf Einblick in **seine Lebens- und Glaubenskrise,** die
an der Frage aufbricht: Wie kann es der Gott, der „Israel gut ist"
(so V 1 wörtlich), zulassen, dass die „Frevler ... glücklich sind ...
und reich werden" (V 12), während er, Asaf, sein „Herz rein hielt"
(V 13) und doch „täglich geplagt" ist (V 14) und sowohl körperlich
als auch seelisch leiden muss (V 26)? Eigentlich müsste Gott doch
die belohnen, die sich zu ihm halten, und die Frevler bestrafen. Asaf
stellt die **Theodizeefrage: die Frage nach der Gerechtigkeit Gottes.**
● Asaf will mit seinem Psalm anderen Gläubigen in ihren Krisen
weiterhelfen. Dabei zeigt er vier Schritte auf:
→ V 1f bekennt Asaf „Gott ist gut" (V 1), verschweigt aber nicht,
dass er an diesem „guten Gott" beinahe irregeworden wäre, weil
er trotz seines Glaubens Schweres erleben musste (V 2).
→ V 3-12 schildern das scheinbare Lebensglück der Gottlosen,
welches ihn veranlasste, an Gott zu zweifeln.
→ V 13-20 beschreiben, wie er nach langem und vergeblichem Bemühen aus dem „Labyrinth seiner Glaubenszweifel" (H. Lamparter)
herausfand: Gott lehrte ihn auf das Ende der Gottlosen zu achten
(V 17).
→ In V **21-28** „verkündigt" (V 28) Asaf die **Antwort,** die er von
Gott erhalten hat: **In all dem, was er erleben muss, ist er von Gott
gehalten (V 23b) und geführt (V 24a).** Anders als die Frevler, die
im Nichts enden (V 19.27), wird Gott mit ihm zum Ziel kommen
(V 24b). Dabei wird ihm bewusst: Gott „zu haben" (V 25) ist der
wahre Reichtum und in Gottes Nähe zu leben, das wahre Glück
(so V 28a wörtlich).

✎ *Was müsste vom Neuen Testament bzw. Jesus her noch
ergänzt werden? – Nachzulesen z. B. in Mt 16,24-27; Röm
8,18-20; 2Kor 1,5; 12,9.*

→ Eine Antwort auf die Theodizeefrage gibt die Bibel nicht. In dieser Spannung leben wir.

Montag, 18. Juli   **Johannes 6,22-34**

Durch die Speisung der 5000 wurde das erste von den sieben „Ich-bin-Worten" des Evangeliums eingeführt. Es geht in den Versen 22-59 um das **„Brot des Lebens".** In diesem Abschnitt wird eine Verbindung zum Zeichen bzw. Wunder aus Joh 6,1-15 hin zum eigentlichen Ausspruch bzw. Anspruch Jesu geschaffen.

● V 22-25: Das Volk, das beim Speisungswunder anwesend war, hat die Zwischenepisode des Seewandels nicht mitbekommen und ist nun auf der Suche nach Jesus. Die Verben für **Suchen und Finden** aus V 24 und 25 werden **oft für die Gott- oder Wahrheitssuche verwendet.**

● V 26f: Zwar haben sie Jesus gefunden, aber dieser stellt klar, dass sie im Grunde nicht wirklich ihn gesucht haben. Vielmehr ging es dem Volk um sich selbst, nämlich äußerlich satt zu werden. Das von ihnen erlebte Wunder wurde falsch verstanden.

● V 28f: Das „Mühen" aus V 27 wurde missverstanden, als ob Menschen die Speise zum ewigen Leben aus sich heraus gewinnen könnten. Dagegen stellt Jesus klar, dass der Glaube an ihn das zu vollbringende Werk ist, das wiederum aber nur Gott selbst schenken kann: **Glaube ist keine menschliche Leistung, sondern göttliches Geschenk.**

● V 30f: Das Volk will Jesus nur anerkennen, wenn sie ein weiteres Wunder sehen: Die Brotvermehrung am Tag vorher hat nur äußerlich ihren Hunger gestillt, nicht aber ihre Sehnsucht nach ewigem Leben. Als Beispiel, dem Jesus folgen soll, wird Mose angeführt, der das Volk in der Wüste mit Manna versorgte.

● V 32f: Jesus stellt zum einen klar, dass nicht Mose es war, der das Manna gab, sondern Gott. Zum anderen wird deutlich, dass es unterschiedliche Auffassungen vom „Himmel" gibt: Einmal als geografischer Ort, von dem Gaben (Manna) für das irdische Leben für das Volk kommen und einmal als Offenbarungsort für die gesamte Welt.

● V 34: Die letzte Ankündigung Jesu **weckt im Volk die Sehnsucht nach diesem Brot.**

Dienstag, 19. Juli   **Johannes 6,35-51**

● V 25: Im ersten „Ich-bin-Wort" des Joh wird die Spannung aufgelöst, die sich quasi seit der wundersamen Speisung der 5000 aufgebaut hat. **Hunger und Durst nach Leben,** wie sie in V 34 dann sehnsüchtig geäußert wurden, **werden durch Jesus gestillt.**

● V 36-40: Die erklärenden Worte zeigen, dass die in V 35 ausgesprochene **Einladung von den Juden ausgeschlagen** wird: „Ihr glaubt doch nicht." Darüber hinaus betont Jesus die unauflösliche Verbundenheit und Abhängigkeit des Sohnes vom Vater und gleichzeitig die Abhängigkeit der Menschen vom Sohn.

● V 41f: Hier wird die Ebene des Dialogs verlassen, die sich seit V 25 durchzieht: Die um Jesus Herumstehenden sind **verärgert über den Anspruch Jesu:** Sie kennen doch seine irdische Herkunft und wollen daher seine himmlische nicht anerkennen. Das sagen sie aber nur untereinander.

● V 43-51: Jesus antwortet ihnen dennoch direkt und stellt klar, dass zu ihm nur der kommt, der von Gott gezogen wird. **Die Rede vom „Ziehen" ist ein oft gebrauchtes Bild der Liebe** (vgl. Jer 31,3; Joh 12,32).

● Ab V 48 wird die Brotsymbolik wieder aufgenommen und auch an das Manna in der Wüste mit dem Zusatz der Sterblichkeit erinnert (vgl. V 31). In V 51 bezeichnet Jesus sich zum vierten Mal als **Lebensbrot. Neu ist dabei die Identifikation mit seinem Fleisch.** Damit kommt sein Tod am Kreuz in den Blick und seine Lebenshingabe wird weltumspannend heilsbringend dargestellt.

> ✎ *Viermal wird in dieser Rede Jesus als Brot des Lebens bezeichnet. Bei Brot kommt einem vielleicht auch die Bitte aus dem Vaterunser in den Sinn: „Unser tägliches Brot gib uns heute" (Mt 6,11). Wie klingt es für Sie, diese Bitte nicht nur auf das äußere Lebensmittel zu beziehen, sondern auch auf die tägliche „Jesus-Ration" im Leben?*

Mittwoch, 20. Juli   Johannes 6,52-59

● V 52: Die Identifikation des Brots mit Jesu Fleisch sorgt dann für erneuten Streit unter den Zuhörenden. Wie genau der Streit aussah, ist unklar. Eindeutig ist, dass es hier wie oft im Joh um **eine typische Missverstehens-Szene** geht: Die Hörenden nehmen das Jesus-Wort wörtlich und denken an Kannibalismus. Aber ist ihnen das vorzuwerfen, da sie noch nichts vom letzten Abendmahl Jesu vor seinem Tod wissen konnten?

● V 53-58: Gleich mehrmals wiederholt Jesus die in den Ohren der Zuhörer **skandalöse Botschaft, dass man sein Fleisch essen und sein Blut trinken müsse, um ewiges Leben zu bekommen.** Natürlich meint Jesus damit das geistliche „In-Sich-aufnehmen" des Menschensohns – quasi eine Steigerung des Glaubens an ihn (vgl. V 35). Dabei sind folgende Aspekte zu beachten:

→ **Neue Begriffe sind „Blut" und „trinken".** Für die jüdischen Zuhörenden fast noch schlimmer als der Gedanke des Menschenfleisch-Essens, da Blutgenuss generell verboten ist, weil Blut Trägerin des Lebens ist (vgl. 1Mose 9,4 u. ö.).

→ Das Joh überliefert im Gegensatz zu den Synoptikern **keine Einsetzung des Abendmahls.** Erstaunlicherweise setzt aber das **Joh eine eucharistische Tradition als gegeben voraus.**

→ Erst im **nachösterlichen Rückblick** kann verstanden werden, was sich mit der Einnahme des Abendmahls als Fleisch und Blut Christi verbindet: Vergebung, ewiges Leben.

→ Was mit dem „Ich-bin-Wort" vom Brot des Lebens in V 35 begann, wird in V 58 abgeschlossen. **Jesus ist als Fleisch gewordenes Wort Gottes (1,14) der Zugang zum ewigen Leben.**

● Mit diesem ersten „Ich-bin-Wort" zeigt Jesus, dass allein mit ihm sowohl das irdische Leben gemeistert werden kann als auch das ewige geschenkt wird.

● V 59: Dieser Vers beschließt die lange Szene, die mit dem Auffinden Jesu in Kapernaum in V 25 begann: Durch die jetzt erst erwähnte Synagoge wird deutlich, dass alles Gesagte am öffentlichen Ort geschah: **Jesu Worte sind keine Geheimlehre!**

Donnerstag, 21. Juli   Johannes 6,60-65

● Die folgende Szenerie findet nun ohne das Volk nur im Jüngerkreis statt. Die letzten Worte über das Essen des Fleisches und Trinken des Bluts sorgen nicht nur bei der zuhörenden Menge für Diskussion, Murren und Streit (V 52), sondern auch im internen Jüngerkreis (V 60). Hier zeigt sich, dass es Joh versteht, seine Erzählung auf **zwei Ebenen** zu verdeutlichen:

→ Auf der erzählten Ebene wird deutlich, dass es **schon im internen Jüngerkreis Auseinandersetzungen um Jesu Worte** gab. Einige konnten nicht verstehen, wie Jesus hier von sich und der ihn erwartenden Zukunft spricht.

→ Auf der Ebene seiner Leserschaft spiegelt der Evangelist durch diese Worte, dass es **vermutlich in seiner Gemeinde auch einen Streit um das Verständnis des Abendmahls** gab.

> ✎ *Das Abendmahl ist bis heute durch verschiedene Lehrmeinungen leider eher ein trennendes Zeichen christlicher Kirchen. Unabhängig davon: Was bedeutet Ihnen persönlich das Abendmahl?*

● Noch einmal: Im Joh finden wir kein letztes Mahl wie in den synoptischen Evangelien. Dennoch ist es **eindeutig, dass die Worte Jesu in Joh 6 genau auf die seit den ersten Tagen der christlichen Gemeinde gefeierte Form des Herrenmahls bezogen sind.** Nur: Verstanden werden kann dies alles nur aus der Sicht nach Jesu Auferstehung und vor allem der Ausgießung des Heiligen Geistes, der in V 63 zum ersten Mal in Joh erwähnt wird.

● V 64: **Selbst in der Jüngerschaft gibt es Ungläubige.** Dieser Satz steht in einem gewissen Widerspruch zur Aussage in V 44, wonach der Glaube von Gott geschenkt wird („ziehen"). Gibt es also eine **Vorherbestimmung** (Prädestination), wer glaubt und wer nicht? Der Text spricht allerdings nur von einem **Vorherwissen.** Dabei kann man einen gewissen schmerzlichen Unterton vernehmen, dass es Menschen (Jünger) gibt, die nicht glauben.

Freitag, 22. Juli   **Johannes 6,66-71**

● V 66: Der Unglaube innerhalb der Jüngerschaft führt dazu, dass sich **einige abwenden bzw. Jesus verlassen.** Es kann also unterschieden werden zwischen dem **Bewunderer und dem Nachfolger.** Während der Bewunderer so lange als Jünger zu Jesus hält, wie er seine Erwartungen erfüllt, bindet sich der Nachfolger bedingungslos an Jesus. „Es gibt im Grunde zwei Arten von Christen: den Nachfolger Christi – und die billigere Ausgabe desselben: den Bewunderer Jesu" (Sören Kierkegaard).

● V 67: Nun kommen die zwölf Jünger ins Spiel, die zum Kreis derer werden, die Jesus treu bleiben. Der Zwölferkreis wird hier im Joh zum ersten Mal erwähnt. Mit seiner Frage zeigt Jesus seine **ganze Souveränität:** Er schwört die Zwölf nicht auf unbedingte Gefolgschaft ein, appelliert nicht an ihren Durchhaltewillen, sondern **sucht ein freiwilliges Ja zum Weg der Nachfolge.**

● V 68f: Petrus als Wortführer antwortet stellvertretend für die anderen. Seine überraschend klingende Rückfrage „Wohin sollen wir gehen?" zeigt, dass **er die Entscheidung für den Weg der Nachfolge für alternativlos** hält. Die Zwölf sind Jesus ohne Wenn und Aber nachgefolgt. Darum betont Petrus:

→ „Du hast Worte des ewigen Lebens": Jesus hat ihnen mit seiner Botschaft eine **Ewigkeitsperspektive** für ihr Leben gegeben.

→ „Wir haben geglaubt und erkannt": Sie haben Jesus vertraut und dann ist ihnen **auf dem Weg des Gehorsams das Geheimnis seiner Sendung offenbart** worden.

→ „Du bist der Heilige Gottes": Auf das „Ich-bin"-Wort Jesu folgt mit dem „**Du bist**" das bestätigende Bekenntnis.

● V 70f: Das Bekenntnis wird durch **die Ankündigung des Verrats des Judas kontrastiert.** Dieser wird als ein Teufel, als Gegenspieler zur Wahrheit bezeichnet – obwohl er zum Kreis der Bekennenden gehört. In dieser **Unbegreiflichkeit** bleibt die Episode stehen und wird nicht aufgelöst.

Samstag, 23. Juli   **Johannes 7,1-13**

● Jesus laufen seine Jünger in Scharen davon (6,66). Wie wird er darauf reagieren? Er bleibt in Galiläa. Seine Halbbrüder raten ihm, in die Offensive zu gehen, sich in Szene zu setzen. Konkret: Zum Laubhüttenfest zu ziehen, um sich dort „vor der Welt" durch Wundertaten als Messias auszuweisen. Haben sie nicht recht? Schließlich zählte das Laubhüttenfest zu den wichtigsten Festen in Israel. Zugleich könnte er so aus der „Verborgenheit" hervortreten. Also ein guter Rat. Oder trauen sie Jesus dies alles gar nicht zu (V 5) oder verbirgt sich hinter ihren Worten gar der O-Ton des Versuchers?

● Tatsächlich wiederholt sich hier die Versuchung vom Beginn seines Weges: dem Lauf der Dinge selber nachzuhelfen (vgl. Mt 4,3) und sich durch ein Schauwunder vor dem Volk zu präsentieren (Mt 4,6).

> ✎ *Selbstdarstellung liegt heute voll im Trend. Kennen Sie Situationen, wo Ihnen diese Haltung zur Versuchung wird?*

● Jesus stellt der Versuchung ein klares Nein entgegen: Durch sein Wirken will er nicht sich selbst, sondern den Vater verherrlichen (vgl. 17,1.4). Nicht sein eigener Wille soll geschehen, sondern der Wille dessen, der ihn gesandt hat (6,38). Deshalb kann, ja muss er warten. Noch ist seine „Zeit" nicht gekommen (das hier für „Zeit" verwendete griech. Wort kairos meint speziell den rechten, von Gott bestimmten Augenblick). Wer glaubt, kann warten – bis der Impuls zum Handeln „von oben" kommt.
Das unterscheidet Jesus von seinen Halbbrüdern – sie gehören zur „Welt", die nicht auf Gott hört. Dass dieses selbstbestimmte Handeln „vom Bösen" ist, deckt Jesus auf. Deshalb wird er von der Welt gehasst.

● Später zieht Jesus doch nach Jerusalem, aber inkognito. In der aufgeheizten Messiassehnsucht suchen sie nach ihm. Aber suchen sie wirklich ihn? Wer ist er überhaupt?

222

Sonntag, 24. Juli   **Psalm 139**

● In Ps 139 nimmt uns David mit auf **einen Weg, der die menschliche Gottesbeziehung auslotet.** Dieser Weg umfasst vier Strophen à sechs Verse; der bzw. die letzten beiden Verse fassen dabei jeweils zusammen (V 6; 11-12; 17-18; 23-24).

→ In **Strophe 1 (V 1-6)** reflektiert David seine Erfahrung, dass Gott **nichts von seinem Leben verborgen bleibt** (vgl. Davids Erfahrung in 2Sam 11–12) und ist davon sichtlich irritiert (V 6).

→ In den **V 7-12** spielt David durch, ob es denn eine Möglichkeit gebe, Gott zu entkommen. Das scheitert jedoch an Gottes Allwissenheit und Allgegenwart.

→ Mit Strophe 3 (V 13-18) akzeptiert David, dass er ein Geschöpf Gottes ist. Die Bibel spricht immer wieder davon, dass der Mensch schon vor seiner Geburt einzigartig (vgl. das „wunderbar" in V 14) und eine eigene „Person" ist. Diese Einzigartigkeit ist grundlegend für die biblische Lehre vom Menschen. **V 17-18** sind so etwas wie eine Zwischenbilanz; David dankt Gott dafür, dass sein Leben sicher und geborgen ist, weil der allwissende und allgegenwärtige Gott über ihm wacht.

> ✎ *Wie geht es Ihnen persönlich, wenn Sie daran denken, dass Gott allwissend ist? Wie setzt Gott Ihrer Meinung nach seine Möglichkeiten ein?*

● Weil David weiß, dass seine Gemeinschaft mit Gott gefährdet ist, bittet er Gott, ihm zu helfen (**V 19-24**). Nur wenn Gott selbst eingreift, sieht er eine Chance, sich nicht auf die Seite der Feinde Gottes zu schlagen und so seine Gemeinschaft mit Gott zu gefährden (**V 19-22**). Die abschließenden Bitten, Gott möge ihn prüfen, führen und damit auch bewahren (V 23f), nehmen Strophe 1 auf; **was David am Anfang noch einen Schrecken einjagte, ist jetzt zu seinem persönlichen Gebetsanliegen geworden!** Die Bitte erfüllt Gott durch Jesus (Joh 10,11.15.27-30) und mit der Sendung des Heiligen Geistes (Röm 8,9-11).

Montag, 25. Juli   Johannes 7,14-24

● Nun tritt Jesus doch auf dem Fest auf – aber er wirkt nicht durch Wunder, sondern durch sein Wort: **Er „lehrt" im Tempel, d. h. er legt die heiligen Schriften aus.** Dass sich Jesus ohne rabbinische Ausbildung als „Kenner" der Schriften erweist, versetzt die Juden in Erstaunen (vgl. schon Lk 2,47 und v. a. Mt 7,28f).

● So geht es erneut um die alles entscheidende Frage: **Wer ist Jesus? Und: Woher kommt seine Autorität?**

● Jesus stellt klar: Seine Lehre basiert nicht auf eigenen Erkenntnissen, sondern sie ist „aus Gott" (so V 17 wörtlich), der ihn gesandt hat. Liefert er nun endlich Beweise dafür?

● Falscher Ansatz, sagt Jesus. Um dies zu „erkennen", helfen nicht Argumente und Beweise, sondern der Wille zum gehorsamen Tun. **Darum lädt Jesus zum „Experiment" ein: Wenn du wirklich wissen willst, ob das wahr ist, was ich sage – probier's aus: Tu, was ich sage,** dann wirst du die Kraft erkennen, die dahintersteckt.

> ✎ *Ein guter Tipp für missionarische Gespräche! Nichts gegen gute Argumente für den Glauben! Aber am Ende führt es nur weiter, es mit dem Glauben „auszuprobieren".*

● Aber genau diesen Willen, sich auf Gottes Willen einzulassen, haben die Gesetzeslehrer nicht (V 19; vgl. Röm 3,9ff). Stattdessen drehen sie den Spieß um und bezichtigen Jesus, das Gesetz zu übertreten. Darum wollen sie ihn beseitigen (so schon in 5,18). Das „Volk" hat das noch nicht gemerkt (V 20). **Aber Jesus zeigt** am früher aufgebrochenen Konflikt um die Heilung am Sabbat (5,1-18), **dass er kein Gesetzesübertreter ist.** Er argumentiert rabbinisch, ausgehend vom Konsens: Man darf am Sabbat Heilsames tun (Mt 12,11f). **Wenn nun schon die bloß** zeichenhafte **Zusage der Heilsgemeinschaft (Beschneidung) am Sabbat erlaubt ist, wie viel mehr die reale Heilung des „ganzen" Menschen an Leib und Seele.**

Dienstag, 26. Juli **Johannes 7,25-31**

Die Frage, wer Jesus ist, spitzt sich zu.

● V 25-27.31: Im Volk werden hinter vorgehaltener Hand (V 13) diverse **Mutmaßungen und Argumente** verhandelt:

→ **Die Haltung der Obersten** ist diffus, sie lassen ihn gewähren; sollten sie ihn etwa doch für den Messias halten?

→ **Die Herkunft Jesu** ist hinlänglich bekannt, das spricht gegen ihn als Messias, denn damals kursierte die Erwartung, Gott werde den Messias im Geheimen halten, bis er urplötzlich auftritt und die Weltherrschaft erlangt;

→ die **Wunder Jesu** sprechen wiederum für seine Messianität.

● Viele berufen sich auf ihr „Wissen" (V 27); aber Gewissheit erlangen sie nicht. **Alles bleibt im Ungewissen.**

● V 28f: Dem tritt Jesus mit großer Autorität (im Tempel, lehrend, laut rufend) entgegen: Das „Wissen" der Leute um seine menschliche Herkunft stellt er nicht infrage, wohl aber ihr „Wissen" um seine Sendung und den, der ihn gesandt hat. Dann folgen zwei 4-Wort-Sätze, jeder wie ein Hammer: **„Ihr kennt IHN nicht"** – was für ein vernichtendes Urteil über die Theologen! Und: „Ich bin von ihm", so wörtlich V 29. Das heißt nicht bloß „Er hat mich gesandt" (V 28) – das gilt auch für jeden Propheten – sondern: „Meine Herkunft ist das ewige Sein bei Gott" – so wie es in Joh 1,1 heißt: „Das Wort (Jesus) war bei Gott und Gott war das Wort!" Oder wie es im Nicänischen Glaubensbekenntnis heißt: **Er ist „Gott von Gott".**

● Da gibt es eine **Spaltung im Volk:** Die einen glauben an ihn, die andern wollen ihn gefangen nehmen.

✎ *Dass Jesus beansprucht, Gott zu sein, fordert eine klare Entscheidung heraus: Entweder er ist es nicht, obwohl er es behauptet – dann muss man ihn als Scharlatan oder armen Irren abtun, oder er ist es – dann muss man ihn als Gott anbeten. Ihn „bloß" als großen Morallehrer zu verehren, ist unmöglich (nach C. S. Lewis). Was meinen Sie dazu?*

Mittwoch, 27. Juli   Johannes 7,32-39

● Das „Gemurmel" über Jesus wird für die Pharisäer bedrohlich. Sie und die Hohenpriester beauftragen die Tempelpolizei, Jesus zu verhaften, um kurzen Prozess zu machen. **Jesu Zeit läuft ab.**

● Daraufhin spricht Jesus die obersten Juden direkt an, denn: Ihre **Zeit läuft ab!** Nur noch kurze Zeit wird er unter ihnen sein. Dass sie „ihn suchen und nicht finden werden", ist **Zeichen des Gerichts** (vgl. Hos 5,6!). Die Gnadenzeit läuft für sie ab. Aber wie so oft verstehen sie ihn nicht.

● Doch am letzten Tag des Laubhüttenfestes tritt **Jesus** noch einmal vor das Volk **und verkündet den Beginn der Heilszeit für alle, die an ihn glauben:** Auf dem Höhepunkt des Festes schöpften Priester mit goldenen Kannen Wasser aus dem Teich Siloah, trugen es in einer feierlichen Prozession hinauf zum Tempel und gossen es um den Altar. Damit wurde einerseits dankbar daran erinnert, wie Gott den Israeliten in der Wüste Wasser aus dem Fels gespendet hatte (2Mose 17). Zugleich sang das Volk Jesaja 12,3 und blickte damit voraus auf das Kommen des Messias und die anbrechende Heilszeit: „Ihr werdet mit Freuden Wasser schöpfen aus dem Brunnen des Heils."

● **In dieser Hochstimmung tritt Jesus auf und „ruft"** (wie muss das gewirkt haben!): **„Wen dürstet, der komme zu mir!"** und **bezieht damit die Festsymbolik auf sich:**

→ **Er ist der Fels,** der das Lebenswasser spendet (1Kor 10,4).

→ **Mit ihm, dem Messias, bricht die Heilszeit an,** er ist der Heilsbrunnen (alle sangen vom „Brunnen Jeshua!", – so Jes 12,3 auf hebräisch).

→ **Zu ihm dürfen alle kommen, die dürsten,** d. h. Sehnsucht nach dem wahren Leben haben (vgl. Joh 4,13-15 und Offb 21,6; 22,17).

→ **Wer an ihn glaubt, dem gilt die Verheißung der Schrift** (Jes 58,11): Er wird nicht nur selber das Leben empfangen, sondern Leben ausströmen für andere.

→ Johannes ergänzt: Das wird **die Wirkung des Heiligen Geistes** sein, den alle empfangen können, die an ihn glauben.

| Donnerstag, 28. Juli | Johannes 7,40-52 |

● **Im Volk gewinnt das Ringen um Jesus an Tiefe:** Sie suchen in den Verheißungen der Schrift (V 42).

→ **Ist Jesus „der" Prophet,** den man nach 5Mose 18,15 in der Heilszeit erwartete?

→ **Ist er der „Gesalbte"** – also der im AT immer wieder verheißene Sohn Davids, der Messias?

→ **Andere führen Mi 5,1 ins Feld,** wonach der Retter aus Bethlehem kommen soll – Jesus aber kommt aus Galiläa. Offenbar wussten sie nicht, dass „der Nazarener" tatsächlich in Bethlehem geboren war.

> ✎ *Vergleichen Sie die Diskussionen in V 40-43 mit denen in V 25-27! Zuvor wurden Meinungen (V 26) und Traditionen (V 27) ins Feld geführt – jetzt forscht man in der Schrift. Ist es Zufall? Oder Wirken des Geistes? Auf jeden Fall sind Auseinandersetzungen über der aufgeschlagenen Bibel fruchtbarer als bloßer Meinungsstreit! – Vgl. Joh 5,39.*

● Spürt man also bei einigen im Volk ein zunehmendes Erahnen, wer Jesus ist, zeigt sich bei den führenden Juden das Gegenteil: **Die Ablehnung Jesu führt zu zunehmender Verhärtung.** Als sogar ihre eigenen Knechte tief berührt von den Worten Jesu zurückkommen, ohne ihn verhaftet zu haben, geraten die Hohenpriester und Pharisäer in Rage und werden unsachlich durch

→ unlautere Verdächtigungen (V 47);

→ fadenscheinige Mehrheits- und Autoritätsbeweise (V 48);

→ Verfluchung des „unwissenden" Volkes (dabei haben gerade die in der Schrift geforscht!)

● Einer aber aus ihren Reihen wagt es, ihnen **zu widerstehen:** Nikodemus (vgl. 3,1ff; 19,39). Er versucht, die Pharisäer bei ihrem eigenen Anspruch zu packen und Jesus eine ordentliche Anhörung zu ermöglichen. Aber gegen die Verbissenheit seiner Kollegen kommt er nicht an.

Freitag, 29. Juli   **Johannes 7,53–8,11**

● Als Jesus morgens in den Tempel kommt, erwarten ihn schon viele Menschen – unter ihnen seine Gegner. Öffentlich führen sie eine Frau vor, auf frischer Tat beim Ehebruch ertappt. Die Sache ist klar: Das Gesetz ahndet Ehebruch hart, mit der Todesstrafe für Mann und Frau (5Mose 22,22ff). Aber den scheinheiligen Verklägern geht es nicht darum, dem Recht zum Sieg zu verhelfen, sonst hätten sie nicht nur die Frau als Ehebrecherin vor Jesus geschleppt, sondern auch den Mann. **Sie suchen einen Grund, um Jesus verurteilen zu können.** Siegesgewiss sehen sie ihn in der Zwickmühle: Verurteilt er die Frau, wird er seinem Weg der Barmherzigkeit untreu. Spricht er sie frei, können sie ihn öffentlich als Gesetzesbrecher entlarven.

● In dieser aufgeheizten Atmosphäre bückt sich Jesus nieder und schreibt mit dem Finger in den Staub. Stille. Was tut er da? Die Schriftgelehrten werden sich erinnern an Jer 17,13: „Die Abtrünnigen müssen auf die Erde geschrieben werden, denn sie verlassen den Herrn, die Quelle des lebendigen Wassers!"

● Doch sie bleiben hartnäckig. Da schaut Jesus auf und sagt die Worte, die mit einem Schlag alles ändern (V 7b). Als Jesus erneut auf den Boden schreibt, müssen sich die Gesetzeshüter eingestehen: „Da ist keiner, der Gutes tut, auch nicht einer" (Ps 14,3).

● **In der Begegnung mit Jesus kommt es zur Selbsterkenntnis.** Ihr Fortschleichen ist ein wortloses Eingeständnis, aber damit entziehen sie sich auch der Chance zur Vergebung. Die Frau bleibt. Niemand hat sie verdammt. **Jesus spricht sie frei** und durchbricht damit den Kreislauf von Schuld, Scham und Verdammnis.

● **Aber Jesu Freispruch ist kein Freibrief.** Er weicht das Gebot nicht auf: Ehebruch ist und bleibt Sünde. „Sündige hinfort nicht mehr!" **Jesu Vergebung ist die heilende Kraft, die in die Heiligung führen will.**

228

Samstag 30. Juli   **Johannes 8,12-20**

● V 12: Da Joh 7,53–8,10 ursprünglich wohl nicht im Evangelium
standen, schließt sich das „abermals" an 7,14ff an. Jesus spricht
am Laubhüttenfest im Tempel. Zu diesem Fest wurden im Vor-
hof des Tempels vier übergroße goldene Leuchter aufgestellt, die
über die Tempelmauer hinwegragten und nachts die Stadt erhell-
ten. Vermutlich bilden sie den Hintergrund für Jesu Wort. **Dieses
„Ich-bin-Wort" ist grenzenlos: Wer Jesus nachfolgt, wird nie und
nirgends in seinem Leben im Dunkeln tappen.** Für sie oder ihn
wird das wahre Licht immer scheinen, auch wenn sich die Lebensumstände verdüstern.

● V 13-18: Jesu Anspruch ist sehr hoch und wird infrage gestellt.
Seine Gegner bestreiten ihn, weil er über sich selber redet, und sie
meinen, dass kein weiterer Zeuge seine Sendung bestätige. Jesus
hält dem entgegen, dass ja auch der Vater für ihn zeuge, womit
dem Anspruch, die Wahrheit zu sagen, entsprochen werde (V 17f).
**Das Problem aber liegt tiefer: Die Juden beurteilen Jesus „nach
dem Fleisch" (V 15), d. h. nach rein äußerlichen Gesichtspunkten
wie seiner Abstammung.** Dann ist das Urteil über ihn aber schon
vom Unglauben geprägt. Oder man beurteilt ihn geistlich, also von
Gott her. Dann erkennt man, dass Jesus die Wahrheit redet. Eine
dritte Alternative gibt es nicht.

> ✎ *Lesen Sie zum Licht im AT: 2Mose 13,21-22; Ps 27,1;*
> *Jes 49,6. Fügen diese Worte dem Verständnis vom Licht in*
> *Joh 8 Perspektiven hinzu?*

● V 19: Jesus erkennen und Gott den Vater erkennen, das fällt ineinander: **Nur wer Jesus wirklich erkennt, erkennt auch den Vater.**
● V 20: Zwar wollten seine Gegner Jesus schon verhaften lassen
(7,32), aber dazu kommt es noch nicht. **Gott allein bestimmt über
den Zeitablauf** – auch in unserem Leben.

Sonntag, 31. Juli   **Psalm 87**

● Psalm 87 lässt sich in drei Teile gliedern:

→ **V 1b-3** umschreibt die **Liebe des HERRN zu Jerusalem**, dem Berg Zion. Er hat die Stadt in freier Wahl zu seinem Wohnort erwählt (V 1b). Die Erwähnung der „Tore" bedeutet, dass von der Stadt Gerechtigkeit ausgehen wird (vgl. Jes 2,1-5). – Die Tore stehen als Bild für Gerechtigkeit, denn im Tor wurde Recht gesprochen; vgl. Amos 5,15).

→ **V 4-6** besingen **Zion als (geistliche) Mutter der Völker**. In einem Sprech- und Rechtsakt verleiht der HERR den Menschen aus den Heidenvölkern, die ihn verehren, das Bürgerrecht seiner Stadt, indem er sie in die Bürgerliste einträgt (V 6). Die erwähnten Völker stehen für die Himmelrichtungen und deuten an, dass Menschen aus allen Nationen dazugehören werden. Die fünf Völker stehen aber auch für die Völker, die Israel immer wieder bedrängt und unterworfen hatten. Das ist jetzt Vergangenheit; vielmehr erfüllt sich, was Gott Abraham ankündigte (1Mose 12,3).

→ **V 7** beschreibt das **Völkerfest auf dem Zion**: Die neuen Kinder der Stadt singen und tanzen. Sie bekennen, dass der HERR ihren Lebensdurst gestillt hat (zu Jerusalem und zum Tempel als Quellort des Lebenswassers vgl. Ps 46,5; Hes 47,1; Offb 22,1).

● Was die Söhne Korachs (V 1) in Ps 87 besingen, ist aufgrund des Todes, den Jesus vor den Stadtmauern Jerusalems starb, Wirklichkeit geworden: Jerusalem ist der Ort, an dem Gott durch Jesus Christus seine Gerechtigkeit offenbart hat und von dem aus sie verkündigt wird (vgl. Röm 1,16-17). Sie gilt allen Menschen und darum steht auch allen das Bürgerrecht der Gottesstadt offen.

> ✎ *In Eph 2,11-19 beschreibt Paulus, wie die „Heiden" zum Volk Gottes hinzugekommen sind und damit die Erfüllung dessen, was in Ps 87 besungen wird. Fühlen Sie sich bei Gott als „Fremdling" oder als „Hausgenosse"?*

Montag, 1. August   **Johannes 8,21-30**

● V 21-27: Wenn hier von Jesu Debatte mit „den Juden" die Rede ist, dann sind dabei vor allem die Pharisäer aus V 13 gemeint. **Zwischen ihnen und Jesus gibt es fundamentale Unterschiede:** Die Pharisäer sind von der himmlischen Welt durch ihre Schuld entfremdet. Sie werden in ihrer Sünde sterben und nicht zum Vater gelangen. Jesus dagegen hat seinen Ursprung in der himmlischen Welt. Er wurde vom Vater gesandt, redet, was er vom Vater gehört hat, und wird zum Vater zurückgehen, wohin seine Kontrahenten ihm nicht folgen können. **Dabei soll dieser Unterschied von Jesus her keine vollständige Trennung sein: Er kommt ja, um ihre Entfremdung aufzuheben und sie aus ihrer Sünde zu befreien.** Aber das verpassen sie, indem sie ihm nicht glauben.

> ✎ *Wir lesen hier von einem tiefen Konflikt zwischen Jesus und Juden. Das NT insgesamt sieht in der Ablehnung Jesu durch viele Juden aber keinen Endpunkt, sondern ein Zwischenstadium. Der Weg Gottes mit seinem Volk wird jenseits davon weitergehen. Lesen Sie Röm 11,11-36.*

● V 28-30: Es wird eine neue Phase in der Sendung Jesu kommen: **Seine Erhöhung. Damit ist im Joh die Kreuzigung gemeint. Ausgerechnet am Kreuz,** wo Jesus wie das Gegenteil von allem, was man sich als göttlich vorstellt, aussieht, **kann und wird man erkennen, dass er Gottes Sohn ist.** An dieser Stelle bleibt offen, welche Folge das Erkennen für Jesu Hörer haben wird: Eröffnet es eine Perspektive zum Glauben (vgl. Joh 12,32)? So ist es wohl bei Nikodemus, einem führenden Juden, mit dem Jesus bei Nacht gesprochen hatte (Joh 3). Der legt Jesus nach der Kreuzigung mit einem Jünger zusammen ins Grab (Joh 19,38-42).

Dienstag, 2. August   Johannes 8,31-36

● V 31: Jesus wendet sich an die, die an ihn glauben. Offensichtlich sind da noch Klärungen nötig. **Glauben an Jesus ist noch nicht mit dem Für-wahr-Halten von korrekten Bekenntnissätzen erreicht, sondern er ist zugleich ein Lebensweg.**

● V 32: Auf diesem Weg findet man die Freiheit. Die „Wahrheit" ist hier nicht im Sinn philosophischer Tradition gemeint. **Die Bibel hat ein anderes Verständnis von Wahrheit:** Im AT hat das hebräische Wort für Wahrheit denselben Stamm wie das für Glauben, der so etwas wie fest, sicher, zuverlässig sein bedeutet. **Wahr ist, worauf man sich verlassen, wozu man Amen sagen kann** (Eberhard Jüngel). **Der wahre Gott ist also v. a. der vollkommen verlässliche, glaubwürdige, treue Gott** (vgl. Ps 33,4 oder Ps 111,7). Diese Wahrheit ist hier auch bei Joh gemeint: Jesus selber ist diese Wahrheit (Joh 14,6). In ihm begegnet uns Gottes Treue. Und in ihr finden wir Freiheit.

● V 33: Diese Aussage irritiert Jesu Zuhörer. Demnach sind sie ja unfrei. So sehen sie sich selber aber gar nicht und berufen sich auf ihre Abstammung von Abraham. Sie verstehen nicht, wovon sie befreit werden sollen.

● V 34-36: **Unfrei sind sie wegen der Sünde.** Diese Unfreiheit bemerkt man subjektiv nicht unbedingt. **Als Sünder kann man sich frei fühlen, ist aber dennoch Sklave der Sünde.** Jesus lässt ihre Abrahamskindschaft als Grund der Freiheit nicht gelten: Diese Kindschaft rettet sie nicht, weil sie sündigen. Er spielt dann auf einen jüdischen Hausstand an: Sklaven gehören nicht zur Familiengemeinschaft. Sie haben wenig Rechte und können weggegeben oder verkauft werden. Der Sohn dagegen bleibt immer Sohn und hat die vollen Rechte. **Zwischen Sohn und Sklaven besteht also ein fundamentaler Unterschied. Aber Jesus lässt den nicht bestehen: Er befreit die Sklaven, sodass sie als Kinder angenommen werden.** Das ist die Freiheit der Kinder Gottes, die jedem offensteht, der ihm glaubt.

Mittwoch, 3. August   Johannes 8,37-45

● V 37-43: Obwohl Jesus hier doch zu Menschen spricht, die an ihn glauben (V 31), tut sich ein Konflikt auf. Ihr Glaube war an einem entscheidenden Punkt unklar geblieben und ist nun in Feindschaft umgeschlagen. Jesus benennt den Ursprung des Konfliktes: Beide Seiten berufen sich in ihren Worten und Taten auf ihren jeweiligen Vater. Damit ist ein sehr heikler Moment erreicht. Jesu Gesprächspartner beanspruchen, Abraham (V 39) und letztlich Gott (V 42) zum Vater zu haben. Aber Jesus bestreitet genau das. Ihre Taten und ihr Hass auf Jesus zeigen, dass sie weder Abrahams noch Gottes Kinder sind. Damit bestreitet Jesus nicht ihre biologische Abstammung von Abraham und auch nicht, dass sie vom Vater im Himmel geschaffen wurden. Aber er erkennt hier nur die als Kinder an, die sich in ihrem Reden und Tun vom Vater bestimmen lassen. Kindschaft meint hier, zu reden und zu tun, was man von seinem Vater bekommen hat. Und da zeigt sich, dass sie einen anderen Vater haben als er. Er redet und tut, was er vom Vater im Himmel hat.

● V 44-45: Sie tun das, was sie vom Teufel haben. Achtung, hier kann die Auslegung leicht gefährlich schiefgehen. Es wird natürlich nicht gesagt, dass die Juden den Teufel zum Vater hätten oder gar ein teuflisches Volk wären. Jesus ist selber Jude, genauso wie seine Jünger. Das Wort ist hier nur zu denen gesagt, die Jesus töten wollen. Und die „Vaterschaft" des Teufels ist keine Vaterschaft durch Zeugung oder Schöpfung. Der Teufel kann nichts erschaffen. Kindschaft meint hier: nacheifern und sich prägen lassen. Sie beweisen in ihrem Reden und Tun, dass sie vom Teufel geprägt sind, denn Morden und die Wahrheit verdrehen sind urteuflisch. Ähnlich kann man – auch wenn es über die Auslegung des Textes hinausgeht – sagen: Menschen, die Juden ermordet haben oder ermorden wollen, sind teuflisch geprägt und in diesem Sinn Teufelskinder.

Donnerstag, 4. August   Johannes 8,46-59

● 46-51: Auf den Vorwurf der Teufelskindschaft antworten Jesu Gegner mit dem Gegenvorwurf der Besessenheit. Allerdings erinnert Jesus sie daran, dass sie ihm keine Sünde und damit keine teuflische Tat vorwerfen können. Sein Anspruch und sein Lebenszeugnis stimmen überein: Er ehrt Gott, den Vater. Dann lädt er noch einmal dazu ein, ihm zu glauben: Wer sein Wort hält und befolgt, wird vom ewigen Tod gerettet.

● V 52: Seine Hörer spüren genau, dass dieser Anspruch extrem ist. Selbst Abraham und die Propheten, also die höchsten menschlichen Autoritäten, mussten sterben und blieben dem Tod unterworfen. Wenn Jesus behauptet, aus dem Tod retten zu können, beansprucht er, mehr zu sein als sie.

● V 53-59: Und so fragen die Gegner folgerichtig: Bist du mehr als Abraham? Es ist bis heute nicht möglich, Jesus einfach unter vorbildliche Menschen und Propheten einzuordnen, auch wenn das der Haltung vieler Zeitgenossen entspricht. Doch Jesu Anspruch geht weit darüber hinaus. Wäre der Anspruch Selbsttäuschung oder Lüge gewesen, dann hätte sich Jesus als Größenwahnsinniger oder Lügner disqualifiziert. Dann hätten seine Gegner recht und selbst ihr Versuch, ihn zu steinigen, wäre dann in gewisser Weise als Ausführung einer Bestimmung der Thora konsequent (3Mose 24,14-16). **Wenn aber Jesus wirklich schon existierte, bevor Abraham wurde** (V 58), **dann ist er mehr als eine menschliche Autorität.** Dann kann er wirklich wahr und verbindlich vom Vater reden und dann findet man im Glauben an ihn und im Halten seines Wortes die Rettung vom ewigen Tod.

✎ Vergleichen Sie Jesu Anspruch hier mit anderen Texten aus dem NT, die vermutlich deutlich früher als Joh aufgeschrieben wurden: Phil 2,6-11; Röm 10,13; Mk 12,35-37; Mk 14,60-62.

Freitag, 5. August   **Johannes 9,1-12**

● Jesus begegnet einem Menschen, der schon ohne Augenlicht auf
die Welt kam, und mit ihm der uralten Frage: Wer hat Schuld am
Leid? „Wer hat gesündigt, dieser oder seine Eltern?" (V 2). Kein
Pharisäer oder sonst einer der „üblichen Verdächtigen" stellt diese
Frage, sondern seine Jünger selbst. Offensichtlich war das Denken
selbstverständlich, dass Krankheit mit persönlicher Sünde einher-
ging. So hatten schon die Freunde Hiobs versucht, das Leid ihres
Freundes auf heimlich begangene Sünde zurückzuführen.

● Jesus stellt dieses Denken auf den Kopf: Es geht nicht darum,
mit der Frage nach dem „Warum" einen Schuldigen ausfindig zu
zu machen (V 3: „weder er noch seine Eltern" – Leid gehört zu dieser gefallenen Welt dazu). **Statt nach dem Warum zu fragen, geht
es um ein Wozu:** nämlich „damit die Werke Gottes an ihm offenbar werden". **Bei Gott bekommt auch das Leid einen Sinn.** Gott
will sich in dieser Welt zeigen, auch und gerade im Leid. Nicht
immer besteht seine Abhilfe darin, die Last wegzunehmen, aber
immer steht er bereit, um zu helfen und zu tragen (vgl. Ps 68,20:
„Gott trägt für uns Last; er ist unsere Rettung", ELB).

● **Jesus verwendet für seine Heilung sehr irdische Dinge:** Spei-
chel, Staub und das Wasser des Siloahteiches. Die Begebenheit er-
eignet sich vermutlich noch zum Ende des Laubhüttenfestes (vgl.
Joh 7,2.37), bei dem „heiliges Wasser" aus dem Teich Siloah zum
Altar im Heiligtum getragen wurde (vgl. die Auslegung am 27. Juli).

✎ *Wie reagieren Sie auf Leid? Suchen Sie schnell einen
Schuldigen? Welche Lasten gibt es in Ihrem eigenen Leben,
welche in Ihrem Umfeld? – Bewegen Sie im Gebet einmal die
Frage, nicht warum sondern **wozu** Gott diese Sache zugelassen haben könnte: Was könnte er dadurch bewirken wollen?*

Samstag, 6. August   Johannes 9,13-23

● Der Blinde, der von Jesus geheilt wurde, wird von den Führern des Volkes in die Mangel genommen. Nicht immer wird das Gute mit Freuden aufgenommen. **Die Gründe für das Verhalten der Pharisäer werden deutlich:**

→ Zum einen wird in den Evangelien immer wieder gezeigt, dass sie **neidisch auf Jesus** waren. Niemand sprach so überzeugend wie er von Gott und konnte seine Lehre mit solch übernatürlichen Handlungen belegen – das kratzte an ihrem Ansehen, das sie unter den Juden genossen.

→ Zum anderen **stören sie sich daran, dass Jesus die Heilung am Sabbat vollzogen hat** (V 16). Ihre eigenen kleinlichen Auslegungen des Sabbatgebotes, mit denen sie die Übertretung des Gebotes verhindern wollen, stehen ihnen hier im Weg, denn diese verbieten etwa das Kneten von Teig am Sabbat (V 6). **So können sie nicht mehr erkennen, dass der „Tag des Herrn" gerade der Tag ist, an dem sich Gottes Herrlichkeit zeigen kann – auch in wunderbaren Geschenken wie einer Wunderheilung.**

→ V 22 zeigt, dass die jüdische Führung (bei Johannes allgemein „die Juden" genannt) ihr Urteil über Jesus schon gefällt hat: **Sie lehnen seinen Anspruch ab, der Messias zu sein.** „Christus" ist die wörtliche griechische Übersetzung des hebräischen Wortes „Messias" („Gesalbter"). Der Ausschluss aus der Synagoge bedeutete die Exkommunikation und damit vermutlich auch den Ausschluss aus dem gesellschaftlichen Leben – eine Maßnahme, zu der sonst selten gegriffen wurde.

● Das **andauernde Hin und Her** zwischen den Pharisäern, den Juden, dem Blindgeborenen und seinen Eltern offenbart neben dem Unglauben der Juden (V 18) die Menschenfurcht der Eltern (V 22).

✎ Haben Sie mit Gegenwind zu tun, weil Sie sich zu Jesus Christus bekennen? Was kann Ihnen dabei Kraft geben?

Sonntag, 7. August　　　　　　　　　　　　　　**Psalm 48**

● Die Korachiter (nach 1Chr 6,22 Tempelmusiker zur Zeit Salomos) besingen die „Stadt Gottes" (V 2). Von dieser **Residenz** aus regiert er und richtet seine Herrschaft über alle Völker (V 3) auf. Gott ist zwar überall gegenwärtig (vgl. nur Jer 23,23f; Ps 139,7-10), dennoch erwählt er sich die Stadt Jerusalem. Von dort aus spricht er zu allen Menschen (Ps 2,10).

● **V 5-8** beschreiben, wie die **Könige der Völker** immer wieder gegen Jerusalem ziehen, um die Stadt zu zerstören. Dabei treibt sie die Ablehnung Gottes und seines Herrschaftsanspruchs an (vgl. Ps 2,1-2). All ihre Eroberungszüge scheitern jedoch, denn Gottes Gegenwart genügt, um sie in Furcht und Schrecken zu versetzen. Andererseits erlebte Israel, dass die Ablehnung Gottes Konsequenzen hat: Als die Babylonier Jerusalem 587/6 v. Chr. eroberten, war das nur möglich, weil der HERR seine Residenz verlassen (Hes 11,22) und die Stadt preisgegeben hatte (Jer 7,12ff). **In den letzten Tagen werden die Völker wieder nach Jerusalem ziehen; dann aber, um dort den HERRN zu suchen** (Jes 2,1ff).

● Im letzten Teil des Psalms (**V 9-15**) betont der Psalmdichter, dass es letztendlich um die **Ehre Gottes** geht: Nicht eine Stadt, nicht Menschen, auch nicht Israel stehen im Zentrum bzw. sollen geehrt werden, sondern Gott allein (V 11): Sein ist das Reich und die Herrlichkeit in Ewigkeit. Die Bewohner der Stadt bzw. die Wallfahrer sollen sich gut einprägen, wie ihr Gott die Stadt bisher bewahrt hat, damit sie das ihren Nachkommen weitergeben können (V 13-14). Wer zu diesem Gott gehört bzw. sich zu ihm bekennt, darf sich von ihm auf allen Wegen und in allen Entscheidungen als geführt begreifen (V 15).

✎ *Wann haben Sie Gottes Bewahrung oder Führung zuletzt erlebt? Vor wem könnten/müssten Sie Gott dafür die Ehre geben?*

Montag, 8. August   Johannes 9,24-34

● Die Befragung der Pharisäer, die den Ex-Blinden aushorchen, spitzt sich zu: Sie drängen den Geheilten, das Wunder zu widerrufen, um Jesus denunzieren zu können. Sie fahren eine mächtige Waffe auf: „Gib Gott die Ehre!" (V 24). **Doch der Geheilte lässt sich nicht einschüchtern, sondern bekennt sich tapfer zu dem, was er erlebt hat (V 25).**

● Mit Verlauf des Verhörs scheint er **sichtbar genervt von der Unaufrichtigkeit seiner Inquisitoren.** Mutig wendet er das Blatt und hält ihnen vor, dass sie sich wiederholen (V 27) und dass es erstaunlich ist, dass sie nicht wissen, wer Jesus ist (V 30). Vermutlich will er damit sogar sagen: Mir ist schon klar, dass ihr nicht wissen wollt, wer er wirklich ist. **Am Ende wartet er mit seiner eigenen, überzeugenden „Theologie" auf:** „Wenn dieser nicht von Gott wäre, so könnte er nichts tun" (V 33). Gegen diese Argumentation bleibt ihnen kein anderes Mittel mehr als ein glatter Rauswurf.

● Sie halten sich für „Jünger des Mose" (V 29), weil sie die „Juristen" (Schriftgelehrten) des Landes sind, die das Gesetz des Mose auslegen. **Zu tief sind sie in ihrem religiösen System gefangen, als dass sie erkennen könnten, dass Jesus selbst das Gesetz aus dem AT auslegt** und auf den eigentlichen Willen Gottes zurückführt.

● Für die ersten Leser des Joh muss die ausführliche Schilderung dieser Begebenheit Balsam auf die Seelen gewesen sein: Zu ihrer Zeit war es an der Tagesordnung, wegen ihres Glaubens an Jesus Christus von römischen Ordnungshütern verhaftet oder von jüdischen Führern aus der Synagoge ausgeschlossen zu werden.

✎ *Erleben Sie selbst, wie Menschen ihre Macht gegen Sie einsetzen? Was steckt dahinter? Können Sie Trost darin finden, dass ein mutiges Bekenntnis zu Jesus manchmal gerade zu solch unsachlicher Abwehr führt?*

Dienstag, 9. August   **Johannes 9,35-41**

● **Jesus** erfährt von den Scherereien, die der Geheilte mit den jüdischen Führern hatte. Er überlässt ihn nach seinem Rauswurf nicht seinem Schicksal, sondern geht ihm nach.

● Das Gespräch zeigt, dass der Mann noch kein klares Urteil über Jesus hat, sondern nur treu zu dem gestanden hat, was er mit ihm erlebt hat. **Als Jesus ihm offenbart, wer er ist, nimmt er dies sofort an und betet ihn an.**

● **„Menschensohn" (V 35) ist ein exklusiver Hoheitstitel der jüdischen Apokalyptik.** Es gibt nur einen „Menschensohn", der in Dan 7,13 als göttlicher Herrscher und Richter am Ende der Zeiten erwartet wird. Dieser „Menschensohn" ist also nicht einfach ein Mensch, der besondere Dinge tut oder weiß, sondern er kommt von Gott. Deshalb wirft sich der Geheilte vor ihm nieder und betet ihn an (V 38).

● Nun schalten sich die Pharisäer direkt in das Gespräch mit Jesus ein. Sie erkennen, dass seine Anklage sich an sie richtet, weil sie sich allgemein als die „Sehenden" verstehen (V 39), die den Durchblick haben. **Jesus kehrt die Maßstäbe um: Blinde werden sehen und Sehende werden blind werden.** Am Ende wird auch deutlich, warum: Weil ihr Anspruch, Sehende zu sein, sie stolz und überheblich gemacht hat. So werden sie blind für das, was vor ihren Augen geschieht, und können den göttlichen Ursprung hinter dem offensichtlichen Wunder nicht mehr erkennen.

● **Jesus spricht offen von Sünde.** Doch für ihn zählen nicht so sehr die einzelnen Taten als Sünde, sondern die Haltung des Menschen: Wer erkennt, dass er „blind" (und damit auf Gottes Führung angewiesen ist), „hat keine Sünde", steht also im richtigen Verhältnis zu Gott (V 41).

✎ *Wie sehen Sie sich vor Gott? Wo sind Sie „blind", wo brauchen Sie seine Seh-Hilfe? Können Sie Ihre grundlegende Abhängigkeit von ihm erkennen und anerkennen?*

| Mittwoch, 10. August | Johannes 10,1-10 |

In Kapitel 10 stellt Johannes zusammen, was Jesus über sich als den „Guten Hirten" gesagt hat.

● Oft sind die Reden Jesu eine Zusammenstellung aus verschiedenen Zeiten und Anlässen. Das wird hier daran deutlich, dass sie am Anfang das Streitgespräch mit den Pharisäern aus 9,40-41 am Ende des Laubhüttenfestes fortsetzen (vgl. zu Kap. 9), während in 10,22 das Tempelweihfest erwähnt wird (Chanukka, das zweieinhalb Monate später stattfindet). **Die zunächst ja nur mündlich überlieferten Reden Jesu wurden nach gängiger Praxis vom Verfasser der Evangelien zu Blöcken zusammengefasst** (vgl. die Bergpredigt Jesu in Mt 5–7 oder die Gleichnisreden Jesu über das Verlorene in Lk 15).

● Jesus verwendet das Bild vom Hirten und seinen Schafen in verschiedenen Facetten. **Hier spricht er von sich als der Tür zum Stall** – dem guten, rechtmäßigen Eingang, wie er vom Herrn der Herde gedacht ist. **Wer sich an Jesus hält, findet Zugang zu Gott.**

● Andere Führer des Volkes, also auch seine direkten Zuhörer (die in V 6.7 Erwähnten sind wohl die Pharisäer aus 9,41), werden von Jesus als „Fremde" (V 5) und sogar als „Diebe und Räuber" (V 8-10) und später in V 12 als „Mietling" (Angestellter) angesprochen. Lesen Sie einmal den Text aus deren Sicht – wie sehr müssen sie sich angegriffen gefühlt haben!

● V 10 zeigt das Ziel, das der Gute Hirte mit seinen Schafen hat: **Er verspricht ihnen Leben im Überfluss!** Anders als die Pharisäer liegen ihm die Schafe wirklich am Herzen, anstatt sie aus egoistischen Motiven auszubeuten („zu stehlen, zu schlachten ...") Er sorgt für ihr Wohlergehen, beschützt sie und hält die Herde zusammen.

✎ *Wie „überfließend" erleben Sie Ihr Leben gerade? Woran liegt das? Wo können Sie Gott danken, wo wünschen Sie sich Veränderung? Sie können Gott alles sagen.*

Donnerstag, 11. August   Johannes 10,11-21

● Nun spricht Jesus von sich als dem **Guten Hirten.** Er zeichnet sich dadurch aus, dass er sich wirklich einsetzt für seine Schafe und sogar sein Leben für sie lässt (V 11). Mit den „Mietlingen" zielt er indirekt auf seine Zuhörer, die Pharisäer, und hält ihnen vor, dass sie ihre Macht zu ihrem eigenen Vorteil nutzen, statt sich um die geistlichen Nöte ihrer Mitmenschen zu kümmern.

● **Jesus,** der als der Gute Hirte bereit ist, sein Leben für die Schafe zu lassen, **bildet so den Kontrast zu Königen und Priestern im AT, die sich gerne vom Volk als „Hirten" ehren ließen.**

● In **Jeremia 23,1-8** klagt Gott die Könige an, die als Hirten die Schafe zerstreuen und umkommen lassen, statt sich schützend und fürsorglich vor sie zu stellen. Dafür werden sie von Gott zur Rechenschaft gezogen und hart betraft. Doch dann folgt für das Volk – die Herde – die befreiende Botschaft, dass Gott sie aus dem babylonischen Exil wieder in die Heimat zurückführen wird. Und mehr noch: **Er wird Israel einen Hirten senden, der sein Volk mit Recht und Gerechtigkeit regieren wird.**

● In **Hesekiel 34,11-31** finden sich ganz ähnliche Aussagen. Dort wird den regierenden Hirten Israels vorgehalten, dass sie die Herde um ihres eigenen Vorteils willen aussaugen, sie schutzlos den Feinden preisgeben und sich nicht im Geringsten um ihre Belange kümmern. Kurzum: Sie weiden sich selbst – statt als Hirten die Herde zu weiden. **Doch dann folgt – wie bei Jeremia – die Ankündigung, dass Gott sich seiner Herde selbst annehmen und „ihnen einen einzigen Hirten erwecken wird, der sie weiden soll, nämlich meinen Knecht David"** (V 23).

● Diese messianischen Vorhersagen bezieht Jesus auf sich. Dabei geht er noch über die Ankündigungen Jeremias und Hesekiels hinaus, indem er nicht nur die verlorenen Schafe Israels sammelt (V 16) **und sogar bereit ist, für seine Schafe sein Leben zu opfern** (V 11.17).

Freitag, 12. August   Johannes 10,22-30

Auch an Chanukka spricht Jesus von sich als dem Guten Hirten. Das jüdische Tempelweihfest geht auf die Wiedereinweihung des Tempels in der Makkabäerzeit (165 v. Chr.) zurück und ist ein großes Freuden- und Lichterfest.

● **Die Spannung um Jesus hat sich zugespitzt,** sodass die Führer des Volkes (wieder ist verallgemeinernd von „den Juden" die Rede; V 24) ihn bedrängen, öffentlich Stellung zu beziehen: Ist er der „Christus" (der Messias) oder nicht?

● **Jesus weist ihre Herausforderung zurück:** In seinen Reden hat er bereits auf vielfache Weise gesagt, was er mit seinen mächtigen Taten untermauert hat: dass er tatsächlich der Messias Gottes ist, der im AT als Herrscher und Erlöser angekündigt ist.

● Jesus sagt ihnen auf den Kopf zu, dass sie nicht zu seinen Schafen gehören und ihm daher keinen Glauben schenken (V 26). Seine Schafe hören seine Stimme und folgen ihm (V 27), d. h. sie hören auf das, was er sagt, und nehmen es an. **Gottes Volk setzt sich anders zusammen als irdische Völker: Nur der gehört dazu, der ihm persönlich nachfolgt.** Auf der anderen Seite sind es nicht nur die Juden, die Jesus zu sich ruft, sondern auch die Schafe aus einem anderen „Stall" (V 16), die zu seiner Herde dazustoßen werden.

● Bei diesem Hirten gibt es eine herrliche Zukunft: Leben in Ewigkeit. Diese Zukunft ist gewiss: **Diesem Hirten kann niemand seine Schafe entreißen.** Um diese Zusage zu bekräftigen, wiederholt Jesus sie ausdrücklich noch einmal (V 28f; vgl. dazu Röm 8, 38f).

> ✎ *Was bedeutet es für Sie, dass Jesus Ihr Guter Hirte und Sie damit sein Schaf sind? Fühlen Sie sich gut aufgehoben bei ihm? Haben Sie diese Heilsgewissheit, von der V 28f bzw. Röm 8,38f spricht? – Lesen Sie auch Psalm 23.*

Samstag, 13. August   Johannes 10,31-42

● Die jüdischen Führer haben gut verstanden, welchen Anspruch Jesus hier erhebt. **Jesus beansprucht nicht nur, der Messias zu sein, sondern mit Gott eins zu sein (V 30).** Damit macht er sich selbst zu Gott und das ist in ihren Augen pure **Gotteslästerung** (V 33). Deshalb drohen sie damit, ihn zu steinigen (V 31).

● Jesus steigt in die Diskussion ein und argumentiert mit Details der Schrift, wie es unter den Pharisäern üblich war – für uns hingegen eher ungewöhnlich: In Psalm 82,6 spricht Gott die Menschen als „Götter" an, als „Söhne des Höchsten". **Wie viel mehr kann danach Jesus für sich das Recht in Anspruch nehmen, sich als „Gottes Sohn" zu bezeichnen!**

● Wieder führt Jesus seine Werke als Beweis für seinen Anspruch an, von Gott zu kommen. Wenn seine Gegner auch mit theologischen Spitzfindigkeiten seine Worte zu entkräften suchen, so können sie sich seinem Wirken doch nicht entziehen.

● Und wieder wissen seine Gegner nicht mehr weiter und greifen zur Machtlösung: **Jesus muss weg.** Sie ertragen ihn nicht und wollen sich nicht ernsthaft mit ihm auseinandersetzen.

● An diesem Punkt entzieht sich Jesus. Der Ort „jenseits des Jordan", an dem Johannes der Täufer getauft hat, ist nach Johannes 3,23 „Änon, nahe bei Salim" und lag vermutlich am Ostufer des Jordans, also außerhalb des Machtbereichs von Jerusalem, auch wenn Johannes nach Mt 3,1 u. a. seine Wirksamkeit in der Wüste von Judäa begann, also westlich des Jordans.

● Der Ort hat Symbolkraft: Hier zeugte der große Prophet Johannes davon, dass Jesus der ist, der da kommen soll (Joh 3,28ff). Viele Menschen folgen ihm und können **glauben,** weil sie sehen, dass Worte und Taten bei Jesus übereinstimmen. Im Gegensatz zu den Führern sind sie offen, die Wahrheit zu erkennen (V 41). **An Jesus scheiden sich die Geister: Das gilt bis heute.**

Sonntag, 14. August   Psalm 53

● Ps 53 ist weitgehend identisch mit Ps 14. Der Psalm beklagt, dass es (bereits in seiner Zeit) Menschen gibt, die Gott und seine Gebote leugnen. Sie verehren nicht einfach andere Götter, sondern **leugnen die Existenz (eines) Gottes überhaupt (V 2a)**. Sie glauben, nur sich selbst und niemandem sonst verantwortlich zu sein, weshalb mit ihrer Gottlosigkeit ein ungeheuerlicher Sittenverfall und abscheuliches Unrecht verbunden ist (V 2b; vgl. Jes 1,4ff).

● Auch wenn Menschen Gott leugnen, ändert das nichts daran, dass sie **unter Gottes prüfendem Blick und Gerichtsurteil** leben (V 3). Erschrocken stellt der Beter fest, dass alle – nicht nur Einzelne – vom richtigen Weg abgewichen sind und deshalb durch und durch verdorben leben (V 4-5).

> ✎ *Zu einem ganz ähnlichen Urteil kommt Paulus – es lohnt sich, Ps 53,2-4 mit Röm 3,10ff und Ps 53,5 mit Röm 1,19ff zu vergleichen.*

● V 4-5 kann man so verstehen, dass Gott spricht; dann wären die beiden Verse so etwas wie das **Urteil Gottes über die törichten Spötter.**

● **Gottes Gericht** kündigt sich bereits an; die Toren, also die Gottlosen, plagt ihr schlechtes Gewissen (Schrecken; V 6a). V 6a zeigt uns einen Ansatzpunkt, um mit Menschen, die Gott leugnen, ins Gespräch zu kommen und sie auf Gott hinzuweisen, denn ein schlechtes Gewissen kennt (fast) jeder. V 6b.c bezeugt den tödlichen Ernst des Gerichtes Gottes: So wie man Wertloses wegwirft, so wird Gott die Gebeine der Toren zerstreuen.

● Mit V 7 wird die „Unterweisung" (V 1) zu einem Gebet (bisher keine Gottesanrede!): Hoffnung gibt es für Israel allein, wenn Gott selbst sein Volk rettet. **Indem Jesus am Kreuz vor den Toren Zions stirbt, erfüllt Gott diese Bitte und rettet (nicht nur) sein Volk.** Paulus greift das auf und wendet es auf Juden und Heiden an (Röm 3,22-26).

244

Die Bücher der Chronik

Die **Chronikbücher** erzählen die Geschichte der Welt und des Gottesvolkes von Adam an bis zum Edikt des Kyros (538 v. Chr.). Sie laufen damit über weite Strecken parallel zu den Samuel- und Königsbüchern, und wie diese bilden sie in der hebräischen Bibel ein einziges Werk. Es geht weniger um neue Information als vielmehr um eine geistliche Interpretation der Geschichte: Gott ist der eigentliche König, und sein Tempel ist der Mittelpunkt der wahren Anbetung.

Die **Geschlechtsregister** in **1Chr 1–9** beschreiben Gottes Geschichte mit dieser Welt und mit seinem Volk in komprimiertester Form. Für die israelitischen Sippen und Familien machen sie deutlich: Wir gehören zum Volk Gottes! Wir mögen diese Namenslisten als „trocken" empfinden – für die Israeliten waren sie eine Stütze für lebendige Erinnerungen und zeigten ihnen ihren Platz in Gottes Weltgeschichte.

Im Mittelpunkt des Werkes (**1Chr 10–2Chr 9**) steht das **Königtum Davids und Salomos** als ideale Zeit des Königtums und als Zeit der Gründung und Erbauung des Tempels.

2Chr 10–36 beschreibt **die Herrschaft der Nachkommen Davids.** Nach der Teilung des Reiches ist allerdings nur die Geschichte des Südreiches Juda aufgezeichnet – denn nur Juda hatte Anteil am Tempel Gottes in Jerusalem. Der Chronist will das Scheitern der Führer Israels vor dem Exil aufzeigen, damit das Volk Israel in seiner Gegenwart erkennt, was zu tun ist, um den Segen Gottes wieder zu erfahren.

Das Buch der Chronik hat damit zwei große Themen:

1. Gottes Herrschaft über die Welt, die ihr Zentrum in seiner Herrschaft über sein Volk findet. Das Neue Testament zeigt dann, dass sich diese Herrschaft in Jesus Christus in einem Punkt verdichtet und von dort dann zur Herrschaft über die ganze Welt wird.

2. Gemeinschaft mit Gott: Die Chronik zeigt uns, dass Gemeinschaft mit Gott und seine Verehrung das Zentrum im Leben jedes Einzelnen und des ganzen Volkes Gottes sein muss. Als Bürger und Diener im Reich Gottes soll all unser Planen und Arbeiten aus der Gemeinschaft mit Gott entspringen und ihn verherrlichen.

245

Montag, 15. August   1. Chronik 10,1-14

● Nach 9 Kapiteln mit Geschlechtsregistern beginnen in diesem Kapitel die Erzählungen. Vieles davon steht auch in den Büchern Samuel und Könige. Doch durch Auslassungen oder Ergänzungen setzen die Chronikbücher eigene Akzente.

● Unser Text beginnt unvermittelt mit dem **Bericht über Sauls Tod**. Seine gesamte Königsherrschaft wird reduziert auf sein unrühmliches Ende und erscheint lediglich als Prolog zur Königsherrschaft Davids und Salomos.

● Der heutige Text ist, mit leichten Veränderungen, 1Sam 31,1-13 entnommen und fügt in V 13-14 eine theologische Interpretation an. Einige **Abweichungen vom Samueltext** geben Hinweise auf die Schwerpunkte im Chronikbuch:

→ Nach V 6 **stirbt Sauls „ganzes Haus"**. Dass Nachkommen überlebten, ist dem Verfasser bekannt (1Chr 9,40ff). Hier kommt zum Ausdruck, dass Sauls Dynastie zu Ende war, wie eine „abgewählte" Regierung ohne Aussicht auf weitere Regierungsbeteiligung.

→ V 9-10 setzen andere Schwerpunkte und berichten, was mit Rüstung und Leichnamen geschieht. Statt der Stadt Bet-Schean wird der Dagontempel erwähnt. Wer die Geschichte kennt, denkt an die „Kapitulation" Dagons vor der Bundeslade (1Sam 5) und an Goliats abgeschlagenes Haupt (1Sam 17,51ff). Zusammen mit der Flucht der Bevölkerung vor den Philistern (V 7) bleibt von **Sauls Königsherrschaft eine Negativbilanz** stehen.

● In 1Sam hilft die Vorgeschichte, die Ereignisse um Sauls Herrschaft und Tod zu bewerten. Hier steht dafür die **Bewertung** in V 13-14. Saul war dem HERRN untreu geworden, weil er ihn nicht befragt hatte, dafür aber ein Medium. Leben und Königsherrschaft stehen in der Verfügung Gottes. Er nimmt Saul das Leben und **gibt das Königtum David**.

✎ *Auch unser Leben wird mal vom Ende her betrachtet und beurteilt werden. Bin ich sicher, dass ich auf der Spur laufe, die ich ziehen möchte?*

Dienstag, 16. August　　　　**1. Chronik 11,1-9**

● Der heutige Text steht parallel in 2Sam 5,1-10 und schildert, **wie David König über ganz Israel und wie Jerusalem die Hauptstadt Israels wurde.** Die 7 ½ Jahre, in denen David König nur über Juda war, in Konkurrenz zu Sauls Sohn Isch-Boschet, werden übersprungen. In der Rückschau spielen sie keine Rolle.

> ✎ *Haben Sie schon einmal miterlebt, dass jemand wie selbstverständlich einen Posten bekommen hat? Was hat ihn oder sie ausgezeichnet?*

● **„Ganz Israel", repräsentiert durch die Ältesten der Stämme, trägt David die Königsherrschaft an.** Sie nennen drei Kriterien:
→ Sie gehören alle zum selben Volk (V 1: „dein Gebein und dein Fleisch").
→ Er hat sich bereits als militärischer Führer bewährt (V 2). Ein Anführer im Krieg war dem Volk bereits wichtig, als sie zuerst einen König forderten (1Sam 8,20).
→ Gott hatte es ihm vorhergesagt (V 2). Dies lässt sich nicht auf ein überliefertes Prophetenwort zurückführen, sondern bezieht sich auf die Salbung durch Samuel (1Sam 16).
● Der Aspekt des „Weidens", der Fürsorge für das Volk, war ebenso wichtig wie die militärische Führung. **Die Königswahl wird besiegelt durch einen förmlichen Bund und die Salbung.**
● Als erste Aktion Davids werden Einnahme und Aufbau Jerusalems als Hauptstadt für ganz Israel erwähnt. Die Stadt hatte noch nicht von einem der zwölf Stämme Israels erobert werden können, war also gewissermaßen neutral. David musste die Stadt nicht neu aufbauen, sondern Reparaturen durchführen und sie ausbauen. Der Millo waren wahrscheinlich Terrassen zur Befestigung des östlichen Stadtteils. Bautätigkeit war im Alten Vorderen Orient eine weitere königliche Aufgabe.
● **Davids Erfolg beruhte auf seiner Unterstützung durch den obersten Kriegsherrn, den „HERRN der Heere".**

Mittwoch, 17. August   1. Chronik 13,1-14

Auch David hatte nicht nur Erfolge zu verzeichnen. Und breite Zustimmung sowie große Begeisterung schützen nicht vor dem Scheitern einer Sache.

● Für sein Vorhaben holt sich David **breite Rückendeckung aus dem Volk.** Er befragt eine Vielzahl von Verantwortungsträgern und beteiligt Vertreter aus allen Landesteilen. Die in V 5 genannten Grenzen beschreiben mit das größte Gebiet Israels in der Bibel. Mehrmals wird betont, dass „ganz Israel" beteiligt war und „alles Volk" mitmachte.

● Die **Bundeslade** war **der heiligste Kultgegenstand der Israeliten.** Sie war ihnen während der Zeit der Wüstenwanderung gegeben worden. Kein anderer Gegenstand steht so sehr für Gottes Gegenwart und den Bund mit Israel.

● 1Sam 4-6 beschreibt, wie die Israeliten die Lade an die Philister verlieren, wie diese sie nach Israel zurückschicken, und wie wegen eines ähnlichen Vorfalls wie in unserem Text die Bundeslade in Kirjat-Jearim im Haus Abinadabs abgestellt wird, wo sie 20 Jahre bleibt.

● **Was ging schief?** 4Mose 4,4-6 beschreibt, wie die Bundeslade transportiert werden sollte: sie wurde zum Schutz vor Blicken abgedeckt und durch Leviten an Stangen getragen, sie durfte nicht angefasst werden. Dadurch wurde die heilige Gegenwart Gottes deutlich. In unserem Text wird, zwar mit guter Absicht, die Bundeslade behandelt wie ein profaner Gegenstand. **Erschrocken vor der Heiligkeit Gottes** bricht David die Überführung nach Jerusalem ab und prüft, ob dies wirklich in Gottes Sinn ist.

● In Röm 3,23-26 bezeichnet Paulus Jesus als die „neue Bundeslade", die öffentlich ausgestellt ist.

> ✎ *Inwiefern können angesichts dessen „heilige" Gegenstände oder Orte heute eine besondere Bedeutung haben? Wo hielten Sie einen respektvolleren Umgang für angemessen, wo sehen Sie Grenzen? – aufschlussreich ist Hebr 9,23f.*

Donnerstag, 18. August   **1. Chronik 14,1-17**

● Zwischen zwei Berichten, in denen es um die Überführung der Bundeslade nach Jerusalem geht, steht dieses Kapitel, das **an drei Beispielen Gottes Segen für David** und Israel zeigt. Chronologisch fällt nicht alles in die Zeit zwischen Kap. 13 und Kap. 15. Die Botschaft: Gott erkennt Davids Grundhaltung an, ihn zu suchen und die Bundeslade nach Jerusalem zu holen, auch wenn die Ausführung in Kap. 13 nicht gut gelungen war.

● In diesen drei Bereichen zeigt sich Gottes Segen für David:

→ Der lokal angesehene **Hiram, König von Tyrus**, ist mit David freundschaftlich diplomatisch und geschäftlich verbunden, sendet ihm Geschenke und vielleicht sogar Tribut. Hier klingt erstmals das Motiv des „Hausbaus" an, was sich sowohl auf den Palast, den Tempel wie auch die Dynastie beziehen kann.

→ Die **wachsende königliche Familie;** die Frauen und Nebenfrauen stammten wahrscheinlich vorwiegend aus bedeutenden israelitischen Familien, die so Anteil am Königtum hatten. Die Liste der Kinder kommt parallel in 2Sam 5,13-16 vor, die Liste aller Kinder, und zum Teil auch ihrer Mütter findet sich in 1Chr 3,1-9.

→ David ist **siegreich in zwei Schlachten gegen die Philister.** David befragt in beiden Fällen Gott, vermutlich durch einen aaronitischen Priester. Dies steht im bemerkenswerten Kontrast zur Bilanz unter Sauls Leben (10,13f). Übrigens ist „Perazim" (durchbrechen) dasselbe hebr. Wort wie in „Perez-Usa" (13,11): Wie Gott strafend einschritt gegen Usa, so schreitet er nun ein gegen die Philister und zugunsten Israels.

● Das Fazit steht wieder am Ende des Kapitels: Gott bewirkte, dass **David zum international angesehenen Herrscher wurde** (V 17).

✎ *Niederlagen und Erfolge stehen oft nebeneinander. Wie gehen Sie mit beidem in Ihrem Leben um? Woran machen Sie Gottes Segen in Ihrem Leben fest?*

Freitag, 19. August   1. Chronik 15,1-16,25-29

> ✎ *Neigen Sie eher dazu, Dinge gut zu durchdenken und vor-*
> *zubereiten, bevor Sie sie in Angriff nehmen, oder direkt loszu-*
> *legen und Details später anzupassen? Welche Vor- und Nach-*
> *teile haben Sie dabei schon erlebt?*

● Der Segen für Obed-Edom (13,14) zeigt, dass die Überführung
der Bundeslade nach Jerusalem in Gottes Sinn war. Nach dem ersten Fehlversuch in Kap. 13 bereitet David die Überführung nun
richtig und gründlich vor:

→ **Vorbereitung des Ortes:** Das Zelt, in dem die Bundeslade vor
dem Verlust an die Philister stand, war offenbar mitsamt Brand-
opferaltar weiterhin in Gibeon (1Chr 16,39). David erschließt Jerusalem als Hauptstadt, reserviert einen Ort für die Bundeslade
und baut ihr ein neues Zelt. Ein festes Haus für die Bundeslade
wurde erst unter Davids Sohn Salomo gebaut.

→ **Vorbereitung der Priester und Leviten:** Priester und Leviten –
Angehörige des Stammes Levi – waren verantwortlich für Gottesdienst und Heiligtum. Dabei hatten die Priesterfamilien bestimmte
Aufgaben. Nach 4Mose 4,4f trugen z. B. die Nachkommen Kehats
die Bundeslade. Die Priesterfamilien sind benannt nach Aarons
Söhnen Gerschon, Kehat und Merari. Die drei zusätzlichen Familien in diesem Text sind Nachkommen Kehats.

→ **Vorbereitung der Ausführung:** Wir erfahren nicht, woher in
der Zwischenzeit das Wissen kam, doch nun hält sich David exakt an die Vorgaben im Gesetz Moses. Leviten, die sich geheiligt
hatten, trugen die Bundeslade an Stangen (vgl. 4Mose 4,4-6+15;
5Mose 10,8).

● Unter **großem Jubel und Dankbarkeit** wird die Bundeslade nach
Jerusalem gebracht. Wiederum ist es Sache des ganzen Volkes,
nicht eine Privatangelegenheit Davids. Ausgenommen von der festlichen Stimmung ist Michal, Davids Frau und Tochter König Sauls.
Wie für ihren Vater hatte für sie die Bundeslade wenig Bedeutung.

250

Samstag, 20. August   1. Chronik 16,1-22

● **V 1-3** entsprechen **2Sam 6,17-19**. Während dort die Zeremonie mit Opfern, Geschenken und Segen abschließt, erfahren wir hier mehr über den Festgottesdienst und über die Einsetzung von Leviten für dauerhaften Gottesdienst. **David segnet das Volk:** Meist erteilen im AT Priester den Segen, aber auch von anderen Leitern wird dies berichtet, z. B. Mose oder Salomo.

● In **V 4-7** (+ **V 37-38**) werden **Leviten und Priester zum Dienst an der Bundeslade berufen**, und zwar sowohl für diesen Festtag wie auch dauerhaft zum Gottesdienst. Ihre Aufgabe ist „preisen, danken und loben", eine Umschreibung für Lobpreis allgemein, nicht für drei verschiedene Formen des Lobpreises oder von Psalmen. Asaf ist im Buch der Psalmen als Autor mehrerer Psalmen genannt. In V 7 kann „zum ersten Mal" auch bedeuten, dass Asaf das Volk im Lobpreis leitete. Dazu würde auch die Antwort des Volkes in V 36 passen. Priester blasen die Trompeten und laden zum Gottesdienst ein.

● **V 8-36** geben einen **Lob- und Dankpsalm** wieder. Passend zum Anlass wird Gottes Gegenwart und Wirken unter seinem Volk gefeiert. In den Versen sind (mit kleinen Änderungen) drei Stücke aus dem Buch der Psalmen zusammengefügt. Die Psalmen wurden offensichtlich nicht als unveränderliche Lieder betrachtet, sondern konnten für neue Verwendungen neu arrangiert werden (zum Teil auch im Buch der Psalmen selbst, z. B. Ps 108 aus Ps 57+60).

> ✎ *Welche neueren Lieder zu Texten aus den Psalmen oder Neuinterpretationen alter Lieder kennen Sie? Welche Aspekte sind Ihnen durch eine neue Form schon bewusst geworden?*

● **V 8-22** entsprechen **Ps 105,1-15**. Sie rufen auf zum Lob Gottes und zum Gedenken an Gottes Taten, vor allem unter den Patriarchen, und seinen Bund mit ihnen.

| Sonntag, 21. August | Psalm 59 |

● David dichtete den Psalm, als **Saul Männer schickt, die David töten sollen.** Aufgrund einer List seiner Frau Michal entkommt David seinen Verfolgern (1Sam 19,9-17).

● Wie er sich fühlt, beschreibt David im Szenario einer Stadt, die tagsüber von Feinden bestürmt und angegriffen wird. Nachts lassen streunende Wildhunde ihre Bewohner nicht zur Ruhe kommen. Die beiden Bilder drücken eine umfassende Bedrohung durch hinterlistige und gewalttätige Feinde aus. In dieser Situation ruft David Gott um Hilfe: Seine einzige Hoffnung in panischer Todesangst ist, dass sich Gott als hohe, starke und schützende Mauer erweist und gegen die Feinde vorgeht.

● Ps 59 umfasst **zwei Teile (V 2-10 und 11-18).** In beiden leitet David den Beter an, zunächst seine **Bitte** vor Gott zu bringen (V 1-6; 11-14), ihm seine Not zu **klagen** (V 7-8; 15-16) und so dazu durchzudringen, Gott das **Vertrauen auszusprechen** (V 9-10; 17-18). Das ist der Weg, den auch wir im Gebet gehen dürfen – und manchmal auch gehen müssen. Wer den Weg zum Lob Gottes (V 17f) abkürzt, der „frisst" mitunter seinen Frust in sich hinein und wird ihn nicht los.

● Der Psalm leiht uns Worte für Situationen, in denen uns andere Menschen das Leben schwer machen und uns zu „Feinden" werden. Er lehrt uns, wohin wir mit unseren Emotionen (vgl. das „vertilge" in V 14) und unseren Rachegefühlen (V 12: Gott soll die Feinde „hinunterstoßen", also öffentlich „demütigen") kommen dürfen: zu Gott.

● Das Vertrauensbekenntnis setzt sowohl in V 9 als auch in V 17 mit einem pointierten „Aber" ein: „Aber du, HERR"; Gott macht den Unterschied: Seiner „Stärke" bzw. „Macht" haben die Feinde nichts entgegenzusetzen. Dieses „**Aber**" findet sich immer wieder in der Bibel. Dieses „**Aber**" macht den Unterschied. Dieses „**Aber**" macht nicht alles anders oder neu; doch es stellt alles in ein neues Licht.

Montag, 22. August   **1. Chronik 16,23-43**

Der in V 8 begonnene Lobpsalm geht weiter:

● **V 22-33** entsprechen Ps 96. Der Aufruf zum Lob Gottes mündet in das Bekenntnis von Gottes Herrschaft über das ganze Universum. Wiederkehrende Stichwörter binden die Verse zusammen. Gott ist größer als alle Götter – es sind ohnmächtige Götzen, die von den anderen Völkern angebetet werden (V 25-27). Gottes Herrlichkeit wird den Völkern verkündet (V 23f), und fremde Völker, die ganze Welt, beten Gott an (V 28-30). Sogar die Natur lobt ihn (V 31-33).

● **V 34** kommt in mehreren Psalmen vor (106,1; 107,1: 118,1-4+29; 136).

● **V 35-36** entsprechen Ps 106,47-48 und sind ein Gebet um Rettung, das wiederum ins Lob Gottes mündet.

● Es wird angenommen, dass die Bücher der Chronik zusammengestellt wurden, als Israel im babylonischen Exil war. Dass der Psalm hier wiedergegeben wird, ist **Ausdruck der Sehnsucht, dass Gott wieder wunderbar an seinem Volk handeln möge,** die Bundesbeziehung und Identität des Volkes wiederhergestellt wird und Gott mit seiner Gegenwart wieder unter seinem Volk wohnt.

✎ Fallen Ihnen Beispiele aus unserer Zeit oder Ihrem Leben ein, wo ein dankbarer Rückblick auf vergangene Wohltaten Zuversicht geben konnte?

● **V 37-38** schließt die in V 4ff begonnene Berufung von Leviten zum Dienst an der Bundeslade ab. Obed-Edom war entweder Musiker und Torhüter, oder es handelt sich hier um zwei Personen.

● Parallel werden in V **39-42** Leviten und Priester zum Dienst am **Heiligtum in Gibeon** berufen. Anders als bei der **Bundeslade** werden hier auch regelmäßige Opfer dargebracht. Wie in Jerusalem werden auch in Gibeon Musiker und Torhüter eingesetzt. Der Priester Zadok erscheint hier in der Rolle, die später als „Hohepriester" bezeichnet wird. Er stand auch in Krisen treu an der Seite Davids (z. B. 2Sam 15,27; 1Kön 1,8).

Dienstag, 23. August   1. Chronik 17,1-14

● David bemerkt das Missverhältnis: Seine Wohnung ist besser als die **Wohnung Gottes.** Zudem war es üblich, dass Könige einen **Tempel** bauten für ihren Gott. Auch Nathan erscheint das Vorhaben zunächst nicht verkehrt.

● Aber Gott stoppt Davids Vorhaben. Was zunächst wirkt wie eine herbe Zurückweisung, wird gemildert durch Gottes Anrede Davids als „mein Knecht" (V 3+7). Gottes Botschaft hat zwei Teile:

→ **Nicht David wird Gottes Haus bauen** (V 4-6). 1Chr 22,8 nennt als Grund Davids Kriege und Blutvergießen. Unsere Verse begründen, dass Gott nie in einem festen Haus gewohnt hat, sondern mit dem Volk umhergezogen ist. Gott wird sich einen festen Ort als „Wohnung" erwählen, wenn auch das Volk Ruhe gefunden hat (5Mose 12,9ff). Diese Zeit ist noch nicht gekommen.

→ **Gott wird David ein Haus bauen** (V 7-14). „Haus" kann sowohl den „Tempel" als auch die „Dynastie" meinen. Ein leiblicher Sohn Davids wird ihm auf dem Thron folgen und zur Bestätigung den Tempel bauen. Es wird sich eine bleibende Dynastie etablieren. Die wird Gott nicht verwerfen, wie er Saul verworfen hat.

● Dieser Text ist an Bedeutung kaum zu übertreffen. Obwohl er nicht in Bundessprache verfasst ist, wird er schon im AT als **Gottes Bund mit David** bezeichnet. Mehrmals wird betont, dass die Dynastie eine „ewige" ist. Schon atl. Propheten wie z. B. Jesaja gaben der Hoffnung Ausdruck auf ein ewiges Friedensreich unter einem Nachkommen Davids. Auch im NT wird betont, dass Jesus **ein Nachkomme Davids** ist.

> ✎ *Jesus kündigte an, den alten Tempel einzureißen und in drei Tagen wieder aufzubauen. (Vgl. Joh 2,13-25.) Paulus bezeichnet dann die Gemeinde als „Gottes Tempel" und „Leib Christi" (1Kor 3,16; 12,27). Es lohnt sich, darüber nachzudenken, was das für unser geistliches Leben bedeutet.*

Mittwoch, 24. August   1. Chronik 17,15-27

● Gott hat zwar Davids eigentliches Vorhaben abgelehnt, aber
ihm viel mehr verheißen, als er sich selbst hat träumen lassen. Davids Antwort ist **geprägt von Ehrfurcht, Ergriffenheit und Staunen.**
Zwanzigmal gebraucht David eine der unterschiedlichen Anreden
für Gott. Er spricht Gott direkt an („du") und redet von sich in
der dritten Person („David", „dein Knecht"). Häufiger **wiederholt**
werden „dein Knecht", „Haus", „Volk" und „ewig".
● David bekennt, **wie viel Gott bereits für ihn getan hat.** Ihm ist
bewusst, wie viel größer das ist, das **ihm nun verheißen** wurde, und
wie wenig er selbst dazu beizutragen hat. Nabal fragte veracht-
lich: „Wer ist David?" (1Sam 25,10). Davids Frage: „Wer bin ich,
HERR?", bezeugt dagegen, dass er sich tatsächlich in Demut vor
Gott angemessen einordnet. Seine Herkunft begründet keine her-
vorgehobene Stellung vor Gott.

> ✎ *Wie sind Sie geworden, was Sie sind? Welche Rolle spielte*
> *Gott dabei?*

● **Gott wird gepriesen für seine großen Taten** am Volk Israel in
der Vergangenheit, durch die seine unvergleichliche Größe und
Überlegenheit sichtbar wurde. Wiederum kommt Staunen zum
Ausdruck darüber, dass Gott sich dieses Volk als sein Eigentum
erwählt hat.
● David bittet Gott, zu „tun, wie du geredet hast" (V 23). Demütig **erkennt David die Rolle an, die Gott ihm und seinem Haus zugedacht hat.** Er weiß, dass dies ohne Gottes Zutun keinen Bestand
haben wird. Und er versteht und bekennt, dass es nicht um seine,
sondern um **Gottes Ehre und Herrlichkeit** geht.

> ✎ *Für welche Wohltaten und Segensspuren in Ihrem Leben*
> *können Sie Gott danken? Wie kann dies dazu beitragen, Gott*
> *zu verherrlichen?*

Donnerstag, 25. August   1. Chronik 18,1-17

● 1Chr 18–20 berichten über **Davids Kriege**. Parallel, aber ausführlicher, finden sich diese Berichte auch in 2Sam 8-21.

> ✎ *Die Berichte werden plastischer, wenn man die erwähnten Orte auf einer Karte in der Bibel oder in einem Bibelatlas sucht.*

● Wir sehen hier, wie sich **Verheißungen aus Gottes Bund mit David erfüllen** (Kap. 17). Einige der genannten Völker waren zur Zeit der Richter eine Bedrohung für Israel. Unter David werden sie mindestens militärisch geschwächt, einige werden tributpflichtig (vgl. 17,9f). Gott half David (V 14), sodass alle seine Feinde gedemütigt wurden (vgl. 17,10).

→ Zur Zeit der Richter waren die Philister Israel militärisch überlegen. Am Ende von Davids Herrschaft sind die Philister zwar noch eine eigene staatliche Einheit, aber sie bedrohen nicht mehr Israels Souveränität.

→ Den größeren Teil des Berichts nehmen **Davids Siege über mehrere aramäische Königtümer im Nordwesten Israels** ein. Provoziert wird die Auseinandersetzung durch die Errichtung einer Stele als Machtdemonstration, vermutlich durch Hadad-Eser (V 3). Er wird besiegt, ebenso wie die ihm zu Hilfe eilenden Aramäer von Damaskus. Hadad-Esers Feind (oder Vasall) Toï von Hamat (nördlich von Damaskus) ist erfreut und lässt David durch eine hochrangige Delegation Geschenke überbringen.

→ Für eine große Flotte Wagen und Pferde war in Davids Heer zu jener Zeit offenbar noch kein Raum, später unter Salomo wohl. Aber das erbeutete **Gold, Silber und vor allem Bronze** wurde wertgeschätzt als **Grundstock für die spätere Tempelausstattung**.

● Für einen expandierenden Machtbereich war eine gute Verwaltung unerlässlich. Vor allem aber war nötig, dass der König für „**Recht und Gerechtigkeit**" sorgte. Beide Begriffe beinhalten im AT auch die Orientierung an Gottes Ordnungen und Weisungen.

256

Freitag, 26. August   **1. Chronik 19,1-15**

● Da will man was Gutes tun – und der „Schuss" geht nach hinten los! Ein Regierungsoberhaupt stirbt und König David will dem Nachfolger (und Sohn!) sein Beileid aussprechen. Völlig missverstanden (oder bewusst missverstanden?) werden die Gesandten geschändet. „Neue Besen kehren gut?" Nicht wenn man auf die falschen Ratgeber hört ...

● David will Abstand zu den Geschändeten halten. Will er sich den Anblick ersparen, um seinen Zorn zügeln zu können? – Jedenfalls befielt er der Delegation in Jericho zu warten, bis die äußerlichen Folgen der Misshandlung beseitigt sind.

● Hatte David sich schon zornig geäußert? Waren die ersten Kriegswagen schon gerüstet worden? Nichts davon steht da! **Böses gebiert Böses!** Die Ammoniter befürchten (zu Recht), David und Israel empört zu haben. Nun müssen sie aufrüsten. Für David wird die Streitmacht zur großen Gefahr. Jetzt muss er reagieren und er sendet ein eigenes Heer um der Sicherheit des Volkes Israels willen. Sein Heer unter dem Führer Joab kommt aber in große Bedrängnis: vor ihm die Soldaten der Stadt Medeba, hinter ihm die der Aramäer, die als Söldner angeworben waren. Er muss seine Truppen aufteilen, erkennt aber klar, dass die militärische Macht zu klein ist. Der Spitzensatz der kleinen Rede zum Kampf ist: „**Der HERR tue, was ihm gefällt!**" – oder anders ausgedrückt: Er gibt sich, die Soldaten und das ganze Volk Israel in Gottes Hand. Äußerlich hat er den Erfolg errungen, geistlich gesehen hat Gott seinem Volk die Errettung geschenkt.

● Ob in ausweglosen Situationen oder auch angesichts von Enttäuschungen, wenn wir vielleicht Gutes tun wollten und Böses zurückbekommen haben: Wir sind sicher in Gottes Hand.

> ✎ *Wo brauchen wir heute Gottes Hilfe? Wie können wir uns ganz in seine Hand fallen lassen?*

Samstag, 27. August   1. Chronik 19,16–20,8

● Schon wieder Krieg! Zum Streit, Zwietracht, Ärger ... kam damals noch Krieg hinzu. Der Friede der letzten 75 Jahre in Deutschland ist eine absolute Ausnahme: Kaum jemals hat es eine Generation in Mitteleuropa gegeben, die nicht mit Kriegen überzogen wurde. **Was für ein Grund zum Danken!**

● Noch geben die **Aramäer,** eigentlich nur Verbündete der Ammoniter (1Chr 19,6), nicht auf. Diesmal greift David mit in den Kampf ein – wo war er in den ersten Schlachten gewesen? Dass sein Fehlen als Anführer ihm zum Verhängnis wurde, werden wir noch sehen. Jetzt auf jeden Fall haben die Aramäer keine Chance mehr und müssen einem Frieden zustimmen.

● Die **Ammoniter,** die alles begonnen hatten, bekommen nun die Macht Israels zu spüren. Joab greift an – und David? Er bleibt zu Hause und erlebt den geistlichen Tiefpunkt seines Lebens: Der Mord an dem von ihm betrogenen Uria, um den Ehebruch an Batseba zu verdecken (vgl. 2Sam 11 – der Chronist berichtet diese Begebenheit nicht). Erst beim Triumph über die Ammoniter ist David wieder dabei und bekommt die 34 kg schwere Goldkrone aufgesetzt. In V 2 ist nicht ganz klar, ob es die Königskrone war oder ob hier nicht vom Königsgott Milkom die Rede ist.

● Was von den Aramäern nicht beschrieben wird, die ja Frieden geschlossen hatten, geschieht den Ammonitern: Sie müssen Frondienste leisten. Fakt ist, dass die militärischen Siege Davids seinem Sohn Salomo dann halfen, zu dem sprichwörtlichen Friedenskönig zu werden (Salomo hängt sprachlich mit Schalom zusammen).

● Die Ammoniter hatten sich auf die Aramäer als Bündnispartner verlassen, die ihnen, so V 19, nach der Niederlage nicht mehr helfen wollten.

✎ *In welchen Situationen verlassen Sie sich mehr auf Menschen als auf Gott? Und wie lässt sich das ändern? Vgl. Ps 146,3.5.*

Sonntag, 28. August   **Psalm 145**

Psalm 145 gehört zu den **alphabetischen Liedern.** Jeder Vers beginnt mit dem nächsten Buchstaben des hebräischen Alphabets.

● V **1-3:** Mit einem hymnischen Ausruf setzt der Psalm ein. In Davids Worten klingt das Vertrauen an, das er zu Gott gewonnen hat. Das löst seine Zunge zum „täglichen" Lob. Das soll lebenslang nicht verstummen.

Nicht Gott braucht unser Loben. Er ist nicht darauf angewiesen. Aber wir haben es nötig, Gott zu loben, denn damit schärfen wir uns ein, wer das Sagen hat und wem wir unser Leben verdanken. Indem wir Gott loben, z. B. in Liedern, machen wir andere Menschen auf Gott aufmerksam (V 12).

● V **4-9:** Das Loben Gottes zieht weite Kreise und erfasst auch die kommenden Geschlechter. Es übergreift die Generationen und gründet sich auf Gottes „mächtige Taten" in Schöpfung und Geschichte. „Güte" und „Gerechtigkeit" bilden keine Gegensätze, sondern beschreiben als „Gesamtpaket" die verlässliche Treue Gottes.

● V **10-12:** Waren bis jetzt die Generationen im Volk Israel angesprochen, so weitet sich nun der Kreis. Es soll allen Menschen bekannt gemacht werden, ja sogar „alle deine Werke" (Geschöpfe) sollen davon hören.

● V **13-21:** Nun wird, ausführlicher als vorher, Gottes gnädige Fürsorge geschildert. Sie gilt zunächst den Menschen, „die da fallen", d. h. durch ein unglückliches Geschehen zu Boden geworfen sind. Sie werden ermutigt und aufgerichtet. Darüber hinaus werden alle Lebewesen von Gott mit allem versorgt, was sie zum Leben brauchen. Gott sorgt rundum für seine Geschöpfe.

> ✎ *Was könnte die Aussage: „du sättigst alles, was lebt", angesichts der Hungerprobleme in der Welt für uns heute bedeuten?*

Gott verhält sich nicht fern und abgehoben, sondern hat ein Ohr für die, die ihn „mit Ernst", d. h. „aufrichtig" in ihrem Gebet anrufen.

Montag, 29. August   1. Chronik 21,1-14

● Erfolg kann zu Kopf steigen! Statt auf Gott zu vertrauen und ihm auch den Erfolg zuzugestehen, plant David, die eigene militärische Stärke zu ermitteln. Das Reizen des Satans ist nicht die Volkszählung an sich, sondern dass David **den Erfolg selbst in die Hand nehmen** wollte. Dabei hätte David es wissen müssen, dass vor Gott nicht die Zahlen gelten!

> ✎ *Am 23. u. 24. Juni haben wir die Geschichte von Gideon gelesen. Gott schenkte den Sieg – nicht die 32.000 Soldaten Gideons.*

● Die Zahlen, die Joab (gegen seinen Willen!) ermittelt, sind beeindruckend: 1,1 Mio. Männer sind waffenfähig. Nicht ganz sicher ist, ob bei „ganz Israel" (V 5) Juda mitgezählt ist oder Juda mit knapp einer halben Million noch dazukommt. So oder so: Juda ist schon so groß, dass es 1/3 bis zur Hälfte der Soldaten beiträgt. Levi als der Priesterstamm und Benjamin (als der eigentliche Königsstamm – Saul?) werden nicht mitgezählt. Gottes Antwort kommt sofort („schlug Israel") und sie fällt so furchtbar aus, dass David einen Seher, also einen Propheten, um Hilfe bittet. Der gibt Gottes Strafe weiter. Unter den drei Möglichkeiten wählt David nicht die, die speziell ihn getroffen hätte (Flucht). Warum? Vielleicht weil die drei Monate Flucht in Israel politische Unruhe ausgelöst hätte? Seine Begründung ist: lieber in Gottes Hand zu fallen als in der Menschen Hand. **Wie gut, dass wir in Jesus Christus denjenigen haben, der für uns gesühnt hat!**

● Übrigens: Dieser Abschnitt wird auch in 2Sam 24 beschrieben. Die Zahlen und Beschreibungen gehen ein wenig auseinander. Es gibt Erklärungsversuche von „das sind unterschiedliche Quellen" bis hin zum Versuch, die Zahlen und Fakten zu harmonisieren. Ich schlage für uns hier vor: Vertrauen wir auf das „Das" und quälen wir uns nicht mit dem „Wie viel", „Wer" und „Wie" herum.

Dienstag, 30. August　　　　　**1. Chronik 21,15–22,1**

● V 15 greift die Situation vor V 14 auf: Israel ist mitten in der Pest, bei der rund 70.000 Menschen sterben müssen. Es ist **Gottes Zorn**, der hier beschrieben wird. Bedrückt die Epidemie auch ganz Israel, so sendet Gott für die Hauptstadt Jerusalem seinen Boten, einen Engel selbst. Modern ausgedrückt: Gott macht Jerusalem zur Chefsache. Gottes tiefe Liebe zum Menschen, zu seiner Schöpfung bringt ihn dazu, die Strafe abzubrechen. „Gott will, dass allen Menschen geholfen werde und sie zur Erkenntnis der Wahrheit kommen!" (1Tim 2,4), wird uns vom Neuen Testament her versprochen. **Gottes Ziel mit uns Menschen ist immer auf Beziehung Gottes zu uns Menschen ausgerichtet.** Gott will nicht den Tod, sondern das Leben des Menschen – aber das Leben in Beziehung mit Gott!

● David kennt seine Schuld (Volkszählung) und bittet Gott für die Unschuldigen. Gottes Antwort ist die Aufforderung, einen Altar zu bauen. An diesem Ort sollte später der Tempel gebaut werden. Außerdem stellt dieser Ort die Verbindung zu Isaaks Opferung her (vgl. 2Chr 3,1-17; 6. September). Gott forderte von Abraham die Opferung Isaaks, um dann aber Isaak zu retten und das Opfer durch einen Widder zu ersetzen. Dies greift das Neue Testament auf: **Jesus Christus ist das Opfer, das ein für alle Mal zur Rettung der vielen gegeben wurde.**

Will Arauna den Platz nicht hergeben, sondern nur für die Opfergaben sowie das Feuerholz aufkommen? Dann wäre sein Angebot „nimm ihn Dir" (V 23) nur das Angebot des „Du darfst ihn benützen!". David will jedoch Platz, Gebäude und Opfer selbst zahlen. Dann ist es auch sein „Opfer".

> ✎ *Was ist mir der Dank für Gottes Rettung in Jesus Christus wert? In Lk 19,1-10 handelt Zachäus vorbildlich. Vom Segen einer Geldsammlung schreibt Paulus in 2Kor 8–9.*

Mittwoch, 31. August 1. Chronik 22,2-19

● David hatte Gott ein Haus bauen wollen. Gott hatte aber dieses Ansinnen Davids zurückgewiesen. Davids Sohn solle das dann jedoch tun (vgl. 23. August; 2Chr 17,1-14). David hat nun also für seinen Sohn Salomo eine Aufgabe: Er soll den einen Tempel für Gott bauen. David lässt es sich aber nicht nehmen, wenigstens die „Hardware" (Bauplatz, Holz, Eisen, Gold, Silber ...) zu stellen.

● Es ist interessant, wie David diese Aufgabe für seinen Sohn vorbereitet:

→ Er stellt nicht nur die äußeren Mittel zur Verfügung.

→ Er macht Salomo auch klar, dass der Bau dieses Gotteshauses eng mit seinem Königtum verbunden ist: Halte Du Gottes Gesetze und Gott wird Dir Klugheit, Verstand und das Königtum geben. Ist das eine Bedingung („Wenn Du Gottes Gesetze hältst, wird Gott Dir dies alles geben")? Solche Gedanken tauchen im Alten Testament immer wieder auf. Hier jedoch ist dies nicht „kausal" (Ursache und Wirkung bedingen sich gegenseitig) verbunden. Wir sollten auch grundsätzlich mit solchen kausalen Verbindungen bezüglich unseres Glaubens vorsichtig sein: Ein frommer, Gott gegenüber treuer Mensch wird auch tiefes Leid im Leben erfahren können. Und ein „Gottloser", ein über Gott spottender Mensch, wird vielleicht ein tolles Leben haben. Viel wichtiger ist der folgende Satz (V 16): **„Der HERR sei mit dir!"**

→ Außerdem bereitet David die Aufgabe politisch vor und macht den Einflussreichen eine klare Ansage: Er macht deutlich, dass die hohen Kosten für den Bau des Tempels der Menschen Dank auf Gottes Wirken sind: **Gott ist mit Euch! Ihr habt Frieden! Euch geht es gut!**

✎ *Wie können wir Gott für seine Liebe in Jesus Christus, also seine Vergebung, danken? Ist auch unser Eigentum eine Möglichkeit dazu?*

Donnerstag, 1. September | 1. Chronik 28,1-13

● Unser Abschnitt greift Kap. 22 (s. 31. August) mit einer Akzentverschiebung auf. David gab seine Regierungsanweisungen an seinen Sohn Salomo weiter (Kap. 22). In unserem Abschnitt wendet sich David an die Oberen, die Verantwortungsträger. Der wesentliche Inhalt und der Grundton bleiben gleich: **Nach Gottes Willen soll nicht der Kriegsmann David den Tempel bauen, sondern sein Sohn, der Mann der Ruhe (22,9), der Friedenskönig Salomo.**

● Auch wenn es natürlich um seinen Sohn Salomo geht, sehen wir im Licht des NT eine tiefere Planung Gottes. In Mk 10,47; Mt 21,9 und öfters im Neuen Testament wird Jesus als der „Sohn Davids" beschrieben.

● Salomo wird von seinem Vater aufgefordert, Gott **ungeteilt und bereitwillig zu dienen.** Obwohl Salomo von Gott als „mein Sohn" (22,10) bezeichnet wird, zeigt der weitere Lauf der Geschichte, dass es Salomo nicht gelang, Gott ungeteilt und bereitwillig zu dienen. In Jesus Christus betritt ein anderer „Sohn Gottes", der wirkliche und nicht ‚nur' zum Sohn ernannte, die Bühne der Weltgeschichte. **Und Jesus Christus verkörpert dieses ungeteilte und bereitwillige Dienen Gottes vollständig.**

● Im Tempel – und vorher in der Stiftshütte – konnte das Volk Gott begegnen und Gott war seinem Volk nahe. Zusätzlich war der Tempel der Ort der Versöhnung. Beides geschieht im Leiden und Sterben Jesu Christi: Gott wird Mensch und versöhnt die Welt mit sich selbst (2Kor 5,19). **Deshalb ist Jesus der neue, einzigartige und letzte Tempel Gottes.**

✎ *In Joh 2,19 fordert Jesus seine Zeitgenossen auf, den Tempel einzureißen, und kündigt an, er werde ihn in drei Tagen wieder aufbauen. Offensichtlich war dies einer der Hauptanklagepunkte im Prozess gegen ihn (Mt 26,61). Was bedeutet seine Aussage für unser geistliches Leben?*

263

Freitag, 2. September   **1. Chronik 29,1-22**

● **Großer Opferaufruf im Volk Israel!** David war mit gutem Vorbild vorangegangen. Er hatte aus dem (Staats-?) Vermögen schon viel gegeben. Nun aber greift er in die private Schatulle – und dies nicht wenig: Hatte er für den Platz des Tempels 7,2 kg Gold (600 Lot á ca. 12 g) gegeben, so sind es für den Bau allein an Ofirgold (besonders reines Gold) 105 Tonnen (3.000 Zentner á ca. 35 kg). Zahlen sind schwierig zu vergleichen, weil Gold wertvoll war, aber nicht so spekulativ bewertet wie in der Neuzeit. Trotzdem sind diese Summen schwindelerregend.

● Warum gibt David so viel? Es sind zwei Gründe genannt:

→ Weil er es kann („Da ich noch einiges an Gut ... habe").

→ Weil ihm Gottes Wohnung am Herzen liegt („Aus Wohlgefallen am Hause Gottes"). Hier kann Gott begegnet werden und es ist eine Ehrerbietung Gott gegenüber.

● Und dann folgt der Spendenaufruf: **Nicht drängelnd, sondern freiwillig soll jeder geben, was er will.** Die Reaktion ist überwältigend. Freiwillig, fröhlich! (V 9) und mit ganzem Herzen (aufrichtig, ohne Hintergedanken) wird der Tempelbau finanziert.

● Dass dies ein Dank- und Lobfest auslöst, wundert nicht. **Im Mittelpunkt steht der Dank an Gott!** Es mag verwundern, dass den Spendern nicht ausdrücklich gedankt wird. Ein kleiner Satz macht es deutlich: „es ist alles Dein" (V 16) – **Alles Gut gehört Gott und wir dürfen es – in seinem Sinne – verwalten.**

● In gut zwei Monaten beginnen Briefkästen von Spendenwerbungen überzufließen. Nicht jeder Spendenbrief muss beantwortet werden. Einen fröhlichen Geber hat Gott lieb! (2Kor 9,7).

> ✎ *Was macht ein Spendenprojekt aus, dass ich es mit meinem eigenen Geld unterstütze? Über welche Bitte ärgere ich mich und wo gebe ich „fröhlich und von ganzem Herzen freiwillig"?*

Samstag, 3. September　　　　　　**2. Chronik 1,1-17**

● V 1 ist wie eine Überschrift über die ganze Salomo-Geschichte (Kap. 1-7).

● Ausdrücklich wird Salomo als „Sohn Davids" bezeichnet. Damit wird die Legitimität seines Königtums betont.

● Der Abschnitt gliedert sich in **zwei Teile: V 2-13 Salomos Versammlung und Opfer in Gibeon; V 14-17 Salomos Macht und Reichtum.**

● **V 2-6:** Salomo spricht mit den Verantwortungsträgern aus ganz Israel. Gemeinsam ziehen sie nach Gibeon. Dort stehen das Zelt aus der Zeit der Wüstenwanderung und der Bronzealtar. Damit wird die Verbindung bis zu Mose hergestellt. Gibeon (ca. 9 km nordwestlich von Jerusalem gelegen) ist der legitime Gottesdienstort, solange der Tempel noch nicht gebaut ist.

● **V 4** ist wie ein Einschub in Klammern: Die Lade steht in einem anderen Zelt in Jerusalem.

● Salomo opfert tausend Brandopfer. Seine erste Amtshandlung ist ein glänzender Auftakt, bei dem die Bevölkerung dabei ist.

● **V 7-13:** Gott meldet sich oft in der Nacht zu Wort (1Sam 3,4ff; 2Sam 7,4). Seine Aufforderung, „Bitte, was ich dir geben soll", klingt wie im Märchen. Salomo bittet nur um **Weisheit und Erkenntnis.** Damit wählt er das Zentrum einer gelingenden Regierung und Rechtssetzung. **Weil er das Wesentliche erbittet, sagt ihm Gott auch „Reichtum, Gut und Ehre" in unvergleichlichem Maß zu.**

● **V 14-17:** Salomo verfügt über eine große militärische Macht. Die Streitwagen der Antike entsprechen den Panzern der Moderne. Er ist steinreich und betreibt eine kluge Handelspolitik.

● **V 16** Koe oder Kewe meint Kilikien. Also von Norden bis zum Süden waren Salomos Kaufleute unterwegs, um mit Pferden und Wagen Gewinn zu machen.

> ✎ *In Mt 6,33 fordert Jesus auf, zuerst nach dem Reich Gottes zu trachten. Salomo bat um Weisheit und Erkenntnis. Was wäre Ihre Bitte heute?*

Sonntag, 4. September   Psalm 49

V 1-5: Der Dichter des Psalms sieht sich von Feinden umringt – reiche Menschen, die ihre Überlegenheit rücksichtslos ausspielen (V 6). Der Psalm ist ein Weisheitspsalm, (V 4), die Botschaft ist universal. Sie richtet sich an „alle Völker" (V 2). Ihr Inhalt ist von Gott vorgegeben (V 5). „Der Dichter neigt sein Ohr, öffnet sich der anderen Welt, um den entscheidenden Spruch zu empfangen, mit dem er die Reichen schrecken und die Armen trösten kann" (Hans-Joachim Kraus).

● **V 6-10:** Der Sänger („ich") hat Mächtige vor sich, die ihrem Reichtum vertrauen. Um den zu sichern und zu mehren, schrecken sie auch vor „Missetaten" nicht zurück. Doch die angehäuften Güter sind nicht in der Lage, das Todesgeschick abzuwenden. Der Tod ist allgegenwärtig. Er wird zum großen Gleichmacher.

● **V 11-13:** Weise, Toren und Narren, dazu auch das Vieh, sind gemeinsam dem Tod verfallen. Auch dem Reichen ist diese Grenze gesetzt, die er nicht überschreiten kann. Ihre prunkvollen Häuser sind in Wahrheit „Gräber". Leider nimmt der Reiche nicht wahr, wie vergänglich er ist.

> ✎ *Worin besteht das Problem des/der Reichen, das auch von Jesus öfters angesprochen wird (siehe u. a. Lk 18,18ff)?*

● **V 14-16:** Während der Reiche für immer in der Gewalt des Todes bleibt, freut sich der Psalmsänger darauf, dass Gott ihn einmal aus der Gewalt des Todes „erlösen" wird. Im Bild: Gott zahlt den Kaufpreis an den Tod und löst damit den Frommen aus. Sowohl in V 16 als auch 20 begegnet uns das markante „Aber", mit dem sich der Sänger von dem absetzt, was ihn bedrängt.

● **V 17-21:** Hier zieht der Sänger das Fazit aus dem, was er gedichtet und gesungen hat: Wer auf Gott setzt, muss sich nicht daran aufreiben, dass andere Menschen im Überfluss schwelgen. Dieser hat angesichts des Todes ohnehin keinen Bestand.

Montag, 5. September 2. Chronik 1,18–2,17

● **V 18** bildet mit Kap. 7,11 den Rahmen für **Salomos erstes** und wichtigstes Projekt, den Tempelbau, und spannt den Bogen vom Plan bis zur Verwirklichung.

● **V 2-9** schildert den Brief Salomos an König Hiram von Tyrus. Bereits mit David hatte Hiram freundschaftliche Beziehungen (1Kön 5,15). Zu dessen Regierungsantritt sandte er Holz und Fachleute (2Sam 5,11).

● **V 3:** Die detaillierte Liste der Opferdienste zeigt das besondere Interesse des Chronisten am Tempel und am Gottesdienst.

● **V 4:** Die Größe des Tempels entspringt nicht einer Prunksucht, sondern der Erkenntnis: **Gott ist größer als alle Götter.**

● **V 5:** Doch ist das Vorhaben nicht ein Widerspruch in sich? **Wie kann ein Mensch überhaupt Gott ein Haus bauen?** Salomo spricht hier bereits an, was er im Gebet bei der Einweihung noch einmal ausspricht (2Chr 6,18).

● **V 6-8:** Seine Bitte an Hiram: große Mengen an Holz und ein Fachmann, der die unterschiedlichen Materialien gut bearbeiten kann.

● **V 9:** Salomo sagt großzügige Bezahlung der Holzhauer zu.

● **V 10-11** bringen einen Glückwunsch und die Segensformel zum Ausdruck. Hiram spricht Salomo genau die Eigenschaften zu, die David angekündigt hatte, Verstand und Einsicht.

● **V 12-15:** Hiram sendet einen herausragenden Handwerker, Hiram Abi. Vielleicht ist der Zusatz ein Ehrenname und bedeutet Vertrauter, Berater. Der Hinweis auf seine Abstammung – er hat eine jüdische Mutter – ist für den Tempelbau nicht unerheblich.

● **V 16f** nimmt Bezug auf V 1. Die Lastträger, Steinhauer und Aufseher sind Fremdlinge und zu Fronarbeiten verpflichtet.

✎ *Etwas kunstreich zu gestalten (V 13) ist auch Ausdruck der Weisheit. Welche Bedeutung kommt handwerklicher Arbeit und künstlerischem Schaffen damit zu?*

Dienstag, 6. September   2. Chronik 3,1-17

● Nur hier wird der Berg **Morija** als Ort für den Tempel erwähnt. Abraham wurde von Gott aufgefordert, in das Land Morija zu gehen. Dort sollte er Isaak opfern (1Mose 22,2). Morija bedeutet: „Wo Gott gesehen wird." Das geschah auch bei David. Bei der Tenne Araunas in Jerusalem fand die Pest ein Ende und David wählte diesen heilvollen Ort als Platz für den Tempel aus (1Chr 21,15–22,1; s. 30. August). Salomo führt diesen Beschluss jetzt aus.

● V 3-7 werden die Maße und die Innenausstattung des **Tempels** genannt. Ausdrücklich wird die Elle nach altem Maß genannt (Hes 40,5), die eine Handbreit länger ist als eine gewöhnliche Elle. Damit wird an die alte, geheiligte Tradition angeknüpft. Die Höhe von 120 Ellen unterscheidet sich erheblich von der Vorlage in 1Kön 6,2.

● V 8-14 wird das **Allerheiligste** beschrieben. Auffallend ist, wie viel Gold (neunmal erwähnt!) beim gesamten Bau verwendet wird. **Für Gott soll es das Beste sein.**

● Im Allerheiligsten ragen die **Cherubim** heraus. Der Cherub ist ein **Mischwesen aus Mensch und Tier** (vgl. Hes 1,10; 10,1ff) und war schon im Garten Eden der Wächter (1Mose 3,24). Zwei Cherubim bildeten auf der Bundeslade den sog. Gnadenstuhl (2Mose 25,10ff). Auffallend ist hier, dass ihre Gesichter nicht zueinander, sondern auf den Hauptraum ausgerichtet sind.

● Der Chronist erwähnt einen Vorhang (V 14), während 1Kön 6,31 von einer Tür aus Olivenholz berichtet. In Mt 27,51 begegnet uns noch einmal der Vorhang in einer prominenten Rolle …

● V 15ff: Die Namen der **Säulen** bedeuten: „**Gott richtet auf**" (Jachin) und „**darin ist Kraft**" (Boas). Beides trifft auf die **Gegenwart Gottes** zu, die im Tempel zu finden ist.

✎ *Der Vorhang ist inzwischen zerrissen, und Sühne und Gottesdienst funktionieren heute anderes – nachzulesen in Röm 3,25f oder Hebr 9.*

Mittwoch, 7. September   2. Chronik 5,1-14

● Die **Einweihung des Tempels** beginnt mit der Rückführung der Lade. Wie in einer Volksversammlung hatte Salomo dazu die Spitzen der Stämme und Familienverbände einberufen.

● Als Zeitpunkt wird nur **der siebte Monat** erwähnt und die alte kanaanäische Bezeichnung Etanim (1Kön 8,2) weggelassen.

● **V 4-10: Die Lade** hat jetzt ihren endgültigen Bestimmungsort erreicht. Dem Chronisten ist es wichtig, dass die Leviten die Lade bis zum Tempel tragen. Das entspricht ihrem Dienstauftrag (4Mose 4,15). Nur die Priester dürfen die Lade in das Allerheiligste tragen (V 7). Ebenso betont er, dass nur die Gesetzestafeln in der Lade waren und nicht noch der Manna-Krug und der Aaronsstab (anders Hebr 9,4). Herausragend waren nicht nur die Stangen, die nicht entfernt werden durften (2Mose 25,15), sondern auch die mächtigen Flügel der Cherubim, unter denen sie Zuflucht fand. Doppelt so lang wie in der Vorlage 1Kön 8 ist die Beschreibung hier. Dem Chronisten sind Liturgie und Gottesdienst wichtig.

● **V 11-13: Die Musik** spielt beim Einweihungsgottesdienst eine besondere Rolle. Drei Abteilungen der Sänger wirken mit, 288 an der Zahl (1Chr 25). Dazu Instrumentalisten und die Priester als Posaunenbläser, je fünf aus allen 24 Abteilungen. **Die Einstimmigkeit in der Vielstimmigkeit ist überwältigend.** Denkbar ist, dass die Gemeinde den Refrain mitgesungen hat: „Er ist gütig und seine Barmherzigkeit währet ewig."

● V 14: In diesem Lobpreis kommt die Herrlichkeit Gottes verborgen in einer Wolke. Sie füllt alles aus und gibt den Priestern keine Gelegenheit, ihren Dienst zu tun. Gottes Gegenwart überragt alle und alles.

✎ *Die Einstimmigkeit in der Vielstimmigkeit bei einem guten Chor ist ein gutes Bild für geistliche „Einstimmigkeit", über das es sich lohnt nachzudenken – z. B. mit Phil 2,1-5.*

Donnerstag, 8. September   2. Chronik 6,1-21

● **V 1f:** Im **Tempelweihspruch** übergibt Salomo den Tempel seiner Bestimmung. Gott will im Wolkendunkel wohnen (2Mose 20,21). Das Allerheiligste hatte keine Fenster. Aber im Dunkeln ist Gott da.

● **V 3-11:** Bevor Salomo seine **Ansprache** beginnt, segnet er das Volk. So hatte es auch David getan, als die Lade in ihrem Zelt angekommen war (1Chr 16,2). In V 4 beginnt Salomo mit einem Lob auf den Gott Israels. Dann erinnert er an Gottes Versprechen, exklusiv Jerusalem als Ort für seinen Namen und David als Regenten über Israel zu erwählen. Salomo sieht Gottes Verheißung erfüllt.

● Die viermalige Formulierung „**meinem Namen ein Haus bauen**" wendet sich einerseits dagegen, sich Gott dinglich wie eine heidnische Götzenstatue vorzustellen. Gott lässt sich von Menschen nicht vereinnahmen. Andererseits ist der Tempel der Ort, wo Gott mit seinem Namen angerufen wird.

● **V 12-21:** Salomo kniet nieder und breitet die Hände zum Himmel aus. Das war die damals übliche Gebetshaltung. Er beginnt sein **Gebet** wie die Ansprache mit einem Lobpreis auf den unvergleichlichen Gott (V 14) und rühmt seine Bundestreue und die Treue, die er David erwiesen hat. Höhepunkt ist die **Erkenntnis, dass Gott nicht zu fassen ist** (V 18). So groß der Tempel auch ist, so ist er doch viel zu klein für Gottes Majestät. V 19-21 sind das Kernstück des Gebets: **Gott möge sich dem Gebet Salomos von seiner Wohnung im Himmel aus zuwenden.** Vor allen einzelnen Bitten steht die Bitte, dass Gott den König und das Volk an diesem Ort hören möge.

✎ *Der Tempel ist das Haus des Gebets, mit der Vision für alle Völker (Jes 56,7). Jesus hat sich leidenschaftlich dafür eingesetzt (Mk 11,15ff). Die Erfüllung kam dann ganz anders als erwartet, nachzulesen in 1Kor 6,19.*

270

Freitag, 9. September   **2. Chronik 6,22-42**

● In **V 22-39** bringt Salomo **sieben Bitten** vor Gott, die bis auf die erste und die fünfte **nationale Katastrophen** zum Thema haben.

→ **V 22f:** Die erste Bitte betrifft eine **Rechtssache zwischen zwei Menschen.** Wenn im privaten Schadensrecht die Schuld nicht ermittelt werden konnte, hatte der Geschädigte das Recht, vom Prozessgegner einen Unschulds-Eid zu verlangen (2Mose 22,6-11).

→ **V 32 f:** Die fünfte Bitte nimmt auch das **Gebet des Fremden** auf. Alle Völker können zu Gott kommen – heute ist die Zeit, in der das passiert (vgl. Jes 66,19-20; Mt 28,18-20).

→ **V 24-27** setzen eine Sünde voraus, ebenso V 36ff. Wenn auf die Not, die als Strafe gesehen wird, Gebet und Umkehr erfolgen, möge Gott hören und der Not ein Ende setzen.

→ **V 28ff:** Im Rahmen der Hungersnot oder Seuchen werden auch persönliche Krankheiten erwähnt. An dieser Stelle fehlt der Zusammenhang von Sünde und Strafe.

● Zwei grundsätzliche Aussagen ragen heraus, jeweils als Einschub formuliert:

→ **V 30: Gott allein erkennt das Herz der Menschenkinder.** Menschen sehen nur, was vor Augen ist (1Sam 16,7). Darum kann allein er das Leben gerecht beurteilen.

→ **V 36: Es gibt keinen Menschen, der nicht sündigt** (Hiob 14,4; Pred 7,20; 1Joh 1,8). Sünde ist keine Ausnahme, sondern die Folge des Sündenfalls (1Mose 3).

● **V 40ff** bilden den **Abschluss des Gebets.** V 41-42 nehmen Ps 132,8-10 auf. Mit dem „Antlitz deines Gesalbten" ist Salomo gemeint. Die Gnaden Davids sind die von ihm vollbrachten guten Taten. Auf ihn konzentriert sich der Chronist und lässt anders als seine Vorlage 1Kön 8,53 Mose und die Herausführung aus Ägypten weg.

> ✎ *Unsere Bitten werden oft einseitig von dem bestimmt, was uns gerade am Herzen liegt. Salomo bittet umfassend. Was könnte ich in mein Gebet aufnehmen, was ich bisher vernachlässigt habe?*

Samstag, 10. September   2. Chronik 7,1-11

In den ersten Kapiteln standen der Bau und die **Weihe des Tempels** im Mittelpunkt. Das **Gebet Salomos** (Kap. 6) bildete dabei den inhaltlichen Höhepunkt.

● Dieses Gebet wird durch eine eindrucksvolle Handlung Gottes bestätigt. Es fällt Feuer vom Himmel, und **Gottes Herrlichkeit erfüllt den Ort**. Damit wird auch die Kontinuität zum Heiligtum in der Wüste deutlich (2Mose 40,34f). So wie Gott bei seinem Volk während der Wüstenzeit war, so wird er mit ihm sein, wenn der Tempel an einem festen Ort in Jerusalem steht.

> ✎ *Lesen Sie 3Mose 9,23f. Welche Elemente der Begegnung Gottes mit den Menschen finden Sie bei beiden Stellen?*

● Ein beispielloses **Opfer** beschließt die Einweihung des Tempels. Es werden so viele Tiere geopfert, dass der vorgesehene Platz dafür nicht ausreicht.

● Der Gottesdienst besteht aber nicht nur aus Opfern. Es wird gesungen und **Musik** gemacht. Alles findet in einer vorbildlichen Ordnung statt. Priester und Leviten üben ihren Dienst aus, und alle Teilnehmer stehen aus Ehrfurcht vor der Gegenwart Gottes. Zugleich wird die Freude betont, mit der dieser Gottesdienst gefeiert wird. Gott wird für seine Barmherzigkeit (wir könnten auch sagen: Gnade) gelobt. **Ehrfurcht und Freude gehören unmittelbar zusammen und verleihen dem Glauben sichtbaren Ausdruck.**

● An die Tempelweihe schließt sich unmittelbar ein weiteres Fest an, es handelt sich um das **Laubhüttenfest** (vgl. dazu Kap. 5,3 und 5Mose 16,13-15). Auch hier wird wieder die Freude über Gott hervorgehoben. Er hat an seinen Dienern David und Salomo, aber auch am gesamten Volk Gutes getan. So kann das Volk „fröhlich und guten Mutes" wieder nach Hause gehen und im normalen Alltag leben.

Sonntag, 11. September   **Psalm 39**

● V 1: Bei Jedutun handelt es sich um den Musikmeister Davids (1Chr 16,41f).

● V 2: Eingangs berichtet David davon, was ihn zu seinem Lied motiviert hat. Offensichtlich hat ihn ein **schwerer Schicksalsschlag** getroffen (V 11). Vielleicht handelt es sich um eine zerstörerische Krankheit (V 12). Er fühlt: Mein Leben ist dem Ende nah (V 5). Und obendrein hat er mit Feinden zu tun, die ihn in seiner misslichen Lage verhöhnen (V 9).

● V 2-4: Hier beschreibt David die **Entstehungsgeschichte seines Klageliedes.** Angesichts des „Gottlosen", der ihm zusetzt, nimmt er sich vor, seine „Zunge" zurückzuhalten. Lieber frisst er sein Leid in sich hinein. Zum Glück breitet er es vor Gott aus.

> ✎ *Was meinen Sie: Wann ist es sinnvoller, über das eigene Leid einsam zu klagen, als es anderen mitzuteilen?*

V 5-7: Hier beginnt das eigentliche Klagelied. David sucht bei Gott restlose Klarheit über sein eigenes, dem Tod verfallenes Leben. Dieses Schicksal verbindet ihn mit „allen Menschen". **Jedes Leben gleicht einem flüchtigen „Schatten" („Hauch") und ist obendrein durch Vergeblichkeit gezeichnet.**

V 8-12: David sieht einen engen Zusammenhang zwischen seinen schlimmen Erlebnissen und seiner Sünde. Er weiß: Ich leide nicht unschuldig. Hier besteht eine große, für uns beglückende Differenz zum NT. Die Strafe für unsere Schuld hat Jesus ein für alle Mal auf sich genommen (Jes 53,5). Allerdings haben wir häufig mit den **praktischen Folgen unseres Fehlverhaltens zu leben.**

V 13-14: David spricht von seinem nahenden Tod („dahinfahren"). Er versteht sich als „Gast" und „Fremdling" in der langen Kette seiner Vorfahren im Gottesvolk. **Allein bei Gott findet er Zuflucht. Ihm vertraut er sich an.**

Montag, 12. September   2. Chronik 7,12-22

Die ersten 11 Verse des Kapitels beschreiben die öffentliche Bestätigung des Tempelbaus durch Gott. Jetzt erscheint Gott **Salomo** in der Nacht und spricht ihn als **Verantwortlichen für das Volk** an.

● Erschien Gott seinem Vater David in der Nacht, um ihm den Bau des Tempels zu untersagen (1 Chr 17,3), so erfährt Salomo des Nachts, dass er recht, d. h. im Sinne Gottes gehandelt hat.

✎ *Wenn Sie Jes 56,7 lesen, was erfahren Sie über die besonderen „Funktionen" des Tempels?*

● In V 13-16 antwortet Gott direkt auf das Gebet des Königs (Kap. 6,26ff). Jetzt wird aber deutlich, dass mögliche Katastrophen wie Dürre oder Pest auf das Eingreifen Gottes selbst zurückzuführen sind, wenn das Volk vom richtigen Weg abgekommen ist. Wenn es aber sich demütigt, Reue zeigt, betet und umkehrt, wird Gott sich wieder über sein Volk erbarmen. Das ist sein Ziel: Die Menschen sollen sich zu ihm hinwenden und sich an das halten, was er sagt. **Es geht immer um die Umkehr und den Neuanfang!**

● Ab V 17 wendet sich Gott an Salomo bzw. an das Volk und erinnert an den Bund. Wer sich an die Weisungen hält, der darf erfahren, dass Gott ihn trägt und erhält. Wer sich von ihm abwendet, muss damit rechnen, dass sich Gott von ihm abwendet.

● Selbst der Tempel, dessen Bau und Vollendung gerade so eindrucksvoll bestätigt wurden, ist kein Garant dafür, dass es kein Gericht geben wird. So wird man zum Gespött der anderen Völker.

● An vielen Stellen der Bibel wird darauf hingewiesen, dass es der Kardinalfehler der Menschen ist, sich an andere Götter zu klammern und an sie zu glauben: **„Woran du dein Herz hängst, das ist dein Gott!"** So prägnant hat Luther es auf den Punkt gebracht. Woran hängt mein Herz?

Dienstag, 13. Sept.   **2. Chronik 9,1-12.29-31**

Die **Bedeutung Salomos** wird auch durch außenpolitische Beziehungen betont. So hatte er im Norden längerfristig mit Hiram von Tyrus zu tun (z. B. Kap. 2,1-15). Jetzt wird eine Begegnung mit der Königin von Saba beschrieben.

● Die Kunde von Salomos **Weisheit** ist bis in ferne Länder gedrungen. So kommt die Königin von Saba nach Jerusalem, um sich selbst ein Bild zu machen. Wo genau dieses Königreich zu verorten ist, bleibt bis heute unbekannt. Es spricht einiges dafür, dass es sich um ein Gebiet im Süden der arabischen Halbinsel handeln könnte (heute das Gebiet des Jemen).

> ✎ *Bei der Begegnung spielt Salomos Weisheit eine besondere Rolle. Manche Übersetzungen geben dieses Wort mit „Klugheit" wieder. Handelt es sich um besonderes Wissen oder geht es um mehr?*

● V 5-8 bilden den Kern dieses Abschnitts. Neben dem Austausch von kostbaren Geschenken und der geradezu überbordenden Großzügigkeit Salomos sind folgende Aussagen von besonderem Gewicht:

→ Die Weisheit Salomos wird mit Recht bewundert.

→ Die Angehörigen des Hofes sind wegen dieses Herrschers zu beglückwünschen.

→ Eigentlich ist Gott selbst zu rühmen – und das aus dem Mund einer heidnischen Königin!

→ Salomo ist ein König, der mit Recht und Gerechtigkeit herrscht. Das ist auch das **Kennzeichen des kommenden Herrschers und Retters** (Jer 23,5), auf den die späteren Generationen warten.

● Salomo ist ein rechter König – ganz wie sein Vater David. Das kommt auch in der Länge seiner Regierungszeit zum Ausdruck. Beide tragen für 40 Jahre die Verantwortung, eine Zahl, die an vielen Stellen auf etwas Abgeschlossenes oder auch Vollkommenes hinweist.

275

Mittwoch, 14. September   2. Chronik 10,1-19

War die Darstellung der Königszeit von David und Salomo in der Sicht der Chronik grundsätzlich positiv, so zeichnet sich bei den Nachfolgern rasch ein Zerfall des Königreiches in ein sog. Nord- und Südreich ab (etwa um 930 v. Chr.).

● Nach dem Tod Salomos wird sein Sohn Rehabeam König. Damit er auch die Zustimmung der nördlichen 10 Stämme erhält, macht er sich auf den Weg nach Sichem (etwa 45–50 km nördlich von Jerusalem).

> ✎ *Sein „Gegenspieler" Jerobeam wird hier unvermittelt genannt. In 1Kön 11,7-13,26ff werden die Hintergründe dieses Konfliktes ein wenig ausführlicher geschildert. Inwieweit erfüllt Jerobeam auch eine Weissagung Gottes?*

● Sichem ist ein Ort mit einer langen Tradition im AT (u. a. 1Mose 12,6f und vor allem Josua 24: der sog. Landtag zu Sichem). **Es ist eine besondere Tragik, dass die Einheit gerade an diesem Ort zu zerbrechen beginnt.**

● Bevor es zur Bestätigung Rehabeams durch die 10 Stämme im Norden kommt, bringen diese ihre Beschwerden vor, die die Regierungszeit Salomos mit sich brachte. Anstatt auf den Rat der Ältesten zu hören, verlässt Rehabeam sich lieber auf das, was seine Altersgenossen ihm sagen. Statt Mäßigung kündigt er eine Verschärfung der Maßnahmen an – eine klare Parallele zu dem, was der Pharao dem Volk in Ägypten androhte (2Mose 5,5-9).

● Rehabeam wollte als König über ganz Israel anerkannt werden, am Schluss muss er um sein Leben fürchten. Das Königtum ist geteilt, die Herrschaft der Nachkommen Davids über ganz Israel – so wie von Gott verheißen – ist am Ende verspielt.

● Mit dieser Schilderung wird aber auch deutlich: Es erfüllt sich, was Gott durch seinen Propheten Ahija hat ankündigen lassen (1Kön 11,29.31). **Das Verhalten der Menschen bleibt nicht ohne Folgen.**

Donnerstag, 15. September   **2. Chronik 12,1-16**

● Das Verhalten Rehabeams ist höchst widersprüchlich. Auf eine erste gute Phase seiner Regierung (Kap. 11,5-23) folgt eine Zeit, in der er sich von Gott abwendet. Die in diesem Abschnitt geschilderte Umkehr ist aber nicht von langer Dauer, am Ende wird festgehalten, dass er nicht nach Gott fragt (V 14).

● Nach schwierigem Beginn und einer Zeit der Festigung verlässt er das Gesetz Gottes (wörtlich: die Tora, die Weisung Gottes). Als führender Repräsentant seines Volkes ist er auch Vorbild, sodass weite Teile des Volkes ihm auf diesem Weg folgen.

> ✎ *5Mose 8,11-17 warnt davor, Gott als den Geber aller Gaben zu vergessen, wenn es einem gut geht und man in Wohlstand lebt. Trifft Ihrer Meinung nach diese Warnung vor Selbstüberschätzung hier zu? Wo stehen wir heute in der Gefahr, Gott zu vergessen?*

● Die Gefahr durch die herannahenden Ägypter wird im Zusammenhang mit dem Abfall von Gott gesehen. Die Situation wird bedrohlich, als auch Jerusalem in die Hände der Feinde zu fallen droht (V 4).

● Der Prophet Schemaja macht den Verantwortlichen den Zusammenhang klar. Da sie den HERRN verlassen haben, hat dieser sie in die Hand von Schischak gegeben. **Wenn sie nicht mehr Gott, dem HERRN dienen, so müssen sie anderen Herren dienen.**

● Zentral ist der Begriff „sich demütigen" (V 6.7.12). Es geht darum, die **eigene Schuld einzugestehen** und damit **Gott recht zu geben.** Mit diesem Handeln erfüllen sie das, was Gott in seiner Antwort an Salomo sagte (Kap. 7,14).

● So steht auch Gott zu seinem Wort und gibt sein Volk nicht dem Untergang preis. Dennoch bleiben deutliche Spuren. Schischak raubt wertvolle Schätze; vor allem haben die goldenen Schilde neben dem materiellen Wert eine hohe Symbolkraft, hatte diese Salomo doch extra anfertigen lassen (Kap. 9,15f).

Freitag, 16. September   2. Chronik 18,1-27

Einige Jahrzehnte sind seit der Reichsteilung vergangen. Im Norden regiert **Ahab**, und im Süden hatte **Joschafat** die Macht von seinem Vater Asa übernommen. Um die beiden Königreiche enger aneinander zu binden, verheiratete Joschafat seinen Sohn Joram mit Ahabs Tochter Atalja.

● Ahab möchte Joschafat für einen Kriegszug gegen die Aramäer gewinnen, um die Stadt Ramot in Gilead (im nördlichen Ostjordanland) zurückzuerobern. Im Laufe der Ereignisse wird deutlich, dass hier nicht zwei Könige auf Augenhöhe agieren, sondern dass Ahab den Ton angibt und die Geschicke lenkt.

● Joschafat erweist sich als einer, der **nach dem Willen Gottes fragt**, und will daher zuvor die Propheten befragen, ob sie ein Wort des HERRN haben.

● Die **400 Propheten**, die Ahab zu Rate zieht, erinnern stark an die 400 Propheten der Aschera, die im Dienste der Königin Isebel standen und bei dem sog. Gottesurteil auf dem Karmel (1Kön 18) die Größe Gottes anerkennen mussten.

● Das einhellige Votum, dass der geplante Kriegszug unter dem Segen Gottes steht, wird durch einen Vertreter, Zedekia, mit einer Zeichenhandlung bestätigt. Den Sieg könne keiner aufhalten.

● Dennoch soll noch ein weiterer Prophet befragt werden, der sich schon früher als unerschrocken erwiesen hat und es wagte, Ahab unangenehme Dinge zu sagen. Obwohl er entsprechend gewarnt wird, hält er daran fest, dass das Unternehmen nicht im Sinne Gottes ist. **Es stehen sich hier König und Prophet, aber auch die beiden Propheten gegenüber.**

> ✎ *Lesen sie 5Mose 18,9-22. Was für ein Licht wirft dieser Text auf die Frage, welcher Prophet recht hat? Was ist wahre bzw. falsche Prophetie? Kann man das auch auf unsere Zeit übertragen?*

Samstag, 17. September   **2. Chronik 18,28–19,3**

● Dieses Geschehen knüpft unmittelbar an den vorigen Abschnitt an. Obwohl der Prophet Micha gesagt hatte, dass Ahab diesen Kampf nicht überleben wird, lässt dieser sich von diesem Vorhaben nicht abbringen. Aber er glaubt, durch eine List seinem Schicksal entgehen zu können.

● Er befiehlt dem König des Südreiches Joschafat, dass er mit seinen königlichen Kleidern in die Auseinandersetzung gehen soll, während er selbst nicht als König für die gegnerischen Kämpfer zu identifizieren ist. Die Machtverhältnisse sind klar: Joschafat muss sich dem Befehl Ahabs fügen.

● Das Täuschungsmanöver scheint zunächst zu gelingen, zuerst hält man Joschafat für den König des Nordreiches. Die Wendung wird durch seinen Gebetsschrei herbeigeführt. **In höchster Not wendet er sich an Gott und erlebt, wie dieser eingreift** und die Feinde dann von ihm ablassen.

● Ahab hingegen muss erfahren, dass er Gott nicht täuschen kann. Ein zufälliger Schuss trifft ihn, und der Pfeil bringt ihm eine Wunde bei, die zu seinem Tod führt. Damit erfüllt sich genau das, was der Prophet Micha zuvor im Namen Gottes gesagt hatte.

● Joschafat kann wieder in Frieden heimkehren, doch er muss sich dem Urteil Gottes stellen, das durch Jehu an ihn ergeht. Ihm wird vorgehalten, dass er die liebt, d. h. mit denen Bündnisse schließt, die den Herrn hassen.

> ✎ *Wurde zunächst fast nur beiläufig erwähnt (Kap. 18,1), dass Joschafat mit Ahab ein Bündnis einging, so zeigt sich später (Kap. 22,1-9), welche katastrophale Folgen diese familiäre Verbindung hatte! Bedenken wir, dass auch unsere Taten oftmals eine Langzeitwirkung haben ...*

● Über Joschafat gibt es aber kein pauschales Urteil. Neben dem, was negativ ist, wird nicht verschwiegen, dass er Gott suchte und sich dafür einsetzte, die Götzenbilder abzuschaffen.

Sonntag, 18. September   Psalm 146

Wir haben es wieder mit einem alphabetischen Lied zu tun (vgl. Ps 145; s. 28. August). Paul Gerhardt hat ihn zu dem bekannten Lied geformt: „Du, meine Seele, singe" (EG 302).

● V 1-2: Hier spricht ein einzelner Sänger. Er gibt sich einen innerlichen Ruck: **Gott zu loben soll sein Lebensprogramm sein.**

● V 3-4: Wer dagegen auf „Fürsten" setzt, den Mächtigen vertraut und von ihnen Hilfe und Heil erhofft, der wird enttäuscht, weil diese genauso **begrenzt und hinfällig** sind wie alle Menschen. Ihr verführerisches Auftreten verdeckt ihre begrenzten Möglichkeiten.

> ✎ *Worauf verlasse ich mich? Was gibt mir (falsche) Sicherheit?*

● V 5-8: Der ist zu beglückwünschen, der seine Hilfe auf Gott setzt. Das „Wohl dem" entspricht dem neutestamentlichen „selig sind" (z. B. Mt 5,3ff). Zunächst wird **Gott als Schöpfer** verehrt. Das weist auf seine **unbegrenzten Möglichkeiten** hin, die er seit alters her einsetzt, um Menschen Gutes zu tun. Diese sind zeitlich nicht begrenzt (6b). **Auf Gott ist Verlass.** Mit ihm kann man rechnen. Das zeigt sich insbesondere, wenn Menschen in Not geraten: hungrig, gefangen, blind, niedergeschlagen. Gottes Güte erleben vor allem „die Gerechten", die ihre Hoffnung ganz auf ihn gesetzt haben. Zu ihnen zählt sich der Psalmsänger.

● V 9: Gott hat vor allem die im Auge, die gesellschaftlich seit jeher vernachlässigt bzw. an den Rand gedrängt werden. Ihnen gilt Gottes besonderes Augenmerk. **Wer Gott lobt, wird von Gott gleichsam inspiriert, sich der Notleidenden nun auch praktisch anzunehmen.**

● 10: Was Gott getan hat und noch tut, fasst der Psalmsänger für die anbetende Gemeinde („Zion") in dem Begriff „**König**" zusammen. Er redet nicht allgemein von Gott, sondern unterstreicht mit dem „**dein Gott**" die enge Verbundenheit Gottes mit den Glaubenden.

280

Montag, 19. September   2. Chronik 20,1-26

● Joschafat gesteht sich seine Angst vor der Übermacht der Feinde ein. Anstatt hektisch alle verfügbaren militärischen Kräfte zu mobilisieren, sucht er die Nähe Gottes im Gebet. Da es um das Schicksal des ganzen Volkes geht, bezieht er das Volk mit ein und ruft einen **landesweiten Buß- und Bettag** aus.

● Ein öffentliches Gebet Joschafats hat folgenden Inhalt:

→ **Bekenntnis,** dass der Gott Israels der einzige Gott ist und alle Macht hat (V 6).

→ **Erinnerung,** dass Gott das Land für immer versprochen hat (V 7).

→ **Schilderung der Gefahr,** dass der Tempel als Ort, an dem Israel Gott in der Not anrufen kann, gefährdet ist (V 8-11).

→ **Eingeständnis der eigenen Ohnmacht und Bekenntnis der Zuversicht:** Auf dich sind unsere Augen gerichtet!

● V 14-17: Gott spricht durch einen Leviten (Hilfspriester). Das Volk soll sich **nicht in Kampfhandlungen hineinziehen lassen, sondern allein auf Gott vertrauen.**

● V 18-25: Joschafat lässt sich auf das Wagnis des völligen Vertrauens auf Gottes Macht ein und zieht den Feinden **nicht mit Soldaten entgegen, sondern mit Tempelsängern,** die Gott mit lauter Stimme loben – eine menschlich absurde Vorstellung, die aber davon zeugt, dass sich das Vertrauen in den lebendigen Gott lohnt.

● V 26: Besonders beeindruckend ist, dass Joschafat und seine Leute extra noch einmal am Ort des Geschehens zu einer **Dankfeier** zusammenkommen, um Gott für seine überwältigende Hilfe zu danken. Was Luther mit „Lobetal" übersetzte, kann auch Segenstal, Lobpreistal oder Danktal heißen. Es gibt auch Übersetzer, die den hebräischen Begriff beibehalten: Tal Beracha.

> ✎ *Könnten Sie einen bestimmten Ort benennen, der ihr besonderes Lobetal darstellt? Eine Internetrecherche über den Ort „Lobetal" bei Berlin könnte Anregungen geben.*

Dienstag, 20. September   2. Chronik 26,1-23

● Weil Usija bei seinem Regierungsantritt erst 16 Jahre alt ist, bekommt er in Secharja einen Mentor an die Seite. Über Secharja ist nur bekannt, dass er einen guten geistlichen Einfluss auf den jungen König ausübt. **Während der Lebenszeit seines Mentors pflegt er eine lebendige Gottesbeziehung.**

● Auf vielen verschiedenen Ebenen schenkt ihm Gott Gelingen.

� Er kann das Land erfolgreich gegen Feinde verteidigen.

� Jerusalem wird unter seiner Führung weiter befestigt.

⇢ Er fördert die Landwirtschaft und trägt so zur Verbesserung der Versorgungslage der Bevölkerung bei. Im Gegensatz zu anderen Königen zieht er sich nicht ins mondäne Stadtleben zurück.

⇢ Das Heer wird personell verstärkt und die Ausrüstung auf den neuesten Stand der Militärtechnik gebracht.

● Leider **erliegt er aber der Versuchung der Macht** und des Erfolgs und wird hochmütig. Der Hochmut äußert sich darin, dass er meint, als König selbst das Opfer auf dem Räucheraltar darbringen zu können, anstatt sich der vorgesehenen Vermittlung der Priester zu bedienen.

> ✎ *Fallen Ihnen Beispiele aus der Geschichte oder aus Ihrem persönlichen Umfeld ein, dass erfolgreiche Menschen sich plötzlich alles zutrauten und die Kompetenzen anderer nicht mehr respektierten? Welche Folgen zog das nach sich?*

● Gott meint es gut mit Usija und warnt ihn durch den Propheten Asarja und achtzig mutige Priester. Man spürt ihnen geradezu ab, dass sie diesen bisher so positiven König zurückhalten wollen, einen entscheidenden Fehler zu begehen, der nicht ohne Konsequenzen bleiben wird.

● Usija ist so überheblich geworden, dass er sich nicht mehr korrigieren lässt. Als Strafe wird er aussätzig, d. h. er bekommt eine ansteckende Hautkrankheit, wegen der er **den Rest seines Lebens in Quarantäne verbringen muss.**

Mittwoch, 21. September   2. Chronik 28,1-15

● Für uns ist es schwer verständlich, dass Israel bei der Landnahme zur Zeit Josuas im Auftrag Gottes die bereits ansässigen
Kanaaniter vernichten sollte. Hier wird noch einmal deutlich, dass
das Teil von Gottes Gerichtshandeln gegen diese Völker war, in
denen so grausame Dinge wie die Opferung der eigenen erstgebo-
renen Söhne an der Tagesordnung waren (V 3). Umso schlimmer
ist, dass sich **Ahas so weit vom lebendigen Gott entfernt** hat, dass
er selbst solche heidnischen Opfer praktiziert.
● V 5-8: Gott als **HERR der Geschichte schaut diesem Götzendienst nicht endlos zu.** Das Gericht wird sowohl durch die heidnischen Aramäer als auch das nordisraelitische Brudervolk vollzogen. Ahas erleidet empfindliche militärische Niederlagen, viele
Soldaten sterben, und eine große Zahl ihrer Frauen und Kinder erleidet das schreckliche Schicksal der Versklavung.
● V 9-11: Ein Lichtblick in diesem dunklen Kapitel der Geschichte
Gottes mit seinem Volk ist, dass er das Leid der Frauen und Kinder
begrenzt. Der Prophet Oded tritt mit einer **Umkehrbotschaft** auf:
→ Die brutalen Morde sind weit über den Zweck der Kriegsfüh-
rung hinausgegangen.
→ Bei den Gefangenen handelt es sich nicht um Heiden, sondern
um das judäische Brudervolk
→ Die Gefangenen müssen freigelassen werden, sonst wird Gott
zornig.
● V 12-14: Die prophetische Botschaft von Oded findet Gehör,
die Gefangenen werden freigelassen.
● V 15: **Die bewusste Versorgung der schwachen und verwun-
deten Gefangenen ist der alttestamentliche Hintergrund für das
Gleichnis vom barmherzigen Samaritaner.**

> ✎ *Lesen Sie V 15 noch einmal genau durch. Welche Ähn-
> lichkeiten mit dem Gleichnis von Jesus (Lk 10,25-37) fallen
> Ihnen auf?*

283

Donnerstag, 22. September   **2. Chronik 28,16-27**

● König **Ahas** wird von **allen Seiten militärisch bedrängt.** Einen
Ausweg sucht er darin, den König von Assyrien als Unterstützer
zu gewinnen. Das Problem liegt jedoch tiefer, nämlich in seinem
Abfall vom lebendigen Gott; die militärisch aussichtslose Lage ist
Gericht Gottes wegen der Untreue des Königs. Deshalb kann seine
Strategie nicht aufgehen. Die Weltmacht, die er gerufen hatte, fordert nun hohe Tributzahlungen. Auch dazu heißt es dann lapi-
dar: **Aber es half ihm nichts** (V 21). **Wer seine Hilfe auf Menschen
setzt, statt auf den lebendigen Gott, muss immer wieder diese Erfahrung machen.**

● Obwohl der König von den Propheten **Jesaja** (Jes 7,3-9) und von
Hosea (Hos 6,1) zur Umkehr aufgerufen wird, bleibt er bei seiner
Untreue gegenüber dem Gott Israels und zieht die falschen Kon-
sequenzen. Er denkt: Die Stärke der Aramäer muss an der Kraft
ihrer Götter liegen, wenn ich ihnen opfere, dann werde ich auch
Erfolg haben. Was für ein Trugschluss! **Der lebendige Gott lenkt
die Geschicke der Völker und bedient sich dabei auch heidnischer
Völker,** denen er Macht verleiht, um an seinem Volk das Gericht
zu vollziehen. Deshalb sagt der Psalmist: Verlasst euch nicht auf
Fürsten; sie sind Menschen, die können ja nicht helfen (Ps 146,3).

> ✎ *Wo sind Sie in Ihrem Leben immer wieder herausgefor-
> dert, sich nicht auf Menschen zu verlassen, sondern auf die
> Hilfe Gottes?*

● V 24: Ahas verstrickt sich so sehr in den Götzendienst, dass er
die heiligen Geräte des Tempels dafür zerstört und die Tempel-
tore schließen lässt. Damit kann kein Gottesdienst mehr für den
Gott Israels stattfinden, was einer **völligen Absage an Gott** gleich-
kommt.

● **Sosehr der König auch seinen eigenen Willen durchsetzen kann,
am Ende steht immer der lebendige und souveräne Gott, der der
Macht und der Lebenszeit des Königs ein Ende setzt.**

Freitag, 23. September   **2. Chronik 34,1-7**

● Weil sein Vater ermordet wurde, bestieg **Josia** als 8-jähriges Kind den Königsthron. Bis zu seiner Volljährigkeit übernahmen entweder seine Mutter oder ein Rat unter Leitung des Hohenpriesters die Amtsgeschäfte.

● Wie sein Urahn David war auch Josia kein vollkommener Mensch (z. B. Kap. 35,20-25), aber er wollte den **Willen des lebendigen Gottes tun.** Er ist darin wie David konsequent und ein würdiges Bindeglied in der Abstammungslinie des kommenden Messias.

● Ausdrücklich wird festgestellt, dass Josia sich schon als 16-Jähriger darauf vorbereitet, eine **tiefgreifende geistliche Wende** in seinem Volk einzuleiten. Erstaunlich!

> ✎ *Josia war bei seinen Reformen kompromisslos. Wo ist heute von uns Kompromisslosigkeit gefordert, wo ist Josias Handeln für uns nicht übertragbar?*

● Mit 20 Jahren ist er volljährig und kann seine Entscheidungen als König unabhängig treffen. Das Volk war so sehr dem heidnischen Götzendienst verfallen, dass er das Land **umfassend von den heidnischen Götzen reinigen** muss. Dabei geht er planvoll vor:

→ Er nimmt zunächst alle heidnischen Kultstätten in Juda und Jerusalem ins Visier.

→ Unter seiner persönlichen Aufsicht werden die Götzenbilder zerstört und vollkommen unbrauchbar gemacht.

→ Durch die Verstreuung der Reste der Götzenbilder auf die Gräber werden die Gräber der verstorbenen Götzendiener entweiht und so ihre Erinnerung ausgelöscht. Durch die Verbrennung der exhumierten Gebeine auf den Altären sind die Altäre entweiht und damit unbrauchbar. Josia sorgt dafür, dass die Säuberung unumkehrbar ist.

● Danach gelingt es ihm sogar, die **Reinigung auf das Nordreich Israel** auszudehnen. In einer Zeit des Niedergangs des assyrischen Reiches befreit sich Josia nicht nur politisch, sondern auch kultisch-religiös von dessen Oberherrschaft.

Samstag, 24. September   2. Chronik 34,8-21

● V 8-13: Mit 26 Jahren (621 v. Chr.) macht sich Josia daran, die Nebengebäude des **Tempels renovieren** zu lassen, die von seinen Vorgängern wegen fehlendem Glauben an den Gott Israels vernachlässigt worden waren. Das zentrale Tempelgebäude war von seinem Großvater Manasse schon nach dessen Umkehr instandgesetzt worden (Kap. 33,11ff). Für die Handwerksarbeiten wird die Tempelsteuer verwendet. Erfreut wird festgestellt, dass die Handwerker gewissenhaft handeln (Luther: „auf Treu und Glauben", V 12). Eine Gruppe von Leviten, die vielfältige kultische und administrative Aufgaben hatten und auch Tempelsänger waren, übernehmen die Aufsicht.

● V 14-15: Im Zuge der Bauarbeiten wird das **Gesetzbuch des Mose wiedergefunden**. In 5Mose 31,26 hatte Mose Josua den Auftrag erteilt, dieses Buch neben der Bundeslade aufzubewahren. Man wusste zur Zeit Josias von dessen Existenz, es war aber seit Langem verschollen.

● V 16-18: Schefan, einer der Organisatoren der Tempelrenovierung, erstattet dem König Bericht vom erfolgreichen Fortgang der Arbeiten und vom Fund des Buchs.

● 18-19: Beim Vorlesen aus dem Buch erkennt **Josia die unglaubliche Bedeutung der Worte und zerreißt seine Kleider als Zeichen seiner großen Betroffenheit und Erschütterung.**

● V 20-21: Diejenigen, die bisher die praktischen Renovierungsarbeiten leiten sollten, bekommen von Josia nun einen weitaus bedeutenderen geistlichen Auftrag: Sie sollen vom lebenden Gott selbst erfragen, was angesichts der großen Übertretungen der Gebote Gottes über Jahrhunderte hinweg das Gebot der Stunde ist.

✎ *In Deutschland hat der Rat der EKD 1945 das „Stuttgarter Schuldbekenntnis" formuliert – ein heilsames Erschrecken über die eigene Schuld. Haben Sie schon einmal ein Erschrecken über Ihre eigene Schuld erlebt? Wie sind Sie damit umgegangen?*

Sonntag, 25. September　　　　　　　　　　**Psalm 130**

● V 1: Unser Psalm gehört wohl in eine Art **Wallfahrtsliederbuch**, zu der auch die Ps 120–134 zählen. Aus V 6 könnte man schließen, dass der Psalm nachts gebetet worden ist. Die „Tiefe" ist der Ort der Gottferne. **Der Beter fühlt sich von Gott verlassen. Dennoch spricht er ihn in seinem Gebet an.**

● V 2-4: Wenn Gott anfängt, dem Menschen Sünden anzurechnen, befinden sich alle in den „roten Zahlen", auch er selbst. Keiner kann vor Gott „bestehen". Trotzdem resigniert der Beter nicht. Er weiß: **Bei Gott ist die „Vergebung". Wer die persönlich erlebt hat, „fürchtet" Gott. Der respektiert ihn und nimmt ihn ernst.**

● V 5-6: „Hoffen" meint hier das **gespannte Ausgestrecktsein hin zu Gott.** Die „Seele", das „Vitale am Menschen" (G. v. Rad) sehnt sich nach Gott und hofft darauf, dass Gott einschreitet und ihr ein Wort schenkt, das ihr weiterhilft.

> ✎ *Wann haben Sie zuletzt unversehens ein Wort empfangen, das Ihnen in einer schwierigen Lebensphase geholfen hat?*

Der Beter erwartet – wohl nach langer und quälender Nacht – gespannt und aufmerksam, dass Gott einschreitet.

● V 7-8: Aus der eigenen persönlichen Erfahrung gibt der Beter allen, die zum Gottesvolk gehören, den Rat, ihre Hoffnungen nicht irgendwohin zu richten, sondern sie auf Gott zu konzentrieren. Der Grund dafür liegt auf der Hand: **Nur bei Gott finden wir „Gnade".** Das hier im Hebräischen verwendete Wort hat einen breiten Bedeutungsspielraum und kann auch mit „Huld" übersetzt werden. Es beschreibt das liebevolle Verbundensein Gottes mit dem Gläubigen.

Aus dem anfänglichen Fürchten und Zagen wird im Laufe des Psalms ein getrostes Warten darauf, dass Gott hilft.

Montag, 26. September 2. Chronik 34,22-33

● Es ist erstaunlich, dass die Delegation nicht die damals tätigen Propheten Jeremia oder Zefanja um Rat fragt, sondern die sonst unbekannte **Prophetin Hulda**. Sie war die Frau eines angesehenen hohen Beamten. Im jüdischen Talmud wird die Vermutung geäußert, dass sie als Frau sensibler war und Verständnis für unwissentliche Versündigung der momentan lebenden Menschen aufbringen konnte. Es bleibt jedoch eine Spekulation.

> ✎ *Es gibt in der Bibel zwar weit mehr männliche Propheten als Prophetinnen, Hulda ist jedoch nicht die einzige (vgl. Ri 4,4; Neh 6,14; Lk 2,36). Deshalb ist es nicht verwunderlich, dass Jesus auch Frauen in seinen engeren Nachfolgerkreis beruft.*

● Hulda hat zunächst ein Gerichtswort für Juda und Jerusalem. Man soll es „dem Mann" ausrichten, damit ist der König gemeint. Mit dieser nicht sehr respektvollen Anrede macht sie deutlich, dass sie innerlich unabhängig ist und nur Gott Rechenschaft schuldet.

● Weil Josia aber **echte Reue** gezeigt hat, muss er die Zeit des Gerichts nicht mehr erleben, sondern darf in Friedenszeiten begraben werden.

● Josia weiß, wie wichtig es ist, dass der **Wille Gottes öffentlich zu Gehör kommt** und so unter den Menschen auch bekannt wird. Deshalb lässt er es sich als König nicht nehmen, **das Bundesbuch in einer feierlichen Versammlung persönlich vorzulesen**. Damit bestätigt er den Bund, den Gott am Sinai mit seinem Volk geschlossen hatte, dessen zentraler Inhalt die Zehn Gebote gewesen waren. Er weiß, dass man **dem lebendigen Gott nur von ganzem Herzen und ganzer Seele dienen kann** (vgl. 5Mose 10,12).

● Dabei ist ihm **Hören** und **Gehorchen** gleichermaßen wichtig:

→ Josia selbst führt die begonnenen Reformen konsequent bis zum Ende durch.

→ Das Volk bleibt während seiner Lebenszeit dabei, nur den Gott Israels zu verehren und ihm allein zu dienen.

Dienstag, 27. September   2. Chronik 35,1-19

● Der Fund des Buchs des Gesetzes führt zum **größten Passafest aller Zeiten**. Es geht um die (Wieder-)einführung des Festes, wie es „eigentlich" sein sollte. „Eigentlich" – wie feiert man eigentlich richtig Gottesdienst? Das gab schon immer Anlass zu Diskussionen.

● V 3-6: Hier wird die Aufgabe der Leviten betont. Die Reihenfolge ist klar: Oben stehen die Priester, die Leviten dann als Tempeldiener darunter. Den Opferdienst müssen die Priester verrichten – die Leviten sollen das Passa schlachten, zubereiten und verteilen, die Priester opfern das Blut. Auch wenn es spezielle Aufgaben gibt (V 11), kann man den neuen Eifer der Leviten schön ausgedrückt finden in V 13-15. Sie sorgen für alle. Es werden – modern ausgedrückt – multiprofessionelle Teams für den geistlichen Dienst eingeführt.

● V 7-9: Nimmt man die Zahlenangaben genau, dann müssen 41.400 unterschiedliche Tiere alle an dem Tag geschlachtet worden sein. Eine unglaublich hohe Zahl! Eine spezialisierte Großschlachterei schafft mit aller Technik im Dreischichtbetrieb heute ca. 25.000 Schweineschlachtungen. Es geht hier darum, die Großzügigkeit und Zugewandtheit des Königs Josia und seiner Oberen hervorzuheben. Interessant: Der König gibt für das Volk (V 7), die anderen Oberen geben zwar auch für das Volk, aber vor allem für die Priester und Leviten.

● Zentral in diesem Textabschnitt ist das **Bemühen um die Ordnung des Gottesdienstes** (V 10 und 16). V 18 sagt: So war es, bevor es Könige in Israel gab.

> ✎ *Vielleicht ist es weniger entscheidend, wie genau die Ordnung unsrer Gottesdienste ist, als die Frage: Was macht einen Gottesdienst wirklich zum Gottesdienst? Welche Elemente sind Ihnen besonders wichtig?*

Mittwoch, 28. September   2. Chronik 35,20-27

● Was hier berichtet wird, wird in den Königebüchern nur in einer kurzen Notiz erwähnt (2Kön 23,29f) Aber dieser längere Bericht verdient doch unsere Aufmerksamkeit.

✎ *Die erwähnten Orte und Länder lassen sich auf einer Karte des alten Orients finden.*

● Das Land Israel stellt die Verbindung von Ägypten im Südwesten und dem Zweistromland (dem heutigen Irak) im Nordosten dar. Das Land Juda bzw. Israel liegt damit auch genau zwischen den dort herrschenden Mächten.

● Necho, König von Ägypten, wollte an den Euphrat, um dort Krieg zu führen. Im Nordosten herrschte Assyrien, das allerdings jetzt unter Bedrängnis von Babylonien geraten war. Die Ägypter fürchteten die Babylonier und wollten deshalb die Assyrer unterstützen. **Großmachtpolitik,** wie heute auch, im Jahr 609 v. Chr.

● **Josia als König des „Transitlandes" Juda mischt sich ein.** Er will lieber, dass Assyrien, dessen Oberherrschaft er gerade abgeschüttelt hatte, schwach bleibt, als dass es durch Ägypten unterstützt wird und zu neuer Stärke gelangt.

● **Necho** will aber gar nichts von Juda, nur möglichst schnell durchziehen. Er argumentiert mit Gott (V 21). Der ägyptische König spricht natürlich nicht von JHWH, sondern von dem Gott, der mit ihm zieht. Darum beeindrucken diese Worte Josia nicht. **Josia erkennt nicht, dass auch durch diese Worte sein Gott, JHWH, zu ihm sprechen kann** (V 22). Und so wird er schwer verwundet und stirbt während des Rücktransportes.

✎ *In welche Konflikte sollte ich mich begeben? Welche Konflikte sind aber gar nicht meine Konflikte und ich darf mich auch mal gerne heraushalten?*
✎ *Wie erkenne ich Gottes Reden in den vielen Stimmen dieser Welt? Unser Gott kann alle/s für sein Reden nutzen.*

Donnerstag, 29. September   **2. Chronik 36,1-10**

● In diesem Abschnitt finden sich Kurzberichte über die drei Josia nachfolgenden Könige.

● V 1-3.4b: Hier geht es um **Joahas**. Joahas scheint die Politik seines Vaters fortgesetzt zu haben. Er scheint sich auch gegen Ägypten und seinen König Necho gewandt zu haben, gegen den schon sein Vater Josia eine verheerende Niederlage erlitten hatte. So bleibt er nicht lange König, sondern wird von Necho abgesetzt und nach Ägypten deportiert.

● V 4a.5-8: Jojakim, auch ein Sohn Josias, bleibt elf Jahre lang König. Aber das Urteil ist klar: **Er tat, was dem HERRN missfiel.** In V 6 ist vermutlich die Übersetzung, dass er nach Babel deportiert wurde, nicht richtig. Wahrscheinlicher ist: Er wurde von Nebukadnezar in Ketten gelegt mit Androhung der Deportation, um Geld und die wertvollen Tempelgeräte herauszugeben, und regierte dann noch drei Jahre weiter als Vasallenkönig, bevor er starb (vgl. 2Kön 24,1). In diesem Abschnitt wird deutlich, dass jetzt Babel die tonangebende Macht geworden ist – Ägypten war geschwächt und konnte keinen Einfluss mehr ausüben (vgl. 2Kön 24,7).

● V 9-11: Hier geht es um **Jojachin**. Anders als die Lutherbibel 2017 übersetzt, war er vermutlich 18 Jahre alt (vgl. 2Kön 24,8). Auch über ihn gibt es sonst nur Negatives zu berichten. Das 2. Königebuch endet interessanterweise mit der Begnadigung Jojachins in Babylon, er darf an der königlichen Tafel speisen und bekommt einen Unterhalt.

● Was für ein knappes Urteil über diese drei Könige: **Sie taten, was dem HERRN missfiel.** Wie würde der Schreiber der Chronikbücher unser Leben beurteilen? Was möchten wir, was über unserem Leben steht?

> ✎ *Versuchen Sie doch einmal, einen Nachruf über Ihr Leben zu schreiben. Was sollte darin stehen? Und was bedeutet das für Ihr heutiges Leben?*

Freitag, 30. September   2. Chronik 36,11-21

● Die Katastrophe bricht herein. Die Bilanz der Herrschaft Zedekias: Jerusalem zerstört, die Stadtmauern geschliffen, der Tempel zerstört, alles Wertvolle weg, die Menschen – zumindest die Oberen – wurden alle nach Babel deportiert.

● Sowohl in 2Kön als auch bei dem Propheten Jeremia finden wir mehr über Zedekia als hier. Aber hier wird Leben und Scheitern von Zedekia konsequent theologisch gedeutet. Von einem Schwanken Zedekias wie im Buch Jeremia ist nichts zu spüren. Dort (z. B. Jer 21) lässt Zedekia immer Jeremia befragen bzw. bittet ihn, Gott, den HERRN zu befragen. Aber auch dort gilt, was hier als Fazit genannt wird: Wenn die Antwort Zedekia nicht passt, bleibt er halsstarrig (V 13). **Im Gespräch mit Gott geht es nicht nur darum, Gottes Worte hören zu wollen, die uns schmecken. Viel wichtiger sind oft die, die uns nicht schmecken.**

● Drei Gründe werden hier für die Katastrophe genannt:

→ Zedekia hört nicht auf Jeremia bzw. auf Gott (V 12).

→ Zedekia wird, obwohl er es vor Gott geschworen hatte, von Nebukadnezar abtrünnig (V 13).

→ Zedekia, aber auch die Oberen und Priester und das Volk, versündigen sich und machen das Haus des HERRN unrein (V 14).

● V 15 zeigt, wie Gott doch immer wieder den Weg der Gnade sucht. Irgendwann ist das Maß aber voll (V 16). Das Ergebnis: Siebzig Jahre lag das Land wüst (V 21; Jer 25,11). Die Übersetzung in der neuen Lutherrevision ist schön: **Die ganze Zeit hatte das Land Sabbat. Manchmal sind gerade solche Zeiten auch produktive Zeiten der Regeneration.**

> ✎ *Wenn das Gefühl da ist, mit Gott nicht mehr in Kontakt zu sein, dann legen Sie doch mal bewusst einen Wüstentag oder eine Wüstenwoche ein. Eine Zeit, wo nichts anderes wichtig ist, als mit Gott zu sprechen und zur Ruhe zu kommen. Oftmals geht das gut in einem Einkehrhaus oder Kloster.*

Samstag, 1. Oktober   **2. Chronik 36,22-23**

● Das Ende der Chronikbücher ist wörtlich identisch mit dem Anfang des Buches Esra. Dort wird die Geschichte weitererzählt. Für hier ist wichtig: **Das Ende ist nicht die Gefangenschaft in Babylon, sondern die Rückkehr.**

● V 22: Für den Chronisten hängt alles, was geschieht, unmittelbar mit Gott zusammen. Wie **Nebukadnezar Gottes Werkzeug** sein kann, um Israel zu strafen, so wird **Kyros** hier zum **Werkzeug Gottes**, um Israel die Rückkehr zu ermöglichen.

Man kann Geschehnisse immer aus unterschiedlicher Perspektive betrachten und es macht einen großen Unterschied in der Weltdeutung, ob ich Gottes Möglichkeiten mit einrechne oder nicht. Der Chronist sieht in allem Gott am Werk.

> ✎ *Versuchen Sie doch auch einmal alles, was Sie heute erleben, aus diesem Blickwinkel zu betrachten: Gott ist dabei. Bei dem Guten: Sie verdanken es ihm. Bei dem Schlechten: Auch das muss an Gott vorbei.*

● V 23 Wie auch sonst in den Chronikbüchern wird deutlich: **In der Mitte steht der Tempel, das Haus Gottes.** Das ist die hier genannte Motivation des Kyros, um die Exilanten zurückkehren zu lassen.

● Der Zeitpunkt, zu dem diese Auslegungstexte geschrieben werden, ist die **Corona-Pandemie. Auch Anfang Oktober 2022** ist die Erinnerung daran sicherlich noch frisch. Auf einmal, im Frühjahr 2020, konnten wir keine Gottesdienste mehr in den Kirchen feiern – und für lange Zeit war der Besuch der Gotteshäuser nur unter Einschränkungen möglich. Wann das endet, weiß der Autor zurzeit noch nicht. Wir merken, so wie Israel es spätestens nach der Zerstörung des zweiten Tempels 70 n. Chr. gemerkt hat: **Es geht auch anders – mit Gottesdiensten in den Häusern oder heute: online.** Aber schöner ist es mit Kirche, mit der Gemeinschaft der vielen. Gotteshäuser haben eine sinnstiftende, zusammenführende Funktion.

293

Erntedankfest, 2. Oktober   Psalm 65

V 2-3: Am Anfang steht eine feierliche Feststellung: „zu Zion",
d. h. im Tempel wird Gott unaufhörlich gepriesen. Zugleich werden dort auch die Gelübde eingelöst, die man getan hat. Der Eingang des Psalms ist von einer ruhigen Gewissheit getragen: **Weil
Gott Gebete erhört, kommen Menschen zu ihm.**
V 4: Die Gläubigen kommen in das Heiligtum, um Vergebung zu
erlangen – die Bitte darum kommt vor dem Lobpreis.
V 5-6a: Der ist glücklich zu preisen, der „in deinen **Vorhöfen**"
wohnt. Ob es sich dabei um Tempelpersonal handelt oder um alle,
die den Tempel betreten, bleibt unklar.
V 6b-9: Nun werden die **Grenzen** weit über den Kreis derer hinaus
abgesteckt, die im Tempel aus- und eingehen. Der dort thronende
Gott wirkt weltweit bis „an die Enden". Die „Berge" als Symbole
der Größe und Festigkeit, das ungestüme „Brausen des Meeres",
aber auch das „Toben der Völker" sind von Gottes Macht umschlossen. Gott hat alles im Griff.
V 10-16: Nun wird geschildert, **wie Gott für seine Menschen sorgt.**
Regen ist im Orient ein kostbares Gut. Zum Glück sind Gottes
„Brünnlein" unerschöpflich. Wie groß die Bedeutung des Wassers
ist, wird besonders in V 11 unterstrichen. In V 12 wird das Bild gebraucht, wie Gott gleichsam durchs Land schreitet („Fußstapfen")
und dabei seine segensreichen Spuren hinterlässt. Davon profitie-
ren auch die Tiere auf den Weiden („voller Schafe"). Wer seinen
Gott kennt und wer weiß, was er ihm alles zu verdanken hat, wird
zum „Jauchzen" und „Singen" ermuntert. Hier schließt sich der
Kreis zu V 2: „Gott, man lobt dich."

> ✎ *Die Ernte wird in Psalm gedeutet als die Fußspuren Got-
> tes, die er als Bauer bei der Feldarbeit hinterlassen hat – für
> welche geistliche „Ernte" dieses Jahres kann ich Gott dan-
> ken?*

Das Buch Ester

Eine Perle der Welterzählungsliteratur, deren Verfasser unbekannt ist – ebenso wie das Datum ihrer Abfassung (Sprache, jüdische Überlieferung und die Art der Beschreibungen deuten in das 5., spätestens jedoch das 4. Jh. v. Chr.). Der Name Ester leitet sich entweder vom altiranischen Wort für Stern oder von Ischtar, der babylonischen Liebesgöttin, ab. Ihr jüdischer Name war Hadassa, „Myrte".

Das Buch Ester nimmt uns mit in das Jahr 482 v. Chr., zu einem Festmahl am Hof des Ahasveros (= Xerxes I.), und es erzählt die **spannende Geschichte eines versuchten Völkermordes** an den dort lebenden Juden. Bis heute wird in Israel als Erinnerung an die damalige Rettung das **Purimfest** gefeiert – der Feind des Volkes Gottes fällt schlussendlich in seine eigene Grube hinein. Das Thema bleibt für das jüdische Volk bis heute spannend: Wie kann man unter Bewahrung der eigenen Identität und Religion angesichts von Feindschaft und massiver Bedrohung überleben? Für Christen stellt sich die Frage: Wie soll man sich verhalten, wenn die eigene Religionsausübung in Konflikt mit dem Gesetz gerät?

Obwohl im Buch Ester der Name Gottes nicht genannt wird, zeigt es doch die Bewahrung und Fürsorge Gottes seinem Volk gegenüber. Hinter allem menschlichen Handeln steht sein souveränes Wirken.

Montag, 3. Oktober   Ester 1,1-22

● Kap. 1 führt in die von Prunk und Ausschweifung gekennzeichnete Welt am **persischen Hof**. Am Anfang steht ein **Fest der Superlative**, mit dem Ahasveros sich selbst und seinen Reichtum herausstellt.

→ **Ahasveros** ist die aus dem Persischen transkribierte Bezeichnung für **Xerxes I., der ab 486 v. Chr.** herrschte. Nach der Niederschlagung von Aufständen in Ägypten und Babylon plante er im 3. Jahr seiner Herrschaft einen **Feldzug gegen Griechenland**. Dafür galt es, die Unterstützung seiner Edlen zu gewinnen. Dies könnte den Hintergrund des Festes in Kap. 1 darstellen.

→ Ahasveros erscheint als **sinnlicher, vorschneller, unbeständiger und grausamer Herrscher**. So stellt ihn z. B. auch der griechische Geschichtsschreiber Herodot dar. Der griechische Dichter Aischylos weist ihm mangelnde Besonnenheit und fehlende religiöse Toleranz zu. Besonders widmete er sich der Errichtung prachtvoller Kolossalbauten in Persepolis und Susa. Dafür war ihm nichts zu teuer.

→ Neuere Ausgrabungen und andere Geschichtszeugnisse bestätigen den sehr exakt beschriebenen Prunk mit edelsten Materialien (V 5f). Das zeugt von einer bis ins Detail gehenden Kenntnis.

● **Drei Festmähler** werden veranstaltet: Ein halbes Jahr lang feiert der König mit den Spitzen der Gesellschaft. Eine Woche feiert er mit dem Volk von Susa. Das dritte Festmahl ist die **Damenveranstaltung, zu der die Königin einlädt**.

● Unabhängig von ihrem Mann feiert Königin Waschti mit den Frauen in getrennten Räumlichkeiten. Ihre Weigerung, sich vor den offensichtlich angetrunkenen Männern zur Schau zu stellen (sonst nur bei Konkubinen üblich), ehrt sie, führt aber zum Skandal. Launisch, beeinflussbar und empfänglich für Schmeichelei entscheidet sich Ahasveros wohl spontan dafür, ein Exempel zu statuieren – und **Waschti wird degradiert**.

Dienstag, 4. Oktober   Ester 2,1-18

● Seit der Absetzung Waschtis sind ungefähr drei Jahre vergangen. Der impulsive Großkönig scheint sich nach ihrer Schönheit zurückzusehnen. Seine Ratgeber geben stattdessen allen jungen Schönheiten im Land eine Chance, Königin zu werden.

→ Gesucht werden junge Frauen im heiratsfähigen Alter. Der Verkehr mit dem König macht sie zu dessen Konkubinen (V 14).

→ Abweichend zur üblichen Suche unter den sieben nobelsten Familien des Landes sollen die Kandidatinnen aus allen verschiedenen ethnischen Gruppen im Reich ausgewählt werden.

● In V 5-7 werden **Mordechai und Ester** vorgestellt, die Hauptpersonen des Buchs.

→ Der Name **Mordechai** ist abgeleitet vom babylonischen Gott Marduk. Er weist auf die **Herkunft im babylonischen Exil** (vgl. Esra 2,2). Wahrscheinlich hatte Mordechai auch noch einen jüdischen Namen (vgl. Dan 1,7).

→ Mordechais Urgroßvater Kisch war 597 v. Chr. unter den Gefangenen (2Kön 24,10-16), die nach Babel/Susa gekommen waren. Man kann also von einer angesehenen, gebildeten Familie ausgehen.

→ Wann **Hadassa (= Myrte)** ihren persischen Namen **Ester** (abgeleitet von Ischtar, der babylonischen Göttin der Liebe) erhielt, bleibt offen. Sie ist **jüdischer Abstammung, Cousine und Pflegetochter des Mordechai.**

● 125 Jahre zuvor hatte Daniel eine ähnliche Vorbereitungszeit erlebt (vgl. Dan 1,1-9) und in der Gunst des entscheidenden Kämmerers nach der Verschleppung aus Israel nun die persönliche Wegführung Gottes erleben können.

● Das **Verschweigen der Herkunft** (V 10) mag beides im Blick gehabt haben: die wechselhafte politische Atmosphäre am Hof und die Erinnerung an zwei Beispiele, in denen Gott Vorsorge getroffen hatte: **Josef** (1Mose 45,7) und **Daniel** (Dan 5,10-12).

✎ *Ist Esters Verschweigen unehrlich? Wie würden Sie sich in einer solchen Situation verhalten (vgl. Mt 10,16)?*

297

Mittwoch, 5. Oktober   Ester 2,19–3,6

● Hinter Esters Erwählung steht, wenn auch nicht ausdrücklich erwähnt, **Gottes Führung.** So wird die erste planvoll organisierte Judenverfolgung verhindert.

→ Es ist **Dezember/Januar 479/478 v. Chr.** Xerxes hatte die verlorene Seeschlacht von Salamis hinter sich.

→ Die persische Geschichte ist bekannt für Verschwörungen und Intrigen. Tatsächlich wird Xerxes 13 Jahre später in seinem Schlafzimmer ermordet.

→ Das Sitzen im Tor bedeutet, dass Mordechai eine höhere Position am Königshof einnahm.

● Mordechais Namen zu erwähnen, war sicherlich ein kluger Schachzug Esters. Sehr versteckt, den Beteiligten oft verborgen, wird im Fortgang etwas vom **geschichtlichen Eingreifen Gottes zugunsten seines Volkes** deutlich. Wie durch Josef und Daniel lässt Gott einem heidnischen König Hilfe zukommen.

→ Haman wird zum Oberfürsten erhoben. Die Herkunftsbezeichnung „Agagiter" deutet darauf hin, dass er ein Nachfahre des amalekitischen Königshauses gewesen sein könnte (vgl. 4Mose 24,7.20). Die Amalekiter waren Israels Erzfeinde gewesen (vgl. 2Mose 17,14-16; 5Mose 25,17.19). Israel hatte sie ausgerottet. Deshalb will Haman nun alle Juden ausrotten.

● Der neue soziale Status Hamans war mit einem neuen Protokoll für Begegnungen verbunden. Das geforderte Beugen der Knie war Zeichen der Ehrerbietung, nicht religiöser Verehrung. Mordechais Verweigerung mag dennoch politisch-religiös begründet sein: keine Beugung vor einem Amalekiter! – Mordechais Bekenntnis als Jude und Nachfahre Sauls (vgl. 1Sam 15) reiht sich hier ein.

● Mordechai erlebt: **Das Bekenntnis macht einsam und verhasst.** Auch sein ganzes Volk wird pauschal in diesen Hass einbezogen.

✎ *„Gott mehr gehorchen als den Menschen" (Apg 5,29) – wo sind wir heute herausgefordert, uns zu unserem Glauben zu bekennen?*

298

Donnerstag, 6. Oktober
Ester 3,7-15

● **Hamans tückischer Plan** wurde von langer Hand vorbereitet. Per Losverfahren am Neujahrstag 474 v. Chr. wurde der Termin für die Umsetzung auf die Zeit gegen das Jahresende festgelegt.

→ Das Jahr im babylonisch-persischen Kalender begann wie schon beim Exodus aus Ägypten (2Mose 12,1) mit dem Monat Nisan (März/April). Adar, der letzte Monat, fiel auf die Zeit Februar/März. Das ließ den Juden Zeit für Gegenmaßnahmen.

→ Das akkadische Wort **Pur (Los)** wird mit dem gleichbedeutenden hebräischen Wort wiedergegeben. Aus diesem Wort leitet sich dann der Name des **jüdischen Purim-Festes** her.

● Wieder lässt sich Xerxes durch Schmeicheleien zur Umsetzung fremder Absichten missbrauchen.

→ Der **geplante Völkermord** an den Juden (Haman erwähnt nicht ihren Namen!) wird mit der Andersartigkeit ihrer Bräuche und Ordnungen begründet. Dies zeigte (angeblich), dass sie die Hoheit des Großkönigs nicht anerkennen. In dieser Frage hatte Xerxes sich schon gegenüber den aufständischen Ägyptern und Babyloniern als unerbittlich erwiesen.

→ Das Bestechungsgeld hoffte Haman wohl aus der den ermordeten Juden abgenommenen Beute zu finanzieren. Xerxes sagt nicht nein, sondern genehmigt Völkermord und Plünderung (V 11).

→ Völkermord war im Alten Orient nichts Ungewöhnliches.

● Die Bekanntgabe des Plans erfolgt am 13. Nisan, einen Tag vor dem jüdischen Passafest. Wie beim Exodus geht es um die Existenz des ganzen Volkes.

→ Der Befehl wird über Expressboten an die Gouverneure der Satrapien (ca. 30 im ganzen Reich) und die Statthalter der insgesamt 127 Provinzen (1,1) sowie an die führenden Repräsentanten der im Reich lebenden Völkerschaften vermittelt.

→ Die große jüdische Bevölkerungsgruppe in Susa, einschließlich Mordechai, musste zutiefst „bestürzt" sein.

● Schon andere haben perfekt organisiert gegen Israel gekämpft. **Gott kann souverän dem eiligen Treiben der Feinde Raum geben.**

299

Freitag, 7. Oktober   Ester 4,1-17

● Die schockierende Nachricht führt zu landesweit öffentlich gezeigter Trauer bei der jüdischen Bevölkerung.

→ Zu den festen Trauerbräuchen gehörten lautes Klagegeschrei,
das Zerreißen der Kleider (vgl. Mt 26,65), das Anlegen eines Sackgewandes auf der nackten Haut sowie auf den unbedeckten Kopf
gestreute Asche. Dazu konnte auch der Verzicht auf Nahrung als
Ausdruck der Buße kommen (V 3).

→ Die Trauerbräuche brachten den tiefen Schmerz und die innere
Zerrissenheit nach außen sichtbar zum Ausdruck.

● Mordechai wird aktiv und nutzt seine Verbindung zu Ester, seit
5 Jahren Königin. Er kann sie nicht wie zuvor direkt sprechen. Als
Trauernder muss er außerhalb des Palastes bleiben. Mit seinem
Klagegeschrei auf dem Platz vor dem Tor erregt er ausreichend
Aufsehen.

→ Durch ihre Dienerinnen erfährt Ester von der Trauer Mordechais. Die ihm zugesandten Kleider sollen ihm ermöglichen, doch
in den Palastbereich hereinkommen zu können.

→ Wegen Mordechais Weigerung sieht sie sich veranlasst, sich nun
durch einen vertrauten Eunuchen bei ihm näher zu erkunden.

→ Mordechai hat genaue Informationen über den vorgesehenen
Geldfluss und eine Abschrift des Gesetzes, die er Hatach mitgibt.

→ Trotz der öffentlichen Bekanntmachung des Dekrets hat Ester
offensichtlich nichts davon gewusst. Um unbehelligt zu bleiben, ist
die Hofwelt streng vom Geschehen draußen getrennt.

● Mordechai erwähnt Gott nicht, deutet aber an, dass Gott den
Juden zu Hilfe kommen wird, sollte Ester ihre Mitwirkung versagen (V 14). Er macht ihr auch deutlich, dass Gott mit ihrem Leben **einen genauen Plan verfolgt hatte, „um dieser Zeiten willen".**

> ✎ *Von Gott wird nicht gesprochen und doch ist er am Werk.*
> *Welche Konsequenzen sehen Sie darin für ein Christsein in*
> *der säkularen Welt heute?*

Samstag, 8. Oktober   **Ester 5,1-14**

● Nach dem dreitägigen Fasten wagt Ester wohl vorbereitet und gekleidet den **Gang zum König und erlebt dessen Gunst.**

→ Die Ausgrabungen in Susa zeigen, dass die Entfernung zwischen dem Frauenpalast und der Audienzhalle erheblich war.

→ Die Zusage der Hälfte des Reiches (V 3) ist eine Redewendung, die die hohe Gunst des Königs zum Ausdruck bringt (wiederholt in V 6 und 7,2; vgl. 1Kön 13,8; Mk 6,23).

→ Ester fällt nicht mit der Tür ins Haus. Dem Protokoll gemäß verfolgt sie ihr Ziel Schritt für Schritt, zunächst mit der wiederholten Einladung zu einem Bankett zusammen mit Haman.

→ Griechische Geschichtsschreiber bezeugen, dass die Perser ihre wichtigen Entscheidungen dann trafen, wenn sie angetrunken waren (V 6; vgl. 1,10; 7,2).

> ✎ *Esters Bangen war begründet, nachdem sie 30 Tage keinen Zugang zum König hatte. Dass er sie nun so wohlgesonnen annimmt, ist Gottes Antwort auf Fasten und Gebet, mit der Erwählung Esters zur Königin schon in die Wege geleitet (4,14). Kann Fasten helfen? Wie gehen Sie damit um? Vergleichen Sie dazu Jesu Aussagen in Mt 6,16-18; Mk 9,29; Lk 5,33 und dazu Apg 13,3.*

● Für **Haman** ist die private Einladung zum König und zur Königin die höchste Ehre. Er ist richtig aufgebläht vor Stolz.

● **Mordechai** findet in der Gewissheit, von Gott erwählt und errettet zu sein, die innere Stärke, standhaft und furchtlos sitzen zu bleiben. Damit verweigert er Haman jetzt jede Ehre. Haman verweigert dem Unbeugsamen umgekehrt gar das Lebensrecht.

● Mit seinen Erfolgen (Reichtum, Kinder, Rang) begründet Haman prahlend seinen Stolz. Frau und Freunde raten, Mordechai hinzurichten und seinen Leichnam durch Pfählen öffentlich bloßzustellen. Die Höhe des Pfahls (kein Gebäude in Susa ist so hoch) bemisst das Maß der Entehrung.

301

Sonntag, 9. Oktober   Psalm 138

● **Unendliche Dankbarkeit** klingt aus jedem Vers dieses Psalms heraus. Bis in die letzten Worte ist das unerschütterliche Vertrauen zu spüren, das der Psalmist Gott entgegenbringt. Ja, er ist felsenfest überzeugt, dass Gott „das Werk seiner Hände" nicht loslässt, sondern vollendet (V 8). So spannt sich der Bogen dieses Psalms von der persönlichen Erfahrung des Einzelnen bis hin zur Vollendung der Welt.

● Dass der Beter „**vor den Göttern lobsingen**" will, spielt an auf die vielen Götter, die in der Nachbarschaft des Volks Israels verehrt wurden. Der Beter verhöhnt sie geradezu, indem er seinen Lobpreis allein dem Gott Israels widmet – er ist der einzige, der wirklich helfen kann. Das Gotteslob wird somit zum Bekenntnis der Einzigartigkeit Gottes, dem niemand sonst „das Wasser reichen kann".

● Der Beter **lobt den „Namen" Gottes** (V 2). Seinen Namen hatte Gott ja dem Mose offenbart (2Mose 3,14), und man kann ihn so übersetzen: „**Ich bin der Ich-bin-für-euch-da.**" Gott ist für ihn da, er kann sich felsenfest auf ihn verlassen.

● „**Meine Seele**" (V 3) wird hier, wie in vielen anderen Psalmen (z. B. 103,1) als eine Umschreibung für das Wort „ich" gebraucht: Bis in die innersten Schichten meines Wesens hinein schenkt Gott die Lebenskraft, die es auch in kritischen Situationen braucht.

● Der Beter hat erfahren, dass nicht menschliche Macht vor Gott zählt. So wendet er sich in seinem Überschwang lauthals an alle **Könige und Mächtigen auf der Erde: Auch sie sollen Gott danken und ihm lobsingen** (V 4 ist als Aufforderung zu verstehen) – und anerkennen, wem diese Welt wirklich gehört.

✎ *Der Dank des Psalmisten ist ansteckend! Nehmen Sie sich einen Dank-Sonntag vor! Entdecken Sie heute mindestens acht Gründe, um dankbar zu sein – so viele, wie der Psalm Verse hat.*

Montag, 10. Oktober	Ester 6,1-14

● Der König wird durch einen Traum an Mordechais unbelohnten Dienst erinnert. **Gott ist am Werk** (auch schon beim Vergessen des Belohnens?!).

● Der griechische Geschichtsschreiber Xenophon berichtet, dass die persischen Könige ihre Wohltäter unverzüglich, großzügig und ehrenvoll belohnten. Die Auskunft der Pagen musste für Ahasveros' Ehrgefühl fast peinlich sein.

● Dass Wohltäter des Königs „Ehre und Würde" (V 3) erfahren, bestätigen auch andere Quellen. Mordechai war übergangen worden. Haman dagegen hatte sie unverdient erfahren (3,1).

● **Souverän lässt Gott die Heiden antreten, um seinen Plan ans Ziel zu bringen.** Die Szene ist an Komik und Skurrilität der Missverständnisse kaum zu übertreffen.

→ Haman kommt, um Mordechai hängen zu lassen, und wird danach gefragt, wie eine Ehrung, die er auf sich bezieht, aussehen soll. Er ahnt nicht, dass der König damit Mordechai im Blick hat.

→ Kleider, die der König getragen hat (V 8), ebenso Reiten auf einem seiner Pferde, erheben den Geehrten in königliche Würde.

→ Die Funktion des Fürsten, der den Geehrten öffentlich vorführen soll, muss ausgerechnet Haman selbst übernehmen. Er muss den Verhassten würdigen und kann nichts dagegen tun.

→ Haman ist erschüttert. Nun ist er der, der trauert (V 12). Dabei hat sein Fall erst begonnen. Frau und Freunde befürchten das Schlimmste. Der König weiß noch nichts.

→ Die Eile, mit der die Kämmerer Haman zum Bankett abholen, spitzt die Dramatik der Szene noch zu.

● Die ersten Kapitel des Buchs haben die Entwicklung der Ereignisse im Lauf von neun Jahren dargestellt. Jetzt in der Mitte des Buchs ist alles auf eine Woche verdichtet.

● Wenn Mordechai ein Jude ist, müssen alle Anschläge gegen ihn ins Leere laufen und führen zum eigenen Untergang (V 13). Dieser entscheidende Satz entspringt der Geschichte Israels mit den Amalekitern (2Mose 17,16; 4Mose 24,20; 5Mose 25,17-19).

Dienstag, 11. Oktober
Ester 7,1-10

● Beim zweiten Bankett nutzt Ester die Gunst der Stunde und antwortet endlich auf die Frage des Königs nach ihrem Wunsch.

→ „Vertilgt, getötet und umgebracht" (V 4): Ester zitiert wörtlich aus dem erlassenen Gesetz (3,13).

→ Mit großer Besonnenheit **verzichtet sie auf voreilige Rache und bleibt knapp und wahrhaftig.**

→ Wenn es „nur" um Versklavung ginge, hätte Ester den König nicht damit belastet. Ein psychologischer Schachzug.

→ Dass unter Hamans Vernichtungsplan auch die Frau des Königs fällt, macht das Vorhaben besonders brisant. **Jetzt bekennt sich Ester zu ihrer jüdischen Herkunft.** Dem König gehen die Zusammenhänge auf. Auch Haman hat das nicht gewusst.

● Die Aufdeckung des niederträchtigen Plans führt zu einer Kettenreaktion. Der König ist sprachlos vor Zorn. Er geht hinaus, um ihn im Garten abzukühlen. Bei seiner Rückkehr ist das Urteil über Haman gefällt.

→ Der „Saal, wo man gegessen hatte", heißt wörtlich „Haus des Weintrinkens".

→ Entgegen der strengen Etikette fleht Haman sich niederwerfend die Königin auf ihrem Lager an (die Teilnehmer am Festmahl lagen auf einer Art Couch). Ahasveros/Xerxes deutet dies als Nötigungsversuch (andere übersetzen „vergewaltigen"). Die Annäherung an ein Mitglied des Königshauses war ein Sakrileg.

→ Haman wird deshalb unmittelbar nach den Worten des Königs verhüllt. Zum Tode Verurteilten verhüllte man das Gesicht. Ihr Lebenslicht erlischt. Der König muss sie nicht mehr ansehen.

→ Der hohe Holzpfahl in Susa war unübersehbar. Auch die Eunuchen wissen davon (V 9), obwohl er noch keinen Tag steht (5,14).

✎ *Hamans Schicksal illustriert plastisch, was in Spr. 26,27 allgemein als Weisheit formuliert ist. Wie ist diese Weisheitsregel zu verstehen – es gibt ja auch genügend Gegenbeispiele.*

Mittwoch, 12. Oktober   Ester 8,1-17

● Die **Umkehrung der Verhältnisse** entspricht der hinter Ps 147,6 und Lk 1,52 stehenden Erfahrung. Hamans Besitz geht an Ester über. Mordechai übernimmt die Führungsposition, die Haman bisher innehatte (Ring; Kleider V 15; 10,3). Immer noch aber ist das von Haman initiierte Dekret gültig. Der für den 13. Adar geplante Genozid an den Juden Persiens ist nicht widerrufbar.

→ Ester wendet sich deshalb erneut an den König und erfährt wie zuvor dessen Gunst. Ein königliches Gesetz bleibt gültig. Die unverändert bestehende Gefahr für ihr Volk macht die Sache dringlich (viermalige Anrede V 5).

→ Nach V 8 und Dan 6,9.13 kann selbst der König ein ergangenes Gesetz nicht rückgängig machen. Er überlässt es Ester und Mordechai, mit einem neuen Dekret eine Lösung zu finden. Der Inhalt des neuen und wieder mit dem königlichen Siegel unverrückbar erklärten Gesetzes (V 11f) zeigt: **Hamans Dekret wird nicht aufgehoben, sondern durch erlaubte Verteidigung unterlaufen.**

● Der Ablauf der Ereignisse in V 9f entspricht fast wörtlich dem Ablauf zwei Monate zuvor (3,12-15; V 9: 3. Monat).

→ Das neue Gesetz wird im ganzen Land umgehend bekanntgemacht („eilends" durch zwei Begriffe verstärkt). Diesmal sind ausdrücklich auch die Juden im Land als Empfänger angesprochen.

→ Der öffentliche Anschlag des mehrsprachigen Gesetzes in den Städten, angefangen in Susa, sorgt dafür, dass ausnahmslos allen im Land klar wird, worauf sie sich einzustellen haben.

● **Mordechai wird nun als Würdenträger verehrt** (V 15). Die Juden im Land können aufatmen. Die Trauer verwandelt sich in festliche Freude (vgl. Jes 35,10; 51,11; Jer 33,11). Vorsorglich werden viele Bürger im Land Juden (passen sich formal an, V 17).

✎ *Welche Möglichkeiten sehen Sie, dem heutigen Antisemitismus zu begegnen?*

305

Donnerstag, 13. Oktober   Ester 9,1-19

● Ein halbes Jahr später: Die revolutionäre Verbesserung der Rechtssituation für die Juden, der Rückzug der Angreifer und die Furcht im Herzen der Feinde – **einen so umfassenden und wirkungsvollen Wandel kann nur Gott selbst herbeiführen.**

→ Das Datum liegt **im Februar/März 473 v. Chr.**

→ Nicht willkürlich, sondern die Situation beherrschend, überlegt und überlegen wenden die Juden ihr **Recht auf Verteidigung** an.

→ Kein Besitz wird angerührt, obwohl das im neuen Dekret (8,11) erlaubt war. Nicht Habgier, sondern Notwehr treibt die Juden. Der Verzicht auf die Beute erinnert an den Befehl Gottes in 1Sam 15,3.18f. Danach durfte beim Kampf gegen die Amalekiter keine Beute gemacht werden, weil alles dem Bann unterlag (vgl. Jos 6,17-19).

→ V 6-15 schildert die besondere Situation in Susa. Wahrscheinlich hat Ester Kenntnis von weiteren geplanten Angriffen bekommen (V 13). Zusätzlich beugt sie einem möglichen künftigen Märtyrerstatus der Söhne Hamans vor – die Leichname der Söhne wurden an Pfählen aufgehängt (vgl. 2,23; 5,14; 7,9f) und so entehrend zur Schau gestellt. Ihre Namen mit Namenselementen persischer Gottheiten waren nur zur Zeit von Xerxes gebräuchlich.

→ Die 75000 Getöteten in V 16 beziehen sich auf V 5. Es sind demnach doch erstaunlich viele, die sich reichsweit gewaltsam gegen die Juden aufgestellt haben.

● Die von uns empfundene Grausamkeit des Vorgehens auf beiden Seiten geht von heutigen Maßstäben aus. **Die für uns selbstverständlich gewordene Ächtung von Gewalt und die Hervorhebung der Menschenwürde sind neuzeitliche Entwicklungen, die allerdings aus dem christlichen Menschenbild und den im Christentum verwurzelten Werten heraus entstanden sind. Umgekehrt sind sie auch heute keineswegs global und allgemein anerkannt. Wo müssen wir in unserer Gesellschaft und unserem persönlichen Umfeld dem Verlust dieser Werte entgegensteuern?**

Freitag, 14. Oktober   Ester 9,20-28

● Die Aufzeichnungen Mordechais (V 20) sind vermutlich die Grundlage für das Esterbuch. Im Unterschied zu den Dekreten in 3,12 und 8,9 richtet sich sein Schreiben nur an die Juden.

● V 23-28 stellt eine **knappe Zusammenfassung** der ganzen Geschichte des Esterbuchs dar. Damit wird die **Entstehung des Purimfestes** begründet und erklärt. V 24f könnte der Niederschrift Mordechais nahekommen.

● Bis heute wird das in V 26 erstmals namentlich genannte Purimfest im Judentum gefeiert. Hervorgegangen aus dem „Tag des Festmahls und der Freude" (es geht um den Frieden, nicht den Sieg!) ist es **inhaltlich und terminlich mit Fastnacht vergleichbar.**

→ In Israel und der jüdischen Diaspora wird das Purimfest traditionell am **14. Adar** begangen (2022 am 17. März), in Jerusalem und in Städten, die einst von einer Mauer geschützt waren, am **15. Adar** (Susa-Termin; V 18).

→ An diesem Festtag wird im Synagogengottesdienst das Esterbuch vorgelesen. Bei jeder Erwähnung des Namens Haman sollen die Kinder laut lärmen. Damit soll der Anweisung Gottes entsprochen werden, die Erinnerung an Amalek, Hamans Vorfahr, auszulöschen (2Mose 17,14; 5Mose 25,19).

→ Purim ist das erste jüdische Fest, das **nicht im mosaischen Gesetz gründet** (ähnlich später das Chanukka-Fest). Die Teilnahme ist nicht religiös geboten, aber das Fest wird zum Brauch (V 23).

● So wie Gott im Esterbuch nicht erwähnt wird, aber der eigentlich Handelnde ist, so ist auch das Purimfest im Judentum ein eher säkulares Fest. Freude und Lachen stehen im Mittelpunkt. Jüdische Rabbis empfehlen zu trinken, bis man nicht mehr unterscheiden kann zwischen „Gesegnet sei Mordechai" und" Verflucht sei Haman".

● Im NT wird das Purim-Fest nicht erwähnt. Als „Tag Mordechais" (2Makk 15,36) ist es aber vorausgesetzt, sodass Jesus es kannte. Seine Einstellung dazu könnte Joh 2,1ff entsprechen.

Samstag, 15. Oktober   Ester 9,29–10,3

● Die **Wiederholung des Gesetzes,** jetzt ausdrücklich noch mit der Autorität der Königin unterstrichen, erhebt die Bedeutung des Purimfestes auf einen Rang nahe dem mosaischen Gesetz.

→ Die **„Ordnung des Fastens und der Klagen"** (V 31) greift auf das von Ester erbetene Fasten zur Vorbereitung ihres Gangs zum König zurück (3,16) und begründet damit das im Judentum **den Purimtagen vorausgehende „Fasten Esters".**

→ Die **Niederschrift in einem Buch** gibt dem Vorgang dauerhafte Verbindlichkeit (vgl. 2Mose 17,14; 1Sam 10,25; Jer 30,2).

● Die **Steuererhebung** von Ahasveros/Xerxes gleicht aus, was er sonst von den Juden erbeutet hätte – eine Umlage für alle statt Raub und Beute.

● Das hohe Ansehen Mordechais als „Erster nach dem König" entspricht der Rolle Josefs in Ägypten (1Mose 41,40-44). Ester und Mordechai werden parallel genannt (V 29) – ihre gleichwertigen Autoritäten ergänzen sich und unterstreichen die Bedeutung des Erlasses.

● Das Esterbuch ist ein Lehrbeispiel für das jüdische Volk, dass es auch in der Diaspora in der Minderheitensituation mitten unter den Heiden zu Ehren kommen kann. **Es ist und bleibt Gottes Volk, das gegenüber dem weltlichen Herrscher Loyalität übt und dabei doch mit Gott Erfahrungen machen kann wie in der Zeit des Exodus, der Landnahme, der Richter- und frühen Königszeit. Deswegen hat das Esterbuch Juden in Zeiten der Verfolgung und der Pogrome immer wieder Hoffnung gegeben.**

> ✎ *Gott wird in dem Buch kein einziges Mal erwähnt, sein Wirken steht aber beständig im Hintergrund. Welche Anstöße gibt Ihnen das Esterbuch für christliches Leben in einer säkularen Welt? Wo ist Gott unter der Hand menschlicher Aktivität selbst am Werk? Wie können wir in solchen Situationen heute Christsein leben?*

| Sonntag, 16. Oktober | Psalm 1 |

● Wer in Verbindung mit Gott lebt, kann gewiss sein: „Was er macht, das gerät wohl!" Mit dieser verlockenden Aussicht wird der Reigen der 150 Psalmen eröffnet.

● „Gesetz" meint im Alten Testament in der Regel nicht eine einengende, furchterregende Gesetzesstrenge, sondern im Gegenteil heilsame „Weisung" (so die wörtliche Übersetzung des hebräischen Wortes „Tora" V 2). Dies ist ja Gottes Ziel für seine Menschen: dass sie mithilfe seiner guten Wegweisung ein Leben führen, das Sinn hat und bleibt.

● Der Psalm zählt zu den sog. **Weisheitspsalmen** (wie etwa auch Ps 37; Ps 49; Ps 119 oder Ps 128). Sie zeichnen sich aus durch lehrhaftes Nachdenken über Gott und die Welt. Häufig werden in ihnen **Fromme und Frevler, Gerechte und Ungerechte** kontrastierend gegenübergestellt: Wie sie sich zum Gesetz Gottes verhalten, entscheidet letztlich, ob ihr Leben in Gottes Augen gelingt.

● Der Psalm beschreibt bildlich, wie sich Gerechte und Ungerechte unterscheiden: Der Weg der einen ist letztlich unwichtig, so nichtig wie Spreu, die einfach vom Wind verweht wird und an die sich dann niemand mehr erinnert. **Wer sich aber an Gottes Weisung hält, steht fest verwurzelt und gut genährt wie ein Baum am Wasser, der Schatten spendet, Lebensraum schenkt und Gutes weitergibt. Der Dichter des Psalms appelliert an die Vernunft der Glaubenden: Entscheidet euch, wie ihr leben wollt!**

✎ Der Schweizer Theologe Karl Barth hat es 1935 so formuliert: „Das Gesetz Gottes ist nichts anderes als die notwendige Form des Evangeliums, dessen Inhalt die Gnade ist." Erinnern Sie sich: Wann haben Sie es erlebt, dass die Gebote Gottes Ihnen eine gütige, gnädige Wegweisung gegeben haben und so Ihrem Leben gedient haben?

Die Offenbarung des Johannes

Das Buch Offenbarung zielt auf die Regierungszeit Domitians (81–96 n. Chr.). Er war der erste römische Kaiser, der schon zu Lebzeiten von allen göttliche Verehrung einforderte („Ich, Domitian, HERR und GOTT"). In Kleinasien (türkische Westküste) wurde der Kaiserkult am Härtesten durchgesetzt. Hier aber liegen die sieben Gemeinden, an die die Offenbarung gerichtet ist (Kap. 2–3). Die Christen bekennen jedoch Jesus als HERRN und GOTT. Diskriminierung und Verfolgung sind die Folge (6,9-11). Der Seher Johannes, als Verfasser der Offenbarung genannt (1,4) und wohl Leitfigur der genannten Gemeinden, ist auf die Gefangeneninsel Patmos verbannt (1,9). Er erhält in einer Vision vom erhöhten Christus (1,17-19) den Auftrag, die bedrängten Christen zu ermutigen und ihnen Gottes Heilshandeln bis hin zu „einem neuen Himmel und eine[r] neuen Erde" (21,1-5) nahezubringen: „Schreibe, was du gesehen hast" (1,19), „was ist" (bezieht sich auf Offb 2-3) „und was geschehen soll danach" (Kap. 4–22).
Nirgends sonst im NT finden sich so viele **Lobgesänge** wie in diesem Buch. Das ist zum Verstehen der Offenbarung entscheidend. Die häufigen Hinweise auf den himmlischen Gottesdienst zeigen: Die Offenbarung ist von dorther, **vom jetzt schon gefeierten Sieg Jesu her** zu lesen (Offb 4 u. 5; 16,5 u.7; 21 u. 22). Die Offenbarung ist somit ein **Trostbuch** für die Gemeinde, die jetzt noch vielfältig angegriffen und verfolgt wird. Doch in allen Konflikten und Verfolgungen gilt: Jesus ist der Sieger. Er ist der Kyrios, der zur Rechten des Vaters erhöhte Herr des Himmels und der Erde. Seit Ostern ist Jesus die Macht nicht mehr zu nehmen (1,18) und er, das ohnmächtig mächtige Lamm, bringt die Weltgeschichte zu einem heilvollen Ende! (5,4-14; 22,12ff).
In der Offenbarung wechselt häufig der Blickwinkel. Im Bild gesprochen: Die Filmkamera schwenkt dauernd zwischen dem himmlischen Gottesdienst und den Geschehnissen auf der Erde hin und her. Und beim Blick auf die Erde ist die Kamera einmal auf die Weltereignisse gerichtet und dann auch wieder auf die Situa-

tion der Christen in allem bedrohlichen Weltgeschehen. Das Wichtigste: **Ausgangspunkt für alles Geschehen ist der, der auf dem Thron sitzt** (4,2; 5,1.7 u. ö.). Von hier aus wird regiert.

Eine Hilfe zum Verstehen sind auch häufig gebrauchte Titel oder Redewendungen, z. B. Gott bzw. Christus als der „Pantokrator/Allherrscher" (9-mal; sonst nur 2Kor 6,18). 25-mal fällt das Wort „anbeten". Die gottfeindlichen Mächte können seit Ostern nicht mehr gewinnen, aber sie können noch zum Götzendienst, zum Kaiserkult verführen. Der Offenbarung geht es um das erste Gebot, um die Einzigkeit des Gottes, der uns durch Jesus rettet. Dieses biblische Buch hilft uns, die gottfeindlichen Mächte in ihrer äußeren Show, ihrem leeren Machtgetöse zu durchschauen. Es sind Schein-Mächte, ihr Machtgehabe ist reiner Bluff. Deshalb sind die Negativ-Mächte oft so schemen- und schattenhaft dargestellt. Diesen mit viel Aufsehen künstlich inszenierten Demonstrationen stellt die Offenbarung die Herrlichkeit des himmlischen Gottesdienstes entgegen, wo jetzt schon Menschen aus allen Völkern (5,13; 7,10 u. ö.) Gott die Ehre geben und schon heute das Lob dieses Gottes vor seinem Thron singen.

25-mal heißt es: „es ward (wurde) gegeben" (6,2.4.8.11 u. ö.). Dieses sog. göttliche Passiv wird gebraucht, um den Gottesnamen zu vermeiden. Wir müssen also lesen: Gott hat gegeben. Das oft grauenvolle Tun der Menschen ist von Gott ermöglicht, aber zugleich befristet. Sieben ist die Zahl der Fülle, die zeitliche Begrenzung ist 3½ Jahre = 42 Monate = 1260 Tage. Die Leidenszeiten dauern nicht ewig. Um die Geduld und Ausdauer der Glaubenden zu stärken, wird an frühere Notzeiten Israels erinnert, z. B. an die 10 Plagen in Ägypten (2Mose 7–11). Oft scheint es, dass Gott und sein Volk endgültig von der Weltbühne abzutreten hätten, aber Gottes scheinbare Niederlagen sind oft seine Siege. So nämlich sollen auch die Nicht-Glaubenden die Größe und Herrlichkeit Gottes erkennen. Er hält ewig seine Gemeinde und die Welt in seinen guten Händen. „Hier ist Geduld und Glaube der Heiligen" (13,10).

Montag, 17. Oktober   Offenbarung 1,1-8

Viele haben sich beim Lesen dieses faszinierenden Buches in wilden Spekulationen verloren. Sofort steht man **vor schwierigen Fragen:**
→ **Wer war der Verfasser?** War es Johannes, der Jünger Jesu? Wenn die Offenbarung um das Jahr 96 geschrieben wurde, dann müsste er jetzt über 85 Jahre alt gewesen sein. Oder wurde dieses Buch von seinem Jüngerkreis zusammengestellt?
→ Dann: **War Johannes auf die Insel Patmos**, eine Insel im ägäischen Meer, **als Verbannter abgeschoben** worden? Oder hatte er sich, um innere Einkehr zu halten, dorthin zurückgezogen? (Vgl. dazu die Einleitung).

● **Zunächst stellt Johannes seinen Auftraggeber und sich vor und macht seinen Auftrag deutlich,** nämlich die Christen über die kommenden Ereignisse aufzuklären, die ihm durch Visionen zuteilgeworden sind (V 1f).

● Er beglückwünscht jeden, der dieses Buch liest oder der sich daraus vorlesen lässt (V 3).

● Er wünscht den sieben Gemeinden, die er offenbar gut kennt, Gnade und Frieden (V 4).

● In einer **Fülle von prägnanten Aussagen** beschreibt er die Hoheit Christi, sein Erlösungswerk und dass er die Gemeindeglieder als Könige und Priester geadelt hat (vgl. 1Petr 2,9). Zugleich blickt er voraus auf seine machtvolle Wiederkunft (V 5-8).

● Alle Christen, die in der römischen Provinz Asia (die heutige Westtürkei) dem römischen Kaiser das Weihrauchopfer als Zeichen seiner göttlichen Verehrung verweigerten, mussten befürchten, dass man ihnen nach dem Leben trachtet. **Daher wurde die Botschaft in eine bildhafte, verschlüsselte Sprache „verpackt".** Offiziere und Beamte sollten sie nicht entschlüsseln können. Man kann daher sagen: Die Offenbarung des Johannes stellt eine **Geheimbotschaft für Eingeweihte** dar – und zugleich eine Trostbotschaft für angefochtene und verfolgte Christen. Ein typisches Kennzeichen der Apokalyptik.

Dienstag, 18. Oktober   **Offenbarung 1,9-20**

● Johannes berichtet von einer **eindrücklichen Christus-Vision,** die ihm widerfuhr. Er nimmt seine Leser mit in den himmlischen Thronsaal. Christus tritt als wunderbare, mächtige Gestalt auf. Er war tot und wurde wieder lebendig. Johannes soll all das, was er schaut, niederschreiben und an die sieben Gemeinden in Kleinasien schicken.

● Aus der Fülle dessen, was hier über Christus ausgesagt wird, nehme ich nur die eine Charakterisierung heraus: „**Seine Augen waren wie eine Feuerflamme**" (V 14). Jesus ist umgeben von Leuchtern und Sternen in einem festlichen Saal. Aber mehr als alles andere und feuriger als alle anderen Lichter leuchten in dieser Vision seine Augen. **Zu dreierlei werden wir hier angeregt:**

→ Wir wollen uns erinnern: Häufig erzählen die Evangelien von Jesus: Er sah und er war voller Erbarmen. **Jesus sah, wenn er auf Menschen traf, genau hin. Seine Augen waren ungewöhnlich wach. Nichts entging ihnen.**

→ **Jeder von uns ist eingeladen, in sich zu gehen.** Ich musste an den Vers aus dem Lied „Jesus liebt mich" von Johannes Petzold denken, in dem er in der 3. Strophe bekennt: „Jesus sieht mich. / Immer blickt der Heiland mich an. / Sieht auch, wo ich Unrecht getan./ **Seine Augen schauen tief in mein Herz.** / Jesus sieht mich."

→ Wir sind aufgefordert, uns selbst zu fragen: **Wie sieht Jesus, der erhöhte Herr, heute meine Gemeinde und unsere Kirche? Was mag Jesus an Aufrüttelndem sehen und uns sagen?** Und in welcher Weise gibt er uns für unseren Weg heute Weisungen?

✎ *Es ist auffällig, dass viele Schilderungen in der Offb – wie hier die Christus-Vision – sich für uns nicht zu einem vorstellbaren Gesamtbild zusammenfügen, sondern in der apokalyptischen Symbolsprache auf ihren Bedeutungsgehalt hin ausgelegt und verstanden werden wollen.*

Mittwoch, 19. Oktober   Offenbarung 12,1-6

Was ist mit den drei „Zeichen am Himmel" in Offb 12 gemeint?

● Fest steht: **Bei dem Kind hier handelt es sich um Christus.** Von seiner Geburt ist die Rede und von seiner Entrückung, also von seiner Himmelfahrt.

● Ausleger sind der Überzeugung: **Die mit Sonne, Mond und Sternen bekleidete Frau ist die Heilsgemeinde** – und nicht etwa Maria, die Mutter Jesu. Aus dem Volk Gottes heraus wurde der Messias geboren. Weil die Gemeinde verfolgt wird, muss sie in die Wüste fliehen.

● **Wer ist der Drache,** der hier in dieser Vision erscheint? Für diejenigen, die den Vers Dietrich Bonhoeffers „Von guten Mächten wunderbar geborgen ..." mögen, ist es verständlich, dass es neben den guten, Geborgenheit schenkenden Mächten, auch böse, zerstörerische Mächte gibt. **Wie Gott das Zentrum der guten Mächte ist, so ist der Drache, der Teufel (V 9),** das Zentrum der bösen Mächte. Er verfolgt die Gemeinde Jesu.

● **Dass Christen verfolgt werden, ist für Offb 12 ein wichtiges Thema, ebenso aber auch für unsere Zeit.** Nun haben wir Christenverfolgung bisher in unserem Lande nicht erlebt. Ich selbst hatte acht Jahre lang einen freundschaftlichen Kontakt zu Emmi Bonhoeffer, der Witwe von Klaus Bonhoeffer, dem älteren Bruder von Dietrich. Klaus Bonhoeffer war wie sein Bruder im deutschen Widerstand gegen Hitler engagiert; er wurde nach dem gescheiterten Attentat auf Hitler verhaftet, zum Tode verurteilt und Ende April 1945 in Berlin erschossen, ein Märtyrer in unserem Land. Mehrmals hat mir Frau Bonhoeffer von ihrem Mann, den sie sehr geliebt hat, erzählt, dann auch von seinem bitteren Tod. Sie selbst hat damals ihren drei kleinen Kindern vom Sterben ihres Vaters erzählen müssen.

✎ *Wir sollten für die Berichte von verfolgten Christen heute ein offenes Ohr haben und für sie beten.*

Donnerstag, 20. Oktober **Offenbarung 12,7-12**

- In V 9 steht: „Und es wurde hinausgeworfen der große Drache, die alte Schlange, die da heißt: Teufel und Satan." Es ist überraschend, wie hier im Einzelnen ausgeführt wird, was Jesus einmal seinen Jüngern gesagt hat: „Ich sah den Satan vom Himmel fallen wie einen Blitz" (Lk 10,18).

- Es geht dabei um Folgendes: **Im himmlischen Thronsaal vor Gott, dem Vater, wird um uns Menschen gerungen.** Es gibt dort einen Ankläger und einen Verteidiger.

- Der Ankläger ist der Satan. Er hat in der himmlischen Ratsversammlung Zutritt zum Thron Gottes. Er hat dort kein Wohnrecht. Aber er kämpft dort um die Erlaubnis, uns Menschen zu verführen. So schildert es auch der Anfang des Hiobbuches 1,6ff. Und Satan kann, wenn er uns verführt hat, wieder vor Gott treten und uns voller Bösartigkeit verklagen. Er ist nicht nur der große Verführer, sondern spielt dazu die Rolle eines Anklagevertreters vor Gott. **Er will uns so unbedingt der Hand Gottes entreißen und uns unter seine Herrschaft bringen.**

- **Aber nun gibt es vor dem Thron Gottes auch Jesus, Gottes Sohn.** Auch er wurde vom Teufel versucht, aber er hat ihm widerstanden (vgl. Mt 4,1-11). Jesus ist für unsere Schuld gestorben. **Nun sitzt er zur Rechten Gottes und vertritt uns gegenüber dem Ankläger.** Dies wird in der Passionsgeschichte beschrieben: „Ich aber habe für dich gebeten, dass dein Glaube nicht aufhöre", sagt Jesus zu Petrus (Lk 22,32). Wo Jesus in der himmlischen Ratsversammlung auftritt und sagt: „Dieser Mensch hat an mich geglaubt. Ich habe ihm vergeben!", da hat der Teufel kein Recht mehr, uns zu schaden. Welche Schuld wir auch immer auf uns geladen haben.

- **Weil das so ist, deshalb hat der Teufel das Recht verspielt, Menschen, die Jesus vertrauen, vor Gott anzuklagen.** So wird er vom Himmel auf die Erde gestürzt, wo er für eine begrenzte Zeit weiter sein Unwesen treibt und uns auf seine Seite zu ziehen versucht.

Freitag, 21. Oktober   **Offenbarung 12,13-17**

● In Offb 12 ist siebenmal davon die Rede, dass der Drache ein erbitterter Gegner der Frau und ihres Kindes, des Volkes Gottes ist und aller, die sich zu Jesus bekennen. **Das Wort „verfolgen" kommt nur hier in dem letzten Buch der Bibel vor.** Es ist das geheime Thema dieses Kapitels.

> ✎ *Machen wir uns immer wieder klar, dass die Offb als Trostbuch für die unter dem römischen Kaiser Domitian verfolgte Gemeinde geschrieben wurde. Sie soll sich in den Visionen der Offb wiedererkennen und gewiss sein, dass Gott ihr beistehen wird.*

● Wir tun gut daran, uns an die Märtyrer aus der Geschichte bis in die Gegenwart zu erinnern. Ich will hier nur **drei Geschehnisse ins Gedächtnis rufen:**

→ **2010 wurde in Pakistan die Christin Asia Bibi verhaftet.** Muslimische Nachbarn warfen ihr vor, Lästerliches über den Propheten Mohammed gesagt zu haben. Sie wurde vor Gericht gestellt, zum Tode verurteilt und verbrachte fast zehn Jahre lang in der Todeszelle. Viele haben für sie gebetet und sich für sie eingesetzt. Am 31.10.2018 wurde sie freigesprochen und konnte wenige Monate später nach Kanada ausreisen.

→ **Im April 2014 überfielen islamistische Terroristen eine Schule in Nigeria und entführten mehr als 200 Schülerinnen,** überwiegend junge Christinnen. Einige wurden später wieder freigelassen, andere wurden mit Muslimen zwangsverheiratet.

→ Am 15. Februar 2015 erschien im Internet ein Video, das in Libyen gedreht worden war. **Kämpfer des „IS" hatten 21 Wanderarbeiter überfallen, 20 koptische Christen aus Ägypten und einen Christen aus Ghana.** Vor laufenden Kameras wurden sie enthauptet. Im September 2017 fand man das Massengrab mit ihren Leichnamen. Patriarch Tawadros II. nahm diese grausam hingerichteten Männer in das Buch der Märtyrer der koptischen Kirche auf.

Samstag, 22. Oktober　　　　　**Offenbarung 13,1-10**

Christen sollten politisch wach leben. **Sie sollten unterscheiden lernen – wie Karl Barth es in seiner Schrift „Christengemeinde und Bürgergemeinde" ausgeführt hat – „zwischen dem rechten und dem unrechten Staat, zwischen Herrschaft und Tyrannei, zwischen Freiheit und Anarchie, zwischen dem Staat von Röm 13 und von Offb 13".** Barth schrieb dies 1946, ein Jahr nach der Befreiung unseres Landes von der abgründigen Diktatur Adolf Hitlers. Der Apostel Paulus hat beides erlebt:

● Vor dem römischen Statthalter Festus in Jerusalem beruft er sich als römischer Staatsbürger auf den Kaiser (Apg 25,10). Das war zu jener Zeit **Nero** (54–68 n. Chr.). Die erste Hälfte seiner Regierungszeit ist als durchaus gut anzusehen. Paulus konnte von ihr reden als von „Gottes Dienerin" (Röm 13,1.4). Aber dann entwickelte sich Neros Regierung zu einer blutigen Tyrannei, in der er viele Christen verfolgen ließ, und Paulus selbst den Märtyrertod erlitt. Nach Phil 1,17 ahnte er es.

● Johannes auf der Insel Patmos erlebt die Zeit eines seiner Nachfolger: **Domitian.** Er regiert von 81–96 n. Chr., und auch unter ihm müssen viele Christen um ihres Glaubens willen ihr Leben lassen. Deshalb wird **seine Herrschaft hier in Offb 13 mit einem räuberischen Tier verglichen,** das brutal ist wie ein Panther, seiner Beute nachjagt wie ein Bär und die Knochen seiner Opfer zermalmt wie ein Löwe (V 2). Es taucht aus den Abgründen der Geschichte auf (Offb 11,7), und **es hat seine Macht von dem Drachen, d. h. vom Satan** (Offb 12,9).

✎ Wo erleben wir in unserer Zeit, wie Machthaber sich zu rücksichtslos und brutal durchsetzenden Tyrannen aufschwingen?

● Es ist mir unbegreiflich, wie sich heute in unserem Land immer noch Menschen an den Ideen und an dem Handeln Hitlers oder anderer Tyrannen orientieren können.

Sonntag, 23. Oktober   Psalm 38

● In großer Not und Bedrängnis wendet ein Mensch sich Gott zu und erfleht von ihm Hilfe. Daher ist Psalm 38 in der Lutherbibel überschrieben „In schwerer Heimsuchung". In der kirchlichen Tradition wird er als dritter der sieben Bußpsalmen gezählt. Zugeschrieben wird er David „zum Gedenkopfer": **Der Beter möchte Gott gnädig stimmen, damit er freundlich an ihn denkt und ihm beisteht – dieses Ziel hatten vormals auch die Gedenkopfer im Tempel (vgl. 3Mose 2,2f).**

● Der Beter dieses Psalms hat sein Unglück anscheinend **selbst verursacht,** aus lauter Dummheit (V 6). Die Folgen wiegen schwer: Er ist darüber körperlich krank geworden. Seine Familie und alle seine Freunde gehen ihm aus dem Weg. Mehrfach werden „Feinde" erwähnt, die ihm sogar noch schlimmeren Schaden zufügen wollen. Kein Wunder, dass er niedergeschlagen ist und jede Lebensfreude verloren hat.

● Und doch gibt er nicht völlig auf. Er klammert sich an das Einzige, **was ihm noch geblieben ist: sein Vertrauen auf Gott (V 16.** 22f). Ihm klagt er alles und unterschlägt dabei auch die eigene Schuld nicht. Und er hält weiterhin fest an Gottes Zusage „Ich bin bei euch." Gott will er zutrauen, dass es auch gegen allen Augenschein eine neue Chance für ihn gibt.

✎ *Wie es weitergegangen ist mit dem Beter von Psalm 38, wann und wie er die Hilfe Gottes erfahren konnte, erfahren wir leider nicht. Es fällt aber auf, dass er Gott überhaupt nicht sagt, welche Art von Ausweg er genau braucht. Er macht Gott keine Vorschläge. Wir beten meist ganz anders und wissen oft längst, was Gott zu tun hat! Vielleicht liegt darin etwas ganz Zentrales: Gott nicht vorzuschreiben, auf welche Weise er eingreifen soll. Beten Sie heute doch bewusst so, dass Sie offen bleiben für Gottes Wege.*

Montag, 24. Oktober　　　　　**Offenbarung 13,11-18**

Wenn Johannes an der Westküste der Insel Patmos ein Schiff aus dem Meer auftauchen sah, dann kam dieses Schiff in der Regel aus Rom. Es brachte auf der einen Seite den Statthalter des Kaisers oder seine Beamten; sie waren die Repräsentanten des 1. Tieres (Offb 13,1). Zum anderen brachte es **die Priester des Kaiserkultes** in die Provinz. **Wo Offb 13,11-18 von dem 2. Tier spricht, stellt es diese Priester dar.**

● Ähnlich so, wie Johannes der Täufer auf Jesus als denjenigen hinweist, der größer ist als er (Mk 1,7f) und als das Lamm Gottes, das die Sünde der Welt trägt (Joh 1,29), sorgen **diese Priester in den Provinzen dafür, dass die Bilder des Kaisers aufgestellt werden und er als Gott verehrt wird** (V 14f).

● An drei weiteren Stellen in der Offb wird **dieses 2. Tier als der „falsche Prophet"** bezeichnet. Lesen Sie Offb 16,13; 19,20; 20,1!

● Die Priester achteten mit Argusaugen darauf, wer das Weihrauchopfer für den Kaiser darbrachte und ihn damit als Gott verehrte und wer nicht. Wer sich weigerte, der wurde den Beamten des Statthalters gemeldet. Er musste um sein Leben fürchten.

● Johannes deckt in diesem Kapitel in einer verschlüsselten Sprache die Machtverhältnisse im Römischen Reich auf. **Es war eine Geheimbotschaft, die nur die Christen entschlüsseln konnten, aber den Machthabern verschlossen blieb.**

✎ *Wir haben dann wachsam zu sein, wenn heute von einem Propheten die Rede ist. Natürlich sind auch für unsere Zeit die Propheten des AT wichtig, die auf Christus, den Kommenden, hinweisen. Und natürlich gehören zur Gemeinde Jesu diejenigen, die sich um die prophetische Gabe bemühen (1Kor 14,1). Sie lenken unseren Blick auf Jesus, so wie er im NT bezeugt wird. Aber als Propheten verehrte Menschen sind häufig falsche Propheten.*

Dienstag, 25. Oktober   **Offenbarung 14,1-5**

● V 1: Johannes sieht das Lamm, Jesus, inmitten der Vollzahl
seines Volkes: Die vollendete und mit ihrem Herrn vereinte Gemeinde, die dann in Offb 19,1-10 vollkommen sichtbar wird,
leuchtet hier bereits auf. Der Ort der Vision ist **der Berg Zion, auf
den sich die jüdische Hoffnung richtete** (vgl. Joel 3,5).
● Im Unterschied zu den Menschen, die das Zeichen des Tieres
tragen (Offb 13,16) haben **die 144.000** (vgl. Offb 7,4) als Zeichen
ihrer Versiegelung **den Namen des Lammes und Gottes auf der
Stirn** und sind damit ihr Eigentum. Vermutlich weist diese Versiegelung auf die Taufe hin.

> ✎ *Werden am Ende nur 144.000 Gläubige gerettet werden,
> wie es etwa die Zeugen Jehovas mit Hinweis auf diese Stelle
> lehren? Nein, denn die Zahl 144.000 ist eine apokalyptische
> Symbolzahl: 12 ist dabei die Zahl der Vollkommenheit; 12
> mal 12 = 144 meint, die Vollzahl der Geretteten.*

● V 2: **Das Wasserrauschen und das Donnergrollen** weisen hin auf
die Hoheit des Lammes (vgl. Offb 4,5).
● V 3: In den **himmlischen Lobgesang** der vier Gestalten und der
24 Ältesten (vgl. Offb 4,4) sind die 144.000 mit einbezogen – sie
können dieses Lied lernen. Der Inhalt des Liedes wird nicht genannt. Man wird wohl an Offb 19,1-10 denken dürfen.
● V 4: **Die Christen haben sich nicht mit Frauen befleckt; sie sind
jungfräulich** – das meint nicht totale sexuelle Enthaltsamkeit der
Geretteten, sondern bedeutet im Sinne der apokalyptischen Symbolsprache, dass sie **sich vom Götzendienst ferngehalten haben.**
Die Christen sind losgekauft, d. h. befreit aus der dem Verderben
geweihten Menschheit.
● V 5: Was Gott als Eigentum dargebracht wird, z. B. Opfertiere,
muss makellos sein. Damit ist nicht gesagt, dass **die Märtyrer** frei
von Sünde sind. Aber sie **sind durch das Lamm reingewaschen von
ihrer Sünde – und dadurch makellos.**

Mittwoch, 26. Oktober   Offenbarung 14,6-13

Johannes sieht nun, wie **drei Engel das Gericht Gottes ankündigen**, und die Macht des Drachen (= Satan) zu Ende ist.

● V 6f: **Der erste Engel hat einen (letzten) umfassenden Verkündigungsauftrag: Gott will, dass die ganze Menschheit sich zu ihm bekehrt und ihn anerkennt als alleinigen Herrn.** Das Ziel Gottes ist nicht Verdammnis oder Vernichtung, sondern auch jetzt noch die Rettung von Menschen. So lesen wir ja bereits in einer Endzeitrede Jesu, dass erst das Evangelium „unter allen Völkern" verkündet werden muss, ehe das Ende kommt (Mk 13,10).

● V 8: **Der zweite Engel verkündet, dass Babylon** – bekanntlich der Deckname für das mächtige Rom – **bereits grundsätzlich gefallen ist.** In Offb 18,2.3 wird dieser Fall dann geschildert.

● V 9-11: Allen, die dem römischen Kaiserkult gehuldigt haben, wird **vom dritten Engel ein unerbittliches Gericht angedroht.** So wie einst Gomorra mit Feuer und Schwefel vernichtet wurde (1Mose 19).

> ✎ *Mit unserem oft oberflächlichen Reden vom „lieben Gott" sind die harten Worte vom strengen Gericht Gottes nicht in Einklang zu bringen. Doch wir können solche harten Gerichtsaussagen der Bibel nicht einfach ignorieren. Schon die Propheten des AT hatten oft eine unerbittliche Gerichtsbotschaft anzukündigen (z. B. Jer 25,15ff). Auch manche der Reden Jesu sind von einem strengen Gerichtsernst durchzogen (z. B. Mt 25,31-46). Auch Jesus spricht dabei von „ewiger Pein".*

● V 12f: **Die Christen, die aktuell in einer gefährlichen Verfolgungssituation leben, werden dagegen seliggepriesen.** Ihnen wird zugesagt, dass Gott sie und ihr Tun kennt. Diese Botschaft enthält einen großen Trost, denn er vergewissert die um Christi willen Verfolgten darin, dass Gott sie sieht und nichts sie von seiner Liebe trennen kann (vgl. Röm 8,38f).

Donnerstag, 27. Oktober   **Offenbarung 14,14-20**

● Nach der Ankündigung der Engel erscheint nun der Menschensohn (= Christus) zur Ernte, d. h. zum Vollzug des Gerichts, mit dem das Ende der Erde gekommen ist (Mt 13,39; vgl. Dan 7,13 und Mk 13,26). Von diesem Gericht wird in Offb 19,11-21 noch eingehender gesprochen. Die Gestalt Christi als König mit goldener Krone und als Richter mit scharfer Sichel findet sich später in vielen mittelalterlichen Bildern wieder.

● V 15f: Ein Engel kommt aus dem Tempel und fordert den Menschensohn zur Vollstreckung des Gerichtes auf. Der Tempel ist der Ort der Gegenwart Gottes, doch Gott selbst wird hier wie auch sonst nicht erwähnt. Der Vergleich des Gerichts über die Bosheit der Menschen mit einer Korn- und Weizenernte findet sich bereits in Joel 4,13; vgl. Sie auch Jes 63,1-6.

● V 18: Ein weiterer Engel kommt von dem Altar, unter dem nach Offb 6,9 die Seelen der Märtyrer ruhen und auf dem nach Offb 8,3f ein Engel die Gebete der Gläubigen vor Gott bringt. Nach Joel 4,2-12 und dann auch in den Schriften der jüdischen Apokalyptik findet das Gericht über die Völker im Tal Josaphat statt, das in der Nähe von Jerusalem liegt. Jerusalem selbst bleibt davon unberührt.

● In Schriften der jüdischen Apokalyptik finden sich grausame Bilder von der Menge des vergossenen Blutes, das den Rossen bis zum Hals reicht. Es erinnert daran, dass in damaliger Zeit Pferde die reifen Trauben in der Kelter traten. Vergessen wir nicht: Was uns an diesem Bild des blutrünstigen Gerichts über die Feinde Gottes grausam erscheint, wurde von den verfolgten Christen als Trost empfunden: Gott wird über die Feinde triumphieren.

● V 20: Ein Stadion ist ein Wegmaß von 192 Metern. Doch die Zahl 1600 – also ein Vielfaches der Weltzahl vier – soll die riesige Ausdehnung des Blutstromes aussagen. Es gibt kein Entrinnen.

| Freitag, 28. Oktober | Offenbarung 15,1-4 |

Immer wieder hat Johannes davon berichtet, wie im Himmel ein
Lied zu Gottes Lob angestimmt wird. Vor der ersten Siebenerreihe
der Katastrophen, der Siebensiegelvision, stimmen es die vier Gestalten und die 24 Ältesten an. Es wird berichtet, wie dieser Lobgesang von ihnen überspringt auf „vieltausendmal tausend", und
schließlich „jedes Geschöpf, das im Himmel und auf Erden und
unter der Erde und auf dem Meer ist" davon erfasst wird (Offb
5,8-14). – Vor dem Erschallen der siebten Posaune hört Johannes
den Gesang der 24 Ältesten vor Gottes Thron (Offb 11,16ff).

● V 3f: Vor dem Beginn der letzten Siebenerreihe, der Siebenscha-
lenvision (Offb 15,5ff), berichtet Johannes von seiner **Schau, in der
nun die treu und standfest gebliebenen Christen das Lob Gottes
anstimmen.** Wie einst Mose und die Israeliten nach dem Durchzug durch das Schilfmeer Gottes befreiende Tat priesen (2Mose
15,1ff), so rühmen nun die Menschen, die den Bösen überwunden haben, die Werke des allmächtigen und gerechten Gottes und
Richters. In diesem Lied klingen Worte aus Ps 111,2 und 2Mose
34,10 an. Dabei blicken die Lobenden schon auf die Endzeit voraus, in der alle Völker der Erde kommen, Gott als Herrn anerkennen und ihn anbeten werden.

> ✎ *Ist dieser Ausblick auf Gottes Ziel mit seiner Schöpfung
> nicht ein wunderbarer Trost inmitten all der angekündigten
> Katastrophen und Gerichte? Wie geht es Ihnen damit, wenn
> Sie das lesen?*

● V 2: **Das Bild vom gläsernen Meer,** dem Himmelsgewölbe, kam
bereits in Offb 4,6 vor. Hier aber ist dieses Meer mit Feuer durchsetzt: ein Hinweis auf das nun unmittelbar bevorstehende Gericht.

Samstag, 29. Oktober　　　　　　　**Offenbarung 15,5-8**

Bereits in Kap. 11,19 war **der Tempel,** Ort der Gegenwart Gottes, geöffnet worden. Nun sieht Johannes, wie der Tempel erneut geöffnet wird.

● V 5: **Die hier geschaute Stiftshütte ist das himmlische Urbild der irdischen Stiftshütte in Israel** (2Mose 25,9.40).

● V 6: **Die Engel mit den sieben letzten Plagen gehen vom Tempel aus.** Sie tragen wie der Menschensohn (Offb 1,13) einen goldenen Gürtel und außerdem das weiße Gewand der Priester. Sie führen demnach ihren Auftrag, das Gericht zu bringen, in göttlicher Vollmacht und priesterlicher Reinheit durch.

● V 7: **Die vier Gestalten** (vgl. Offb 4,6) **sind offenbar Mittler zwischen Gott und den Engeln.** Eine der vier Gestalten übergibt nun den Engeln die Schalen, die gefüllt sind mit dem Zorn Gottes, der das letzte vernichtende Gericht bringt.

> ✎ *Das Wort „Zorn" ist dabei richtig zu verstehen. Er hat nichts mit unsern menschlichen, spontanen und oft unüberlegten Zornausbrüchen zu tun. Der göttliche Zorn ist vielmehr Ausdruck und Auswirkung des gerechten Gerichts angesichts der übergroßen Schuld der Menschen.*

● V 8: **Der Rauch im Tempel,** der von der Herrlichkeit und Macht Gottes ausgeht, weist auf die unnahbare Heiligkeit Gottes hin (vgl. Jes 6,4). **Als Zeichen der großen Ehrfurcht wird Gott selber weder in dieser Vision wie auch sonst nie genannt oder geschaut.** Erst in der Vollendung, d. h. im himmlischen Jerusalem, ergreift Gott selbst erstmals in der Offenbarung das Wort – „siehe, ich mache alles neu!" –, gewährt den Erlösten seine ganz persönliche Nähe, die dann erfüllt sind vom Herrlichkeitsglanz, der von Gott selbst ausgeht (Offb 21,3-5.23-27).

324

Sonntag, 30. Oktober   Psalm 119,161-176

● Der Schluss dieses langen Psalms fasst in einem anrührenden Bild zusammen, worum es im gesamten Psalm 119 geht: **Ohne die gute Weisung Gottes ist der Mensch wie ein verirrtes, verlorenes Schaf: Er verläuft sich, ist Bedrohungen hilflos ausgeliefert, verliert all seine Lebenskraft und seine Orientierung.** Solch eine traurige Existenz ist niemandem zu wünschen! Wer der Wegweisung Gottes folgt, kann zwar nicht verhindern, dass es schwierige Lebensetappen gibt – er kann aber auch dann Leitlinien erkennen und die Richtung behalten. Und selbstverständlich kann er sich immer auch an den Schöpfer der guten Weisung wenden: „Suche mich!“, betet der Psalmist in dem tiefen Zutrauen, dass Gott ihn nicht loslassen wird. Jesus wird dieses Bild aufgreifen im Gleichnis vom verlorenen und wiedergefundenen Schaf (Lk 15,4-7).

● Die Wendung „nach deinem Wort“ meint „**wie du es zugesagt hast**“ (V 169f, auch V 41 und 65). Der Beter ist gewiss, dass Gott ihn in dunklen Stunden und finsteren Gedanken nicht alleinlässt. Gottes Wort ist also wohltuend und hilfreich, auch wenn es in Form von Weisungen ergeht. Ebenso verlässlich ist Gottes Wort, wenn es Gottes Güte und Treue zusagt.

● In V 173-175 wendet sich der Beter noch einmal dringlich an Gott und klagt ein: Steh mir bei, lass mich leben! Ja, auch so kann dieser Psalmist beten: dringlich, sehnlich, flehentlich.

● Vers 165 malt vor Augen, was Gottes Weisung bewirkt und mit welcher Verheißung sie verbunden ist: mit großem Frieden. „Schalom“ steht hier, also jenes Wort, das im Alten Testament alles meint, was dem Leben dient und es fördert: Glück, Erfolg, Friedfertigkeit, Wohlergehen.

✎ *„Ich lobe dich des Tages siebenmal“ (V 164) – legen Sie heute bewusst und geplant sieben Lobzeiten in diesen Sonntag ein! Ggf. mithilfe des Weckers!*

| Reformationstag, 31. Okt. | Offenbarung 16,1-9 |

● Der heilige Gott, der seinen Heiligen Geist ausgegossen hat auf die Menschen (Joel 3,1; Apg 2,17ff), lässt am Ende der Weltzeit die Schalen des Zorns ausgießen über seine von ihm abgefallene Schöpfung. **Engel, die den Auftrag hatten, Menschen zu schützen (Ps 91,11), erhalten den Befehl, Gottes Gericht auszuführen.** Wenn es einen Engel der Gewässer gibt und Engel der Winde (7,1) und des Feuers (18,1.8), dann ist das ein Hinweis darauf, dass Gott alle Bereiche der Schöpfung schützen lässt. Doch nun stimmt der Schutzengel der Wasser dem Gericht Gottes zu, dass aus frischem, lebendigem Wasser eine eklige todbringende Brühe wird.

● Bibelleser, die bei solchen Aussagen zu der Auffassung kommen: Das kann nicht sein, das passt nicht zu meinem Gottesbild, werden dennoch feststellen müssen, dass der Himmel eine andere Bewertung abgibt: **Gottes Gericht ist gerecht!** (V 5-7). **Die Zornesschalen** sind eine letzte unmissverständliche Warnung Gottes. Dass sie **den ägyptischen Plagen ähneln,** sollte die Menschen aufschrecken lassen und zur Umkehr bewegen. Gott gibt Hinweise, die niemand übersehen sollte. Es ist erschreckend, dass **der große Teil der Menschheit** reagiert wie der Pharao: **Uneinsichtig, verstockt und Gott verachtend** kehren die Menschen nicht etwa um und rufen „Kyrie eleison". Nein: sie lästern gegen Gott, der sie geschaffen hat und in unermesslicher Liebe um sie ringt und auf sie wartet. Diese Liebe wird mit dem Wort „Altar" (V 7) zum Ausdruck gebracht. **Der Altar steht für das Opfer, das Jesus am Kreuz auf Golgatha erbracht hat.** In einem einzigen Vers wird deutlich, dass sich Gottes Liebe und Gottes Gericht nicht widersprechen.

✎ *Warum kann man den Zorn Gottes nicht mit menschlichen Zornesausbrüchen vergleichen?*

Dienstag, 1. November   Offenbarung 16,10-16

● Eine Gerichtsschale nach der anderen wird ausgegossen. Es bleibt keine Zeit zum Atemholen. **Mit jeder weiteren Schale steigert sich das Gerichtshandeln.** Die fünfte Schale trifft den Thron des Antichristen, also sein Machtzentrum. Der dunklen, alle Welt täuschenden Lichtgestalt wird das Licht abgeschaltet. Die, die die Finsternis suchten und mehr liebten als das Licht, müssen nun ganz und gar in der Finsternis leben. Doch diese teuflische Finsternis kann niemand aushalten. Von entsetzlichen Qualen gepeinigt, ohne Hoffnung auf Hilfe durch den hilflosen Antichristen, zerbeißen die Menschen ihre Zungen. **Hilflosigkeit und Hoffnungslosigkeit stellen Menschen vor die Entscheidung: Entweder wird Hilfe und Nähe bei Gott gesucht und erfleht, oder es erfolgt eine endgültige, trotzige Abkehr von Gott, die sich bis zur Gotteslästerung steigert.** Es kommt zu einer teuflisch dämonischen Koalition, die die sechste Zornesschale erst ermöglicht. Sie macht den Weg frei für die gottlosen Herrscher der Welt. Das Tier, d. h. Satan (vgl. 19,19) macht den Weg frei und versammelt die feindlichen Herrscher an dem Ort Harmagedon. Findet dort der Kampf statt, der in V 14 erwähnt wird und in unzähligen Endzeitbüchern beschrieben wird? Doch von einer entscheidenden Schlacht wird nichts gesagt. Es wäre auch seltsam, eine Schlacht auf einem Berg stattfinden zu lassen. Harmagedon bedeutet Berg Magedon. Was könnte die Bedeutung sein? **Jedenfalls geht von diesem Berg Magedon Kälte, Hoffnungslosigkeit und Finsternis aus.**
● Demgegenüber wirkt V 15 wie ein Einschub: **Der wiederkommende Jesus Christus, der wie ein Dieb in der Nacht kommt, preist die selig, die sich dem dämonischen Treiben widersetzt haben.**

✎ *Lesen Sie als Gegenpol dazu Jesaja 2,1-5.*

Mittwoch, 2. November   Offenbarung 16,17-21

● Die letzte Schale des Zorns wird „in die Luft" ausgegossen. **Das Gericht trifft die antichristliche Macht, die „in der Luft herrscht"** (Eph 2,2). In Eph 6,12 wird diese Macht genauer beschrieben: Mächtige und Gewaltige, Herren der Welt, die in der Finsternis herrschen und böse Geister unter dem Himmel. Gott richtet die finsteren Mächte des Teufels. Das geschieht in der unsichtbaren Welt. **Und auch die sichtbare Welt, die Erde gerät ins Wanken.** Das gewaltigste Erdbeben seit Menschengedenken schüttelt die Erde durch und trifft die große Stadt **Babylon (= Rom)**. Gott knöpft sich das Machtzentrum des Antichristen vor und spricht das Urteil. Das Erdbeben ist so ungeheuerlich vernichtend, dass ganze Inseln im Meer verschwinden und Berge einstürzen. Ein todbringender Steinhagel mit zentnerschweren Steinen prasselt auf die Menschen nieder.

● Als Jesus am Kreuz auf Golgatha für uns Menschen starb, rief er aus: „Es ist vollbracht!" (Joh 19,30). In Christus versöhnt Gott die Welt mit sich selber. Während die siebte Schale des Zorns ausgegossen wird, ruft der allmächtige Gott (vom Thron): „Es ist geschehen!" Die, die Jesus hassen und seinen Tod am Kreuz verhöhnen und sich selbst als Gegenchristus präsentieren, werden besiegt. **Das Gericht Gottes ist der Sieg seines Rechts.**

● **Es ist erschütternd, dass die, die gerichtet werden, ihren Richter lästern.** In ihrer trotzigen Verstockung kehren sie nicht um zu Gott. Sie flüchten nicht zu dem, von dem es in Ps 91,1f heißt: „Wer unter dem Schirm des Höchsten sitzt und unter dem Schatten des Allmächtigen bleibt, der spricht zu dem Herrn: Meine Zuversicht und meine Burg, mein Gott, auf den ich hoffe."

> ✎ *Während ich die Auslegung schreibe, geht eine Pandemie über die Erde. Alle Kontinente und alle Länder sind betroffen. Lesen Sie dazu 2Chr 7,13f.*

Donnerstag, 3. November   Offenbarung 17,1-6

Warum wird die **große Stadt Babylon** gerichtet (16,19)? Ein Engel zeigt Johannes die abgrundtiefe Finsternis, in der sich diese Stadt befindet. Sie „sitzt an vielen Wassern" d. h. **ihre Gottlosigkeit hat Einfluss auf die ganze Welt** (vgl. V 15). Jetzt erfüllt sich, vor dem Gott in seinem Wort gewarnt hat (Ps 1,6; Ps 73,18f).

● In der Verfolgung wird die Gemeinde in die Wüste geführt und dort von Gott versorgt (Kap. 12,6). Johannes wird nun im Geist an diesen Wüstenort geführt. Aus der Distanz zu Babylon und in unmittelbarer Nähe zum Fluchtort der Gemeinde Jesu wird ihm das wahre Wesen der gottlosen Stadt offenbart. Johannes soll klar sehen und unterscheiden können. Die Gemeinde Jesu, die Braut Christi, wird ihm später von demselben Engel vorgestellt (21,9). **Anscheinend ist es nicht selbstverständlich, dass das antichristliche Reich von der Gemeinde Jesu unterschieden werden kann.**

● Die Frau (das antichristliche Reich) – hier im Unterschied zur Braut als verlockend herausgeputzte Hure dargestellt – sitzt auf einem Tier. Es ist das Tier, das in 13,1 beschrieben wird. Die Frau ist mit Purpur bekleidet. Diese rote Farbe hat die Bedeutung von kriegerischer Macht. Rot war die Farbe der römischen Soldatenmäntel.

● Johannes entdeckt überrascht die Ursache für die weltumspannende Verfolgung der Gemeinde Jesu: **Das antichristliche Reich berauscht sich an dem Märtyrerblut der Christen.** Welchen Grund sollte es sonst geben, dass die gehasst, gefoltert und ermordet werden, die mit leidenschaftlicher Liebe selbst für ihre Peiniger gebetet haben?! Doch im Gericht müssen die, die sich an der Verfolgung der Gemeinde Jesu berauscht haben, den Kelch des Gotteszorns trinken.

✎ Informieren Sie sich über die Lage der verfolgten Gemeinde Jesu heute und treten Sie fürbittend für sie ein.

Freitag, 4. November   Offenbarung 17,7-14

Der Engel Gabriel offenbart Johannes das Geheimnis der Frau und des Tieres:

● Beide sind eng miteinander verbunden. Das Tier trägt die Frau, d. h. die antichristliche Macht ist vom Geist des Antichristen erfüllt und wird von ihm gelenkt.

● Das Tier (Antichrist) fasziniert die Menschen durch seinen Wiederaufstieg. Doch er ist gerichtet und zur Verdammnis bestimmt.

● Der Engel beschreibt noch einmal **die wirkungsvolle Täuschung des Antichristen, als sei er auferstanden von den Toten wie Jesus Christus** (13,1-3). Dieses erstaunliche Zeichen wird nun zum Merkmal des Tieres. „Es ahmt die Herrschaft Gottes und Christi über die Geschichte nach und erschreckt die Menschen durch seine alle Zeiten überdauernde Unverwüstlichkeit" (Adolf Pohl). Diese Charakterisierung des Antichristen (Tier) wird der Bezeichnung Gottes gegenübergestellt, von dem es in Kap. 1,8 heißt: „der da ist und der da war und der da kommt, der Allmächtige."

● Die biblische Symbolik beschreibt Macht mithilfe von Bildern. **Berge stehen für Macht** (Jer 51,25; Sach 4,7). **Die Könige stehen –** wie manche Ausleger meinen – **für verschiedene römische Cäsaren des 1. Jh.** V 8-11 spielen danach auf die damals weitverbreitete Spekulation an, dass einer dieser Cäsaren (Nero) noch einmal für kurze Zeit auf die Erde zurückkehren und dort erneut im achten Reich, dem Reich des Antichristen, sein Unwesen treiben werde. Gott gewährt dem Antichristen und seinen Verbündeten, ihre Macht allerdings nur für eine Stunde zu demonstrieren. Dagegen hat das Friedensreich Jesu Christi eine Dauer von tausend Jahren (Kap. 20,1-6).

● Der Herr aller Herren und König aller Könige ist Jesus, das Lamm Gottes, das für unsere Sünde am Kreuz auf Golgatha geopfert wurde. **Jesus überwindet alle gottfeindlichen Mächte.** Er ist der Sieger! Damit ist das überragende Thema des letzten Buches der Bibel genannt.

Samstag, 5. November   **Offenbarung 17,15-18**

● Die Wasser, so erklärt der Engel, sind ein Bild für das Völkermeer (Völker, Scharen, Nationen, Sprachen). Bereits Daniel hatte von dem großen Meer gesprochen, aus dem die vier Tiere (= Weltreiche) hervorstiegen (Dan 7,2f). Auch in Offb 21,1 ist vom **Meer** die Rede und meint dort wie in Kap. 13,1 den **Quellgrund des Bösen,** das in der neuen Schöpfung nicht mehr existiert.

● Wenn ganze Völker in enger Verbindung zur großen Stadt Babylon stehen, dann hat die Hure Babylon Weltgeltung. Sie stellt die Welthauptstadt des Antichristen dar, der dieses, sein eigenes Machtzentrum, schließlich zerstören wird. Zusammen mit zehn Herrschern (Hörner = Könige) wird der Antichrist die große Stadt angreifen und vernichten (V 16). **Die Zerstörungsmacht des Bösen richtet sich so gegen die eigenen Verbündeten.** Bis zum letzten Hemd entblößt wird die Stadt geplündert und bis aufs Blut wird sie gequält.

● Kein Engel Gottes muss das Gericht ausführen. Jetzt ist der Zeitpunkt gekommen, an dem Gott die Gedanken, Absichten und Pläne des Tieres leitet (V 17). **Der Teufel hat die Kontrolle verloren.** Gott bedient sich der antichristlichen Mächte, damit diese sich selbst zerstören.

● Wenn sich der Antichrist (das Tier) gegen sein eigenes Machtzentrum (die Hure Babylon) wendet, dann widerspricht das nicht der Aussage von Jesus, dass der Satan mit sich selbst nicht uneins sein kann (Mt 12,25f). Der Teufel hat keine Möglichkeit, die Einheit mit seinen finsteren Verbündeten und Mächten zu wahren, denn sein Einfluss bzw. seine Macht wird von Gott begrenzt. So muss er am Ende sein eigenes Reich zerstören.

> ✎ *Im sogenannten Dritten Reich haben sich die verblendeten „Deutschen Christen" mit der mächtigen Naziherrschaft verbündet. Von welchen Machthabern, Mächten und Ideologien sollten sich Christen heute distanzieren?*

331

Sonntag, 6. November   Psalm 75

● Der **Dank über Gottes große Gerechtigkeit** rahmt diesen Psalm
ein. „Du bist uns nahe", so beginnt dieses Lied, dessen Melodie
(V 1) in biblischen Zeiten noch gut bekannt war. Und der Psalm
endet mit dem Bekenntnis, dass **Gott dem Bösen die Macht nimmt
und dem Recht das Feld gehören wird.** Das Bekenntnis zur Güte
und Vollmacht Gottes und der Dank darüber gehören untrennbar
im Gottesdienst zusammen – damals und heute. Auch dieser Psalm
war wohl oftmals im Tempel zu hören.

● Mit „Ich" ergreift in V 5-8 vermutlich ein Priester das Wort.
Er mahnt die versammelte Gemeinde eindringlich: „Prahlt nicht
selbstsicher herum, redet nicht euren eigenen Ruhm herbei, verlasst euch nicht auf eure eigenen Kräfte. Sondern seid euch bewusst: Ungerechte und böse Taten lassen Gott nicht kalt! Er wird
alle zur Rechenschaft ziehen, die das Recht brechen und beugen.
Wann er als Richter kommt und woher – ob von Osten, wo die
Sonne aufgeht, oder von Westen, wo sie untergeht, ob aus der
Wüste im Süden oder aus den Bergen im Norden: Niemand kann
das vorhersehen! **Rechnet jederzeit damit, dass Gott kommt, und
seid auf sein Urteil über euer Leben vorbereitet.**"

● Der Sprecher beschreibt das Gericht Gottes mit dem Bild des Be-
chers (V 9), der getrunken werden muss. Das Getränk ist so stark,
dass der Boden unter den Füßen schwankt. Mit „Hefe" ist der Bo-
densatz gemeint, der damals bei der Weinherstellung anfiel. **Die
Ungerechten, die eben noch so selbstverliebt taten, müssen also bis
zum bitteren Ende für ihr Tun geradestehen und verlieren gänzlich
die Kontrolle über ihr Leben.**

> ✎ *Psalm 75 will zur Selbstprüfung aufrufen: Wo trete ich*
> *ungerecht und selbstherrlich auf. Und: Der Psalm will zur*
> *Fürbitte führen für diejenigen, die unter Ungerechtigkeit und*
> *Gewalt leiden.*

Montag, 7. November   Offenbarung 18,1-24

● Der gewaltige Engel, dessen Glanz die ganze Erde erleuchtet, ruft den **Untergang Babylons** aus (V 1-3), der auch darin besteht, dass der Teufel und alles Böse in sich selbst gefangen sind (V 2). Wer die Finsternis sucht, ist nun gezwungen, in ihr zu leben.

● Nachdem Johannes den gewaltigen Engel gesehen hat, hört er eine Stimme vom Himmel, die noch einmal das Volk Gottes (seine Gemeinde) auffordert, die in Sünden lebende Stadt zu verlassen, um nicht darin umzukommen. Das erinnert an Sodom, aus der Lot durch zwei Engel gerettet wird, bevor Gott diesen Sündenpfuhl mit Feuer und Schwefel vernichtet (1Mose 19,1-29).

● In Babylon reichen die Sünden der Stadt bis an den Himmel! Sie hat mit ihrer Hurerei die Völker verführt. **Hurerei hat im biblischen Sprachgebrauch eine doppelte Bedeutung: Treulosigkeit gegenüber Gott und als Folge davon sittliche Verfehlung.** Der luxuriöse Lebensstil, der florierende Handel mit seinem überaus üppigen Warenangebot, das gesamte Verkehrswesen und das reichhaltige kulturelle Leben – alles dies geht in einer Stunde den Bach runter (V 11-17). Während die weltweite christliche Gemeinde unter schlimmsten Verfolgungen leiden musste, hatten ihre Peiniger das Leben in vollen Zügen genossen. Doch damit ist es nun vorbei, und es geschieht eine Umkehrung: **Während die einen nun ein großes Wehgeschrei anstimmen, jubelt die Gemeinde** über Gottes Gericht und kann aufatmen. Gott hat das antichristliche Machtzentrum, das die Verfolgung und Ermordung der Jesusnachfolger betrieben hat, zerstören lassen. Die Gemeinde ist frei!

> ✎ *Der plötzliche Zusammenbruch eines auf materiellen Wohlstand, Gottlosigkeit und Unmoral gründenden kapitalistischen Systems ist in der Gegenwart eine durchaus realistische Perspektive. Oder wie sehen Sie das?*

Dienstag, 8. November   Offenbarung 19,1-10

● Im Himmel bricht ein gewaltiger Jubel aus über den Sturz der großen Stadt Babylon. Als Jesus geboren wurde, sangen die himmlischen Heerscharen: „Ehre sei Gott in der Höhe". Unmittelbar vor der Wiederkunft Jesu jubelt der Himmel: „Die Rettung und die Herrlichkeit und die Kraft sind unseres Gottes" (V 1). **Lobpreis und Anbetung im Gottesdienst finden in der Offenbarung vielfältige Begründungen.**

● Während das Gericht Gottes in der gegenwärtigen Verkündigung der Kirche kaum Erwähnung findet, freut sich der Himmel über die wahrhaftigen und gerechten Gerichte Gottes. Gott übt Rache an denen, die das Blut seiner Nachfolger (Knechte) vergossen haben. Die Ermordung seiner Gläubigen ist in Gottes Augen keine lässige Sünde. Psalm 116,15 heißt es: „Der Tod seiner Heiligen wiegt schwer vor dem Herrn." Das griechische Wort „ekdikein", das mit „rächen" übersetzt wird, bedeutet wörtlich: Recht schaffen. **Gottes Gerichte stellen das Recht wieder her.**

● Die Hochzeit des Lammes wird angekündigt, d. h. die Gemeinde (Braut) darf dem entgegengehen und wird den sehen, der sie erlöst hat durch seinen Tod am Kreuz.

● Der kurze Satz: „Das Zeugnis Jesu ist der Geist der Weissagung" (V 10), bringt zum Ausdruck, dass das, was Johannes unter der Leitung des Heiligen Geistes schreibt, dem Wort (Zeugnis) von Jesus Christus entspricht. D. h. **dass das, was Johannes jetzt ankündigen darf: Wiederkunft Jesu, Tausendjähriges Reich, Jüngstes Gericht, Gottes neue Welt keine fantastische Utopie darstellt, sondern Wirklichkeit wird.**

> ✎ *Kann die kirchliche Verkündigung darauf verzichten, über die Gerichte Gottes zu predigen, wenn selbst der Himmel bekennt, dass Gottes Gerichte wahrhaftig und gerecht sind? Wie können Christen dieses Thema ohne Arroganz oder Selbstgerechtigkeit in Gesprächen und Diskussionen einbringen?*

Mittwoch, 9. November   Offenbarung 19,11-21

● Jesus hatte über seine Wiederkunft gesagt: „Und dann werden sie sehen den Menschensohn kommen in einer Wolke mit großer Kraft und Herrlichkeit" (Lk 21,27; Mt 26,64; Mk 14,62). Nun zeigt Jesus seinem Apostel den geöffneten Himmel. Johannes darf sehen, was Jesus angekündigt hat: **Jesus, der Herr aller Herren, der Weltenrichter kommt mit unwiderstehlicher Macht und Herrlichkeit aus der unsichtbaren in die sichtbare Welt.** Johannes sieht Jesus auf einem weißen Pferd. Weiß ist die Farbe der himmlischen Welt, der Reinheit und des Sieges.

● Durch die Zeiten hindurch war Jesus, der Gute Hirte, unterwegs auf der Suche nach denen, die verloren sind. Er hatte bei seiner Gemeinde und bei unzähligen Menschen angeklopft (Offb 3,20). Niemand sollte verloren gehen. Doch jetzt zeigt der Sohn Gottes, dass ihm im Himmel wie auf Erden die Macht des Weltenrichters gilt. **Der Gekreuzigte ist der Herr. Das verdeutlicht sein in Blut getränktes Gewand.** In diesem Bild zeigt sich, dass der Menschensohn aus Daniel 7 und der Gottesknecht aus Jesaja 53 ein und dieselbe Person sind. Es zeigt aber auch, dass Jesus zum Gericht kommt. Mit dem Kommen des Menschensohns erfüllt sich u. a. Jesaja 63,1ff. Dort hatte Gott den Tag der Vergeltung, an dem er sein Volk erlösen wird, angekündet. An diesem Tag wird er ein mit dem Blut der gottlosen Völker getränktes Gewand tragen.

● Es zeigt sich weiter, dass Jesus Gottes Sohn ist. Denn er hat einen Namen, den niemand kannte als er selbst: Dieser Name ist: **Das Wort Gottes** (V 13). Durch die Bezugnahme auf die ersten Verse des Johannesevangeliums wird Lesern des letzten Buches der Bibel das größte Geheimnis der Person Jesu Christi offenbart: Er ist der Sohn Gottes. **Durch sein Wort wurde die Welt ins Leben gerufen** (Joh 1,3) und durch sein Wort werden die Völker gerichtet. Das scharfe Schwert, das aus seinem Munde geht, ist das Wort Gottes (vgl. Eph 6,17).

Donnerstag, 10. November   Offenbarung 20,1-10

● Mit der Botschaft vom Tausendjährigen Reich ist im Laufe der Geschichte viel Schindluder getrieben worden. Ob es die sektiererischen Wiedertäufer im 16. Jahrhundert in Münster waren, die ein tausendjähriges Reich errichten wollten, oder die Nationalsozialisten, die von einem tausendjährigen Reich schwärmten: Jedes Mal endete das mit menschlichen Mitteln herbeigeführte Reich in Mord und Totschlag.

● Das, was in Offb 20 beschrieben wird, ist **das Friedensreich Jesu Christi.** Wenn Jesus Christus wiederkommt, wird er den Antichristen und sein Reich richten und mit einem Wort vernichten (19,15.19-21). Dann lässt er den Satan durch einen Engel binden. Menschen und ganze Völker werden nicht mehr verführt. **Es kommt zur ersten Auferstehung.** Daran teilhaben werden die, die Jesus die Treue gehalten haben, die wegen ihres Bekenntnisses zu Jesus zu Märtyrern wurden. Die brutale antichristliche Macht ist vernichtet. **Der Satan ist gebunden.** Die, die als Märtyrer furchtbar gelitten haben, erleben jetzt die herrliche Freiheit der Kinder Gottes. **Es erfüllt sich Jes 2,1-5: Schwerter werden zu Pflugscharen.** Man kann es sich kaum vorstellen: Doch Christus wird sichtbar die Welt regieren. Jeder sieht nun auf den Messias Israels und König der Welt. Es könnte die Epoche sein, in der ganz Israel den Herrn erkennt, denn „von Zion wird Weisung ausgehen und des Herrn Wort von Jerusalem" (Jes 2,3b). Ob die tausend Jahre wörtlich oder symbolisch zu verstehen sind, lässt sich nicht klären. Klar ist, dass es eine lange Zeit sein wird im Gegensatz zu der kurzen Zeit, in der der Satan frei sein wird und sein Verführungswerk fortsetzt.

✎ *Warum hat die Botschaft vom Tausendjährigen Reich seine Berechtigung, auch wenn es nicht Bestandteil unseres Glaubensbekenntnisses ist?*

Freitag, 11. November   Offenbarung 20,11-15

● Himmel und Erde fliehen vor dem Angesicht Gottes: So schaut Johannes den Untergang der alten Schöpfung. Vor dem unbestechlichen Weltenrichter kann sie nun keine Sekunde länger existieren. Dann stehen die Toten auf, denn **die Menschen aller Zeiten müssen sich nun vor dem Richterstuhl Gottes für ihr Leben verantworten.** Dieses Gericht wird nur in knappen Worten beschrieben: Bücher werden aufgetan, aus denen die Taten der Menschen abgelesen werden: Gutes wird gegen Böses aufgewogen. Doch am Ende ist bei jedem die Lebensbilanz negativ: „Gewogen und zu leicht befunden!" Wer darauf besteht, von Gott nach seinen Taten beurteilt zu werden (d. h. **wer den Weg der Selbstrechtfertigung wählt), hat keine Chance:** Nach Gottes unbestechlichem Urteil wird er verdammt zum „feurigen Pfuhl" (V 14f), d. h. zum endgültigen Tod.

● Aber wer hat dann überhaupt eine Chance? Nur dessen Name im **„Buch des Lebens"** (V 12.15) gefunden wird. In diesem Buch **sind unverlierbar die Namen der Gerechten und Geretteten aller Zeiten festgehalten:** diejenigen, die nicht auf ihrer Selbstrechtfertigung bestanden, sondern sich durch das Opfer Jesu retten und gerecht machen ließen und sich auch in den Bedrängnissen der letzten Zeit zu Jesus bekannten.

● Der Tod und die Verdammten verfallen dem zweiten Tod, aus dem es kein Entrinnen mehr gibt. Die Vision des Sehers vom Weltgericht lässt **keinen Raum für Allversöhnungs-Spekulationen.** Im Gegenteil: In Kap. 21,8 und 22,15 wird ausdrücklich noch einmal aufgezählt, wer für immer von der neuen Welt Gottes ausgeschlossen bleiben wird.

> ✎ *Dass es allein darauf ankommt, dass unser Name im Buch des Lebens festgehalten wird, macht auch schon Jesus gegenüber seinen Jüngern deutlich. Lesen Sie Lk 10,20.*

Samstag, 12. November   Offenbarung 21,1-8

● In V 1 wird nochmals erwähnt, dass der alte Himmel und die alte Erde vergangen sind. Ausdrücklich wird festgestellt, dass „das Meer nicht mehr sein wird". **Das Meer steht in der apokalyptischen Symbolsprache für die chaotische, Unheil bringende Macht,** der das satanische Tier entstiegen war (Kap. 13,1). Das bedeutet: **Die Quelle, aus der das Böse in die Welt eindrang, wird für immer versiegt sein.** Fortan wird es keine Versuchung, keine Verführung, keine Bosheit mehr geben.

● Vom Himmel her wird sich dann **das neue Jerusalem** auf die Erde herabsenken. Es **ist das Gegenbild zum gottlosen Babylon** (Kap. 17/18). War das alte Babylon eine Hure, weil sie zum Abfall von Gott verführte, so erscheint das neue Jerusalem wie „eine geschmückte Braut", die dem Bräutigam (= der vollendeten Gemeinde) entgegengeführt wird (V 2).

● Das neue Jerusalem wird bestimmt sein durch **die unmittelbare Gemeinschaft Gottes mit seinen Menschen.** Das wird in den V 3 und 4 zunächst damit veranschaulicht, dass **Gott mitten unter den Menschen** „seine Zelte aufschlagen" (so wörtlich) wird und dass er – so wie eine liebevolle Mutter die Tränen ihrer Kinder abwischt – **fürsorglich sich um jeden Einzelnen kümmert.**

> ✎ *Kann es ein eindrücklicheres Bild für unser endzeitliches Heil geben? Wie wir als Kinder nach nächtlichen Angstträumen von der Mutter auf den Arm genommen und getröstet wurden, so wird in den liebevollen Armen Gottes für immer alles gut werden.*

● In den V 5-8 geschieht für das Buch der Offenbarung **etwas ganz Ungewöhnliches und Einmaliges: Gott selbst ergreift das Wort –** „Siehe, ich mache alles neu!" –, um zu bekräftigen, dass die Vision der neuen Welt der Realität entspricht. Gott gibt zu Protokoll, worauf Menschen ihn zu allen Zeiten befragen bzw. festlegen können.

338

Sonntag, 13. November   Psalm 50

● Der allmächtige Gott, der alle Himmelskörper regiert (V 1), dem das unbändige Feuer ebenso gehorcht wie Sturm und Wolkenbrüche (V 3), der mit überwältigendem Glanz umgeben ist (V 2) – dieser gewaltige Gott wendet sich dem Menschen zu und lässt ihn wissen, was ihm ganz besonders wichtig ist: „Opfere Gott Dank und erfülle dem Höchsten deine Gelübde" (V 14). Es braucht also keine beeindruckenden Taten und Opfer, auch keine überwältigend mutigen Taten, um Gott zu gefallen – sondern nur Dank, Ehrlichkeit und Ehrbarkeit. Damit klingt das Doppelgebot der Liebe an, das Jesus als das höchste Gebot bezeichnet (5Mose 6,4-5; 3Mose 19,18; Mk 12,29-31).

● Dieser Psalm erklingt in der Form der Gottesrede: Gott selbst spricht zu den Menschen und offenbart, was vor ihm zählt. Im Alten Israel wurde dieser Psalm vermutlich in Gottesdiensten von Tempelpropheten vorgetragen, die in Gottes Namen weitergaben, worauf es ankommt.

● Der Psalm wird dem Leviten Asaf zugeschrieben. In den Chronik-Büchern wird er als Sänger, Musiker und Seher zur Zeit des David erwähnt (1Chr 16,7; 2Chr 29,30). Ps 50 und Ps 73–83 gelten als „Asafpsalmen", wobei er wahrscheinlich nicht der Autor ist, sondern diese Psalmen seinem Andenken gewidmet sind. Die Asafpsalmen verwenden oft Bilder aus der Natur. Das Gericht Gottes spielt eine wichtige Rolle und sehr oft taucht das Motiv „Hirte-Herde" auf.

● Der Opferkult wird in dem Psalm nicht grundsätzlich kritisiert. Aber es wird doch in V 7-14 deutlich angeprangert, dass er oft nur äußerlich wahrgenommen wird und nicht mit echter innerer Reue einhergeht. Der Psalm macht eindringlich klar: Gott ist nicht auf Tiergaben angewiesen – die gehören ihm ohnehin längst! Aber er legt Wert auf gerechte Menschen und auf ihren aufrichtigen Dank. Sie dürfen sich dann felsenfest darauf verlassen, dass er sie bewahren und erretten wird (V. 15).

| Montag, 14. November | Offenbarung 21,9-14 |

● Hatte gerade Gott selbst noch zu Johannes gesprochen, so nähert sich jetzt ein Engel, um ihn mit den Einzelheiten des neuen Jerusalem vertraut zu machen. Es scheint derselbe Engel zu sein, der in Kap. 17,1 das Gericht über die große Hure Babylon verkündete. Hier dagegen kündigt der Engel an: „Ich will dir die Braut zeigen, die Frau des Lammes" (V 9). So wird noch einmal deutlich, dass **die Menschen vor die Wahl gestellt sind**, entweder dem „Tier" anzuhängen – oder das „Lamm" anzubeten.

● Wie Mose vom Berg Nebo das Gelobte Land sehen durfte (5Mose 34,1), so darf nun Johannes **von einem hohen Berg aus einen Blick auf das neue Jerusalem** werfen. Abermals wird betont, dass die Heilige Stadt „aus dem Himmel von Gott hernieder kommt" (V 10; vgl. V 2). Das neue Jerusalem „wird nicht von unten nach oben gebaut. Alles Hochbauen von der Erde führte zu Babel, niemals zur Gottesstadt und zum Gottesstaat, und nichts ist wirklich neu, was nicht von oben ist" (Adolf Pohl).

● **Das neue Jerusalem ist erfüllt vom Herrlichkeitsglanz Gottes** und wird verglichen mit einem kostbaren Jaspis und edlem Kristall: Der Glanz, der von Gott ausgeht, blendet nun aber nicht mehr die Augen, sodass die Erlösten schier vergehen müssten (2Mose 33,20), sondern sie dürfen Gott sehen, wie er ist.

● **Die 12 Tore und die 12 Grundsteine der Stadt** (V 12-14) haben **symbolische Bedeutung:** Wollen Erstere an die Vollendung des Zwölfstämmevolks des Alten Bundes erinnern, so sind Letztere (die „zwölf Apostel") Sinnbild für die von Christus gegründete Gemeinde.

✎ *Es überrascht, dass das neue Jerusalem von einer „großen und hohen Mauer" (V 12) umgeben ist. Da es keine Feinde mehr gibt, zu deren Schutz sonst eine Stadtmauer diente, fragt man sich, welche Bedeutung sie jetzt noch haben kann.*

Dienstag, 15. November   Offenbarung 21,15-21

● Erstaunlich breiten Raum nimmt nun **die Vermessung der Stadt** ein und die Beschreibung der Materialien, aus denen Mauer, Grundsteine, Tore und Marktplatz des neuen Jerusalem bestehen. **Die Ausmaße sind gigantisch:** Länge, Breite und Höhe umfassen jeweils 12.000 Stadien (V 16), das entspricht ungefähr 2.200 km – und damit einer Strecke von Berlin bis Madrid. **Das neue Jerusalem wird uns als ein gewaltiger viereckiger Kubus vorgestellt,** der jedes Vorstellungsvermögen sprengt. Demgegenüber erscheint die Höhe der Stadtmauer (144 Ellen = ca. 70 Meter; V 17) geradezu winzig, „als wenn man einen hohen Kirchturm an seinem Fuß mit einer Tapezierleiste einfassen würde" (Adolf Pohl).

● Dann (V 18-21) werden uns bis ins Detail die Mauern, Tore und der Marktplatz geschildert. Bestehen die Grundsteine der Mauern aus kostbaren Edelsteinen unterschiedlichster Farbe und Art und die Stadttore aus jeweils einer einzigen Perle, so ist der Marktplatz aus reinem Gold wie transparentes Glas. **Unermesslichen Glanz und Glamour kennzeichnen demnach das neue Jerusalem.**

✎ Ich weiß nicht, was Sie bei dieser Schilderung empfinden. Ich gestehe, dass sie mich nicht annähernd so stark anspricht wie die Aussage, dass Gott einmal für immer unsere Tränen abwischen wird und endlich alles Leid ein Ende hat. Mag sein, dass wir materiell verwöhnten Wohlstandschristen von all der äußeren Pracht nicht mehr so beeindruckt sind. Allerdings glaube ich gerne, dass diese Bilder vom Glanz des neuen Jerusalem auf Menschen, die ihr Leben in äußerster Armut zubringen, eine große Strahlkraft ausübt. So haben amerikanische schwarze Sklaven auf den Baumwollfeldern im Süden der USA in ihren Spirituals die Üppigkeit und Pracht im himmlischen Jerusalem besungen und ihre Hoffnung auf ein besseres Leben davon inspirieren lassen.

Buß- u. Bettag, 16. Nov.　　　　**Offenbarung 21,22-27**

● Mancher Leser der Vision vom neuen Jerusalem mag sich nach den Schilderungen von Stadtmauern, Toren und Marktplatz gefragt haben: „Und wo bleibt der Tempel?" Dass das künftige Jerusalem ohne Tempel sein würde, war ein für fromme Juden unvorstellbarer Gedanke. Schließlich hatte u. a. die große Vision Hesekiels über die künftige Gottesstadt den Tempel mit allen Einzelheiten in den Vordergrund gerückt (Hes. 40–48). Doch jetzt heißt es: „**Und ich sah keinen Tempel darin**" (V 22). Die Begründung leuchtet ein: War der Tempel auf Erden das Zeichen für die Gegenwart Gottes und die Möglichkeit der Begegnung der Menschen mit ihm, so bedarf es im neuen Jerusalem eines solchen besonderen Ortes nicht mehr. **Gott und Mensch begegnen sich nun unmittelbar, ohne auf eine heilige Stätte wie den Tempel angewiesen zu sein.**

● Ähnlich verhält es sich mit dem **Fehlen von Sonne, Mond und Sternen**. Da von Gott und dem Lamm ein alle Finsternis durchdringender Glanz ausgeht, braucht es auch keine Gestirne mehr (V 23). **Weil dieser Herrlichkeitsglanz die neue Welt permanent erfüllt, wird es auch keine Nacht mehr geben** (V 25).

● Wir dürfen uns das neue Jerusalem mit seinen gigantischen Dimensionen nicht als einen geschlossenen Kosmos vorstellen: **Von allen Seiten kommen Völker und Könige hinzu, um** – wie einst die drei Weisen aus dem Morgenland – **vor Gott ihre Schätze als Zeichen ihrer Huldigung auszubreiten.** Dabei handelt es sich aber ausschließlich – und das macht V 27 noch einmal deutlich – um die Geretteten und Gerechten, deren Namen „im Lebensbuch des Lammes geschrieben stehen".

> ✎ *Manche Menschen meinen, im Himmel gehe es öde und langweilig zu, und sie verspüren von daher kein Verlangen danach. Wie würden Sie versuchen, ihnen den Himmel schmackhaft zu machen?*

Donnerstag, 17. November   Offenbarung 22,1-5

● Wird durch die Schilderung der himmlischen Metropole in Kap. 21 deutlich, dass die vollendete Gemeinde nicht in das ländliche Idyll eines paradiesischen Gartens Eden zurückkehrt, so macht Kap. 22 klar, dass **mit dem neuen Jerusalem doch zugleich das verlorene Paradies wiederkehrt.** Die Erwähnung vom „Strom lebendigen Wassers" (V 1) und von den „Bäumen des Lebens" (V 2) erinnern an den Garten Eden in der Schöpfungsgeschichte (1Mose 2,9f).

● Vielleicht dürfen wir es so deuten: Endlich mutiert eine riesige Metropole wie **das neue Jerusalem** nicht mehr zum Menschen verschlingenden Moloch Babylon, wie wir es bis heute von den Millionenstädten dieser Welt mit ihren Elendsquartieren, ihrem Sittenverfall, ihrer Anonymität und ihren erschreckenden Kriminalitätsraten kennen, sondern **vereinigt in sich die Kennzeichen von Fruchtbarkeit und Frische, von Heilung und Harmonie.** Das Bild vom Strom lebendigen Wassers und den zwölfmal im Jahr Frucht tragenden Lebensbäumen an seinem Ufer sagen vor allem eins: **Es hat ein Ende mit aller Begrenztheit und allem Mangel.** In unserm irdischen Leben werden wir wohl nie den Zwiespalt, die Ambivalenz von Frustration und Gelingen, von leidvoller Vergeblichkeit und beglückendem Erfolg überwinden. Da bleiben die Angst vor Scheitern und Versagen und Verlusterfahrungen unser ständiger Begleiter. Aber in der neuen Welt Gottes werden wir vor Freude überströmen angesichts einer **nie versiegenden Fülle und Üppigkeit,** bei der die Arbeit spielerisch gelingt und endgültig heil wird, was verletzt und krank war.

● Dass wir als Knechte auch im Himmel Gott dienen (V 3) hat jedoch eine **andere Qualität als unser irdischer Gottesdienst.** Wir werden dies nämlich im Angesicht Gottes mit erhobenem Haupt und als „Erleuchtete" tun, die zugleich geadelt sind, um mit Gott „von Ewigkeit zu Ewigkeit zu regieren" (V 5).

| Freitag, 18. November | Offenbarung 22,6-15 |

● In diesem Abschnitt **wechselt häufig das Subjekt**, sodass nicht immer gleich erkennbar ist, wer hier spricht. In V 6f ist es Christus, danach Johannes (V 8f), worauf der Engel mit einem Einspruch reagiert (V 9). In den V 10-15 ist dann wiederum Christus das Subjekt.

● Zuerst vergewissert Christus Johannes noch einmal darin, dass die Visionen mit den dazugehörigen Erklärungen „gewiss und wahrhaftig sind" (V 6; vgl. 21,5). Es schließt sich eine Seligpreisung an (V 7), die an die erste Seligpreisung in Kap. 1,3 erinnert. **Dass Christus** hier wie auch in V 12 und 20 **betont, dass er „bald kommt", stellt die Hoffnung der Christen angesichts seiner bisher ausgebliebenen Wiederkunft auf eine bis heute andauernde Geduldsprobe.** Dabei hat Jesus ausdrücklich in Mt 24,36 erklärt, dass auch er Zeit und Stunde seiner Wiederkunft nicht kennt.

> ✎ *Wir erleben seit einiger Zeit einen wahren Engel-Boom, der nicht selten dazu führt, dass Gott hinter den Engeln zurücktreten muss. Johannes, der wohl angesichts der ihm zuteilgewordenen Visionen vor dem Engel niederkniet, um ihn anzubeten, bekommt sogleich zu hören: „Tu es nicht! Bete Gott an!" (V 9). Engel sind dienstbare Boten Gottes – nicht mehr und nicht weniger.*

● Wiederum nimmt in den V 10-15 Christus das Wort und gibt Johannes den Befehl, seine **prophetische Botschaft nicht zu „versiegeln",** wie es in der jüdischen Apokalyptik üblich war, um erst beim Eintreten der dramatischen Endzeit-Ereignisse geöffnet zu werden. Weil die letzte Zeit mit der Verfolgung der Christen bereits „nahe" ist, vollzieht sich jetzt schon die endgültige Scheidung zwischen Bösen und Gerechten. Selig sind die, die „ihre Kleider gewaschen", d. h. durch das Blut des Lammes Vergebung ihrer Schuld empfangen haben und dadurch Anrecht an dem „Baum des Lebens" bekommen.

344

Samstag, 19. November   Offenbarung 22,16-21

● Mit zwei kurzen Ich-Sätzen (V 16) werden die Worte Christi abgeschlossen, wobei er zwei alttestamentliche Verheißungen auf sich bezieht:

→ **Er entstammt der „Wurzel", d. h. dem Geschlecht Davids** und ist nicht nur der Abstammung nach Davids Sohn, sondern auch sein Herr (Mk 12,35ff).

→ **Er ist „der helle Morgenstern".** Dabei liegt wahrscheinlich eine Anspielung auf das Wort Bileams vor, dass aus Jakob ein Stern aufgehen werde (4Mose 24,17). Diese Aussage wurde im Judentum weithin als eine messianische Weissagung verstanden.

● **Voller Sehnsucht blicken der Geist und die Gemeinde („Braut") der Wiederkunft ihres Herrn entgegen.** Alle, die diesen Gebetsruf hören, stimmen mit ein. Jeder, der Durst hat, wird eingeladen, umsonst das Wasser des Lebens zu empfangen (vgl. Joh 4,14).

● Ein letztes Mal ergreift der Seher Johannes das Wort, **um sich für das in seinem Buch niedergelegte Zeugnis zu verbürgen.** Damit verbindet er die dringende Warnung, daran keine nachträglichen Veränderungen vorzunehmen. Seine Worte erinnern an die Formel aus 5Mose 4,2, durch die für eine Schrift autoritative Gültigkeit geltend gemacht wird. Johannes erhebt damit unüberhörbar den Anspruch, dass sein Werk ebenso wie die Schriften des AT ein vom Geist Gottes eingegebenes Zeugnis darstellt.

> ✎ *Es überrascht daher, dass die Offenbarung als Teil der Bibel lange umstritten war und erst recht spät in den Kanon der biblischen Schriften aufgenommen wurde.*

Ewigkeitssonntag, 20. November   Psalm 90

Dieser Psalm, der Mose zugeschrieben wird, spricht betend die **Vergänglichkeit des Menschen** an. Er wird deshalb oft bei christlichen Trauerfeiern gelesen. Im Hebräischen fehlt das Wort „sterben" zwar ganz, aber es finden sich viele Bilder für die Endlichkeit des Lebens (z. B. V 3: zum Staub zurückkehren).

● V 1f: Das Gebet geht aus von **Gottes Macht und Größe.** Er hat nicht nur die Berge und die ganze Welt erschaffen, sondern war schon lange zuvor Gott und wird es in Ewigkeit sein. Genau dieser Gott ist „für uns" da, unsere Wohnung und unser Zufluchtsort.

● V 3-9: Im **Sterben des Menschen,** das der **Unsterblichkeit Gottes** gegenübersteht, erkennt der Psalm ein Handeln Gottes (V 3), das durch seinen Zorn begründet ist (V 7.9a). Dieser **Zorn Gottes** aber hat seinen Grund in den (verborgenen) Sünden von uns Menschen (V 8).

● V 10: **Ein nüchternes Fazit:** Unsere Lebenszeit umfasst 70 oder **höchstens 80 Jahre.** Wie schnell sie verfliegt! Was am Ende bleibt, ist mühevolle Arbeit und die Frage nach dem Sinn.

● V 11f: Im Zentrum des Psalms stehen eine Frage und eine Bitte an Gott: **Erkenne ich, dass Gott zu Recht über mich zornig ist, und wende ich mich ihm in Furcht und Vertrauen zu?** Die Bitte lautet wörtlich: „Lehre uns, unsere Tage recht zu zählen, damit wir ein weises Herz gewinnen" (V 12).

Diese „Weisheit" möchte ich heute von Gott erbitten, dass ich den Tod als Teil meines Lebens erkenne. **Mir täglich bewusst zu machen, dass meine Zeit begrenzt ist, hilft mir, die Gewichte in meinem Leben richtig zu verteilen.** So bekommt jeder Tag einen besonderen Wert und ich lebe bewusst von Gottes Güte.

● V 13-17: Mit Worten, die an den aaronitischen Segen erinnern (4Mose 6,24-26), endet der Psalm. Gottes Güte und Freundlichkeit werden erbeten. Sie können schon dieses Leben mit Jubel und Freude erfüllen (V 14b). **Denn die Herrlichkeit und Liebe Gottes sind stärker als der Tod** (vgl. Hld 8,6; 1Joh 4,9).

Der Prophet Jesaja (Kap. 1–39)

Jesaja (ca. 740–701 v. Chr.) ist wohl der bedeutendste alttestamentliche Prophet. Er erlebt hautnah die Eroberungspolitik Assyriens mit, der 722 das Nordreich Israel zum Opfer fällt und die ab 705 das Südreich gefährdet. Jesaja lebt in Jerusalem, ist geprägt von priesterlicher Tradition um den Zion. Er gehört zur Oberschicht, ist hochgebildet.

Ca. 740 erfährt er im Tempel in einer Vision **Gottes Heiligkeit,** erschrickt über seine Unreinheit und die seines Volkes, fürchtet zu vergehen, wird gereinigt und zu seinem halsstarrigen Volk gesandt (6,1-10). Gott ist **der Heilige Israels.** Seine Worte kommen bei den Menschen nicht an, Israel ist verstockt. Nur im Freundeskreis findet Jesaja Gehör (8,16f).

Jesajas Name bedeutet: „JHWH hat gerettet". Den beiden Söhnen muss er Namen geben, die zur Botschaft werden: „Ein Rest wird sich bekehren" (7,3) und „Raubebald-Eilebeute" (8,3), ein Hinweis auf nutzlose militärische Bündnisse, die ein rascher Raub Assyriens sind.

Jesajas Botschaft konzentriert sich auf vier große Themen:

1. Er klagt **soziale Ungerechtigkeit und Ausbeutung** im Volk an, z. B. in Kap. 2–3 und 5.

2. Er **warnt vor Bündnissen;** andere Staaten können nicht helfen. Er kämpft gegen das tiefe Misstrauen, Gott könne und wolle nicht wie früher für sein Volk streiten (7,1-9; 30,7-17; 31,1-3). Israels Gott ist ein Gott der Geschichte. Und sein Prophet will diesen Glauben an das geschichtliche Handeln Gottes wieder ins Zentrum des Glaubens rücken.

3. Bei aller Gerichtsankündigung sieht Jesaja einen **heiligen Rest** überleben; aus ihm wird Gott wieder ein Ganzes machen (1,9; 8,3).

4. Er kündigt einen gerechten Herrscher (**Messias**) an, der bleibenden Frieden schafft (Kap. 9+11), und er verheißt ein neues Heilshandeln Gottes an Israel (Kap. 32–35) und den Völkern (Kap. 2).

Zum besseren Textverstehen mögen noch einige historische Informationen helfen:

347

Unter Tiglat-Pileser III. (745–727 v. Chr.) startet Assyrien eine alle bedrohende Expansionspolitik. Das Nordreich mit Samaria und das Südreich mit Jerusalem sind gefährdet. Wie soll man sich verhalten? Amos und Hosea im Norden sowie Jesaja und Micha im Süden sind die Mahner und Mutmacher Gottes in dieser schwierigen Zeit. Ob man sie hört? Wissen Politiker und Militärs nicht besser, was zu tun ist?

1. Phase (ca. 734–732 v. Chr.): Im Syrisch-Ephraimitischen Krieg wollen das Nordreich und Syrien das Südreich in eine antiassyrische Koalition zwingen. Ein starkes militärisches Bollwerk soll Assyriens Vormarsch stoppen. Jesaja ermutigt dagegen, auf Gottes Bündnistreue zu setzen (7,9). Doch König Ahas (ca. 740–725) bittet ausgerechnet Assyrien um Hilfe und muss dies teuer bezahlen: politische Abhängigkeit, hohe Tributzahlungen, assyrische Götzenbilder im Tempel, danach zieht sich Jesaja ca. 20 Jahre zurück (8,16ff).

2. Phase (ca. 716–711 v. Chr.): Ein Herrscherwechsel in Assyrien lässt auf politische Befreiung hoffen. Unter König Hiskia (ca. 725–697 v. Chr.) kommt es zum Aufstand, zur Verstärkung der Stadtmauern, zum Bau einer Wasserleitung für den Notfall. Man fühlt sich jetzt sicher, Vertrauen auf Gottes Schutz ist nicht mehr nötig. Wieder steht Jesaja gegen das fehlende Gottvertrauen auf (Kap. 18+20). Ninives neuer Herrscher bestraft das Aufbegehren Judas mit erhöhten Tributzahlungen. Jetzt hofft man auf die Hilfe Ägyptens. Jesaja geht drei Jahre lang wie ein Gefangener nackt (nur mit Lendenschurz) umher (20,3) und protestiert so gegen dieses Bündnis, da Assyrien in Kürze auch Ägypten gefangen nimmt.

3. Phase (ca. 705–701 v. Chr.): Assyrien erobert das Südreich ganz, Jerusalem wird belagert, es wirkt „wie eine Nachthütte im Gurkenfeld" (1,8). Erneut setzt man auf Ägypten. Jesaja mahnt: „Ägypten ist Mensch und nicht Gott" (31,3). Es ist ein Wunder, dass Assyrien 701 die Belagerung abbricht und Juda so überlebt.

Montag, 21. November   **Jesaja 1,1-9**

● V 1 ist die Überschrift über das Jesajabuch. Jesajas gesamte Botschaft wird als „Schauung" bezeichnet: eine klare Sicht göttlichen Willens und geistlicher Zusammenhänge durch Gottes Offenbarung.

● V 2-3: Gott ruft **Himmel und Erde als Zeugen** in einem Gerichtsprozess **gegen sein eigenes Volk** auf (vgl. Dtn 31,28). Die Anklage: Die eigenen Söhne (und Töchter) begehren gegen ihn auf. Wo Gott doch nicht nur Vater, sondern auch bester Versorger ist! Doch das „kapiert" sein Volk nicht (wegen dieses Verses gelangten Ochs und Esel übrigens in die weihnachtlichen Krippendarstellungen).

● V 4 zeigt, wie gravierend die Schuldverstrickung ist, und verdeutlicht den engen Zusammenhang zwischen **sozialer Ungerechtigkeit und dem Ungehorsam gegenüber Gott**. Böse zu handeln und Verderben zu bringen – das ist Bruch der Gebote Gottes und damit Bruch mit Gott selbst. Deshalb steht über einem solchen Verhalten ein „Wehe" Gottes, denn er sieht dem nicht tatenlos zu.

● V 5-8: Jesaja redet von „**Schlägen**", d. h. Gerichtshandeln Gottes, von dem Israel schon ganz „krank" ist, aber dennoch nicht umkehrt. Geschildert wird ein durch feindliche Heere verheertes Land – nur die Hauptstadt ist als kläglicher Rest noch übrig, aber schon massiv bedroht. Diese Aussagen beziehen sich auf die Zeit Hiskias, als der Assyrer Sanherib das Land verwüstet und schließlich 701 vor den Toren Jerusalems steht (vgl. 2Kön 18,13ff).

● V 9: Aus Gnade und Erbarmen ist Gottes Gericht über Israel nicht vollständig und für immer (vgl. Klgl 3,22), anders als das über Sodom und Gomorra (Gen 19). Gott bewahrt einen „kleinen Rest" und stellt damit **Hoffnung auf einen Neuanfang in Aussicht** (vgl. Jes 10,20ff).

Dienstag, 22. November   Jesaja 1,10-20

● V 10-15: Jesaja kennt die Anweisungen Gottes zur Opferpraxis und zu den Festtagen. Er übt keine grundsätzliche Kritik an Tempel und Kult. **Er wendet sich aber in Gottes Auftrag scharf gegen heuchlerische, nichtige Opfer** – „Frevel und Festversammlung" (V 13), das passt nicht zusammen. „Hände voller Blut" (V 15) und Gottesdienst, das ist unvereinbar. Mit scharfen Worten macht Gott deutlich, wie sehr er die Scheingottesdienste ablehnt, solange sein Volk am sündigen Verhalten festhält. Das ist ihm ein „Gräuel", er „mag" es nicht (V 13), es belastet ihn (V 14), er schließt Augen und Ohren (V 15) – Bewahrung und Gebetserhörungen fallen aus.

● V 16-17 enthalten konkrete Anweisungen, wie der unsägliche Zustand zu beseitigen ist. Die Änderung muss nicht im Kultus erfolgen, sondern im Alltag, und zwar grundlegend. Böses Handeln ist abzulegen, gutes Handeln ist einzuüben. Notstände müssen behoben werden. Diese sozialkritische Botschaft teilt Jesaja mit Amos, Hosea und Micha, die im selben Jahrhundert wirkten. Es braucht eine ethische Erneuerung. Erst wenn Gottes Volk seine Einstellung **und sein Verhalten** wirklich ändert (also: **Buße tut**), dann stimmt das Leben wieder mit dem Gottesdienst überein. Und **dann freut sich Gott auch wieder, seiner Gemeinde im Gottesdienst zu begegnen.**

● V 18-20: Gott lädt zu einer Gerichtsverhandlung vor. Verhandelt werden zwei mögliche Fälle. Fall 1: Israel hört Gottes Reden durch Jesaja, ändert sein Verhalten und nimmt die Möglichkeit zur Vergebung seiner Schuld und zur Reinigung in Anspruch. – Was für ein Angebot! Fall 2: Israel hört nicht und ändert sich nicht. Es ist eine **Entscheidung zwischen Fluch und Segen.** Im ersten Fall kann Israel im Land bleiben und dort gut leben. Im zweiten Fall wird es das Land verlieren und in Gefangenschaft geführt werden. **Noch ist der Ausgang offen. Noch sind Segen und Fluch echte Alternativen. Noch ist Gnadenzeit.**

Mittwoch, 23. November   Jesaja 1,21-31

● V 21-23: Städte und Länder sind im Hebräischen dem grammatischen Geschlecht nach feminin. Wird **Jerusalem** personifiziert, dann weiblich: als die „**Braut des HERRN**", die „**Tochter Zion**", die „**Königin**" oder die „**Mutter vieler Kinder**". Hier wird Jerusalem als Abtrünnige, als „**Hure**" bezeichnet. Sie hat das Bündnis mit ihrem Gott verlassen. Zum Bund gehören Recht und Gerechtigkeit: die konkret vollzogene Rechtspflege und die innere Verbundenheit mit der Gemeinschaft. Beide sind verkommen, verfallen und zersetzt. Jesaja drückt das in ungewöhnlichen Bildern aus: Die Silberschmelze ist missglückt und der Wein ist verpanscht (V 22). Hauptverantwortlich sind die Leute in Führungspositionen (V 23).

● V 24-26: Gott, der die Engelsheere befehligt („**JHWH Zebaot**") ist der „**Starke Israels**". In der Geschichte Israels hat er sich schon oft als Verteidiger seines Volkes erwiesen. Aber hier wendet er sich mit voller Kraft gegen sein Volk, um Gericht zu üben. Doch es bleibt Hoffnung: Jesaja spricht von einer **Läuterung** („Schlacke beseitigen") und **nicht von einer Vernichtung**. Es wird aus dem, was übrig bleibt, Gutes hervorgehen (V 26).

● V 27-28: Die **Folge des Gerichts für die Einzelnen** entscheidet sich an der **Einstellung zu Gott**. Diejenigen, die zu ihm umkehren, werden von Gott selbst losgekauft und erlöst – und mit ihnen die Stadt Jerusalem. Aber die sich vom HERRN fernhalten und in der Sünde bleiben, trifft das Gericht.

● V 29-31: Die Rede ist hier von **Kultbäumen und Kultplätzen**, wie sie in Jes 65,2-7 ausgeführt sind. Das ist ein eklatanter Bruch des ersten (und zweiten) Gebots (Ex 20,3-6). Die Götzendiener fühlen sich stark wie Terebinthen (LUT: Eichen) und frisch – aber sie täuschen sich: Sie sind morsch und trocken wie Flachs. Es genügt ein kleiner Funke zu ihrer Vernichtung und den lösen sie selbst durch ihren Götzendienst aus.

Donnerstag, 24. November   Jesaja 2,1-5

Jesaja bekommt (wie auch sein Zeitgenosse Micha in Mi 4,1-5)
einen Blick in das **zukünftige Friedensreich**. Im Zentrum dieses
Reichs steht Jerusalem als Wohnstätte Gottes. Es hat eine weltweite, internationale Dimension. Herrscher dieses Reiches ist der
Gott Jakobs (V 3) – und dieser **Gott Israels** wird dann auch der
Gott der Nationen sein. Er lehrt die Menschen durch sein Wort,
wie man nach seinem Willen leben kann. Er schafft Recht und sichert den Frieden.

● Den Startpunkt für den Durchbruch dieser Heilszeit setzt das
Neue Testament. Mit dem **verheißenen Friedefürst und Messias Jesus** (vgl. Jes 9,1-6) beginnt sich dieses Reich durchzusetzen: Jesus
lehrt und wirkt in Israel, stirbt und aufersteht in Jerusalem. „Das
Heil kommt von den Juden" (Joh 4,22). Von Jerusalem aus geht
das Evangelium dann in die Welt; Kraft und Motor dieser Verkündigung ist der Heilige Geist (vgl. Apg 1,8). Paulus wird Lehrer der
Nationen (vgl. Apg 9,15). Die Lehre Jesu nimmt ihren Lauf über
die Welt.

● Was Jesaja über das zukünftige Friedensreich sieht, ist aber
noch nicht alles in neutestamentlicher Zeit erfüllt. Der dauerhafte
Friede unter den Völkern und der Wunsch aller Menschen aller
Nationen, Gottes Weisung zu hören und nach Gottes Willen zu leben, stehen noch aus. Zieht man weitere Texte heran, wie Jes 11
oder Jes 65,17-25, sehen wir, dass Gott in der Zukunft das Heil
noch **umfassend und sichtbar zur Umsetzung bringen wird**. Wir
dürfen gespannt sein, wie genau das im Tausendjährigen Reich
(Offb 20,1-6) und schließlich im himmlischen Jerusalem mit
Gott im Zentrum (Offb 21,1 bis 22,5) vollständig zur Umsetzung
kommt.

● Der Abschnitt schließt mit einer Aufforderung, aus einer solchen
herrlichen Perspektive Konsequenzen für die Lebensgestaltung zu
ziehen. **Es geht darum, jetzt schon im Licht zu leben – und das
heißt neutestamentlich: in enger Beziehung und konsequent mit
Jesus zu leben** (Joh 8,12).

352

Freitag, 25. November   Jesaja 2,6-22

● Ein Leitsatz, der von der **Erniedrigung des hochmütigen und stolzen Menschen durch Gott** spricht, durchzieht den Text (V 9, 11 und 17; vgl. auch 5,15f). Die Folge ist großes Erschrecken über Gottes Majestät – die sündigen Menschen werden vergeblich versuchen, sich dem zu entziehen (V 19.21).

● Die Vorwürfe, die Gott seinem Volk macht, betreffen vor allem den **Götzendienst**. V 6 spielt an auf Wahrsagerei („aus dem Osten"), Zauberei und heidnische Abwehrriten. V 7 spricht entweder von Götzenbildern (vgl. V. 20) oder von Schätzen, auf die man sich fälschlich verlässt. Auch soll man sein Vertrauen weder auf Rosse und Kriegswagen setzen noch auf mächtige Bäume oder Berge (und etwaige Naturmächte), noch auf erhabene Kriegs- und Schutzbauten oder auf Handelsschiffe (V 13-16). Alles das zählt unter „Götzendienst" und offenbart die Überheblichkeit, die sich nicht auf Gott allein stützt.

> ✎ *Was die Götzen unserer Gesellschaft sind, lässt sich leicht sagen – aber was sind die Dinge in meinem Leben, auf die ich mich verlasse und die mir Sicherheit geben?*

● Deshalb hat Gott sein Volk aufgegeben und sich selbst überlassen (V 6). Das ist Gericht Gottes, „**Tag des HERRN**". Für Israel wird dieses Gericht konkret in der Einnahme des Nordreichs durch die Assyrer (bis 722 v. Chr. – 2Kön 17) und der Eroberung Judas und Jerusalems durch die Babylonier (bis 586 v. Chr. – 2Kön 24–25).

● Wie so oft ist auch dieses prophetische Wort mehrdimensional. Auch im NT steht noch ein „**Tag des HERRN**" aus, der „wie ein Dieb kommt" und „Verderben bringt" (1Thess 5,2f). Der HERR wird an diesem seinem Tag „die Erde und die Werke auf ihr" „verbrennen" (2Petr 3,10). **Nutzen wir die Zeit – sagen wir allen Götzen und falschen Sicherheiten ab und vertrauen wir fest auf unseren HERRN.**

353

Samstag, 26. November   Jesaja 3,1-15

● Älteste und Oberste, politische und geistliche Leiter, stehen im AT in der besonderen Verantwortung, den Willen Gottes durchzusetzen. Unter besonderem Schutz müssen dabei die Benachteiligten stehen („Elende"). Dieser Verantwortung kommen die Führenden in Israel nicht nach (V 14f). Auch haben sich falsche Ämter (Wahrsager, Zauberer, Beschwörungskünstler – V 2f) und Personen, die sich unrechtmäßig Macht einverleibt haben, unter sie gemischt. **Sie verführen Israel, statt es zu führen** (V 12 – statt „Frauen" muss es „Wucherer" heißen, wie die griechische Übersetzung zeigt). Deshalb tritt der HERR zum Gericht gegen sie an. **Nicht genannt ist hier der König** – Männer wie Hiskia und Josia waren gottesfürchtig und setzten gute Reformen um, die den Glauben förderten.

● Juda und Jerusalem haben sich auf die unverantwortlichen Oberen als ihre Stützen verlassen, anstatt sich ganz auf Gott zu stützen, ihren inneren Halt in ihm zu finden und mit Jes 36,7 zu sagen: „Wir verlassen uns auf den HERRN, unsern Gott." **Gott nimmt die falschen Stützen weg, und die innere Haltlosigkeit bricht sich in gesellschaftlichen Wirren Bahn** (V 1-7).

● Jerusalem ist seinem inneren Bestand nach eine Ruine („Trümmerhaufen"; V 6 – „gestürzt und gefallen"; V 8), weil sich die Stadt im **offenen Aufstand gegen Gott** befindet: im Reden und im Handeln. Obwohl Gott sich ihnen freundlich zugewandt und herrliche Heilstaten an ihnen erwiesen hatte, kündigen sie ihm offen das Vertrauen auf (V 8). Sie verlassen die Unparteilichkeit, die das Gesetz fordert (z. B. Dtn 1,17) und rühmen sich schamlos öffentlich ihrer Sünde (V 9).

● Aus all den Gerichtsaussagen leuchtet die **Zusage an die Gerechten in V 10** auf. Es gibt auch in turbulenten Zeiten Menschen, die sich ganz an Gott halten. Diese bekommen die Zusage, dass sie „die Frucht ihrer Taten genießen" werden. „Was der Mensch sät, das wird er ernten" (Gal 6,7).

354

1. Advent, 27. November   Psalm 24

● „Macht hoch die Tür" – für uns eines der bekanntesten Adventslieder, in Ps 24 Teil eines Pilgerwegs. Wir können drei Etappen auf dem Weg erkennen:

→ V 1-2: Die Pilger loben Gott, während sie sich **dem Tempel nähern:** Gott ist nicht nur der Gott Israels, sondern hat die ganze Welt erschaffen. Ist mir diese Größe Gottes bewusst, oder habe ich mir meinen Gott auf handliche Größe geschrumpft, sodass er mir nicht mehr gefährlich werden kann? Und gehe ich mit dieser Welt so um, wie ich es mit einer kostbaren Leihgabe Gottes tun müsste?

→ V 3-6: **Vor der Pforte zum Tempel wird eine Eingangsfrage gestellt:** Wer darf hier einziehen? Wer sich in die Gegenwart des Heiligen Gottes begibt, an dessen Händen darf kein Blut kleben. Lug und Trug bis hin zu falschen Eiden werden hier ohnehin offenbar. All das kann in Gottes Gegenwart nicht bestehen. Die Opfer schufen Möglichkeiten, mit Schuld umzugehen, und trotzdem in Gottes Gegenwart kommen zu können, sie konnten aber kein „reines Herz" schaffen. Gott sei Dank – wir leben nach Pfingsten! Trotzdem ist die Adventszeit nicht von ungefähr im Kirchenjahr eine Bußzeit. Bin ich mir noch bewusst, mit wem ich es zu tun habe, wenn ich bete? Was muss ich loslassen, bevor ich im Gebet in Gottes Gegenwart treten kann?

→ V 7-10: **Beim Einzug in den Tempel** sangen vielleicht die Priester „Machet die Tore weit, dass der König der Ehre einziehe", und die Pilger stellten daraufhin die Frage „Wer ist der König der Ehre?", worauf die Priester mit einem Lob Gottes antworteten. Jetzt stehen sie ganz nah an dem Ort, wo einst die Bundeslade stand und Gottes Herrlichkeit eingezogen war! Wann wird Gott wieder in seiner Herrlichkeit hier einziehen? Wir warten heute nicht mehr auf die sichtbare Gegenwart Gottes im Tempel, sondern auf den wiederkommenden Herrn und eine Ewigkeit in seiner unmittelbaren Gegenwart. Prägt diese Hoffnung meine Gespräche mit Gott?

| Montag, 28. November | Jesaja 4,2-6 |

> ✎ *Lesen Sie noch einmal Jes 1,1-9 und direkt im Anschluss daran die für heute angegebenen Verse! Welche gemeinsamen Themen und Stichwörter finden Sie? Lassen Sie diese Beobachtungen einmal auf sich wirken, bevor Sie hier weiterlesen.*

● Die Hütte, die in 1,8 ein Hinweis auf die Schwäche und den jämmerlichen Zustand des Volkes ist, wird hier zum Ort des Schutzes (4,6). Schutz ist notwendig, weil Regen so überreich kommt – in diesem Land an sich ein Segen. Das Reinwaschen (4,4) erinnert an den Ausblick, der bereits in Jes 1,18 gegeben wird oder auch an den Neuanfang, von dem in Jes 1,21-26 die Rede ist. **Etwas vereinfacht gesagt, kann man unsere fünf Verse als Gegenentwurf zu der Situation der Hörer (wie sie in Kap. 1 beschrieben wird) bezeichnen.**

● Dabei gibt es wenigstens drei bemerkenswerte Aspekte:

→ 1. „An jenem Tag" (V 2, ELB): Damit rückt dieser Gegenentwurf in eine fernere Zukunft, die Hörer sollten sich auf einen langen Weg einstellen und sich keine Hoffnungen machen, dass bald alles wieder gut wird.

→ 2. spricht V 5 von einem Erschaffen Gottes, das mit einem hebräischen Verb ausgedrückt wird, dessen Subjekt immer Gott ist und mit dem auch der Anfang der Welt beschrieben wird (1 Mose 1,1–2,3). Damit wird deutlich, von welch grundlegenden Veränderungen hier die Rede ist.

→ 3. erinnert V 5 an Gottes Begegnung mit dem Volk am Sinai (2 Mose 20) und seine Gegenwart bei der Wüstenwanderung, – ohne dass beides gleichgesetzt wird; so ist beispielsweise nicht von einer Wolken- und Feuersäule die Rede. **Es wird also wie es einmal war, nur noch einmal ganz anders.** Diese Aussage ist so klar und so unpräzise wie unser Wissen über die Ewigkeit. **Wir sind also in guter Gesellschaft!** Aber es gibt Orientierung für den Weg, der vor ihnen liegt. **Ist das nicht ausreichend?**

Dienstag, 29. November   Jesaja 5,1-7

● Ein Lied von einem schönen Weinberg – da wird einem warm ums Herz. Das ist der erste Eindruck. Doch bauen diese ersten Sätze auch sofort eine Distanz auf, die verstörend wirkt und in den folgenden Versen um sich greift. Die harmonische Idylle, die den ersten Eindruck bestimmt, läuft ständig mit und verfliegt gleichzeitig immer mehr. Der Liederdichter singt nicht von seinem Weinberg, es ist der **Weinberg seines Freundes.** So steht Jesaja zwischen Gott und dem Volk, der über einen Freund und über dessen Weinberg spricht. Diese größtmögliche Distanz zu Beginn verringert sich, sodass in V 7 direkt über Gott und das Volk gesprochen wird. **Dieser Bewegung steht eine Steigerung gegenüber, dass Erwartungen immer mehr enttäuscht werden und die Worte immer weniger dem entsprechen, womit alle rechnen.** So zieht dieser Text seine Hörer in dieses Lied, in seine Gedankenwelt und die erschütternde Handlung hinein (vgl. auch die direkte Ansprache in V 3).

● Der „fette" Hügel ist ein ausgezeichneter Standort für den Wein (V 1), der Einsatz des Besitzers und das Pflanzen einer besonderen Rebe (V 2) – all das klingt verheißungsvoll, lässt einem das Wasser im Mund zusammenlaufen. Doch das Ergebnis ist verheerend: „schlechte Trauben" (V 2b). Das ist schockierend, unverständlich, aber eines steht damit fest: So besonders war die Weinrebe dann doch nicht. Die Konsequenz ist eigentlich klar – die Rebe muss ...

● Doch ... was lesen wir in den folgenden Versen vom Besitzer? Wie sollte es an ihm liegen (V 3-4)? Warum entfernt er alles, nur nicht die Rebe und pflanzt eine neue (V 5-6)? Vollkommen überraschend hält er an der Rebe fest, wenn er auch alle besondere Behandlung der Rebe, und allen Schutz zurücknimmt! Auch wenn im Exil das Land wüst daliegen wird – es bleibt die Chance zum Neuanfang. **Was für eine Treue Gottes, was für ein Ringen, was für ein Werben Gottes um sein Volk!**

Mittwoch, 30. November   Jesaja 5,8-24

● Auf dem Hintergrund einer wunderbaren Zukunft (4,2-6) und
einem atemberaubenden Festhalten Gottes an seinem Volk (5,1-7),
gerade indem er seine schützende Hand zurückzieht (5,5-6), klingen
diese Weherufe so unerhört, erschütternd und ... ja, entlarvend; gerade weil Jesaja mit V 10-12 so offensichtlich und sperrig zugleich
an sein Weinberglied anknüpft. **Das Volk nimmt nicht wahr, was
Gott tut (V 12b).**

● Diese Weherufe verbinden anschaulich die Vergehen des Volkes und das Ergehen. Wer Besitz auf Kosten von anderen sichern
und vermehren will, richtet genau diesen zugrunde (V 8-10). Die
sinnlose Trunkenheit und Prasserei werden zu Hunger und Durst
(V 11+13). Das leichtfertige Lärmen wird zu einem krachenden
Niedergang (V 12a+14).

● Die Weherufe beschreiben, wie alles auf den Kopf gestellt wird.
Weil das Volk verkehrt (V 20+23), was gut und richtig ist, ist es
angemessen und richtig, dass ihr Leben umgekehrt wird (V 24).

● Die Weherufe stellen menschliche Selbstsicherheit und prahle-
rische Aktivität bloß (V 18-19), Menschen meinen, ihr Schicksal
im Griff zu haben und alles machen zu können, klug und bedacht,
weise zu agieren (V 21) – und stellen damit nur unter Beweis, dass
sie keine Ahnung haben, was läuft (V 12), dass sie die „Lage" völlig falsch einschätzen.

● Die Weherufe stellen alle (zwischen-)menschliche Ungerechtigkeit und alle menschliche Willkür schonungslos in die Gegenwart
Gottes, in das Licht seiner Weisung und seines Redens (V 24). Gottes atemberaubendes Festhalten an seinem Volk wirft das (ent-)
scheidende Licht auf ihr Leben.

**Diese Weherufe werden eingerahmt von Gottes Treue zu seinem
Volk (5,1-7) und Jesajas erschütternd faszinierender Begegnung
mit Gott (Kap. 6). Wie gut ist es, wenn ich innehalte und stille
werde, mir wieder neu vor Augen führen lasse, dass ich von Gottes Treue lebe.**

Donnerstag, 1. Dezember　　　　　　　**Jesaja 6,1-13**

● Diese Verse nehmen uns in eine atemberaubende Begegnung mit
Gott hinein. Jesaja sieht Gott – wir bekommen nur eine Ahnung
davon: Der Tempel kann selbst den Saum des Gewandes Gottes
nicht fassen (V 1). Die Unaussprechlichkeit dessen, was der Prophet durchlebt, wird eindrucksvoll herausgestellt. Selbst Wesen,
die beständig in der Nähe Gottes weilen, sind gezeichnet von der
überwältigenden Heiligkeit Gottes (V 2-3). Diese Begegnung mit
Gott lässt alles erbeben – und das gerade in dem Jahr, als ein König gestorben ist und die Zukunft unberührt vor dem Volk und vor
Jesaja liegt (V 1). **Die Selbstverständlichkeiten dieser Welt werden
erschüttert, wenn Gott die Bühne betritt. Gilt das auch für unser
Leben?**

● Bei Jesaja wird scheinbar alles durchgeschüttelt. Aus dem sechs-
fachen „Wehe", das er seinen Hörern in Kap. 5 zurief, wird ein
„Weh mir" (6,5). Jesaja weiß: Er ist wie das Volk. Er gehört nicht
in die Gegenwart Gottes, kann ihr nicht standhalten. **Ist das meine
Erfahrung und mein Denken, dass es immer etwas Erschütterndes
hat, in Gottes Gegenwart zu treten?**

● Mit diesem „Wehe mir" und der Identifizierung mit dem Volk
geschieht etwas Überwältigendes. **Als Jesaja formuliert und erkennt, dass er am falschen Platz ist, findet er seinen Platz.** Als
er seine Unwürdigkeit anerkennt, ist er würdig, gehört er dorthin (V 6-7) und wird schließlich zum „Mitarbeiter" Gottes (V 8).
Dies alles geschieht **bevor** er von der zu vermittelnden Botschaft
hört. Das Ergehen des Einzelnen (Jesaja) ist also von dem des Volkes (V 9-10) zu unterscheiden. Mit diesem sogenannten „Versto-
ckungsauftrag" wird das letztliche Ergehen des Volkes festgehalten: Die Lawine stürzt unaufhaltsam ins Tal des Gerichts. Jesaja
aber hat eben erfahren und weiß angesichts von 2,1-5 und 4,2-6:
Das Gericht ist nicht Gottes letztes Wort, sondern ein Wort **für
eine gewisse Zeit.** So fragt er auch schlicht: **wie lange?** (V 11), getragen von Gottes Treue.

Freitag, 2. Dezember   Jesaja 7,1-9

● Die ins Tal stürzende Lawine des Gerichtes bestimmt nicht automatisch das Leben und die Haltung eines jeden Einzelnen. Auch wenn die Geschichte des Volkes unaufhaltsam dem Gericht entgegensteuert, können Einzelne, auch Könige, in ihrem Leben Vertrauen gegenüber Gott zeigen.

> ✎ *Diese neun Verse sind von Ahas Passivität und Gottes Aktivität geprägt. Lesen Sie diese Verse noch einmal und achten Sie darauf, wer handelt bzw. wer die Initiative ergreift!*

● Die Könige von Aram und von Israel (Nordreich) marschieren mit einem klaren Ziel auf Jerusalem zu: In Juda (Südreich) soll ein anderer König sein (V 6). Auf dem Hintergrund des heranziehenden Gerichts, worauf Jesaja „nur noch" mit der Frage „wie lange?" reagierte, schwebt das Schwert scheinbar über Ahas' Haupt. Der Aufmarsch dieser Könige geht ihm durch Mark und Bein (V 2) – Schockstarre. **Gott reagiert auf diese Lähmung Ahas, indem er Jesaja sendet und ihn darüber informiert, dass das Aufblasen dieser beiden Könige Juda und Jerusalem keine Sorgen machen muss.**

● Gott geht Ahas entgegen, in der Person Jesajas spricht er ihn an. **Gott begegnet Ahas,** wo er scheinbar gerade ist, wohl an einem strategisch wichtigen Ort. Bereits in dem Namen von Jesajas Sohn, Schear Jaschub (= Ein Rest kehrt um; V 3), klingen sowohl das heranziehende Gericht wie der Gedanke eines Restes an. Die Frage steht im Raum, wovon sich Ahas in seinem Leben, Denken und Handeln bestimmen lässt: **von dem, was dem Untergang geweiht ist, oder von dem, was den Weg in die Zukunft weist?**

● Gott stellt sich den beiden Königen in den Weg, indem er – trotz ihrer Macht – ihre Grenzen beschreibt. Worauf schaut Ahas nun? Auf diese Begrenzten oder auf Gott, der ihm entgegenkommt und mit ihm spricht? **Vertraut er Gott, auch wenn sein Weg unklar und wohl schwierig wird?**

360

Samstag, 3. Dezember   **Jesaja 7,10-25**

● Die Initiative Gottes, seine Perspektive und sein Zuspruch an Ahas hatte die vorangegangenen Verse geprägt. Sie waren eine Einladung, Gott zu vertrauen. Doch Ahas verharrt in seiner Passivität. Kein Wort, keine Reaktion. Wir wissen nicht, wie viel Zeit zwischen V 9 und V 10 liegen, aber Gott spricht ein weiteres Mal zu Ahas und beendet das im Raum stehende Schweigen. Es ist kein ganz neues Wort, es ist ein anderes Wort, mit dem Gott sein Reden fortsetzt. So gelesen ist die Aufforderung an Ahas, ein Zeichen zu fordern, Gottes Antwort auf Ahas' Passivität und auf sein Zögern (V 11). Da nützen alle fromm klingenden Begründungen (V 12) nichts. Diese geradezu zur Schau gestellte Bescheidenheit ist ein Ausdruck von **Misstrauen.**

● So verwundert es nicht, dass Gott so scharf reagiert (V 13). Diese Reaktion bringt aber noch mehr als Kritik zum Ausdruck. Es geht nicht nur um Ahas. Gott spricht vielmehr vom „Haus David", von Gottes Geschichte mit den Nachkommen Davids, von Gottes Versprechen an David (2Sam 7) und damit auch von Gottes Geschichte mit seinem Volk. **Es geht um Gottes leidenschaftliche Treue! Ahas' Misstrauen kann sie nicht aufhalten. Auch wenn Ahas kein Zeichen will, gibt Gott dennoch ein Zeichen (V 14-17).**

> ✎ *Lesen Sie einmal 2Tim 2,10-13 und lassen Sie Gottes Verhalten Ahas gegenüber und diese Verse aus dem NT auf sich wirken!*

● Es ist atemberaubend, wie Gottes Treue gerade auch in Zeiten von Gericht und bevorstehendem Gericht trägt und einen Rahmen anbietet, wie man in diesen Zeiten leben, denken und reden kann. Inmitten von Beschreibungen, was alles auf das Volk zukommt, stechen V 21-22 heraus, lassen das Licht der Hoffnung hell erleuchten, ebenso auch das Zeichen in V 14ff – **noch heller und klarer leuchtet dieses Licht der Hoffnung in Mt 1,18-25!**

2. Advent, 4. Dezember   Psalm 44

● Warum hat Gott die Corona-Pandemie so über die Menschheit wüten lassen? War das ein Gericht Gottes? Oder hat Gott seine Menschen schlicht vergessen? Oder hat er tatenlos zugesehen – weil es ihn am Ende vielleicht gar nicht gibt? Zumindest die letzte Frage stellte sich in der Antike, als dieser Psalm gedichtet wurde, noch niemand. Aber ansonsten blickten die Israeliten ebenso ratlos auf die Katastrophe zurück wie wir heute.

● Früher, in alter Zeit, bei der Landnahme durch Josua, da hatte Gott noch feindliche Heere vertrieben (V 2-4). Jetzt wollten sie wieder mit und für Gott in den Krieg ziehen – voller Zuversicht, dass Gott wieder an ihrer Seite stehen würde (V 5-9). Nun fragen sie: Warum hatten sie sich diese schwere militärische Niederlage eingefangen? Vor allem: Warum hatte Gott zugelassen, dass er sich selbst vor den Heiden so blamiert, wenn er offensichtlich nicht in der Lage ist, seinem eigenen Volk zum Sieg zu verhelfen (V 10-18)? Bevor ich noch denken kann: Vielleicht lag es ja daran, dass ihr euch von Gott abgewandt und seinen Bund verlassen habt – singen die Korachiter ihr Klagelied weiter: Nein, so war es nicht! Wir haben den Bund mit Gott nicht verlassen! – Im Gegenteil: Wir haben uns um Gottes willen in die Schlacht begeben (ich würde gerne wissen, wann und wo, erfahre es aber nicht).

● Die Katastrophen sind heute andere – die Frage an Gott ist immer noch dieselbe: „Warum?" Der Psalmdichter gibt keine Antwort – weil er sie selber nicht hat. Aber er macht einiges Bemerkenswertes, von dem ich lernen will:

→ Er sucht sich nicht selbst eine Antwort, spekuliert nicht über die Hintergründe.

→ Er wirft Gott alle Fragen ehrlich vor die Füße. – Welche Frage brennt mir gerade auf dem Herzen?

→ Er rechnet damit, dass Gott zu seiner Zeit auf den Plan treten wird.

→ Er hört nicht auf, Gott um sein Eingreifen zu bitten.

Montag, 5. Dezember   Jesaja 8,1-15

● Diese Verse sind von Gottes persönlichen Worten **an Jesaja geprägt** (V 1.3.5.11). Diese persönliche Ansprache kommt bei den Propheten gar nicht so häufig vor, wie man im ersten Moment denken mag. Es geht also einerseits um Jesaja, aber andererseits liegt darin auch eine Einladung bzw. die Frage, ob man Jesajas Worte nachsprechen könnte (6,5) oder bereit wäre, seinen Weg zu gehen (Kap. 8).

● Dieser Weg hat es in sich. Jesajas Sohn erhält einen programmatischen Namen für das, was vor allen liegt. **Jesaja und seine Familie geben nicht nur eine Botschaft weiter, sondern durchleben etwas davon.** Die Übermacht der Assyrer wird die Könige von Aram und von Israel (vgl. 7,1) erobern (V 4), Juda verheeren (V 7-8) und die (Nachbar-) Völker in Angst und Schrecken versetzen (V 9-10). Das Wasser wird Juda und Jerusalem bis zum Hals steigen (V 8). Dieses Schreckensszenario wird zweimal durch ein „Immanuel" (= Gott mit uns) unterbrochen (V 8b.10b). **Gott geht also mit ihnen in diese Situation hinein.**

● Der Weg, der vor ihnen liegt, ist also nicht nur davon geprägt, dass Gott sein Angesicht abgewandt hat (vgl. V 17), sondern auch davon, dass Gott mitgeht und die Pläne der Völker **nicht** zustande kommen (V 10). Das bringt eine intensive Spannung von Gottes Gericht und seiner Treue, von Gottes Laufenlassen und Mitgehen, von Ermutigung (wir sind nicht alleine!) und Herausforderung (Gott hat sich abgewandt) zum Ausdruck.

● Diese Spannung stellt Jesaja und die Seinen in eine Entscheidung: Sollen die Übermacht (der Assyrer) und die schwerwiegenden Folgen ihr Leben und Denken bestimmen (V 12) oder der Gedanke, dass Gott selbst mitgeht (V 8b+10b) und dass Menschen in ihrer Abwendung scheitern werden (V 14-15)? **Diese Frage spricht recht direkt auch in mein Leben.**

Dienstag, 6. Dezember   Jesaja 8,16-23

● In V 1-15 wurde Jesaja die „Vertrauensfrage" gestellt, wie es auch bei Ahas in Kap. 7 der Fall war. **Nun überschlagen sich die Ereignisse und fordern heraus. Krisen stellen eben immer in Entscheidungen hinein.** Da kommt vieles in Bewegung. Das wird uns in unseren Versen mit dem mehrfachen Wechsel der Sprechrichtung (wer spricht mit wem?) und den verschiedenen Überzeugungen sowie den Vorschlägen, mit der Krise klarzukommen, deutlich:
● Gott (oder Jesaja?) macht deutlich, dass ihm zu folgen einen langen Weg und Anfeindung mit sich bringt (V 16). – Jesaja bekennt (Gott und anderen), dass er an ihm festhalten will, egal wie lange es dauert: Gott ist seine Hoffnung (V 17). – Jesaja malt sich und anderen vor Augen, dass Gott ihn mit seinem ganzen Leben in Beschlag genommen hat (V 18). – Das ist umkämpft (V 19-20) – und Gott (oder Jesaja?) ermutigt, Gott die Treue zu halten. Die angebotenen „Alternativen" (Toten- und Wahrsagegeister) haben nichts zu sagen und helfen nicht weiter. Diese Wechsel bringen viel Unruhe in den Text, eine Unruhe, die der Situation entspricht, die sie gerade durchleben und die ihnen bevorsteht. **Jesajas Bekenntnis (V 17) steht mittendrin, ist umkämpft und ändert an der (äußeren) Lage erst einmal nichts.** Es überrascht mich immer wieder, wie leicht ich mich von der (äußeren) Lage beeindrucken und Überzeugungen hinterfragen lasse.
● V 21-23 beschreiben schlicht, was mit dem Volk, Jesaja und den Seinen geschieht und was noch alles auf sie zukommt. Am Ende des Abschnittes kommt etwas Ruhe in den Text. V 23 mit dem kleinen Wort „doch" wirkt wie ein Licht am Ende des Tunnels. Die momentane Situation ist nicht das letzte Wort. Es kommt die Zeit, in der alles ganz anders sein wird. Ein kleines Licht, aber wenn die Dunkelheit alles erdrückt, gibt ein kleines Licht bereits Orientierung. **Genügt mir das für den Weg, der vor mir liegt? Wie viel muss ich wissen?**

Mittwoch, 7. Dezember   Jesaja 9,1-6

● Eine überwältigende Dunkelheit hatte sich wie eine schwere Decke über das Leben gelegt (8,21-23). Das Volk lebt darin (V 1) – aber ein großes Licht wird diese erdrückende Finsternis durchbrechen, sodass sich Freude breitmachen kann (V 2). Jesaja sagt aber nicht, **wann** und **wie** dies genau Wirklichkeit wird. Das Kind (V 5-6) ist noch nicht „in Sicht" – damit wird deutlich, dass es lange dauert. Wie kann dennoch von Freude (V 2) die Rede sein?
● Mit „dem Tag Midians" verweist Jesaja auf Ri 7–8. Dort haben die fehlenden menschlichen Möglichkeiten Gott nicht daran gehindert, seinen Leuten zu helfen und die Wende einzuleiten. **Es ist immer wieder gut, wenn ich mich daran erinnern lasse, dass meine Grenzen nicht Gottes Grenzen sind!**
● Der Abschnitt schließt mit dem Hinweis auf Gottes leidenschaftliche Treue zu seinem Volk (V 6b). Die Gewissheit, dass dieses Licht durchbricht und sich durchsetzen wird, liegt nicht in den Umständen (dazu sagt Jesaja nichts!) oder dem richtigen Timing (auch hierzu schweigt Jesaja) begründet, sondern in Gottes leidenschaftlicher Treue. **Von daher werden sich die Umstände und die Zeit regeln! Nicht umgekehrt, wie ich es immer gerne hätte …**
● **Vor allem aber liegt der Grund der Freude in diesem Kind begründet, in der Beschreibung, was dieses Kind verkörpert, was mit diesem Kind Wirklichkeit wird.** Es ist beeindruckend, wie der Text langsam zur Ruhe kommt. In Kap. 7 und 8 war inhaltlich und sprachlich so viel Unruhe – jetzt scheint die Zeit mit dem Gedanken stillzustehen, dass die Herrschaft auf den Schultern des Kindes **ruht** und damit Thron und Königreich **gefestigt** sind (V 6).

> ✎ *Die Namen laden zum Nachdenken, zum Staunen, zum Innehalten, zum Stillewerden ein. Lesen Sie noch einmal, vielleicht auch mehrmals, langsam und laut die beiden letzten Verse.*

Donnerstag, 8. Dezember   Jesaja 11,1-10

● In Kap. 10 finden sich Weherufe: Der erste gegen Juda, der zweite richtet sich an Assyrien, also die Militärmacht, die das Nordreich erobert und bis an Jerusalem heranrückt. Das alles stellt Jesaja vor diese faszinierenden Verse in Kap. 11 und damit kommt wenigstens zweierlei zum Ausdruck. **Der Weg in diese ermutigende und tröstende Zukunft ist ein langer und schwerer, aber Gott hat alles im Griff** – nicht die Assyrer oder ein blindes Schicksal bestimmen den Lauf der Dinge. Außerdem mag die Reihenfolge einen Gedanken beschreiben, der in 1Petr 4,17 auch zum Ausdruck kommt. Gottes Volk geht als erstes durch eine schwere Zeit.

● Die Länge und die Schwere des Weges klingen auch noch im ersten Vers von Kap. 11 an. Der Stumpf hält die Schwere fest und die Rede von Spross und von dem Fruchtbringen beschreibt einen längeren Zeitraum. Das geht nicht von heute auf morgen. **Mit dem Ausblick in die Zukunft stellt Jesaja vier (weitere) wichtige Punkte heraus:**

→ 1. steht fest, dass das Unrecht der Gegenwart nicht das letzte Wort hat. Kap. 11,1-5 ist geradezu das Gegenteil von Kap. 10,1-4.

→ 2. wird damit klar, dass Gott das Ziel nicht aus den Augen verliert, egal wie schwierig, chaotisch und unüberschaubar die Gegenwart und die nahe Zukunft sein mag.

→ 3. sind die Verse in Kap. 11 auch ein Hinweis, wie man jetzt schon auf dem Weg in diese Zukunft leben kann und soll.

→ 4. steht damit auch die Frage im Raum, ob Jesajas Hörer und Leser den Weg in die Zukunft von Kap. 10 her oder von Kap. 11 gehen wollen.

> ✎ *Wie lese ich biblische Texte, die in die Zukunft weisen? Konzentriere ich mich darauf, wann und wie sich diese Aussagen erfüllen, oder helfen sie mir vor allem, mein Leben in der Gegenwart und in der nahen Zukunft von dem her zu gestalten, was letztlich Bestand hat?*

Freitag, 9. Dezember   **Jesaja 12,1-6**

● Was will ein Psalm, ein Lied mitten in diesen Kapiteln, die vom Gericht Gottes sprechen und einen Ausblick in die Zukunft geben, der im Gegensatz zur erlebten Gegenwart steht? Dichtung verlangsamt das Lesetempo. Man kann ein Lied so schnell lesen wie einen Zeitungsartikel oder einen Bericht, aber damit geht man an dem vorbei, was Dichtung will. **Das reduzierte Tempo lädt zum Innehalten und Stillwerden ein.** Was hat Jesaja bisher gesagt? Wo stehen wir? Wohin geht die Reise? Was brauchen wir für den Weg, der vor uns liegt? **Habe ich Zeiten in meinem Alltag, in meiner Woche, in meinem Jahr, die das Tempo rausnehmen, damit ich diese Fragen zulasse?**

● Dieses Lied Jesajas ist auch eine Antwort auf den Ausblick in Jes 11. Es ist ein Eingeständnis, ein Bekenntnis, wie es um das Volk aus Gottes Sicht steht (V 1a). Dieses Bewusstwerden wird umgehend zum Gebet um Gottes Zuwendung und Trost (V 1b). **Es ist faszinierend, was dieser erste Vers in unserem Kapitel in Bewegung setzt, wie aus dem Innehalten eine Veränderung der Perspektive folgt, die immer größere Kreise zieht.** Aus dieser Bitte um Gottes Zuwendung (V 1b) fließt eine Zuversicht, dass Gott Rettung, Stärke und Loblied ist. Das Vertrauen wächst und die Zuversicht auch, sodass – trotz des bevorstehenden, schweren Weges – Vertrauen die Angst überlagert (V 2). **Gott ist alles, was sie brauchen. Und er ist genug. Kann ich da einstimmen?**

● Diese Zuversicht wirkt ansteckend. Beachten Sie, wie das Danklied zunächst von „ich, mein, mich" bestimmt ist (V 1-2). Die eigene Erfahrung steht (noch) im Mittelpunkt. Doch das ändert sich in V 3-6. Hier sollen alle in diesen Dank und in dieses Lob einstimmen. Das Lied richtet sich auf Zion (vgl. Jes 2,1-5) – hier ist Gott groß mitten unter dem Volk (V 6). Es geht aber um mehr als um Israel – alle Völker sollen es hören (V 4). **So zieht der Dank immer größere Kreise!**

Samstag, 10. Dezember   Jesaja 14,1-23

● Jes 13,1 erinnert an Jes 1,1 und 2,1. Hier wird ein neuer Abschnitt des Jesajabuchs eingeleitet. Kap. 13–23 richten sich gegen andere Völker. Diese Reihenfolge – erst Gericht an Israel und Juda, dann an verschiedenen Nationen, dann Segen für Israel und Juda – findet sich an vielen Stellen in anderen Prophetenbüchern und bestimmt auch die Abfolge im Jesajabuch.

● Dadurch wird aber auch deutlich, dass der Weg, der vor dem Volk liegt, ein langer ist. Die Assyrer erobern das Nordreich 722 v. Chr., die Babylonier übernehmen die Vormachtstellung 605 v. Chr. und erobern Jerusalem gut 20 Jahre später. Noch einmal gut 70 Jahre später (539 v. Chr.) lösen die Perser die Babylonier ab. Wir reden also von mehreren Generationen. Jesaja stimmt auf diesen langen Weg ein. Manchmal denke ich, dass dies „ganz normal" in Gottes Geschichte ist. Vieles wird bei unseren Enkeln sichtbar und manches noch viel später. **Wie komme ich eigentlich darauf, dass ich immer die Früchte meiner Arbeit und Treue sehen muss? Was würde das für mich bedeuten, wenn ich viele Auswirkungen meines Dienstes gar nicht sehen würde?**

● Das Wort über Babylon hat auch etwas ungemein Tröstliches. Noch bevor sie die Vormachtstellung im Vorderen Orient einnehmen, sprechen diese Verse schon von ihrem Ende. **„Die Herren dieser Welt gehen. Unser Herr kommt"** (Gustav Heinemann). – Was für eine Perspektive!

● Zuletzt fragen sich viele Bibelleser, ob in diesem Kapitel „nur" von Babylon die Rede ist oder nicht doch vom Fall Satans? Der Anfang und das Ende des Abschnittes sprechen klar von Babylon. Die Verse dazwischen provozieren diese Frage. Aber vielleicht ist es auch kein „Entweder-oder". Vielleicht wird anhand des Falls Babylon etwas Grundlegenderes gesagt und mögliche Grenzen verschwimmen deswegen?!

368

3. Advent, 11. Dezember   Psalm 33

● Die „Gerechten", die „Frommen" – also Gottes Volk – sollen in einem Hymnus Gott feiern. Inhaltlich das genaue Gegenteil von Ps 44 (04.12.):

→ V 1-3 bilden den Auftakt – sechsmal wird aufgefordert, Gott zu loben und zu singen!

→ V 4 bringt den zentralen Grund des Lobes auf den Punkt: **Wenn Gott spricht, dann geschieht auch, was Gott gesagt hat.**

→ V 6-9: Das war bereits bei der **Schöpfung** so. V 9 könnte man geradezu als Zusammenfassung von 1Mose 1 lesen. Die angemessene Reaktion nicht nur des Menschen, sondern der ganzen Welt ist nicht Angst – wohl aber heilige Ehrfurcht vor diesem wunderbaren Gott! (V 8).

→ V 10-19: Nun wechselt das Thema, bzw. der Psalmist kommt zu seinem eigentlichen Thema, das durch das Lob des Schöpfers den gebührenden Rahmen bekommen hat: Dieser Gott, der die Welt erschaffen hat, der die Geschicke der ganzen Welt lenkt – er hat sich von allen Völkern eines zum Erbe auserkoren. Und **dieses Volk wird er beschützen und bewahren.** Die Könige der anderen Völker sind gut beraten, sich lieber nicht mit ihm anzulegen. Ja, es gibt diese Situationen, wo ich Gott nur loben kann für seine Güte und Treue!

● Und was machen wir nun mit Ps 44? Interessanterweise enden beide Psalmen mit der Bitte um die Hilfe und den Beistand Gottes (44,27; 33,20-22). Wenn ich gerade eine **Ps-44-Erfahrung** mache, will ich nicht aufhören, mit Gottes Eingreifen zu rechnen. Und ich will versuchen mir zu sagen, dass Gott aus einer ganz anderen Perspektive vielleicht ganz anderes sieht als ich – und viel mehr sieht und überblickt. Und wenn ich gerade die **Ps-33-Erfahrung** mache und vor Glaubenszuversicht Bäume ausreißen könnte, dann will ich mich an Gott freuen, aber mir bewusst machen: Ich bin ganz von der Gnade und Güte Gottes abhängig. Und die hab ich nicht „gepachtet". Und es werden Zeiten kommen, wo ich auch das Schwere aus Gottes Hand nehmen muss (Hiob 2,10).

369

Montag, 12. Dezember   Jesaja 24,1-23

Die **Kapitel 24–27** werden auch **Jesaja Apokalypse** genannt und von den übrigen Texten isoliert, der Verfasser wäre dann unbekannt. Diese Kapitel aber hat Jesaja in den Zusammenhang mit den einzelnen Gerichtsworten aus den Kapiteln 13–23 gestellt. So ist die **Prophetie vom Weltgericht Gottes der zusammenfassende Höhepunkt der vorherigen Gerichtsworte.**

● Ein **Bild der Verwüstung** der schönen Schöpfung Gottes. In den vorherigen Kapiteln standen einzelne Völker unter dem **Gerichtswort Gottes** – hier die **ganze Menschheit. Die Erde wird leer.** Die ganze Welt ist aller Lebensmöglichkeiten und ihrer Kultur völlig beraubt. Die Völker siechen dahin. Ohne Unterschied ihres Standes, des Besitzes oder des Berufes sind alle Menschen betroffen (V 4). Die **zerstörte Stadt** steht für das Ende des gesellschaftlichen Lebens und der Kultur (V 10-12).

● Die **Ursache** für das Gericht Gottes liegt im **Ungehorsam der** Menschen. Gott hat ihnen **seine Gebote in ihre Herzen** gegeben (vgl. Röm 1,18ff). Das gottlose Handeln der Menschen hat die Erde entweiht (V 5).

● Die **Erde ist verflucht** (V 6). Weil ihre Bewohner Gottes Gebote verachtet haben, erstirbt das Leben in ihren Reihen. Die Menschheit nimmt an Zahl immer mehr ab.

● Ein **kleiner Rest** von Treuen Gottes bleibt noch übrig. Sie sind wie die wenigen Früchte nach der Ernte eines leer geschlagenen Ölbaums oder wie bei der Weinernte die Nachlese (V 13). Sie rühmen über den Trümmern mitten in der Verwüstung der Erde die **Herrlichkeit Gottes.** Ihr Lobgesang geht über die ganze Erde (V 16). Gott ist HERR aller Herren und regiert vom Zion aus in aller Herrlichkeit (V 23).

✎ *Jesaja entwirft ein großes Bild der Welt, die unter Gottes Gericht steht. Kann man Ereignisse wie Naturkatastrophen, den Klimawandel oder die Corona-Epidemie hier einordnen?*

Dienstag, 13. Dezember   Jesaja 25,1-9

● Am Anfang fordert sich der Prophet selbst auf, Gott zu loben.
Gottes Sieg über die gewalttätigen Völker ist ein unfassbares Wunder (V 1). Der von Menschen geschaffene Schutz und Raum für
gelingendes Leben und Kultur in den Städten ist durch Gottes Gericht zerstört (V 2).

● Wie an vielen Stellen des AT und NT wird auch hier Gottes **Fürsorge** für die **Armen, Bedürftigen und schutzlosen Menschen** deutlich (V 4). Die **Gewalttätigen und Tyrannen** dagegen werden von
Gott selbst in ihrem unbarmherzigen und unmenschlichen Handeln **begrenzt** (V 5; vgl. Lk 1,51-55), weil das Volk Gottes unter
der Herrschaft der Fremden leidet.

● Der **Berg Zion** wird zum **Zentrum** der Herrschaft Gottes auf
dieser Erde. So lädt er zu sich ein – zu einem **großen Festmahl** alle
Völker. Als Gastgeber zeigte er sich **großzügig.** Die Speisekarte beweist das (V 6). Am Tisch Gottes sollen sich die Gäste wohlfühlen,
die Speisen und den Wein **genießen,** so wie sie sich der Gemeinschaft mit Gott und seinem Volk erfreuen. Sein Mahl ist ein **Freudenmahl,** ein **Vorschein** auf das Abendmahl mit dem Sohn Gottes!

● **Bleibende Freude** kann aber nur auftreten, wenn der letzte Feind
des Lebens, der **Tod, besiegt** ist. Noch kommen die Gäste mit
Trauerschleier vor ihren Augen unter die Augen des Gastgebers.
Ihr verhülltes Angesicht ist gleichzeitig ein **Zeichen** dafür, dass das
Trauern ihr Denken und Leben einschränkt und sie den Ratschluss
Gottes nicht verstehen. Sie sind **rat- und orientierungslos.** Bevor
das Freudenmahl beginnt, **nimmt** Gott seinen Gästen ihre **Verhüllung** von ihrem Angesicht (V 7; vgl. 2Kor 3,15).

● Beim Antritt der **kosmischen Weltherrschaft Gottes** wird der
Tod endgültig besiegt. Die Schleier des Unglaubens und der Trauer
werden hinweggenommen. **Aus Trauertränen werden Freudentränen** (V 8).

371

Mittwoch, 14. Dezember   Jesaja 26,1-6

● „Zu der Zeit ..." oder „An jenem Tage ..." meint immer **die letzte Stunde dieser Erde** und ihren Übergang in die neue kosmische Herrschaftszeit Gottes. Da hat Gott die Geretteten auf dem Zion **versammelt zum großen Festmahl.** Für diese Zeit hat der Prophet ein **Loblied,** einen Psalm, gedichtet (vgl. Ps 24). Dieses Siegeslied wird von den Erlösten gesungen.

● Im Gegensatz zur zerstörten Stadt (24,12f; 25,2) wird es eine feste **Stadt für die Erlösten** geben. Zu ihnen gehören Gläubige aus dem Überrest Israels und aus anderen Völkern. Gottes Treue und Heil ist ihr Schutz. Die Stadt hat auch Wälle und Mauern. Aber die Geretteten verlassen sich nicht auf sie, sondern allein auf die Fürsorge Gottes. Dennoch gehört **beides** zusammen, **das innere Vertrauen zu Gott und das äußere Tun** nach unseren Möglichkeiten.

● Die Beziehung der Geretteten zu Gott, ihrem Retter, ist geprägt von gegenseitigem **Vertrauen und Verlässlichkeit** (V 3). Wer das wagt, findet bei Gott felsenfesten Halt (V 4). Das **festigt die Herzen** und **schenkt** vollständigen und echten **Frieden** (vgl. Phil 4.7).

● Noch sind die **Gottlosigkeit** und das **Böse nicht beseitigt.** Die in der Höhe ihres Stolzes und ihrer Überheblichkeit leben, werden erniedrigt werden. Die selbst geschaffenen Sicherheiten sowie Genusssucht und ein von Gott losgelöstes ausschweifendes Leben werden zerstört werden. All ihre Sicherheiten und ihr Glück zerplatzen wie traumhafte Seifenblasen. **Dieses Leben wird in Staub enden.** Es ist tot und hinterlässt keine Spuren (V 5).

● Die menschenverachtenden **Stolzen und Reichen** erfahren nun selber die **Bestrafung** durch die **Armen und Randsiedler** der Gesellschaft. Gott selber setzt gerade sie als **Mit-Richter** ein (V 6).

> ✎ *Wo erhebt sich unsere Kultur und Gesellschaft über Gott – und wo gilt es, sich demgegenüber auf Gott zu verlassen?*

Donnerstag, 15. Dezember   Jesaja 26,7-19

- Der vorliegende Abschnitt hat den Charakter eines vertrauensvollen Gespräches des Beters mit Gott.
- Am Anfang steht die **Gewissheit,** dass Gott die Gerechten einen geraden Weg auch durch unwegsames Gelände des Lebens führt.
- In V 7-11 werden vergleichend die **Gerechten** den **Gottlosen** gegenübergestellt.
- **Der Gerechte** lernt selbst im Gericht Gerechtigkeit. So wartet er auf die Nähe Gottes Tag und Nacht. Sein Herz sehnt sich danach, seinen Namen zu nennen und ihn zu loben (V 8f). Denn alle durch Selbst- oder Fremdverschulden krummen Lebenswege macht Gott wieder gerade (V 7). **Gott schreibt auf krummen Linien gerade!**
- **Der Gottlose** aber lernt Gerechtigkeit noch nicht einmal, wenn er die Gnade Gottes erfährt. Er lässt sich auch nicht von den in seiner Umgebung lebenden Gerechten zu gutem Handeln anstecken. Ganz im Gegenteil: Er handelt böse gegen geltendes Recht, weil er hinter den Gesetzen und Geboten die Herrlichkeit Gottes nicht sieht (V 10). Er erkennt noch nicht einmal **drohende Strafen** für seine Vergehen. So erkennt er auch nicht den **Einsatz Gottes** für das Überleben seines Volkes (V 11).
- Gottes **Gebote** sollen dem Volk zum **Frieden** mit Gott und den Menschen dienen. So ist **jede böse Tat ein Angriff** auf ein friedvolles Zusammenleben unter den Menschen und mit Gott (V 12).

> ✎ *Wie sollen sich heute die Christen gegenüber den Nichtchristen sehen und verhalten? Lesen Sie dazu Mt 5,16.44 und Joh 17,15.*

- Die von Gott seinem Volk zugemutete **Drangsal** vergleicht der Beter mit einer Schwangeren kurz vor der Geburt. **Nur Gott kann neues Leben schaffen.** Unsere Rettungsversuche sind so gut wie nichts, zerplatzen wie Seifenblasen (V 18).
- **Gott allein ist Herr über Leben und Tod.** So kann nur er die Toten in ein neues Leben rufen. Dies sollte in uns wach bleiben! (V 19).

Freitag, 16. Dezember   Jesaja 28,14-22

● Adressaten sind die **Männer des Spotts** im Volk, **politische Führungskräfte** und die geistliche Elite, die **Priester und Propheten.**

● Von einem ausschweifenden Leben **berauscht** geraten sie in einen Machtrausch. Sie meinen sich von Gott lösen zu können (V 7-10). Wie der Wein bei ihren Saufgelagen haben ihre **Gottlosigkeit** und ihr **Allmachtswahn** sie benebelt und taumelnd gemacht.

● Statt in dem segensreichen Bund Gottes mit seinem Volk zu bleiben, haben sie einen Pakt mit dem Tod und dem Totenreich geschlossen. Den **Gott der Liebe** haben sie **verlassen** und sich anderen Göttern zugewandt.

● V 15: Im ugaritischen Götterhimmel ist der Tod der Gott der Unterwelt. Auch der **Totenkult** der Ägypter könnte sie beeinflusst haben.

● Politisch haben sie in leichtfertiger **Lügendiplomatie** mit den heidnischen Völkern zweifelhafte Staatsverträge und militärische Abkommen geschlossen.

● Aber vor ihnen liegt eine „**brausende Flut**" (V 15). Hiermit kann die drohende assyrische Invasion, aber auch eine kommende Weltkatastrophe gemeint sein.

● Die Anrufung fremder Götter, ihre arrogante Lügendiplomatie und ihr Bund mit dem Tod geben ihnen **keinen Zufluchtsort** und **keinen Schutz** in einer lebensbedrohlichen Katastrophe (V 20f).

● V 20: Der Ort, an dem man eigentlich Ruhe und Schlaf finden sollte, entpuppt sich als äußerst unkomfortabel – so kann es einem mit Bündnissen mit den falschen Mächten auch gehen.

● Gott aber ist **im Gericht** über sein von ihm abgefallenes Volk unfasslich **gnädig.** Er legt ein neues Fundament, den fest gegründeten Eckstein. Dieser **Eckstein** wird später in **Jesus Christus** die Chance zur ewigen Rettung für alle Menschen sein (vgl. Mt 21,42.44; 1Petr 2,6-8).

> ✎ *Haben Sie Beispiele für die Verspottung Gottes oder Jesu Christi aus unserer Zeit? Wie antworten Sie darauf?*

Samstag, 17. Dezember   Jesaja 29,17-24

● Dieser Text ist ein Einschub. Er zeigt einen **Blick in die Zukunft.**
Der vorherige Text findet seine Fortsetzung in Kap. 30.

● Aus der **Bedrängnis** heraus fragt das Volk, wann Gott endlich
eingreift. Der Prophet antwortet beruhigend: „... noch eine kleine
Weile ..." Gott hält damit sein Volk in einer gesunden **Spannung.**
Aber Gottes **Gnade** kommt immer **rechtzeitig.**

● Die sich **wandelnde Schöpfung** wird zum Hinweis auf die innere
Wandlung des Menschen. Aus dem trockenen Land wachsen para-
diesische Wälder, die erholsamen Schatten bieten und das Wasser
im Boden festhalten. So wachsen zur Freude der Menschen wieder
Früchte heran (V 17).

● Wichtiger aber ist die **Frucht des Glaubens** in den Menschen.
So schafft Gott ein **neues Hören** der vorher für sein Wort Tauben
(V 18). **Gott öffnet** ihnen die **Augen und Ohren** für seine Gebote
und seine herrlichen Verheißungen. Die **Zeit der Verblendung** des
Volkes Gottes geht **zu Ende** (vgl. 29,9-12).

● Wer Gottes Wort hört, erfährt die erlösende **Wende** seines Lebens. Aus Armut und Elend heraus freuen sich die vorher durch
Leid gequälten Menschen (V 19).

● **Gott selber erlöst** sein Volk von gewalttätigen Tyrannen und
den gotteslästerlichen Spöttern. Verleumdung und Ungerechtigkei-
ten aller Art haben keinen Platz mehr im Volk Gottes.

● So wie Gott **Abraham** erlöste, ihm ein zahlreiches Volk aus seiner Nachkommenschaft und ein neues Land verheißen hat, so wird
Gott auch sein Volk erneuern und stark machen. Aus Götzendienst
und Fremdherrschaft wird er sein Volk erlösen.

● Das Volk Gottes kann **stolz auf** seinen **großen Gott** sein. Es
muss sich vor anderen Völkern nicht mehr schämen und braucht
sie nicht zu fürchten (V 22).

✎ *Welche Worte und Bilder der Hoffnung leiten Sie heute
über Höhen des Glücks und durch die Täler des Leids?*

375

4. Advent, 18. Dezember   Psalm 58

● Ein **Lied nach der Weise „vertilge nicht"** wird man in Lieder-
büchern des modernen christlichen Liedguts selten finden – und
eine Vertonung dieses Psalms schon gar nicht. So brutal und schadenfroh sich am Untergang des Feindes ergötzen – das liegt uns
quer im theologischen Magen. Aber so schnell sollten wir mit diesem Psalm vielleicht doch nicht fertig sein. Sein Thema ist die **Unterdrückung des Volkes und die Rechtsbeugung durch die Machthaber.** Sie werden mit einem Wort bezeichnet, das im Hebräischen
auch „Götter" bedeuten kann (vgl. Ps 82,1) – sie halten sich für
allmächtig und unangreifbar, setzen sich selbst an die Stelle Gottes.
Ich denke an Diktatoren von den alten Cäsaren bis zu den Nazis.
● Diese überheblichen und korrupten Machthaber lassen in dem
Beter die Leidenschaft hochkochen. **Gerechtigkeit! Ein Ende von
Willkür und Gewalt!** Dafür brennt er in heiligem Zorn, der sich
zugegebenermaßen in einer derben, nicht ganz so heiligen Sprache
entlädt – die wir heute beim Gebet nicht mehr verwenden sollten.
So gesehen ist der Psalm mit Recht nicht als Lied zum Mitbeten
vertont.
● Der Beter macht aber eines nicht: Er lässt sich nicht zur Selbst-
justiz, zur Rache oder zum bewaffneten Widerstand hinreißen. **Er
befiehlt alles Gott an.**
● V 11 ist wirklich grenzwertig formuliert. Aber ist der Gerechte
schadenfroh? Mir kommt das Bild aus dem Herr-der-Ringe-Film
vor Augen, wo am Ende alles Böse weggefegt wird, nachdem der
Ring zerstört ist. Geht es nicht um eine Freude an der Vernichtung
des Bösen und des Aufrichtens der Gerechtigkeit?
● Für Menschen in Verfolgung und Unterdrückung gibt es einen
Trost. **Am Ende stehen wir alle vor Gott** (V 12). Er wird richten.
Mit dem Ziel, dass seine Gerechtigkeit in Ewigkeit regiert. Der
Psalm mahnt mich: **Es gibt auch das radikal Böse – und das sollte
ich so ernst nehmen, wie Gott es offenbar auch tut.**

Montag, 19. Dezember   Jesaja 30,1-17

● Die **Weherufe** über die von Gott abtrünnigen Söhne des Volkes
Juda werden wieder aufgenommen. Ihre Pläne machen sie eigenmächtig ohne den Geist Gottes. Dabei verstricken sie sich immer
in neue Schuld. **Sünde gebiert Sünde.** Diese Feststellung ist typisch
für die Prophetie Jesajas.

● Das Volk Gottes ist ein **Volk mit Söhnen,** die zu besonderer
innen- und außenpolitischer Verantwortung berufen wurden. Zu
dieser Berufung war Nähe zu Gott besonders nötig. Diese aber
suchten sie nicht, sondern handelten nach eigenem Gutdünken.
Schon in der Wüste haben sie im Volk durch ihr trotziges Murren
Stimmung gegen Gott gemacht.

● Sie suchen Stärke und Schutz beim **Pharao in Ägypten,** die der
gar nicht hat. Zum Beispiel beim Kampf gegen Assyrien (713–
711 v. Chr.) hat er Juda schmählich im Stich gelassen. Üppige Geschenke transportieren sie trotzdem auf gefährlichem Weg durch
die Wüste nach Ägypten (V 6). Das wird ihnen nichts nutzen. Statt
Hilfe werden sie **Spott und Schande** ernten (V 5).

> ✎ *Das Volk Gottes sollte sich ganz auf Gott, nicht auf
> menschliche Bündnisse verlassen. Unsere modernen Staaten
> sind nicht in diesem Sinne „Volk Gottes" – was lässt sich
> noch auf unsere Verhältnisse übertragen?*

● Normalerweise ist die **prophetische Rede mündlich.** Wenn sie
aber lange auf Widerstand stößt, wird sie **schriftlich,** eingeritzt auf
Steintafeln oder in Ton gebrannt (V 8).

● Die Weisungen Gottes will das Volk nicht hören. Sie wollen **um-
schmeichelt** werden von Rednern, die unliebsame Wahrheiten für
sie schönreden. **Leben und leben lassen,** ist ihr Lebensmotto. Im
Trotz gegen Gott, in Sünde und Angst wird ihr Leben **zerstört** wie
ein zerschmetterter Topf, von dem nichts mehr übrig bleibt (V 13f).

● **Gottes Lebenshilfe** aber beginnt im Hören auf ihn durch **Stille-
sein und Hoffen** (V 15).

Dienstag, 20. Dezember   Jesaja 32,1-20

● Typisch für Jesaja ist der **Wechsel von Gnadenzusage und Gerichtswort:** Gnadenzusage (V 1-8); Gerichtswort (V 9-14); Gnadenzusage (V 15-20 außer 19).

● Eine **wunderbare Zukunftsaussicht** wird in den Versen 1-8 durch den Propheten geboten. Der König sorgt in seinem Land durch seine Beamten für Recht und Gerechtigkeit. Bei Ihnen werden die Bürger Schutz finden und Sicherheit erfahren (V 2).

● Die Menschen werden sich **zu positivem Verhalten gegenüber Gott** und **untereinander** verändern. Gott holt sie aus der Verstockung (6,10) ihrer Herzen und der Blindheit ihres Verstandes (V 3) heraus.

● Gottlose und gemeinschaftszerstörende Umtriebe **böser Narren** werden ein Ende haben. Den scheinbar edlen Menschen wird die Maske vom Gesicht gerissen. Ihr **böses Tun wird offenbar.** Sie haben vorgegaukelt, Hilfe für Herz und Seele der Menschen zu haben. Jedoch bleiben die **Seelen hungrig** und die **Herzen** der Menschen **durstig** (V 5f).

● Im folgenden **Gerichtswort** (V 9-14) werden die **Frauen** angesprochen (vgl. 3,16-26). Sie wiegen sich voller sorglosem Stolz in falscher Sicherheit. Erste **Signale** des kommenden Gerichtes werden das Fehlen der Weinlese und Obsternte sein. Spätestens dann sollen sie sich **erschrecken** über ihre eigene Gottesferne und ihren Ungehorsam. Ihre Luxuskleider sollen sie ausziehen und in Sack und Asche gehen. Sie haben allen Grund zur Klage und zur Trauer über sich selbst. Die Felder liegen brach. Die **Lebensfreude** ist **weg.** Die Städte und Paläste sind **verlassen.**

● Die Dauer der **Gerichtszeit reicht, bis Gott seinen Geist** über das Volk **ausgießt.** So ist er wieder **gnädig** und barmherzig mitten unter ihnen (V 15-20). Erst durch das **Eingreifen Gottes** blüht das Land neu auf und die Städte füllen sich mit Leben.

✎ *Beschreiben Sie das Verhalten des Volkes vor und nach dem Eingreifen Gottes.*

Mittwoch, 21. Dezember   Jesaja 33,17-24

● Den vorliegenden **Hoffnungsbildern** geht ein erschütterndes **Bild** voraus **vom Gericht Gottes** über die **assyrische Großmacht** und über die mit ihr verbündeten Völker. Assur bricht zusammen und schwächt damit die verbündeten heidnischen Völker. Sie haben sich mit ihrer Feindschaft gegen Israel in **Größe und Macht** des Gottes Israels **getäuscht** (V 13).

● Der Prophet **blickt doppelt voraus.** Er sieht **zuerst** die verbesserte **politische Situation** seines Volkes voraus und **dann** weiter die Zukunft einer **messianischen Heilszeit** für alle Menschen.

● Nach dem Zusammenbruch Assurs entstanden in Israel hohe **Erwartungen** an eine neue **Heilszeit.** Als Zeichen seiner wiedergewonnenen Macht und Stärke wird ein **König** in festlichen Kleidern vor das Volk treten (V 17). Aber damit könnte in der messianischen Heilszeit auch Gott selber oder der **Messias** gemeint sein.

● **Der Blick in die Vergangenheit schafft Dankbarkeit in der Gegenwart.** Das Herz, das den vergangenen Schrecken erkennt, wird das Glück der Rettung umso dankbarer erfassen (V 18). **Vorbei** ist die **Angst** vor den frechen **Fremdlingen** feindlicher Völker (V 19).

● **Zuversichtlich** kann das Volk nach Jerusalem schauen. Zwar ist die Stadt wehrlos wie ein **Schiff** mit lockeren Tauen oder wie ein **Lahmer.** Aber mit Gottes Hilfe werden die Angreifer vertrieben (V 23). Zu ihrer Sicherheit ist **Gott mitten unter ihnen** (V 20) und schenkt ihnen **Vergebung der Sünden** (V 24).

● **Gott allein** ist der **wahre König und Gesetzgeber, Richter und Retter** (V 22). Kranke werden gesund und Schwache gestärkt. Alle werden an Leib und Seele reichlich versorgt.

● Diese **verheißene Heilszeit** hat ihre geschichtliche **Vollendung** noch nicht gefunden. Sie **liegt noch vor uns.**

> ✎ *Von welcher Hoffnung jenseits aller Katastrophen dieser Erde sollen Christen heute leben und sich antreiben lassen?*

Donnerstag, 22. Dezember   Jesaja 35,1-10

● Die **Schau des Propheten** geht über die konkrete politische Situation hinaus in **die weite Ferne messianischer Heilszeit.** Die Heilszeit Gottes bricht schon an. Die **Schöpfung** begrüßt und lobt den Schöpfer und signalisiert damit allen das Kommen des Heils Gottes (V 1- 2).

● Die Wüste und Einöde der **Gerichtszeit** sind **vorbei.** Das Leiden des Volkes hat ein Ende. Es gibt keinen Grund mehr für Müdigkeit, Unsicherheit und Verzagtheit der Herzen. **Furchtlos und mutig** können die Erlösten in die Zukunft gehen. **Gott, der Retter, ist da!** Er wird seinem Volk Vergeltung verschaffen. **Sein ist die Rache** (V 4; vgl. 5Mose 32,35; Röm 12,19). Darauf ist Verlass!

● In Gottes Heilszeit werden nicht nur **Traurige getröstet** und **Schwache gestärkt,** sondern auch **Kranke geheilt** (V 5f). Krankenheilung war auch ein **Zeichen für den Messias** (vgl. Mt 11,5). Die körperliche Heilung war auch ein Zeichen für die geistige Heilung der Sinne des Volkes. So erkennen sie Heil und Rettung ihres Gottes. Nur so finden sie **aus der Verstockung ihrer Herzen** heraus. Der geistlichen Erneuerung folgt die körperliche Gesundung. **Aus dem Heil folgt die Heilung.**

● Selbst der **Wasserteich** aus trockenem Boden oder die **Quelle** aus dürrem Land werden zum **Zeugnis** für die geistige Frische und **geistliche Erneuerung** des Volkes (V 7).

● Die **Herrlichkeit Gottes** zeigt sich nicht an einem Ort, sondern auf dem **Weg zum Zion** in die Zukunft des Volkes und aller Völker. Dieser Weg ist **frei von Gefahren** wie durch wilde Tiere oder Schmerzen (V 9-10). Nur die Erlösten dürfen ihn betreten. Durch Gottes Gegenwart ist der Weg heilig. **Weg und Ziel** sind für sie in gleicher Weise Grund für dieses Glück.

✎ *Auch Christen sind „auf dem Weg" (vgl. Joh 14,6; Apg 9,2). Wird etwas von dem „Glück" und der „Herrlichkeit Gottes" in unserem Leben sichtbar?*

380

Freitag, 23. Dezember   Matthäus 1,1-17

● Wer ist eigentlich dieser Jesus Christus, dessen Geburtstag wir in diesen Tagen wieder feiern? **Das Matthäus-Evangelium beginnt mit einer „Urkunde des Ursprungs"**, wie es in einem Kommentar heißt. Und dieser Ursprung wird an zwei Bezeichnungen festgemacht: **Jesus Christus ist der „Davidssohn"**, der Messias Israels aus königlichem Geschlecht (V 18-25), **und er ist Abrahams Sohn** wie jeder Jude. Was das bedeutet, wird im Stammbaum V 2-17 anschaulich.

● Jesus ist Davidssohn, das heißt von Gott zu Israel als sein Gesalbter gesandt, und zugleich Abrahamssohn, weil Gott durch ihn auch die ganze Heidenwelt anreden will.

● Hinweisen möchte ich besonders auf die **vier Frauen im Stammbaum Jesu** (V 5f.16). Auffallend ist, dass es darunter mit der Kanaanäerin Rahab (Jos 2,1) und der Moabiterin Rut (Rut 1,3f) **zwei Nichtjüdinnen** gibt, und **zwei, die wegen ihres sexuellen Verhaltens als Sünderinnen** gelten, die Hure Rahab (Jos 2,1) und die Ehebrecherin Batseba (2Sam 11,4). Man könnte dies so deuten, dass es letzten Endes schon hier im ersten Kapitel des Evangeliums um **die Wendung des Heils Israels zu den Heiden und zu denen geht, die als Sünder der Vergebung bedürfen**. Ohne diese Wendung wären auch wir hier in Mitteleuropa schließlich gar nicht in das Heil Gottes einbezogen worden.

● Einerseits wird heute kaum noch über diesen Text gepredigt. In der alten Predigtordnung war er nur in Klammern für die Christnacht vorgesehen; in der neuen ist er immerhin „ordentlicher" Predigttext für den 2. Weihnachtsfeiertag. Allerdings hat sich schon Luther nicht wirklich mit der Namensliste in unserem Abschnitt anfreunden können; er bezeichnet sie sogar an einer Stelle als „unnutz".

✎ *Vergleichen Sie den Stammbaum des Mt mit dem in Lk 3,23-38 überlieferten Stammbaum. Welche Unterschiede fallen Ihnen dabei auf?*

Heiligabend, 24. Dezember   Matthäus 1,18-25

Die Geschichte von der Geburt Jesu bei Mt ist so ganz anders, als sie uns bei Lk erzählt wird. Man könnte sie schon fast als prosaisch bezeichnen, denn die eigentliche Geburt wird nur in einem Nebensatz berichtet (V 25).

● Mit unserer Geschichte rahmt Mt quasi sein Evangelium, denn **die durchgehende Botschaft lautet: Jesus ist mit uns,** seiner Gemeinde, so wie er in seinem irdischen Wirken bei seinen Jüngern war. So verheißt Jesus vor seiner Himmelfahrt seinen Jüngern: „Ich bin bei euch alle Tage bis an der Welt Ende", und hier am Beginn des Evangeliums heißt es in V 23: „Gott (ist in Jesus) mit uns."

● Daneben werden noch **drei andere Schwerpunkte des Matthäus-Evangeliums** schon hier am Anfang deutlich:

→ **Josef ist ein vorbildlicher jüdischer „Gerechter",** der Maria nicht „in Schande" bringen und sie deshalb heimlich verlassen will (V 19), der dann aber seine Verlobte als seine Frau zu sich nimmt, wie ihm der Engel des Herrn befohlen hat (V 24). Leider ist das vorbildliche Verhalten des Josef in der Kirchengeschichte nie angemessen gewürdigt worden.

→ Gleichzeitig wird in unserer Geschichte **eine alttestamentliche Weissagung erfüllt** (ein Thema, das Mt besonders wichtig ist). Interessant ist, **dass die Jungfrauengeburt nur in diesem Zusammenhang wichtig** wird.

→ Denn Jesus gehört zum Geschlecht Davids, obwohl er (so darf man vielleicht überspitzt sagen) ohne einen menschlichen Nachkommen Davids gezeugt worden ist.

● Ich habe den Eindruck, dass in den letzten Jahren die Botschaft von der Geburt Jesu Christi aus dem allgemeinen Bewusstsein der Menschen in der Weihnachtszeit zurückgedrängt wird. Wenn aber doch, dann wird Jesu Geburt nur noch so wahrgenommen, wie Lk sie festgehalten hat. **Dabei ist die Botschaft des Mt genauso wichtig zu hören: Gott ist in Jesus bei uns,** und es ist Gottes vordringlichster Wille, uns Menschen nahe zu sein.

1. Weihnachtstag, 25. Dezember   Matthäus 2,1-12

● Unser Abschnitt ist ein gutes Beispiel dafür, wie **Bibeltext und „Volksfrömmigkeit" zueinander in Beziehung** stehen:

→ In der breiten Öffentlichkeit wird der 6. Januar als „Dreikönigstag" mit dem Besuch der Heiligen Drei Könige (selbst im Bundeskanzleramt) und der damit verbundenen Spendenaktion jedes Jahr in der ersten Januarwoche intensiv wahrgenommen.

→ In der römisch-katholischen Tradition ist die **Reliquien-Verehrung bis heute lebendig:** Der von vielen Katholiken verehrte Schrein der Heiligen Drei Könige im Kölner Dom ist dafür ein auffallendes Beispiel.

● **Fast schon im Gegensatz dazu steht das, was das Mt berichtet:**

→ Die drei, die das neugeborene Kind besuchen, sind keine Könige, sondern „**Weise**" (V 1 – vom griechischen Text her sogar eher „**Magier**").

→ Ihre Herkunft wird mit „**aus dem Morgenland**" (griechisch nur „**von Osten**") beschrieben; darüber hinaus erfahren wir nichts über ihre Person oder Herkunft.

→ **Der Stern** bringt es zwar mit sich, dass Assoziationen an Astrologie nicht ganz auszuschließen sind; aber Mt drängt diese eher zurück, indem er auf keine Weise andeutet, wie die Magier die Bedeutung des Sterns erkannt haben. **Entscheidend ist allein Gottes Führung.**

→ Den Magiern gegenüber stehen Herodes „und mit ihm ganz Jerusalem" (V 3). Auch wenn immer wieder deutlich wird, dass die Gemeinde, die das Mt zuerst gelesen hat, sich in schweren Auseinandersetzungen mit dem Judentum ihrer Zeit befindet, so sind es doch hier nicht „die Juden", sondern **die machtbesessene Elite um Herodes, die dem neugeborenen Kind nachstellen.**

→ Mit dem Hinweis auf die messianische Verheißung in **Micha 5,1** werden die Magier auf die richtige Spur nach Bethlehem geschickt.

2. Weihnachtstag, 26. Dezember   Matthäus 2,13-23

● In der Zeit, als unser NT zusammengestellt wurde, entstanden eine Reihe sog. apokrypher Evangelien, die insbesondere die Kindheitsgeschichte Jesu ausmalten – auch was angeblich auf der Flucht und in Ägypten alles geschehen sein soll. Im Unterschied zu diesen späteren Legenden versagt sich **Mt** jeder Idealisierung der Kindheitsgeschichte Jesu und **schildert knapp und nüchtern die Bewahrung des Kindes durch Gott.**

● Das Kind Jesus ist in unserer Erzählung fast nur „Objekt", das Gott selbst in den Mittelpunkt treten lässt. Die Nüchternheit der Erzählung konzentriert die Aufmerksamkeit auf das, **was über Gott gesagt wird:**

→ Wir hören, wie Gott, entsprechend seinem Plan, **seinen Sohn beschützt und auf seinem Wege „mit ihm" ist** (V 13 und 20f).

→ Wir spüren, dass **Gott sein Heilswerk vollenden wird.** Wir erfahren, wie der Plan des Judenkönigs Herodes gegen Jesus zwar scheitert, aber andererseits die neu geborenen Kinder in Bethlehem durch den eigenen König getötet werden.

→ Und wir hören, wie wegen der Bosheit der jüdischen Könige das Jesuskind **durch einen Traum Gottes ins galiläische Nazareth geführt wird,** sodass er „Nazoräer" heißen wird, genauso wie die Gemeinde in Syrien, die das Mt vermutlich zuerst erhalten hat. Wir werden so ein Stück hineingenommen in den kommenden Weg des Messias Israels zur christlichen Gemeinde, in Erfüllung der Verheißungen aus Israels Heiliger Schrift.

● Alles das, was dieser Schluss der Geburtsgeschichte in fast formelhafter Kargheit andeutet, wird in den folgenden Kapiteln entfaltet, insbesondere, dass das Leben von Jesus von Beginn an mit dem gewaltsamen Tod bedroht ist.

✎ *Was bedeutet Ihnen die Weihnachtsbotschaft des Mt „Immanuel – Gott mit uns?". Überlegen Sie, wo Sie im zu Ende gehenden Jahr die Gegenwart Jesu bzw. Gottes besonders erfahren haben.*

Dienstag, 27. Dezember   Matthäus 3,1-12

● Ich möchte meine Auslegung mit einer Frage beginnen: Wie kommen wir heutzutage (!) mit solch einer **harten Gerichtspredigt** des Täufers (V 7-10) zurecht?

● Im Wesentlichen gibt es **zwei Möglichkeiten:**

→ Wir müssen Frucht bringen, die der Buße entspricht (V 8), und das heißt, wir sollten möglichst alle so asketisch leben wie Johannes, um dem Strafgericht Gottes zu entgehen. Aber führt das nicht zu einer **Haltung der Werkgerechtigkeit,** um uns durch unser Verhalten die Zuwendung Gottes zu sichern?

→ Oder aber wir lehnen **die Botschaft eines strengen Weltrichters** ab, der „die Axt den Bäumen schon an die Wurzel gelegt hat" (V 10), weil sie **unserer Vorstellung eines liebenden Gottes widerspricht.** Schließlich kommt im Weltbild der meisten Menschen in unserer westlichen individualisierten Gesellschaft ein Weltrichter oder ein Weltgericht schlicht nicht mehr vor.

● **Worum geht es im Mt?**

→ Zum einen gibt es Menschen, die die Botschaft des Johannes (und später die Botschaft Jesu) so berührt, dass sie **sich zum Zeichen ihrer Buße von ihm taufen lassen** (V 5f). Es sind vor allen Dingen **die einfachen Leute aus dem Volk.** Ihnen gegenüber muss Johannes auch nicht mit dem radikalen Gericht drohen, sondern kann ihnen die Vergebung ihrer Sünden zusprechen.

→ **Wer** aber wie die Pharisäer und Sadduzäer in ihrer Selbstgerechtigkeit die Botschaft des Johannes **nicht hören will, muss mit dem vernichtenden Feuer-Gericht rechnen** (V 12), und diese negative Seite des Gerichts darf auch heute nicht ausgeblendet werden.

→ Aber **der Weltenrichter ist niemand anderes als Jesus,** der Immanuel, den seine Leute kennen, der zwar die Spreu vom Weizen trennen, aber seinen Weizen in die Scheune sammeln wird (V 12). **Es geht nicht zuerst um die Verurteilung** derer, die auf ihrem falschen Weg beharren, **sondern um die Rettung** derer, die seiner Botschaft Glauben schenken.

385

Mittwoch, 28. Dezember   Matthäus 3,13-17

● Einmal mehr stellt sich die **Frage** „Wer ist Jesus (für mich)?"
In der Kirchen- und Dogmengeschichte ist **unser Abschnitt** immer
wieder in unterschiedlichen Zusammenhängen wichtig geworden.
Ein Ausleger nennt ihn sogar **eine „christologische Fundamentalgeschichte".**

● Mt ist der einzige der Evangelisten, der berichtet, dass Johannes Jesus nicht taufen will, denn die **Antwort des Johannes** auf die
Frage „Wer ist Jesus?" lautet: **Er ist der Stärkere, der mit Heiligem
Geist und Feuer tauft** (V 11), **und ich bedarf dessen, dass ich von
ihm getauft werde** (V 14).

● Dass **Jesus als Gottes Sohn ganz Mensch** wie wir wurde und sich
in eine Reihe neben die Sünder stellt, die sich von Johannes taufen
lassen, zeigt, wie tief seine Selbsterniedrigung geht (vgl. Phil 2,7).
Was bedeutet das für die Christologie (die sich ja mit der Frage
„Wer ist Jesus" befasst)? Mt knüpft genau an die Sündertaufe,
der sich Jesus trotz seiner Sündlosigkeit unterzieht (V 15), das Bekenntnis Gottes zu seinem Sohn durch die Stimme aus dem Himmel an (V 17). Christologisch heißt das **Jesus ist Gott und Mensch
in einem.**

● Im Zusammenhang der Verse 15-17 wird deutlich, dass der
Gottessohn nicht nur der ist, der vom Himmel her offenbart wird
(Mt 2,15; 16,16f; 17,5), sondern vor allem der, der **Gott gehorsam ist.**

● Es lohnt sich wahrzunehmen, dass es in unterschiedlichen Lebenssituationen unterschiedliche Antworten auf die Frage „Wer
ist Jesus?" gibt. Mt betont in der Geschichte von der Taufe Jesu
den Aspekt: **Die Verheißung, Gottes Zuwendung zu erleben, bindet sich an den praktischen, alltäglichen Gehorsam,** so wie Jesus
sich taufen lässt, weil Gott der Vater das von ihm erwartet („die
Gerechtigkeit erfüllen", V 15).

> ✎ *Wer ist Jesus für Sie heute („zwischen den Jahren")?*

Donnerstag, 29. Dezember   Matthäus 4,1-11

● Unser Abschnitt setzt die Taufgeschichte fort: **Der Geist,** der sich dort auf Jesus herabsenkte (3,16), **führt ihn jetzt in die Wüste.** Dort begegnet er dem Teufel, der nicht einfach gleichrangiger Gegenspieler Gottes ist, sondern – wie auch sonst im NT und im Judentum – abhängig von Gott bleibt.

● Der Hintergrund der Versuchungen ist für die meisten Menschen sofort nachvollziehbar. Vielleicht würde unsere Geschichte zu dem bekannten Märchenmotiv passen: Wenn man denn drei Wünsche frei hätte, wer wünschte es sich da nicht, dass es keinen Hunger mehr gäbe, dass man vor Unheil bewahrt bliebe und dass man Macht über alle und alles hätte? **Jesus begegnet den einzelnen Versuchungen jeweils mit einem Schriftwort.**

● **Der Teufel** geht sofort geschickt darauf ein, indem er in seiner zweiten Versuchung **ebenfalls mit der Bibel argumentiert:** Dass Jesus sich von der Zinne des Tempels hinabstürzen soll und ihm dabei nichts geschieht, begründet der Teufel mit Ps 91,11f. **Gerade diese zweite Versuchung macht deutlich, dass Gottes Wort nicht gegen Missbrauch immun ist.** Entscheidend ist, dass wir Gottes Wort nicht zur Durchsetzung bzw. Legitimierung eigener Wünsche und Pläne instrumentalisieren.

● Der Teufel setzt zweimal damit an, dass er **Jesus bei seiner Macht als Gottes Sohn packen** will. Wenn er wirklich Gottes Sohn sei, dann müsse er auch besondere Wunder vollbringen können. Auch die dritte Versuchung, die Weltherrschaft anzutreten mit der kleinen Einschränkung, zuvor den Teufel anzubeten, wäre letzten Endes nach der Vorstellung des Teufels ein Kennzeichen seiner Gottessohnschaft.

● Jesus hingegen zeigt, **was es wirklich heißt, Gottes Sohn zu sein,** wie es ihm in der Taufe (3,17) zugesprochen wurde, **nämlich gehorsam zu sein gegenüber dem Wort Gottes im AT.** So besiegt er den Teufel. In allen drei Versuchungen bewahrt Jesus sein Verhältnis zu Gott im Gehorsam gegenüber der Schrift.

387

Freitag, 30. Dezember   **Matthäus 4,12-17**

● In unserem Abschnitt begegnen wir zum ersten Mal der **zentralen Botschaft Jesu:** „Tut Buße, denn das Himmelreich ist nahe herbeigekommen!" (V 17).

> ✎ *Vergleichen Sie einmal die Version des Mt mit der Überlieferung des Mk (Mk 1,15). Die Reihenfolge der Sätze „Tut Buße" und „Das Himmelreich (Reich Gottes) ist nahe herbeigekommen" sind bei den beiden vertauscht. Macht es einen Unterschied für unser Verständnis?*

● Die alte (und durchaus wichtige) Unterscheidung und die Festlegung der „richtigen" Reihenfolge von „Gesetz" („Tut Buße!") und Evangelium („Das Himmelreich ist nahe herbeigekommen"), die man bei Mt und Mk feststellen könnte, entspricht jedoch nicht der Botschaft Jesu, wie Mt sie überliefert. **Für ihn ist das Evangelium vom nahenden Himmelreich (Mt 4,23) ein einziges und unteilbares Evangelium, Gottes Anspruch im Licht seiner Herrschaft.** Der Imperativ „Tut Buße!" will nicht als Bedingung für das Kommen des Himmelreiches verstanden werden, sondern er ist Gabe, den Menschen geschenkte Chance zum Heil.

● **Wem gilt die Botschaft Jesu?** Die Angaben in den V 12 und 13 sind schwer zu interpretieren. Über die subjektiven Motive Jesu für seine Rückkehr nach Galiläa gibt Mt keine Auskunft; sie wird als Flucht vor den Feinden des Täufers gedeutet. Mt stellt jedoch etwas anderes ins Zentrum: Durch das Zitat aus Jes 8,23; 9,1 macht er deutlich, dass es um einen **göttlichen Plan** geht: Jesus zieht in das „Galiläa der Heiden" (V 15). In dieser kleinen Bemerkung lässt Mt schon jetzt etwas Großes anklingen: Auch wenn Jesus selbst sich eigentlich „nur" den Juden zugewandt hat (vgl. Mt 15,24), **so gilt seine Botschaft nach seiner Auferstehung und Himmelfahrt Juden und Heiden gleichermaßen.**

388

Silvester, 31. Dezember   Psalm 121

Ein Psalm, der ursprünglich vielleicht beim „Hinaufsteigen" (V 1a) nach Jerusalem gebetet wurde, begleitet uns beim Übergang in ein neues Jahr. Der Beter richtet seine Augen auf die ihn umgebenden Berge und stellt die grundlegende Frage: „**Woher kommt meine Hilfe?**"

● Die entscheidende Antwort auf diese Frage steht im Hebräischen genau in der Mitte des Psalms: „**Der HERR (JHWH) ist dein Behütender**" (V 5). Diese Aussage wird vielfältig variiert: „Meine Hilfe kommt vom HERRN" (V 2); „Der Hüter Israels schläft nicht" (V 4); „Der HERR behütet dich" (V 7) usw. Fünfmal wird in diesem kurzen Psalm der Gottesname JHWH ausgesprochen und sechsmal kommt das Wort „behüten" oder „Hüter" vor.

● Interessant ist, dass der Beter in den ersten beiden Versen ganz bei sich selbst bleibt – bei seiner Frage und bei der Erfahrung und seinem Glauben: „Meine Hilfe kommt vom HERRN." Im zweiten Teil ab V 3 ist aus dieser Selbstvergewisserung die Anrede und der Zuspruch an ein Gegenüber geworden, was zum Ende hin immer mehr die Form einer Segenszusage annimmt.

✎ *Wie kann aus meiner persönlichen Glaubenserfahrung ein Zeugnis werden, durch das auch andere ermutigt werden?*

● V 5f: „**Der HERR ist dein Schatten über deiner rechten Hand.**" Schatten schützt vor Hitze und gefährlicher Strahlung. Sonne und Mond wurden damals als Bedrohung gesehen – Gott beschirmt vor beidem. Die „rechte Hand" – die Hand, mit der wir aktiv sind – weist darauf hin, dass Gott auch über unserem Tun und Lassen wacht.

● V 8: Am Ende kann der Zuspruch des behütenden Gottes auch als eine Art **Segen für unseren Weg durch die Zeiten hindurch in die Ewigkeit** verstanden werden. Das alltägliche Hinausgehen und Heimkommen wird zum Bild für den Übergang in Gottes neue Welt.

Mitarbeiterinnen und Mitarbeiter 2022

Alle Autorinnen und Autoren, deren Wohnort mit einem * versehen ist, sind unter bibelfuerheute@brunnen-verlag.de erreichbar.

1., 2., 30.1.	Joachim Lösch, Schönaich †
3.-10.1.	Ulrich Mack, Filderstadt, umack@gmx.net
9., 16., 23.1.	Dr. Beat Weber-Lehnherr, Basel, SCHWEIZ, weber-lehnherr@sunrise.ch
11.-13.1.	Klaus Jürgen Diehl, Wetter, klaus.j.diehl@gmx.de
14.1.-7.2.	Dr. Siegbert Riecker, Kirchberg, s.riecker@bsk.org
6.2.	Dr. Beat Weber-Lehnherr, Basel, SCHWEIZ, weber-lehnherr@sunrise.ch
8.-12.2.	Dr. Matthias Clausen, matthias.clausen@eh-tabor.de
13., 20.2.	Joachim Lösch, Schönaich †
14.-21.2.	Dr. Friedhelm Jung, Bornheim, fjung@swbts.edu
22.2.-1.3.	Doris Oehlenschläger, Bad Salzuflen, dorisoehl@online.de
27.2.	Dr. Uwe Rechberger, Walddorfhäslach, Uwe.Rechberger@elkw.de
2.-7.3.	Jens Brakensiek, Burbach*
6.3.	Dr. Beat Weber-Lehnherr, Basel, SCHWEIZ, weber-lehnherr@sunrise.ch
8.-15.3.	Wolfgang Buck, Daaden, buck-daaden@t-online.de
13., 20.3.	Dr. Uwe Rechberger, Walddorfhäslach, Uwe.Rechberger@elkw.de
16.-26.3.	Wolfgang Kraska, Rheinstetten-Forchheim, wolfgang.kraska@feg.de
27.3.	Ulrich Seng, Kassel, sengwk@gmx.de
28.3.-4.4.	Holger Noack, Wuppertal*
3., 10., 24.4.	Ulrich Seng, Kassel, sengwk@gmx.de
5.-8.4.	Dr. Heinzpeter Hempelmann, Schömberg*
9.-16.4.	Stefan Hermann, Filderstadt*
17.-23.4.	Rainer Härer, Schorndorf, i.r.haerer@gmx.de

25.4.	Rainer Geiss, Friedrichsdorf †
26.-30.4.	Klaus Jürgen Diehl, Wetter, klaus.j.diehl@gmx.de
1., 8., 15., 22.5.	Ulrich Seng, Kassel, sengwk@gmx.de
2.-7.5.	Dr. Heinz-Werner Neudorfer, Reutlingen, heinz-werner.neudorfer@t-online.de
9.-14.5.	Frank Schröder, Erfurt*
16.-19.5.	Dr. Peter von Knorre, Gummersbach*
20.-28.5.	Marlene Trick, Freudenstadt, marlene.trick@gmx.de
26., 29.5.	Hartmut Bärend, Berlin*
30.5.-4.6.	Ernst-Eduard Lambeck, Bielefeld*
5., 12., 19., 26.6.	Hartmut Bärend, Berlin*
6.-11.6.	Gudrun Theurer, Stadtbergen, gudruntheurer@web.de
13.-17.6.	Dr. Peter von Knorre, Gummersbach*
18.-29.6.	Dr. Rolf Sons, Flein, rolf.sons@elkw.de
30.6.-5.7.	Dr. Eberhard Hahn, Ofterdingen, e.fritz.hahn@gmail.com
3., 10.7.	Hartmut Bärend, Berlin*
6.-9.7.	Dr. Wolfgang Reinhardt, Kassel, dunir@online.de
11.-16.7.	Werner Trick, Freudenstadt, werner.trick@gmx.de
17., 24., 31.7.	Dr. Markus Steinhilber, Gunzenhausen, mgsteinhilber@gmx.de
18.-22.7.	Stephan Zeipelt, Dortmund*
23.-29.7.	Manuel Janz, Hemer*
30.7.-4.8.	Volker Roggenkamp, Münster*
5.-13.8.	Frauke Bielefeldt, Langenhagen, frauke.bielefeldt@web.de
7., 14., 21.8.	Dr. Markus Steinhilber, Gunzenhausen, mgsteinhilber@gmx.de
15.-25.8.	Dorothea Bender, Linden, dorothea@dbender.net
26.8.-2.9.	Gottfried Holland, Schwieberdingen, gbm.holland@gmx.de

28.8.	Dr. Christoph Morgner, Garbsen*
3.-9.9.	Rainer Kiess, Filderstadt, rainer.kiess@t-online.de
4., 11., 18., 25.9.	Dr. Christoph Morgner, Garbsen*
10.-17.9.	Michael Schröder, Dietzhölztal*
19.-26.9.	Joachim Rieger, Mössingen, joachim.rieger@elkw.de
27.9.-1.10.	Kuno Klinkenborg, Dortmund, kuno.klinkenborg@amd-westfalen.de
2.10.	Dr. Christoph Morgner, Garbsen*
3.-15.10.	Claus-Dieter Stoll, Mötzingen, cd@stollteam.de
9., 16., 23., 30.10.	Annegret Puttkammer, Herborn, proepstin.puttkammer.nord-nassau@ekhn-net.de
17.-24.10.	Hartmut Frische, Minden, hartmutfrische@t-online.de
25.-29.10.	Dr. Lieselotte Mattern, Ludwigsburg*
31.10.-10.11.	Dirk Scheuermann, Velbert, dirk.scheuermann@evkg-nierenhof.de
6., 13.11.	Annegret Puttkammer, Herborn, proepstin.puttkammer.nord-nassau@ekhn-net.de
11.-19.11.	Klaus Jürgen Diehl, Wetter, klaus.j.diehl@gmx.de
20.11., 31.12.	Michael Czylwik, Steinhagen, michael.czylwik@t-online.de
21.-26.11.	Dr. Andreas Käser, Schömberg, andreas.kaeser@mailbox.org
28.11.-10.12.	Dr. Heiko Wenzel, Pohlheim*
27.11., 4., 11., 18.12.	Uwe Bertelmann, Gießen, uwe.bertelmann@brunnen-verlag.de
12.-22.12.	Burghard Affeld, Osnabrück, broaffeld@osnanet.de
23.-30.12.	Ralf Bödeker, Gevelsberg*

Bibelstellen-Verzeichnis 2014–2022

1. Mose
1–4	2.-13.1.15
	2.-10.1.19
6–8	14.-17.1.15
6–9	11.-18.1.19
9,1-17	19.1.15
11,1-9	20.1.15
	19.1.19
12,1–	
19,29	21.1.-4.2.15
21,1-21	5.2.15
22,1-19	6.2.15
23,1-20	7.2.15
24–25	26.-29.5.15
27,1–	
29,30	30.5.-5.6.15
31–33	6.-11.6.15
37,1-11	12.6.15
37,12-36	13.6.15
39–50	15.6.-4.7.15

2. Mose
1–6,1	13.-20.6.16
7	21.6.16
12,1–	
33.51	22.-23.6.16
13,17–	
20,21	24.6.-6.7.16
24,1–	
25,22	7./8.7.16
32–34	9.-14.7.16
40	15./16.7.16

3. Mose
1	6.3.17
8–10	7.-9.3.17
16	10.3.17
19	11./13.3.17
25	14./15.3.17

4. Mose
6,22-27	28.8.17
9–14	29.8.-7.9.17
17	8.9.17
20–24	9.-19.9.17
27,12-23	20.9.17

5. Mose
1–12	10.1.-5.2.18

15–19	6.-13.2.18
21	14.2.18
24	15.2.18
25	16.2.18
26	17.2.18
27	19./20.2.18
30–31	21./22.2.18
33–34	23./24.2.18

Josua
1–3	15.-17.1.14
	14.-17.1.22
4–5	18.-20.1.14
	18./19.1.22
6	21.-22.1.14
	20./21.1.22
7,1–10,15	23.-28.1.14
	22.-27.1.22
11	29.-30.1.14
	28.1.22
20,1-9	31.1.14
	29.1.22
21,1-3.	
41-45	1.2.14
	31.1.22
22–24	3.-8.2.14
	1.-7.2.22

Richter
1,1-3.	
17-21	16.6.14
	13.6.22
1,27–2,23	17./18.6.14
	14./15.6.22
4–5	19./20.6.14
	16./17.6.22
6,1–8,3	21.-27.6.14
	18.-24.6.22
8,22–9,21	28.6.-1.7.14
	25.-28.6.22
9,50-57	2.7.14
	29.6.22
13–16	3.-8.7.14
	30.6.-5.7.22

Rut
1–4	9.-12.7.14
	6.-9.7.22

1. Samuel
1–10	25.2.-13.3.19
2,1-10	10.12.17
	5.12.21
11–12	14./15.3.19
13	16.3.19
14	18.3.19
15–18	19.-25.3.19
20-25	26.3.-1.4.19
27–28	2./3.4.19
30–31	4./5.4.19

2. Samuel
1	6.4.19
2	8.5.19
5–7	9-14.5.19
11–12	15./16.5.19
15–17	17.-22.5.19
18–19	23.-25.5.19
21	27.5.19
23–24	28./29.5.19

1. Könige
1–3	11.-16.6.20
5,1–6,14	17.-19.6.20
8–9,9	20.-25.6.20
10–14,20	26.6.-6.7.20
16,29–19	7.-14.7.20
21–22,40	15.-18.7.20

2. Könige
2,1-18	5.8.21
4–5,19a	6./7.8.21
6,8-23	9.8.21
16,1-16	10.8.21
17,1-23	11.8.21
17,24–19	12.-17.8.21
22–25	18.-25.8.21

1. Chronik
10,1–11,9	18./19.8.14
	15./16.8.22
13,1–	
14,17	20./21.8.14
	17./18.8.22
15,1-16.	
25-29	22.8.14
	19.8.22

16,1–		4–6	24.-26.10.19			18.7.21
22,19	23.8.-3.9.14	5,17-27	19.10.15	10		1.3.15
	20.-31.8.22	6,1-10.				12.3.17
28,1-13	4.9.14	24-30	20.10.15			17.3.19
	1.9.22	8–9	21./22.10.15			21.2.21
29,1-22	5.9.14		28./29.10.19	11		6.8.17
	2.9.22	11–12	23.10.15			25.7.21
			30./31.10.19	12		2.7.17
2. Chronik		12,1-6;				22.8.21
1–3	6.-9.9.14	14,1-12	24.10.15	13		18.6.17
	3.-6.9.22	14	1.11.19			13.6.21
5–7	10.-15.9.14	19	2.11.19	14		13.8.17
	7.-12.9.22	19,21-29	26.10.15	15		26.2.17
9,1-12	16.9.14	31–32	4./5.11.19			14.2.21
29-31	13.9.22	31,16–32,		16		23.8.15
10,1-19	17.9.14	22	27./28.10.15			5.2.17
	14.9.22	38	6.11.19			20.10.19
12	18.9.14	38,1-21	29.10.15			19.4.20
	15.9.22	40	30./31.10.15			24.1.21
18,1–19,3	19./20.9.14		6./7.11.19	17		27.8.17
	16./17.9.22	42	2.-4.11.15			15.8.21
20,1-26	22.9.14		7.-9.11.19	18,1-20		12.2.17
	19.9.22					31.1.21
26	23.9.14	**Psalmen**		18,21-51		19.2.17
	20.9.22	1	7.12.14			7.2.21
28	24./25.9.14		16.7.17	19		18.10.15
	21./22.9.22		9.12.18			7.5.17
34–36	26.9.-4.10.14		9.5.21			3.11.19
	23.9.-1.10.22		16.10.22			24.10.21
		2	10.1.16	20		24.9.17
Esra			25.12.17			31.10.21
1	26.8.21		27.12.20	21		30.7.17
3–7	27.8.-1.9.21		25.12.21			7.11.21
		3	22.1.17	22,1-22		25.10.15
Nehemia			6.6.21			2.4.17
1–2	6./7.9.21	4	8.2.15			27.10.19
4–6	8.-10.9.21		15.1.17			21.3.21
8	11.9.21		11.8.19	22,23-32		1.11.15
10,1.29-40	13.9.21		21.11.21			9.4.17
12,27-43	14.9.21	5	15.10.17			10.11.19
13,15-22	15.9.21		27.6.21			28.3.21
		6	5.3.17	23		19.4.15
Ester			14.11.21			30.4.17
1–10	6.-18.10.14	7	9.7.17			5.5.19
	3.-15.10.22		4.7.21			18.4.21
		8	1.1.15	24		30.11.14
Hiob			1.1.19			27.11.16
1–2	21.-23.10.19		1.1.21			3.12.17
1–4	12.-17.10.15	9	29.1.17			2.12.18

Bibelstellen-Verzeichnis 2014–2022

	29.11.20		23.9.18	54	9.2.14
	28.11.21	38	26.10.14		21.1.18
	27.11.22		21.10.18		6.2.22
25	27.9.15		23.10.22	55	13.4.14
	8.10.17	39	14.9.14		14.1.18
	13.10.19		4.11.18		10.4.22
	28.2.21		11.9.22	56	4.5.14
26	23.7.17	40	2.8.15		30.9.18
	11.7.21		29.9.19		1.5.22
27	17.5.15		17.1.21	57	27.7.14
	28.5.17	41	26.1.14		11.3.18
	2.6.19		19.8.18		2.1.22
	16.5.21		23.1.22	58	21.12.14
28	25.6.17	42	17.8.14		24.6.18
	29.8.21		16.10.16		18.12.22
29	11.6.17		29.7.18	59	24.8.14
	30.5.21		1.11.20		5.8.18
30	22.2.15		10.7.22		21.8.22
	21.5.17	43	6.4.14	60	15.2.15
	8.8.21		18.3.18		17.2.19
31	2.3.14		3.4.22	61	11.10.15
	7.2.16	44	2.2.14		24.2.19
	11.2.18		4.12.22	62	1.2.15
	23.2.20	45	14.5.17		20.8.17
	27.2.22		2.5.21		3.3.19
32	22.10.17	46	26.11.17		17.10.21
	10.10.21		31.12.21	63	25.1.15
33	14.12.14	47	25.5.17		19.11.17
	4.1.15		13.5.21		10.2.19
	16.12.18	48	10.8.14		1.8.21
	11.12.22		22.7.18	64	9.8.15
34	8.3.15		7.8.22		10.3.19
	19.3.17	49	9.9.18	65	5.10.14
	24.3.19		4.9.22		2.10.16
	7.3.21	50	16.11.14		7.10.18
35,1-16	16.3.14		18.11.18		4.10.20
	25.2.18		13.11.22		2.10.22
	13.3.22	51	16.2.14	66	11.5.14
35,17-28	23.3.14		13.11.16		22.4.18
	4.3.18		8.7.18		8.5.22
	20.3.22		26.7.20	67	1.10.17
36	29.6.14		13.2.22		25.4.21
	5.6.16	51,12-14	25.5.15	68,1-19	29.5.14
	10.6.18	52	6.7.14		4.12.16
	21.6.20		11.11.18		10.5.18
	26.6.22		3.7.22		6.12.20
37,1-20	31.8.14	53	13.7.14		26.5.22
	16.9.18		15.7.18	68,20-36	1.6.14
37,21-40	7.9.14		14.8.22		11.12.16

Bibelstellen-Verzeichnis 2014–2022

	13.5.18	85	13.12.15		3.1.21
	13.12.20		15.12.19	101	11.1.15
	29.5.22	86	8.5.16		25.8.19
69,1-16	22.3.15		26.1.20	102	13.3.16
	29.10.17	87	3.8.14		29.3.20
	7.4.19		15.4.18	103	26.4.15
69,17-37	29.3.15		31.7.22		31.12.17
	5.11.17	88	20.3.16		12.5.19
	14.4.19		5.4.20		20.6.21
70	18.1.15	89,1-19	17.1.16	104	4.10.15
	18.8.19		12.1.20		1.1.17
71	30.8.15	89,20-53	24.1.16		6.10.19
	13.1.19		19.7.20		3.10.21
72	6.1.15	90	23.11.14	105,1-23	23.6.19
	8.1.17		6.11.16	105,24-45	30.6.19
	6.1.19		25.11.18	106,1-23	7.6.15
	10.1.21		8.11.20		12.6.16
73	20.7.14		20.11.22		28.6.20
	26.6.16	91	9.3.14	106,24-48	14.6.15
	1.7.18		14.2.16		19.6.16
	12.7.20		18.2.18		5.7.20
	17.7.22		1.3.20	107,1-22	21.6.15
74	22.12.19		6.3.22		20.1.19
75	9.11.14	92	30.3.14	107,23-43	28.6.15
	14.10.18		25.3.18		27.1.19
	6.11.22		17.5.20	108	3.5.15
76	22.6.14		1.1.22		19.5.19
	3.6.18	93	28.12.14	109	9.10.16
	19.6.22		1.5.16	110	14.5.15
77	26.5.19		26.8.18		12.11.17
78,1-31	6.9.15		12.6.22		30.5.19
	8.9.19	95	25.5.14		26.9.21
78,32-55	13.9.15		6.5.18	111	31.5.15
	15.9.19		22.5.22		16.6.19
78,56-72	20.9.15	96	12.1.14	112	8.11.15
	22.9.19		17.4.16		7.7.19
79	15.11.15		7.1.18	113	16.8.15
80	6.12.15		9.1.22		1.9.19
	8.12.19	97	1.1.14	114	5.7.15
81	21.5.18		1.1.18	115	20.12.15
	24.4.22		30.1.22		17.11.19
82	3.2.19	98	18.5.14	116	12.4.15
84	27.4.14		29.4.18		23.4.17
	15.3.15		15.5.22		28.4.19
	26.3.17	99	23.2.14		11.4.21
	8.4.18		20.5.18	117	29.11.15
	31.3.19		20.2.22		1.12.19
	14.3.21	100	10.5.15	118,1-14	24.5.15
	27.3.22		14.7.19		4.6.17

Bibelstellen-Verzeichnis 2014–2022

	9.6.19	124	17.7.16		7.6.20
118,15-29	27.12.15		9.2.20		28.8.22
	5.6.17	125	30.10.16	146	21.9.14
	10.6.19		27.9.20		28.8.16
119,1-8	12.7.15	126	22.11.15		2.9.18
119,9-16	19.7.15		24.11.19		13.9.20
119,17-24	26.7.15	127	4.9.16		18.9.22
119,25-32	24.7.16		20.9.20	147	14.8.16
119,33-40	31.7.16	128	31.1.16		30.8.20
119,41-48	7.8.16		16.2.20	148	8.6.14
119,		129	18.9.16		1.1.16
49-56	3.9.17		15.3.20		12.8.18
119,57-64	10.9.17	130	28.9.14		3.5.20
119,65-72	17.9.17		18.12.16		5.6.22
119,73-80	28.1.18		23.12.18	149	24.4.16
119,			20.12.20		10.5.20
81-88	4.2.18		25.9.22	150	16.5.16
119,89-96	21.7.19	131	24.5.20		1.6.20
119,		132	6.3.16		
97-104	28.7.19		14.6.20	**Sprüche**	
119,		133	29.5.16	1–3	22.-29.4.15
105-112	4.8.19		19.1.20	4,10–5,23	30.4.-2.5.15
119,		135	3.7.16	6,6-19	4./5.5.15
113-120	11.10.20		2.2.20	7–9	6.-9.5.15
119,		136	10.4.16	10–11	14.-17.6.19
121-128	18.10.20		26.4.20	14–24	18.-29.6.19
119,		137	15.11.20	25,11-28	7.5.21
129-136	25.10.20	138	5.1.14	26,1-17	8.5.21
119,			3.1.16	27,1-7	10.5.21
137-144	5.9.21		5.1.20	28,12-28	11.5.21
119,			9.10.22	29,1-18	12.5.21
145-152	12.9.21	139	2.11.14	30,1-19	14.5.21
119,			10.7.16	31,1-9	15.5.21
153-160	19.9.21		17.6.18		
119,			2.8.20	**Prediger**	
161-168	12.10.14		24.7.22	1–7	12.-20.9.18
119,		140	11.9.16	11–12	21./22.9.18
161-176	30.10.22		23.8.20		
119,		141	28.2.16	**Hohelied**	
169-176	19.10.14		9.8.20	1–2,7	9.6.14
120	21.8.16	142	25.9.16		6.6.22
	6.9.20		16.8.20	2,8–8	10.-14.6.14
121	31.12.16	143	19.1.14		7.-11.6.22
	1.1.20		23.10.16		
	31.12.22		28.10.18	**Jesaja**	
122	3.4.16		16.1.22	1–9	19.11.-6.12.18
	22.3.20	145	15.6.14		21.11.-7.12.22
123	21.2.16		22.5.16	1,1-20	24./25.11.14
	8.3.20		27.5.18	2,1-5	26.11.14

Bibelstellen-Verzeichnis 2014–2022

3,1-15	27.11.14	48	14.12.19		20.10.20
4,2–5,24	28.11.-1.12.14	49	16.-18.12.15	19,1-13	15.9.16
6	2.12.14		16.-18.12.19		21.10.20
7,1-17	3./4.12.14	50,4-11	19.12.15	20,7-	
8,1-15	5.12.14		19.12.19	21,14	16./17.9.16
8,23–9,6	6.12.14	51,1-8	21.12.15		22./23.10.20
11,1-10	8.12.14		20.12.19	23,1-8	19.9.16
	7.12.18	51,9-16	22.12.15		24.10.20
	8.12.22		21.12.19	23,16-32	26.10.20
12,1-6	9.12.14	51,17-		25,1-14	20.9.16
	8.12.18	52,6	23.12.19		27.10.20
	9.12.22	52,1-6	23.12.15	26,1-19	21.9.16
14,1-23	10.12.14	52,7-12	24.12.15		28.10.20
	10.12.18		24.12.19	27,1-22	29.10.20
	10.12.22	52,13-		28,1-	
19	11.12.18	53,12	28./29.12.15	29,14	22./23.9.16
24,1–25,9	11./12.12.14		27./28.12.19		30./31.10.20
	12./13.12.22	54,1-10	29.12.19	30,1-3;	
25–26	12.-14.12.18	55,1-13	30./31.12.15	31,1-14	24.9.16
26,1-19	13./15.12.14		30./31.12.19		2.11.20
	14./15.12.22	56–58,14	21.-26.11.16	31,18-	
26,7-19	20.11.16		27.11.-1.12.20	20.31-37	26.9.16
	22.11.20	59–64,11	28.11.-		3.11.20
28–29	15.-19.12.18		10.12.16	36–45	27.9.-11.10.16
28,14-22	16.12.14		2.-11.12.20	36,1-	
	16.12.22	65–66,24	12.-17.12.16	41,18	4.-11.11.20
29,17-24	17.12.14		12.-17.12.20	42–43	12./13.11.20
	17.12.22			45,1-5	14.11.20
30,1-17	18.12.14	**Jeremia**			
	19.12.22	1	29./30.8.16	**Klagelieder**	
32	19.12.14	2,1-13	31.8.16	1,1-11.	
	20.12.18	3,1-10	1.9.16	17-22	12.10.16
	20.12.22	3,19–4,4	2.9.16	1–5,22	16.-19.11.20
33,17-24	20.12.14	1–7	5.-10.10.20	3	13./14.10.16
	21.12.18	6,9-23	3.9.16	5	15.10.16
	21.12.22	7,1-28	5./6.9.16		
35,1-10	22.12.14	9,1-23	12.10.20	**Hesekiel**	
	22.12.18	9,22-23	7.9.16	1–4	19.-25.10.17
	22.12.22	12,1-6	8.9.16	7–8	26.-28.10.17
40	30.11./1.12.15		13.10.20	10–11	30./31.10.17
	25.-27.11.19	13,1-11	9.9.16	12,1-16	1.11.17
41,8-14	2.12.15		14.10.20	16,1-22	2.11.17
41	28.-30.11.19	14,1-16	10.9.16	17–18	3./4.11.17
42,1-9	3.12.15		15.10.20	20	6./7.11.17
	2.12.19	15,10-		33–34	8.-11.11.17
43–45	4.-14.12.15	16,13	12./13.9.16	36–37	13.-15.11.17
	3.-12.12.19		16./17.10.20	40	16.11.17
46,1-13	15.12.15	17,5-13	19.10.20	42,15-	
	13.12.19	18,1-12	14.9.16	43,12	17.11.17

Bibelstellen-Verzeichnis 2014–2022

47,1-12	18.11.17		29.11.-9.12.21	1,68-79	24.12.17
		8	15.12.17		12.12.21
Daniel			10.-13.12.21	2,1-52	25.-30.12.16
1	22.4.21	9,9-12	16.12.17		25.-31.12.20
2	23./24.4.21		14.12.21	2,29-32	26.12.15
3,1-30	26.4.21	10	15.12.21		26.12.17
5–7	27.-30.4.21	11	18.12.17		26.12.19
8	1.5.21		16.12.21		26.12.21
9	3./4.5.21	12,9–13,1	19.12.17	3–11	2.1.-28.2.17
10	5.5.21		17.12.21		2.1.-3.3.21
12	6.5.21	14	20.12.17	12,1-48	1.-4.3.17
			18.12.21	12,49–	
Hosea				18,30	21.9.–
1–6	21.-29.6.18	**Maleachi**			18.10.17
8–14	30.6-7.7.18	1–3	20.-24.12.21	12–18,30	14.10.-
		1,6-14	21.12.17		13.11.21
Joel		2,17–3	22./23.12.17	18,31–24	16.3.-
1–4	8.-13.5.17				19.4.17
		Matthäus			4.3.-7.4.21
Amos		1,1–4,17	23.-31.12.14		
1	7.6.18		24.-31.12.18	**Johannes**	
3	7./8.6.18		23.-30.12.22	1,1-18	27.-30.12.17
4–9	9.-20.6.18	4,18–23	6.7.-10.10.15		27.-30.12.21
		4–23	15.7.-19.10.19	1,19–3,36	2.-9.1.18
Obadja		24–25	18.-26.11.15		3.-10.1.22
	14.11.19		15.-23.11.19	2–3	2.-8.1.14
		26–28	23.3.-6.4.15	4	9.-14.1.14
Jona			8.-22.4.19		11.-13.1.22
1–4	19.-22.5.14			4–10	9.7.-15.8.18
	16.-19.5.22	**Markus**		5–10	14.7.-16.8.14
		1–3,6	2.-14.1.16		11.7.-13.8.22
Micha			2.-14.1.20	11–21	5.3.-26.4.14
1–7	20.-29.7.20	3,7-35	15.-18.1.20		26.2.-7.4.18
		3,7–10,52	18.7.-27.8.16		2.3.-23.4.22
Nahum		4–10,31	30.7.-5.9.20	14–17	3.-16.3.16
1–2	11./12.11.19	10,32-16	9.3.-13.4.20		
3	13.11.19	11–12	15.-24.2.16	**Apostelgeschichte**	
		13	25.-27.2.16	1–16	15.5.-
Habakuk		14,1-25	29.2.-2.3.16		13.7.17
1–3	7.-11.9.18	14,26–			17.5.-
		16,20	17.-28.3.16		7.7.21
Zefanja				17–28	28.7.-
1–3	4.-6.9.18	**Lukas**			26.8.17
		1,1-80	19.-24.12.16		8.7.-
Haggai			18.-24.12.20		4.8.21
1–2	2.-4.9.21	1,46-55	25.12.15		
			17.12.17	**Römer**	
Sacharja			25.12.19	1–11	9.2.-21.3.15
1–7	4.-14.12.17		19.12.21		21.1.-23.2.19

Bibelstellen-Verzeichnis 2014–2022

12–16   7.-21.4.15
          23.4.-7.5.19

1. Korinther
1–6   15.4.-4.5.16
          20.1.-6.2.20
7–9   6.-14.5.16
          7.-18.2.20
10–16   17.5.-11.6.16
10–12,31 19.-29.2.20
12,31–
14,40   2.-7.3.20
15–16,24 14.-22.4.20

2. Korinther
1–13   17.10.-
          12.11.16
          7.9.-3.10.20

Galater
1–6   23.5.-7.6.14
          24.9.-
          10.10.18
          20.5.-4.6.22

Epheser
1,3-14 15.5.16
          31.5.20
1–6   10.2.-4.3.14
          9.-28.4.18
          8.2.-1.3.22

Philipper
1–4   11.-23.5.15
          14.-27.7.17
          31.5.-13.6.19
2,5-11 16.5.15
          5.5.16

2,6-11 21.5.20

Kolosser
1–4   20.4.-6.5.17
          8.-21.4.21

1. Thessalonicher
1–5   20.-28.11.17
          15.-23.11.21

2. Thessalonicher
1–3   29.11.-
          2.12.17
          24.-27.11.21

1. Timotheus
1–6   15.-28.1.16
          11.-26.5.20

2. Timotheus
1–4   29.1.-6.2.16
          27.5.-5.6.20

Titus
1–3   8.-12.2.16
          6.-9.6.20

Philemon
          13.2.16
          10.6.20

1. Petrus
1–5   29.3.-14.4.16
          23.4.-9.5.20

2. Petrus
1–3   14.-19.11.16
          20.-26.11.20

Jakobus
1–5   5.-17.11.15
          1.-13.7.19

Judas
1-25   27./28.11.15

1. Johannes
1–5   28.4.-14.5.14
          16.-31.8.18
          25.4.-11.5.22

2. Johannes
          15./16.5.14
          1.9.18
          12./13.5.22

3. Johannes
          17.5.14
          3.9.18
          14.5.22

Hebräer
1–13   30.4.-6.6.18
          16.9.-13.10.21

Offenbarung
1   20./21.10.14
          17./18.10.22
1–11   11.10.-7.11 18
12–22   22.10.-
          22.11.14
          19.10.-
          19.11.22
20–22   8.-17.11.18